Machiavelli and Republicanism ▪

edited by Gisela Bock / Quentin Skinner / Maurizio Viroli

U0365954

CAMBRIDGE

西学

源流

马基雅维里与共和主义

〔德〕吉塞拉·波克
〔英〕昆廷·斯金纳
〔意〕莫里齐奥·维罗里　编

阎克文　都健　译

图书在版编目(CIP)数据

马基雅维里与共和主义 / (德) 吉塞拉·波克, (英) 昆廷·斯金纳,
(意) 莫里齐奥·维罗里编; 阎克文, 都健译. —北京: 生活·读书·
新知三联书店, 2019.6
(西学源流)
ISBN 978-7-108-06490-5

Ⅰ.①马… Ⅱ.①吉… ②昆… ③莫… ④阎… ⑤都… Ⅲ.①马基雅维里
(Machiavelli, Niccol 1469—1527) –哲学思想–研究 Ⅳ.① B546

中国版本图书馆 CIP 数据核字 (2019) 第 032876 号

特邀编辑　童可依
责任编辑　王晨晨
装帧设计　薛　宇
责任印制　宋　家
出版发行　生活·讀書·新知 三联书店
　　　　　(北京市东城区美术馆东街 22 号 100010)
网　　址　www.sdxjpc.com
图　　字　01-2018-4008
经　　销　新华书店
印　　刷　河北鹏润印刷有限公司
版　　次　2019 年 6 月北京第 1 版
　　　　　2019 年 6 月北京第 1 次印刷
开　　本　880 毫米 × 1230 毫米　1/32　印张 14.25
字　　数　332 千字
印　　数　0,001–6,000 册
定　　价　56.00 元
(印装查询: 01064002715; 邮购查询: 01084010542)

总序：重新阅读西方

甘 阳　刘小枫

上世纪初，中国学人曾提出中国史是层累地造成的说法，但他们当时似乎没有想过，西方史何尝不是层累地造成的？究其原因，当时的中国人之所以提出这一"层累说"，其实是认为中国史多是迷信、神话、错误，同时又道听途说以为西方史体现了科学、理性、真理。用顾颉刚的话说，由于胡适博士"带了西洋的史学方法回来"，使他们那一代学人顿悟中国的古书多是"伪书"，而中国的古史也就是用"伪书"伪造出来的"伪史"。当时的人好像从来没有想过，这胡博士等带回来的所谓西洋史学是否同样可能是由"西洋伪书"伪造成的"西洋伪史"？

不太夸张地说，近百年来中国人之阅读西方，有一种病态心理，因为这种阅读方式首先把中国当成病灶，而把西方则当成了药铺，阅读西方因此成了到西方去收罗专治中国病的药方药丸，"留学"号称是要到西方去寻找真理来批判中国的错误。以这种病夫心态和病夫头脑去看西方，首先造就的是中国的病态知识分子，其次形成的是中国的种种病态言论和病态学术，其特点是一方面不断把西方学术浅薄化、工具化、万金油化，而另一方面则

2

又不断把中国文明简单化、歪曲化、妖魔化。这种病态阅读西方的习性，方是现代中国种种问题的真正病灶之一。

新世纪的新一代中国学人需要摆脱这种病态心理，开始重新阅读西方。所谓"重新"，不是要到西方再去收罗什么新的偏方秘方，而是要端正心态，首先确立自我，以一个健康人的心态和健康人的头脑去阅读西方。健康阅读西方的方式首先是按西方本身的脉络去阅读西方。健康阅读者知道，西方如有什么药方秘诀，首先医治的是西方本身的病，例如柏拉图哲学要治的是古希腊民主的病，奥古斯丁神学要治的是古罗马公民的病，而马基雅维里史学要治的是基督教的病，罗尔斯的正义论要治的是英美功利主义的病，尼采、海德格尔要治的是欧洲形而上学的病，唯有按照这种西方本身的脉络去阅读西方，方能真正了解西方思想学术所为何事。简言之，健康阅读西方之道不同于以往的病态阅读西方者，在于这种阅读关注的首先是西方本身的问题及其展开，而不是要到西方去找中国问题的现成答案。

健康阅读西方的人因此将根本拒绝泛泛的中西文明比较。健康阅读西方的人更感兴趣的首先是比较西方文明内部的种种差异矛盾冲突，例如西方文明两大源头（希腊与希伯来）的冲突，西方古典思想与西方现代思想的冲突，英国体制与美国体制的差异，美国内部自由主义与保守主义的消长，等等。健康阅读者认为，不先梳理西方文明内部的这些差异矛盾冲突，那么，无论是构架二元对立的中西文明比较，还是鼓吹什么"东海西海，心理攸同"的中西文化调和，都只能是不知所谓。

健康阅读西方的中国人对西方的思想制度首先抱持的是存疑的态度，而对当代西方学院内的种种新潮异说更首先抱持警惕的态度。因为健康阅读西方者有理由怀疑，西方学术现在有一代不如一代的趋势，流行名词翻新越快，时髦异说更替越频，只能越表明这类学术的泡沫化。健康阅读西方的中国人尤其对西方学院内虚张声势的所谓"反西方中心论"抱善意的嘲笑态度，因为健康阅读者知道这类论调虽然原始动机善良，但其结果往往只不过是走向更狭隘的西方中心论，所谓太阳底下没有新东西是也。

希望以健康人的心态和健康人的头脑去重新阅读西方的中国人正在多起来，因此有这套"西学源流"丛书。这套丛书的选题大体比较偏重于以下几个方面：一是西方学界对西方经典著作和经典作家的细读诠释，二是西方学界对西方文明史上某些重要问题之历史演变的辨析梳理，三是所谓"学科史"方面的研究，即对当代各种学科形成过程及其问题的考察和反思。这套丛书没有一本会提供中国问题的现成答案，因为这些作者关注讨论的是西方本身的问题。但我们以为，中国学人之研究西方，需要避免急功近利、浅尝辄止的心态，那种急于用简便方式把西方思想制度"移植"到中国来的做法，都是注定不成功的。事实上西方的种种流行观念例如民主自由等等本身都是歧义丛生的概念。新一代中国学人应该力求首先进入西方本身的脉络去阅读西方，深入考察西方内部的种种辩论以及各种相互矛盾的观念和主张，方能知其利弊得失所在，形成自己权衡取舍的广阔视野。

二十年前，我们曾为三联书店主编"现代西方学术文库"和"新知文库"两种，当时我们的工作曾得到诸多学术前辈的鼎力支持。如今这些前辈学者大多都已仙逝，令人不胜感慨。

学术的生长端赖于传承和积累，我们少年时即曾深受朱生豪、罗念生等翻译作品的滋润，青年时代又曾有幸得遇我国西学研究前辈洪谦、宗白华、熊伟、贺麟、王玖兴、杨一之、王太庆等师长，谆谆教导，终生难忘。正是这些前辈学人使我们明白，以健康的心态和健康的头脑去阅读西方，是中国思想和中国学术健康成长的必要条件。我们愿以这套"西学源流"丛书纪念这些师长，以表我们的感激之情，同时亦愿这套丛书与中国新一代的健康阅读者同步成长！

2006 年元旦

目 录

第一部分

马基雅维里与共和主义经验

第四部分

共和主义道德观

作者简介

罗伯特·布莱克 利兹大学现代史讲师,《贝内德托·阿科尔蒂与佛罗伦萨文艺复兴》(1985)作者,并撰写了若干论述人文主义历史研究、文艺复兴时期的学院与大学以及马基雅维里国务秘书生涯的文章。一部论述1350—1500年佛罗伦萨托斯卡纳教育、社会与人文主义的著作正在杀青[*],并整理了一份中世纪和文艺复兴时期阿雷佐大学未刊文献的登记目录。

吉塞拉·波克 欧洲大学学院(佛罗伦萨)和比勒费尔德大学(联邦德国)历史教授。她在1987—1989年曾任欧洲大学学院欧洲文化研究中心主任,"马基雅维里与共和主义"研讨会即在该中心举行。她的著作和文章论域涉及托马索·坎佩内拉(1974),尼科洛·马基雅维里(1986),美国与意大利妇女史,以及纳粹德国的妇女激进主义(1986)。

埃蕾娜·法萨诺·瓜里尼 意大利比萨大学现代史教授。《科西莫一世的美第奇政府》(1973)的作者,撰有许多文章论述托斯卡纳

宪政史,《16 与 17 世纪意大利地区政府的权力和社会》(1978)及《一个城市的"原史时代"》(1986)的编者。

马丁·范·基尔德伦　柏林工艺大学历史系副教授。正在为"剑桥政治思想史读本"系列撰写荷兰起义一卷。《荷兰起义时期的荷兰政治思想(1555—1590)》即将由剑桥大学出版社出版。[*]

埃科·希兹玛·米勒　阿姆斯特丹大学史学史与政治观念史 Jan Romein 讲座教授。著作包括《17 世纪的威尼斯神话与荷兰共和主义思想》(1980)以及论述现代欧洲早期史学的诸多文章。与 G. A. C. van der Lem 合作的《荷兰历史学家词典》即将由 Netherlands Historisch Genootschap 出版。[**]

维尔纳·迈赫菲尔　比勒费尔德大学名誉法学教授、佛罗伦萨欧洲大学学院院外教授兼名誉院长。著作包括《法律与存在》(1954)、《人类秩序的意义》(1956)、《法治国与人的尊严》(1968)、《黑格尔的现代国家原则》(1969)、《法治国与福利国家》(1972)、《立法科学》(1981)、《社会、国家、法律》(1986)、《欧洲文明的统一性与欧洲文化的多样性》(1987)。《刑法典备选草案》(1966)的合著者,法哲学与社会哲学国际协会执行委员会成员。

麦克尔·马莱特　沃威克大学历史教授,正在编辑《洛伦佐·德·美

---

[*]　本书已于 2002 年由剑桥大学出版社出版。——编者注
[**]　*Repertorium van geschiedschrijvers Nederland 1500-1800*,已于 1990 年由 Netherlands Historisch Genootschap 出版。——编者注

第奇书信集》第5—7卷。较早的著述包括《15世纪的佛罗伦萨战舰》（1967）、《博吉亚家族》（1969）、《雇佣军及其主人：文艺复兴时期意大利的战争》（1974），与 J. R. 哈勒合著的《一个文艺复兴时期城邦的军事组织：威尼斯，1400—1617》（1984）。

约翰·纳杰米　康奈尔大学历史系副教授，著有《1280—1400年佛罗伦萨选举政治中的组合主义与共识》（1982）及多篇有关佛罗伦萨历史和马基雅维里的论文。即将完成《1513—1515年马基雅维里与韦托利通信集》的编辑。*

尼古莱·鲁宾斯坦　伦敦大学名誉历史教授，著有《美第奇家族统治时期的佛罗伦萨政府（1434—1494）》（1966），另有诸多文章论述意大利中世纪和文艺复兴史以及政治观念史，《洛伦佐·德·美第奇书信集》总编，该《书信集》第3、4卷（1977、1981）编辑。

茱迪丝·施克拉　哈佛大学政治系 John Cowles 讲座教授，讲授政治学。她的最新著作包括《寻常的恶》（1985），经典大师系列的《孟德斯鸠》（1987），及《不义面面观》（1990）。

乔万尼·西尔瓦诺　帕杜阿大学历史部讲师，著有《"文明生活"与"混合政府"》（1985），多纳托·吉安诺蒂《佛罗伦萨共和国》（1989）评论集编辑。

---

*　*Between Friends: Discourses of Power and Desire in the Machiavelli-Vettori Letters of 1513-1515*，已于1993年由普林斯顿大学出版社出版。

昆廷·斯金纳　剑桥大学政治科学教授，剑桥基督学院研究员，襄助编写了多部著作，包括《剑桥文艺复兴哲学史》(1988)，著有《现代政治思想的基础》(两卷本，1978)、《马基雅维里》(1981)、《意义与背景》(詹姆士·图利编，1988)。

莫里齐奥·维罗里　普林斯顿大学政治学副教授，高级研究学院社会科学系成员。已出版《埃尔米尼奥·尤瓦尔塔的世俗伦理》(1974)及《卢梭与"秩序井然"的社会》(1989)。

布莱尔·沃顿　牛津圣爱德蒙学院现代史研究员，著有《残余国会》(1974)及论述17世纪英格兰政治、宗教和文学的系列文章。

鸣　谢

　　我为本卷的编辑所承担的工作，主要是与剑桥大学出版社的主事者合作，以期将手稿付梓。很高兴利用这个机会向我的两位合编者致谢，他们做出了大量实质性努力促成了我们的项目，莫里齐奥·维罗里策划了就马基雅维里诞生的那个城市的文艺复兴时期共和主义这一论题举办的研讨会议。他拟订了最初的约稿名单，并且承担了本书的初步计划。吉塞拉·波克修订改进了原来的方案，进而承担了组织会议本身这个重任。会议得到了欧洲文化研究中心的赞助，1987 年 9 月在欧洲大学学院（佛罗伦萨）举行。波克教授联系了我希望邀请的学者并有效地说服他们全部参加了会议。她还操办了在佛罗伦萨的活动安排，使会议成了一大乐事和每一位与会者的讲堂。

　　我还应当向那些帮助波克教授处理会务的人们表达我们的感激之情。Kathinka Espana 提供的秘书服务大大超出了应尽的职责。会议翻译组对我们的讨论进行了同声翻译，不仅极为熟练，而且是不可缺少的服务。意大利银行、托斯卡纳银行和锡耶纳 Monte dei Paschi 银行慷慨地负担了我们的开支。最近，Valeria E. Russo 又给予进一步的赞助，使我们的会议讨论记录得以出版。

　　然而，在我们的佛罗伦萨朋友当中，我们最应该感谢的是时任欧洲大学学院院长的维尔纳·迈赫菲尔教授。他为维罗里教授能在学院工作并帮助筹备这次会议提供了便利。他同意我们在圣多美尼克壮观而极为得体的 Villa Schifanoia——现为学院的会议中心——举行会议。他还筹集了这笔项目资金使我们能够吸引这样一批国际专家聚集一堂讨论我们精选的主题。为了所有这些诚挚的信任以及他为我们的会议做出的贡献，谨向他致以最热忱的谢意。

我们还要向全体与会者表达感激之情。40 多位学者到会并在三天的讨论中发表了可贵的意见。尤其应当感谢提交了主要论文的学者们，后来这些论文多数都由于我们的讨论而进行了修订，有的甚至是完全重写。我们极为感谢那些修订者，他们都是极为高兴而且非常准时地完成了修订工作。

最后要感谢剑桥大学出版社。我很高兴说服《背景观念》的编辑同人将本书纳入了他们的系列丛书，并感谢他们给予的支持。在这个过程的所有阶段，我都得到了出版社主事者的帮助和鼓励，感激之情难以言表。尤其应当感谢的是主编杰里米·迈纳特博士，他作为我们的编辑所表现出来的学识和耐心堪称楷模；还有我们的审稿人玛格丽特·朱尔·科斯塔，本书的每一章都倾注了她绝对一丝不苟的精神，从而在许多方面使本书得到了改进。

本书即将出版之际，我高兴地得知还有时间在此向编写了索引的菲奥纳·巴尔表达我们的谢意。

昆廷·斯金纳

1989 年 9 月于剑桥

第一部分

马基雅维里与共和主义经验

第一章　马基雅维里与佛罗伦萨人的共和
　　　　　主义经验

尼古莱·鲁宾斯坦

　　在作于 1519 年或 1520 年的《论小洛伦佐去世后的佛罗伦萨政务》(*Discursus*)*中，马基雅维里论述佛罗伦萨政体变革时写道：佛罗伦萨从来就不是一个"具备了必要品质的……共和国"[1]——这一观点概括了他几年前在《论李维前十书》中的论述，即"在其有着真正记忆的两百年间"，佛罗伦萨从未成为一个"可以真正被称为共和国的国家"，[2]并将这一点归因于佛罗伦萨从霍亨斯陶芬帝国那里获得独立之前一直处在"他人统治之下"这一事实。他在《论李维前十书》中指出，[3]佛罗伦萨从来就不是一个真正的共和国，这是它自 1393 年以来的国体所决定的。佛罗伦萨在马索·德吉利·奥比齐家族执政时期逐渐发展成一个"精英统治的共和国"，这种寡头政体一直持续到 1434 年被美第奇家族取代。它的缺陷在于执政团的滥权及声望不高，对有资格担任公职的公民进行选举审查的间隔太长，公民个人利用其咨询机构——"委员会"——成员资格获取操纵政府决策的影响力，缺少制度保

---

　　*　以下简称《论佛罗伦萨政务》。——译者
[1]　*Discursus florentinarum rerum post mortem iunioris Laurentii Medices,* ed. M. Martelli, Niccolò Machiavelli, *Tutte le opere* (Florence, 1971), p. 24.
[2]　同上，I, 49, p. 131。
[3]　同上。

障以防大人物（uomini grandi）形成宗派或派系（sètte）——"这
些正是一个国家的祸根"。但是，这些无序现象中最糟糕的则是一
个"和一切都息息相关"的现象，即实际上排斥平民（il popolo）
统治，使其"无法参与其中"。由这些评论可以看出，马基雅维里
并不赞成贵族统治，还可以看出他热情关注的是真正的平民政制
（ordine civil），这与他的好友弗朗西斯科·圭恰迪尼十多年前对
15 世纪贵族政体的溢美之词形成了鲜明对比："理所当然地，据
说，这是我们的城市所拥有过的最智慧、最幸福的政府"〔4〕——这
种看法曾在 15 世纪晚期的贵族阶层中唤起了对这种政体的怀旧之
情。〔5〕据说那时统治佛罗伦萨的是"不逊于古典时期著名的罗马
人"〔6〕，并将公益置于私利之上的公民；1465 年至 1466 年美第奇处
于支配地位时的主要反对派之一尼科洛·索德利尼宣称："没有在
1433 年之前进行过统治的人，不会明白如何统治。"〔7〕

　　不论是批判还是颂扬 15 世纪初期统治佛罗伦萨的那个政权，
后代人都认为那是 1494 年建立大委员会之前佛罗伦萨人所经验过
的最为重要的共和主义统治形式。本章论及的就是 15 世纪佛罗伦
萨的共和主义经验，因此我将首先集中谈谈 1434 年之前的那个时
期，然后简要探讨这种经验在美第奇家族统治时期以及 1494 年他

〔4〕　*Storie fiorentire*, ed. R. Palmarocchi (Bari, 1931), pp. 2-3.

〔5〕　Cf. N. Rubinstein, 'Florentine constitutionalism and Medici ascendancy in the fifteenth century' in N. Rubinstein, ed. *Florentine Studies* (London, 1968), p. 460.

〔6〕　Luca della Robbia, in his life of Bartolomeo Valori composed around 1500, ed. P. Bigazzi, *Archivio Storico Italiano*, 4, I (1843), pp. 239-40.

〔7〕　系指奥比齐派获胜之前，科西莫·德·美第奇 1434 年从流放中返回之后，随之确立了美第奇的支配地位。Ed. G. Pampaloni, 'Nuovi tentativi di riforme alla Costituzione Fiorentina attraverso le consulte', *Archivio Storico Italiano*, 120 (1962), p. 572（7 月 8 日的政务报告）。关于当时人描述的 1465—1466 年美第奇政权的危机，见 M. Phillips, *The Memoir of Marco Parenti. A Life in Medici Florence* (Princeton, 1987 and London, 1989), chs. 7, 9, 10。

们被驱逐之后所经历的变化。

这是一个大题目，为了做得稍微公正一点，我打算在必须做出的总体观察中将这种经验分成以下三个方面：当时佛罗伦萨人形成的共和制观念；这些制度的运行方式对佛罗伦萨公民的影响；他们积极参与佛罗伦萨治理的程度。

如果想了解佛罗伦萨人是如何形成了共和国概念的，那就必须回溯到 14 世纪，甚至是 13 世纪去寻找答案，那时，在意大利北部和中部一些存续下来的共和制城邦中，执政团的崛起使人们认识到了专制统治与"生活在自由中的人民"[8]——"人民的自由"[9]——之间的根本对立，15 世纪的人文主义者用一个表示共和国的古典措辞"res publica"（共和国）取代了"libertas populi"（自由民）。正如圣奥古斯丁解释的那样，[10]按照西塞罗的定义，"当国家不属于人民之时，便完全不再是一个共和国了"；并且，雷奥纳多·布鲁尼在他翻译的《政治学》中也用"res publica"一词取代了亚里士多德表示第三种真正宪政的说法"politeia"（城邦）。[11]共和政体与专制政体的主要区别就在于通过法律和人民意志限制统治权与绝对专横地行使统治权之间的区别。

布鲁尼的《佛罗伦萨城邦颂》作于 1403 年，[12]他是第一个试图分析佛罗伦萨共和体制的人文主义者，不过，主要是由于该书的颂

5

---

〔8〕 例见 Matteo Villani, *Cronica*, IX, 87, ed. F. G. Dragomanni (Milan, 1848) VI, p. 275。

〔9〕 例见 Ferreto de' Ferreti, *Historia*, ed. C. Cipolla (Rome, 1908-20), II, p. 11。

〔10〕 *De civitate Dei*, II, 21；参阅 Cicero, *De re publica*, I, 25。

〔11〕 *Politics*, 1279a: 'Cum autem multitudo gubernet ad communem utilitatem, vocatur communi nomine rerumpublicarum [πολιτειῶν] omnium, respublica[πολιτεία]', Aristoteles, *Libri omnes quibus tota moralis philosophia...continetur* (Lyons, 1579), V, p. 571.

〔12〕 *From Petrarch to Leonardo Bruni*, ed. H. Baron (Chicago and London, 1968), pp. 217-63.

歌性质，布鲁尼的分析并不全面，而且必然抱有偏见。后来他论述佛罗伦萨城邦的希腊文短论[13]就是比较客观的叙述了，并试图将亚里士多德混合政体的宪政理论应用于佛罗伦萨。然而，在这些分析中最为突出的是一些基本原则，布鲁尼认为它们是理解佛罗伦萨政体的基础：以各种手段对行政机构——执政团——几近帝王般的权威及其独立性严格加以限制，最后手段就是诉诸人民的意志，因为他们在立法性的人民议会和公社议会享有发言权；公民享有法律保护下的自由，以及1428年布鲁尼在南尼·斯特罗奇葬礼致辞中所说的平等，即公民担任高级官职的平等机会；[14]社会各阶级——像他在十年后的一篇宪政论文中提出的那样——在贵族与人民之间达成一种平衡，人民虽然也会将贵族称为人民，但并不考虑私人权力和赤贫这两个极端，它们的代表均被排斥在政府之外。那么，佛罗伦萨公民的政治经验在多大程度上符合这些原则呢？

普通佛罗伦萨公民对于共和国的首要经验，肯定是对权力，实际上是对八名最高执政官和正义旗手组成的执政团最高权力的经验，正如格雷高里奥·达蒂在那个世纪之初所说，这是一种"巨大且没有限制"的权力。[15]1378年的梳毛工起义之后，1382年又断然重申，[16]它还包括立法动议权，以及公共利益需要时干预刑事管辖权的权利。但是，与两个团体——十六人旗手团和十二贤人团——共同协商的执政团，并不是公民视为共和国统治机构的唯一

---

〔13〕'Leonard Bruni's Constitution of Florence', ed. A. Moulakis, *Rinascimento*, 2nd series, 26 (1986), pp. 141-90. 它大概完成于1439年或1440年：同上，pp. 154-155。

〔14〕*Miscellanea*, ed. E. Baluze and G. D. Mansi, 4 (Lucca, 1764), p. 3.

〔15〕*Istoria di Firenze*, ed. L. Pratesi (Florence, 1904), p. 148.

〔16〕见 N. Rubinstein, 'Il regime politico di Firenze dopo il Tumulto dei Ciompi', 收于 *Il Tumulto dei Ciompi* (Convegno Internazionale di Studi 1979) (Florence, 1981), pp. 105-124。

执政官。梳毛工起义之后为了保证城邦安全而建立的八人卫队，也获得了管理城邦的广泛权力，1384 年在战时成立的十人特别委员会负责军务和外交谈判，国库公债官员则管理长期贷款并成了公社的中央财政部。政府各行政部门的权力和权限越来越大，这成了 1380 年代以后佛罗伦萨人政治经验的组成部分，它在很大程度上应当归因于梳毛工起义及其后果、反抗吉安加莱亚佐·维斯孔蒂的战争带来的创伤性影响以及城邦领土范围的扩大和重组。但是，这项发展受到了限制。一个成立于 1393 年，拥有全权招募雇佣军并为此目的而征税、几乎完全由行政部门成员组成的八十一人常设委员会，[17] 出于种种实际目的，11 年之后被废除，一位当时的日记作者评论说，"人民对此非常满意"。[18] 不大情愿地做出让步更进一步扩大行政权力，这一点意义重大，1411 年设立了一个新的二百人委员会，没有它的同意就不能进行军事活动，里面只有一部分行政官员，而它的决定则需要得到人民议会或者公社议会的同意。[19] 实际上，这两个古老的共和国议会人数曾超过 500，[20] 对于钳制行政权力发挥了极为重要的作用。它们可以看作是体现了共和制政府结构的广泛基础。正如布鲁尼在《佛罗伦萨城邦颂》中所说，"许多方面的事务"必须由多数决定，这显然来自罗马法。[21]

────────

[17] 见 A. Molho, 'The Florentine oligarchy and the "Balìe" of the late Trecento', *Speculum*, 43 (1968), pp. 31ff。

[18] Giovanni di Pagolo Morelli, *Ricordi*, ed. V. Branca (Florence, 1956), pp. 426-7. 参阅 G. Guidi, *Il governo della città-repubblica di Firenze del primo Quattrocento* (Florence, 1981), II, p. 146。

[19] 设立二百人委员会的法案见 *Sulla repubblica fiorentina a tempo di Cosimo il Vecchio*, ed. F. C. Pellegrini (Pisa, 1880), Appendix, pp. ix-xiii。

[20] 参阅 Guidi, *Il governo*, II, pp. 140, 142。

[21] 注 12 所引 *Laudatio*, p. 260. *Codex*, pp. 5, 59, 5, 2. 参阅 Rubinstein, 'Florentine constitutionalism', p. 446, 注 1。

布鲁尼指出，钳制执政团巨大权力的另一个办法是让它的成员短期任职。所有的公职都是短期的，大部分任期是六个月，执政团成员只有两个月。这一点以及 14 世纪下半叶以后继续增设公职，使公民有了担任公职，从而直接参与统治和行政管理的广泛机遇。因此，可以广泛获得担任公职的机会，便成了公民共和主义经验以及佛罗伦萨人的自由权的一个主要方面；[22]另一个能够在事实上利用这种机会的办法，就是公民实际上要经选举而任职。

自 14 世纪初期以后，当选任职都是根据所谓选举审查（squittini）在定期审查任职资格的基础上进行的，由一个专门召集的委员会负责实施，其成员来自执政团及其两个社团以及其他一些成员，另外还有执政团与两社团遴选的 80 名成员，这使行政机构在决定该委员会的组成时便有了决定性的作用。[23]有资格的公民名单在选举审查之后被放入袋子中，实际得到任命者就是从这些袋子里抽取到的人名。不同的袋子表示不同的官职或官职群，最负盛名的那些袋子装着有资格担任执政团、十六人旗手团和十二贤人团三种最高职务的公民名单。选举审查每五年举行一次（事实上间隔期一般都会更长），对三个主要职位的选举审查，均在所有其他公职的选举审查之外单独进行，选票发给被认为非常熟悉自己选区公民的古代民兵"旗手团"所提名的人，[24]而且选民身份和选举结果严格保密。这就意味着被提名的公民直到名字从袋子里抽取出来填补空缺职位以前，不可能知道自己是否获得了

〔22〕 见 N. Rubinstein, 'Florentina libertas', *Rinascimento*, 2nd series, 26 (1986), pp. 13, 15。

〔23〕 关于这一点及以下情况，见 N. Rubinstein, *The Government of Florence under the Medici (1434 to 1494)* (Oxford, 1966), pp. 56ff.; Guidi, *Il governo*, I, pp. 283ff。

〔24〕 D. V. and F. W. Kent, *Neighbours and Neighbourhoods in Renaissance Florence: the District of the Red Lion in the Fifteenth Century* (Locust Valley, New York, 1982), pp. 17-19.

担任公职的资格。这对三个最负盛名的官职——包括执政团的官职——具有特别重要的意义，因此，即使一个公民虽有资格任职却暂时被禁止当选（比如因最近曾担任过同一职务），现在人们也知道（veduto），他就像那些实际当选任职的人（seduti）一样，也有资格从政。这就给了这个知名者和任职者群体一种不仅在随后的选举审查，而且在最后选举各委员会（比如二百人委员会）成员时的优势地位，这些委员会被授予了特殊的责任和权力，从而影响着公民参与政治生活。

保密是佛罗伦萨选举制度的基本特征，合乎这个共和国行政与立法机构的运转特征，构成了佛罗伦萨公民共和经验的基本成分。正如执政团的审议会就意味着保守秘密一样，委员会的选举也是秘密投票。这种对保密的关切得到了长期重视，因为政府一直在努力防止形成政治小团体，而且不时镇压那些例如 1419 年已被禁止的宗教社团，理由是它们有的在鼓励宗派活动；到 15 世纪晚期，像知名者或任职者这些知道自己有资格从政的公民，在选举审查期间也被禁止参加那些社团的集会。但是也有规避这类禁令的途径；我们至少知道比较有名的社团之一——它在 15 世纪中叶有一些专门的发起人——在 1454 年进行的选举审查中支持弱势成员。[25]

事实上，尽管选举制度的保密性总体上说是有效的，但受到外部影响的选举审查的独立性却并非同样如此。公民游说选举审查委员会成员以获得提名的情况十分寻常，甚至为此出现了一个技术名词，叫作求情（pregheria），而且家族记录还会将这种求

---

[25] 见 J. Henderson, 'Le confraternite religiose nella Firenze del tardo Medioevo: patroni spirituali e anche politici?', *Ricerche storiche*, 15 (1985), pp. 77-94，另见 Rubinstein, *The Government of Florence*, p. 119。

情以及它们涉及的人情债记录在案。格雷高里奥·达蒂的《秘密日志》生动地描述了这种惯例，以及佛罗伦萨公民体验他们选举制度复杂性的方式。1412 年 5 月 3 日达蒂写到，他被抽中担任他那个行政区的旗手团职务，此前他并没有把握自己的名字已在Colleges 的袋子中，但为了自己和后代的名誉，"即使我曾渴望，"他继续说道，"但为了不成为一个忘恩负义的人，也不愿尝试实现无法满足的欲望——这欲望是一个人拥有的越多，渴望的也越多——我决定，从今往后，公职必须由票数来决定。我永远不应该请求任何人，而应该将公职留给那个有此任务的人……"[26]

　　事实上，渴望担任公职是佛罗伦萨公民共和经验中最为显著的特点。谋求领地的某些行政职务不仅是一种荣誉，而且还是有利可图的，实际上能够为任职者带来相当可观的财政利益；执政团成员的薪资只是为了抵偿任职产生的开支，但这种荣誉还意味着自身和家族的社会地位与政治影响。像马泰奥·帕尔米耶里那样的人文主义者，曾赞美担任公职是那些置公益于私利之上的公民的义务，这些公民知道"公共的尊严交付于他，公共利益在他的信仰中"，[27]其他人则痛斥"对责任的争夺""对职务的欲望"是"佛罗伦萨这一神圣城市中所有罪恶"的原因；[28]阿尔贝蒂在一个著名段落中让吉安诺佐嘲笑公民争夺公职，说这使他们充其量只是"公仆"（publici servi），而远为可取的则是"为个体而活，不为共同体而活"

---

〔26〕　*Mercanti storici. Ricordi nella Firenze tra Medioevo e Rinascimento*, ed. V. Branca (Milan, 1986), pp. 550-1.

〔27〕　*Vita civile*, ed. G. Belloni (Florence, 1982), p. 132.

〔28〕　Rinaldo degli Albizi in a *pratica* of 1431 (Pellegrini, ed., *Sulla repubblica fiorentina*, p. xxxiii): 'Causa vero [discordiarum] est ambitio officiorum'; Marchionne di Coppo Stefani, *Cronaca fiorentina*, ed. N. Rodolico, *Rer, Ital. Script.*, 30, I (Città di Castello, 1903-Bologna, 1955), rubrica 923, p. 413 (ad 1382).

（ vivere a sé, non al comune ）。[29] 某些公民可能会赞同例如乔万尼·卢 　9
塞莱在科西莫从流放中返回之后不当政而在将近 30 年后又进入美
第奇政府。[30] 然而, 对于大多数人来说，高级官职就代表着他们共
和经验的顶点。15 世纪佛罗伦萨人的传记清楚地表明了担任官职在
他们生活中发挥的作用。这"一系列官职"可能是开始于选举基尔
特之一的领事，随后是公社官职，直到最后，那些成功的公民会到
达最高的政府与行政官职，尤其是包括执政团及其两社团官职，但
也包括那些有权势、有名望的地方行政官职务，比如十人特别委员
会、八人卫队和国库公债官员。

　　达到这种高位、获得了从政资格的公民便构成了佛罗伦萨人
所说的统治团体（reggimento），1411 年的选举审查之后，它的
规模超过了 1000 名公民，1433 年的选举审查完成之后则达到了
2000 人。[31] 这表明了一种不同寻常的社会流动程度。另外应当指
出，其中只有一小部分（分别为 185 人和 327 人）属于同业公会，
但他们却充任了四分之一的职数，这显然是因为下层阶级的成员
只有极少数被认为适合从政。这些人的另一个重要特征是大都属
于一个个的家族，1433 年有资格担任三种最高官职的 1757 名大基
尔特公民，只有不到 100 名是通过个人努力获得成功的，其余分
别出自 227 个家族。这些家族中一个非常小的群体也会大大超出

---

〔29〕　Leon Battista Alberti, *I libri della Famiglia in Opere volgari*, C. Grayson, ed. (Bari, 1960-1973), I, pp. 179-82.

〔30〕　见 *Giovanni Rucellai ed il suo Zibaldone*, I: '*Il Zibaldone Quaresimale*', ed. A. Perosa (London, 1960), pp. 39-43; cf. p. 122。

〔31〕　关于这一点及以下内容，见 D. Kent, 'The Florentine reggimento in the fifteenth century', *Renaissance Quarterly*, 28 (1975), 575-638；另见 A. Molho, 'Politics and the ruling class in early Renaissance Florence', *Nuova Rivista Storica*, 52 (1968), 401-20。

每个家族 7.3 人的平均数，比如卡波尼家族有 20 人，斯特罗奇家族达到了 40 人。据说，政府必须被看作"家族的格局而不是个人的总和"。[32]

担任高级公职从而参与高层政治的精英化趋势，也并非仅仅局限于任职资格的审查程序。把选举审查结果用于选举过程最后阶段的办法，即从装有成功当选的候选人名单的袋子中抽取名字，就包括了一种选择要素。执政团除了八名最高执政官以外还包括那些最有名望与影响的政府成员、正义旗手，由于任命这种官职格外困难，所以它的候选人名单始终装在一个单独的袋子中。挑选有资格担任最高执政官的人员名单装入这个袋子，是负责从技术方面审查三个主要职位的官员的工作，但从 1387 年以后，这些官员、接洽员，也能把那些公民——小袋子——的名字放入最高执政官名单专用的袋子中，由于这里面的名单上人数较少，所以被实际选任官职的机会较大。[33]

即便如此，在美第奇政权建立前夕，有资格从政的公民也占了佛罗伦萨人口——1427 年时约为 3.7 万人——的相当大一部分，[34] 很可能超过了一半（大约 2 万人）；另一方面，还是按照赫尔里希（Herlihy）与克拉皮施（Klapisch）的计算，46% 的人不到 20 岁，[35] 任职的最低年龄是 25 岁，30 岁才能担任最高执政官。

同时必须记住，主要职位只是提供了一部分在佛罗伦萨及其领地轮流充任的官职。只有少数最敏感的官职才像许多下级官职一样

〔32〕 Kent, 'The Florentine *reggimento* in the fifteenth century', p. 587.
〔33〕 参阅 *Cronica volgare di Anonimo Fiorentino*, ed. E. Bellondi, *Rer. Ital. Script.*, 27, 2 (Città di Castello, 1915-Bologna, 1917), pp. 34-35。
〔34〕 D. Herlihy and C. Klapisch-Zuber, *Les Toscans et leurs familles* (Paris, 1978), p. 183.
〔35〕 同上，pp. 148, 375。

临时通过直接选举充任，但也是在资格审查之前采用抽签的常规办法。这些对于"内外官职"的资格审查，涉及十人特别委员会和八人卫队这样的执政官（他们的重要性在某些方面并不亚于，甚至还超过了执政团的官职），以及比萨和阿雷佐长官这样的地方最高行政官（他们既有广泛的权力也承担着巨大的责任）；但是这种审查也使公民有资格在佛罗伦萨及其领地担任次要行政官职。如果说参政和参与行政管理意义上的共和经验是基于任职资格，那么它的范围就相当广泛了，尽管这种资格被划分为许多等级。

但是，如果我们从实际参与决策这个角度来定义共和经验，画面就大不相同了。在包括每年都要补缺的各委员会成员在内的3000 个额外职位中，[36] 属于政府行政部门的职位，迟早都会完全被那些有资格的一小部分公民所占据。

另一方面，尽管只有一小部分公民能够实际参与决策，但迅速的轮流任职却发挥了平衡作用。此外还有一个补充办法，即执政团有规则地利用顾问委员会，这些委员会的构成成分除了当然的成员之外，还包括并不属于政府行政部门的公民。

在这种体制中，没有任何身份——这些集会的构成或委员会——决定于执政团按照惯例做出的选择。召集优秀公民是由来已久的固定做法。在 1382 年以后建立的政体下，委员会成了贵族统治特征最可靠的反映。由于执政团几乎不可能无视他们的建议，所以他们便成了决策过程中一个实质性的，通常也是决定性的要素。他们越来越经常地体现出新的政治精英风格，到下一个世纪开始时，则从法人团体代言人提出建议的角色进而越来越独

_11_

---

〔36〕 Molho, 'Politics and the ruling class in early Renaissance Florence', p. 407.

立，甚或代表其他成员提出建议。[37]定期召集来参与这些顾问会议的公民代表着统治的精英，在 15 世纪初期，他们的人数大约是 70 名。[38]在这个内部人的圈子里，马索·德吉利·奥比齐从 1393 年开始就居于支配地位，他的儿子里纳尔多在他 1417 年死后继承了这个地位。然而，他们是与少数其他杰出公民分享这个地位的，比如里纳尔多·吉安菲格里亚齐和尼科洛·达·乌扎诺，而且他们在政府中发挥实际影响的地位并没有贬低政府的贵族统治性质。

立法会议持续发挥的作用则平衡着这个政体的贵族统治与精英化趋势。由于政府决策必须得到这些会议，尤其是人民议会成员的同意，所以它们便成了政体内部的政治参与，从而成了共和经验最民主的特征。但是，对于绝大多数佛罗伦萨公民来说，还有另一个更受限制的领域可以亲身感受这种经验。达尔与肯特最近在一项开拓性的研究中展示了旌旗手在被划分为 16 个行政区的佛罗伦萨公民生活中发挥的作用。[39]旌旗手有他们自己的集会，主持集会的是旗手团，他们在选举审查中代表自己的行政区提名有资格担任官职的居民，帮助公社分配指派给他们所在行政区的税负，尽管地籍册（Catasto）在 1427 年之前和 1434—1458 年不曾生效。他们定期在主要堂区的教堂中集会，选出居民委员会作为税额评定受托人，这样就为地方层面的公民参与提供了一些机会。不过这里的表象可能也是靠不住的，比如在一些作者研究过的红狮（Lion rosso）区，46 年间出席这些集会的公民大约有三分之二都属于 10 个到 15 个家族，即"统治这个城市同时也为地方

---

[37] G. Brucker, *The Civic World of Early Renaissance Florence* (Princeton, NJ, 1977), pp. 284ff.

[38] 同上，p. 264。

[39] *Neighbours and Neighbourhoods*, pp. 17-19.

旌旗手圈子提供领导人的贵族家族"。[40]   *12*

　　在一个比较普遍的共和经验层面上，全体公民的民众大会
（ parlamenti ），比如帕杜阿的马西利乌斯所说人民的立法机构，就
被认为拥有共和国最终的政治权威。不过，他们只是在难得一遇
的情况下被召集来批准宪政改革，或者向专门选举产生的委员会
授予全权进行这种改革。

　　就佛罗伦萨政治制度是建立在直接参与的基础上而言，共和
经验在立法会议和委员会成员资格以及担任公职方面表现得非常
明显。广义地说，这种参与从理论上可以看作是代表，帕尔米耶
里写道，"每一个好公民，当处在代表公民的行政官位置上时，在
每件事情面前，都必须明白，他不是独立的个人，而应该代表整
个城市的所有人"。[41]帕尔米耶里这里是在反复要求把公益置于
私利之上，这在 1426 年以后的年代中尤其常见和突出，此一时
期结束于 1380 年代以来支配着佛罗伦萨的那个政体的土崩瓦解。
现在，"对责任的争夺"成了两大对立宗派形成的主要原因之一。
1429 年新设立的法律规则保护监管执政官，最好不过地说明了这
种政治结构受到的震动程度：他们的功能就是阻止不合格的公民
担任官职并检举滥用公职的公民。这导致了告发盛行，但几乎没
有约束到政体的派别精神，相反，可能还强化了这种精神。[42]

　　马基雅维里把派别活动看作佛罗伦萨政治体的一个痼疾，是
这个城邦历史上一个无处不在的话题。他在《论佛罗伦萨政务》
中认为，15 世纪初期贵族统治的衰落，其原因之一就在于"大

---

[40]　*Neighbours and Neighbourhoods*, pp. 77-78.

[41]　*Vita civile*, p. 131.

[42]　参阅 D. Kent, *The Rise of the Medici* (Oxford, 1978), pp. 201-2, 244-5; Brucker, *The Civic World*, pp. 490-2。

人物们毫无忌惮地拉帮结派，他们正是一个国家的祸根"，亦即政权的祸根。[43]但这恰恰是法律监管（Conservatori di leggi）想要达到的目的之一。在这方面，新的官职很大程度上是起了反作用的，由此可以表明，与马基雅维里的信念相反，对这个难题并无制度补救措施，因为没有什么东西能够阻止诽谤，尽管他相信"假如佛罗伦萨曾有过指控公民并惩罚诽谤者的命令，就不会出现这么多已经出现的丑闻"。[44]但是，马基雅维里对这个政体的凌厉批评是，它是一个"由精英统治的共和国"，[45]一种很容易变成寡头统治的政府形式，他把这种形式谴责为腐败。[46]至于他是否对此给出了平衡的说明，则是一个不同的事情。可以认为，他本人对佛罗伦萨共和政体运转的经验，有力地影响了对其种种弊病的分析，因为这个政体在许多方面已经大不同于15世纪初期的情况。

这个新的政体建于统治佛罗伦萨60年的美第奇家族于1494年被驱逐之后。马基雅维里说，1434年取代了前政权的美第奇政权——"科西莫的国家"——更"倾向"于公国，而非共和国。[47]因此准确地说，这意味着无论制度改革及科西莫的影响多么有效和普遍，新的政权绝没有消除共和经验。它的所作所为深刻地改变了这种经验。因此，在结束本章之前，应当考察一下1434年之后这种经验所经历的若干主要变化。

――――――――

〔43〕 *Tutte le opere,* p. 24. 关于 *stato* 一词的含义，见 Rubinstein, 'Notes on the word *stato* before Machiavelli', 收于 *Florilegium Historiale, Essays presented to Wallace K. Ferguson,* J. G. Rowe and W. H. Stockdale, eds. (Toronto, 1971), pp. 314-26。

〔44〕 *Discorsi,* I, 8; *Tutte le opere,* p. 89.

〔45〕 *Discursus,* 同上，p. 24。

〔46〕 *Discorsi,* I, 2；参阅 *Istorie fiorentine,* VII, 3, 4；同上，pp. 80, 794。

〔47〕 *Discursus,* 同上，pp. 24-25。

基于抽签和资格审查的选举制度继续存在，[48] 但资格审查的间隔越来越长，因为各委员会的成员被要求忠于该政权，虽然绝大多数官职的任用仍像以前一样从袋子中抽取名字，但最敏感、最有权的那些官职，比如十人特别委员会，则越来越按照美第奇的议会选举方式任用。至关重要的是，以抽签方式选任执政团成员的做法第一次被临时中止，随后便实际上永久废除了。执政团现在是被一只手——事实上是一种高度选择性的抽签——被接洽员选举出来的，他们最初是一些负责在资格审查之后往袋子里装名单的技术官员，如今却变成了这个政权的关键制度，因为他们不得不设法保证执政团成员来自美第奇家族的可靠支持者，而执政团的权力在法律上并未削弱，理论上说他们还可以推翻政权（比如 1434 年 9 月科西莫从流亡中返回时的情况）。就其社会结构来说，这个政体保持了它的前身那种向上和向下的流动，但这种流动，从而还有对政治参与的共享，如今却日益受到自上而下的支配。这就产生了一个新的、不断扩大的政治庇护网。我们现在看到的不是求情，即向资格审查委员会成员献殷勤以求获得担任公职的资格，而是求助于这个政权的领导人使自己或亲戚朋友入选执政团，至少从袋子里抽中他们的名字，这样就可以作为"知名者"而被认为有了资格，尽管他们不会得到任命。在洛伦佐时期，这种吁请曾达到了如此比例，至少在一个场合——1485 年洛伦佐给他的秘书尼科洛·米开罗齐写信绝望地问道："在执政官方面，你什么也不用向我报告，因为我不想要这个负担，我只希望菲利普·卡杜其得到执政官的任命……至于其他的（执政官），他们想要谁就让他们任命吧，请你们将我从这些请求中解脱出来，

14

----

〔48〕 关于以下内容，参阅 Rubinstein, *The Government of Florence*, pp. 56ff.

因为我有很多想要成为执政官的人的来信，数量远远超过了一年中可以任命的执政官人数……"〔49〕比以前有过之无不及的是，三个主要职位的资格或任命都能使一个公民在政府中享有特权地位，但在这个群体中，成为正义旗手的知名者或任职者最终构成了日益等级制的政权中的精英。同时，执政团政治影响和独立权威的衰落，也必定会改变它在政府成员政治经验中发挥的作用。人民和公社的立法会议更是如此，它们作为政府多数成员政治参与的主要领域，第一次被美第奇家族的特别委员会取而代之，自 1459年起则被新的百人会议取而代之。相反，有着贵族政体突出特征的咨询性委员会和他们为之充当顾问的执政团一起，则逐渐丧失了其重要性，并在洛伦佐时期由于种种实际目的而被废除，他们的地位被美第奇宫的非正式会议所取代。正如阿拉曼诺·李努奇尼在 1479 年严厉批判该政权时所说，尽管先前"在进行了讨论之后，大人物们在另一个方面对现状进行了自由权衡，但因为在任何实际情况下这都一望而知，……现在……当我们的卡图只用了很少的（时间）就促成了伟大事务的决议，我们可以看到，明日，相同的事务……将会得到（应有）的安排"。〔50〕第二年设立的七十人会议成了共和国的最高议会，而帕齐密谋之战结束以后则重新确立了洛伦佐的支配地位，也是对该政权的主要公民提出的这种批评所做出的回应。它的规模与 15 世纪初期贵族政权的内部人圈子极为接近，但是不同于前政府松散的精英结构，美第奇政权的精英结构是制度化的，而且只以一个人的马首是瞻。

———————

〔49〕 Florence, Biblioteca Nazionale, Fondo Ginori Conti 29, 129, I (Bagno a Morbo, 17 April) .

〔50〕 *Dialogus de libertate,* ed. F. Adorno, in *Atti e Memorie dell' Accademia toscana di scienze e lettere 'La Colombaria'*, 22 (1957), p. 284.

如果说在美第奇家族治下，参与统治这个意义上的共和经验发生了深刻变化，那么公民对于共和政治本身的理解也同样如此。现在，他们对执政团的权力与威严的敬畏，在很大程度上变成了对政权首脑的敬畏，他与执政团不同，他可以分配大量的政治庇护，他被人文主义者以及谄媚者赞颂为理想的统治者，尽管洛伦佐本人自称只是一介平民。[51] 政府本身也对美第奇家族强加给共和体制的控制与束缚，尤其是放弃传统的选举政府方法提出了批评。这种批评在皮耶罗·德·美第奇治下的 1465 年达到了顶点，此时选举之手事实上已被暂时废除。但是同时，抵制美第奇家族控制时在做出夭折的共和主义反应过程中发挥了主导作用的贵族也与洛伦佐达成了一致，即"佛罗伦萨人永远不可能脱离国家而生存"，那意味着他们在政权中没有显著地位。[52] 他们亲眼目睹并且很不情愿地接受了操纵选举制度而形成的这种社会流动，因为它比那个世纪之初的贵族政体更少开放自由的机会。在 1484 年进行美第奇时代的最后一次资格审查时，皮耶罗·圭恰迪尼指出，"为了满足需求，要持续审查新的成员，并接纳新的团体，驱除旧的成员；仅此而已"。[53] 更难估量的是人民对他们分享共和政治以及参与意义上的共和经验不断被削弱所做出的反应。洛伦佐死后不过两年半就发生了反抗其子皮耶罗的起义暴行，这表明该政权并不像它后来的辩护士们所说的那样深得人心，而且 1494 年以后大委员会受到的热烈欢迎也印证了这一点。

----

〔51〕 见 A. Brown, 'Platonism in fifteenth-century Florence and its contribution to early modern political thought', *The Journal of Modern History*, 58 (1986), 383-413; Rubinstein, *The Government of Florence*, pp. 226-8。

〔52〕 同上，pp. 140ff; *Ricordi* of Lorenzo de' Medici, ed. A. Fabroni, *Laurentii Medicis Magnifici vita* (Pisa, 1789), II, p. 42。

〔53〕 Ed. Rubinstein, in *The Government of Florence*, p. 323.

不论共和经验在美第奇家族统治时期发生了多么大的变化，但与 15 世纪初期的情形仍有许多相同之处，其共同特征之一就是通过选举审查提供任职资格而分享统治，另一个特征是在一个相对较小的公民群体中有效参与决策的精英化集权，第三个特征则是政体的社会结构内的流动性。1494 年 12 月的宪政改革改变了政治参与的形式，从而也改变了共和经验，其变化程度堪与 1282 年设立修道院院长职位相比拟。大委员会的 3000 多名成员变成了一个实际上是封闭的阶层，他们通过选举执政团与高级官员而垄断了官职任免和立法权，对行政的控制达到了空前的程度。[54] 大委员会的准入资格是三代以上都曾被任命为三个主要职位的"知名者"与"任职者"，另外还有其他一些准入条件。出于种种实际目的，其成员仅限于本人或祖先在美第奇家族统治时期有资格从政的公民。这种连续性就是佛罗伦萨共和国政治中的社会结构特点，它相对来说几乎没有受到共和国政权变更的影响。[55] 从扩大或限制参政与决策这个角度来看，贵族制、寡头制和民主制倾向之间的紧张关系和冲突现在是在大委员会中上演的，并导致了大委员会选举办法的变革，最终则是导致正义旗手变成了终身官职。[56]

新的共和体制建立时马基雅维里刚刚达到最低任职年龄，大委员会便为他的共和经验提供了框架。但这种经验应是另一章的主题了。

---

〔54〕 见 N. Rubinstein, 'I primi anni del Consiglio Maggiore di Firenze (1494-99)', *Archivio Storico Italiano*, 12 (1954), pp. 103-194, 321-347。

〔55〕 见 R. Pesman Cooper, 'The Florentine ruling group under the "*governo popolare*", 1494-1512', *Studies in Medieval and Renaissance History*, 7 (1985), 73ff, 92ff.。

〔56〕 参阅 Guicciardini, *Storie fiorentine*, pp. 136-7, 178-9, 242。

第二章　马基雅维里与意大利各共和国的 危机

埃蕾娜·法萨诺·瓜里尼

在马基雅维里的著述中不可能感受不到他那个时代种种事件的压力。他的反思和政治建言无不是直接针对这些事件而发。因此，学者们尽管使用不同的准绳进行解释，但往往都把马基雅维里的主要著述视为对于各共和国的危机——总的来说是对意大利各个小城邦的危机——做出的直接而又强烈的反应，因为这是一场他终生都未能看到最后结局的危机。这是费德里科·沙博论述《君主论》的那部经典著作的主题。[1] 不过，帕斯夸尔·维拉里和奥雷斯特·托马西尼 19 世纪的皇皇传记就已经以同一个总体设想为依据了，这位佛罗伦萨国务秘书的生平、著述和"时代"密不可分地交织在其中。[2] 最近科拉多·维万蒂也使用了这个基本解释，他认为《论李维前十书》不是一部理论著作，而是一次具体的政治建言，是在仍然无法看清最后结局的政治局势中重建意大利各共和国的一次宣言。[3] 因此，"马基雅维里与意大利各共和国的危机"是个容易引起过于广泛争议的问题，如不稍加限定并做出某

---

〔1〕　F. Chabod, 'Del *Principe* di Niccolò Machiavelli' (1925), in *Scritti su Machiavelli* (Turin, 1964) .

〔2〕　P. Villari, *Niccolò Machiavelli e i suoi tempi* (Milan, 1897), 3 vols.; O. Tommasini, *La vita e gli scritti di Niccolò Machiavelli* (Rome, 1881-1911), 2 vols.

〔3〕　Introduction to N. Machiavelli, *Discorsi sopra la prima deca di Tito Livio*, Corrado Vivanti, ed. (Turin, 1983) .

些初步的说明，我就不可能讨论这个问题。

其他一些学者还特别关注《君主论》和《论李维前十书》问世的思想和意识形态背景。在费里克斯·吉尔伯特新近的经典之作中就可以看到这个重点。[4] 然而，对于吉尔伯特来说，问题的这个方面与对马基雅维里经验到的特殊政治与文化形势的总体评估密切相关。在其他更为晚近的研究中，对思想背景的强调使这种看法发生了根本的变化。阿尔伯托·藤恩蒂指出了塑造政治反思的"精神工具"（卢西恩·菲布雷所说的 outillage mental）这一概念的重要性，尽管这些工具最终可能会被政治思想的发展所改造。因此，藤恩蒂认为，在马基雅维里的精神世界中发挥作用的，是一种牢固而复杂的公共遗产和对这种遗产正在走向败落的意识。[5] 约翰·波考克与昆廷·斯金纳也曾试图证明，围绕"美德"与"文明生活"概念而形成了一套共和主义"语言"。马基雅维里知道《君主论》和《论李维前十书》在这种传统中代表了一个重要的转折点；但它们既不能被看作它的源头，也不是它的最终结果。[6]

[4]   F. Gilbert, 'The humanist concept of the prince and "The Prince" of Machiavelli' in *Journal of Modern History* (1939); 'Bernardo Rucellai and the Orti Oricellari: a study on the origin of modern political thought' in *Journal of the Warburg and Courtland Institutes* (1949); 'Florentine political assumptions in the period of Savonarola and Soderini', *Journal of the Warburg and Courtland Institutes* (1957), 现收录于 Gilbert, *Niccolò Machiavelli e il suo tempo* (Bologna, 1964)。见 Gilbert, *Machiavelli and Guicciardini. Politics and History in Sixteenth-Century Florence* (Princeton, 1965; new edn New York and London, 1984)。

[5]   A. Tenenti, 'La nozione di "stato" nell'Italia del Rinascimento'in Tenenti, *Stato: un'idea, una logica. Dal comune italiano all'assolutismo francese* (Bologna, 1987), pp. 53-97; A. Tenenti, '"Civiltà" e civiltà in Machiavelli', *ibid.* pp. 119-36.

[6]   J. Pocock, *The Machiavellian Moment: Florentine Political Thought and the Atlantic Republican Tradition* (Princeton, 1975); Q. Skinner, *The Foundations of Modern Political Thought. I The Renaissance* (Cambridge, 1978). 另一项重要的研究是 H. Baron 的 *The Crisis of the Early Italian Renaissance* (Princeton, 1966) (2nd edn)。

相信马基雅维里的著作是对他那个时代的危机做出的直接反应的人们，认为这些著作有着绝对独一无二的重要性，它们突出表明了马基雅维里著述的独创性和新颖之处，但也具有许多连续性成分以及与历史的大量联系。

这两个基本视角很有助于分析马基雅维里对他那个时代的思考以及随后出现的特殊历史进程。然而，在此我希望提出一个双重问题，尽管它并不新颖，但我认为能够引出某些出乎意料的答案。马基雅维里的政治经验如何并在多大程度上改变了传统的范式和政治语言？它们是如何保存在马基雅维里的著作中，又是如何继续限定——甚或约束——他的观念在提供分析手段、判断标准和表达方式时出现的巨大跨度的？

为了给这些问题提供一个完整的答案，大概令人极感兴趣的就是遵循词语研究和语义分析的路径。许多人已在试图这样做，但是，这个研究路径至今没有引出潜在的结果。[7] 我也曾试图定义马基雅维里著作中使用的国家（stato）与城市（città）、自由（libertà）与公民（vivere civile）、人民（popolo）与大人物（grandi）等术语的含义，但是我相信，最有成效的做法还是从他的著作中（不论是作为仔细考察的对象还是以简要评论的形式）出现的各种宪政模式[8] 入手，从而发现它们是如何阐述、讨论和

19

---

[7]　词语和语言学分析在许多马基雅维里思想研究中都清晰可见。关于比较专门的研究，除了上面两个注释提到的以外，另见 F. Chiappelli, *Studi sul linguaggio del Machiavelli* (Florence, 1952)，以及 *Nuovi studi sul linguaggio del Machiavelli* (Florence, 1969)。见注 39 和 49 关于专用术语的研究。

[8]　我这里是在非常宽泛的意义上使用"宪政"和"宪政的"，类似于 A. Anzilotti, *La crisi costituzionale della repubblica fiorentina* (Florence, 1912) 或 N. Rubinstein, 'Politics and constitution in Florence at the end of the fifteenth century' in *Italian Renaissance Studies*, E. F. Jacob, ed. (London, 1960) 的用法。

不时比较这些模式的。事实上，这是政治语言使用定义和具体含义时涉及的一些结构，而且能够据此澄清政治语言。

16世纪头几十年间，的确是一个鼓励政治体制比较与讨论的时代。在佛罗伦萨，意大利战争始终伴随着阻止共和政体向君主政体转变的艰苦斗争。总的来说，与欧洲列强的冲突给这个城邦带来了一些新的模式，有时还伴以获胜的列强才拥有的声望。这些新欧洲的模式显然完全不同于共和制模式，但与专制模式也极少共同之处，按照汉斯·巴隆甚至更早一些人的说法，专制模式的对立面是城邦人文主义者，按照昆廷·斯金纳的说法，它的对立面是中世纪的"独裁官"。意大利政治世界的构成与这些欧洲模式背道而驰，因为它们的由来、结构和巩固正当性的手段一直就被认为是不可仿效的。然而，它们可能有助于刺激那些具备必要能力的人去理解新的分析和阐述比较性的评价。就可能涉及的语言和传统的重要性而言，它们还能促使意大利人反思共和主义政治制度的某些关键环节，在军事冲突时代和面临不同政治理想时，这种制度最终会显得非常脆弱。

尽管《君主论》和《论李维前十书》提出了不同的政治方案，马基雅维里对这些问题所抱的忧患意识却是出现在这两部著作中的统一的动机。也许它就是催生了这两部著作的基本主题之一。在马基雅维里的思想中，典型的城邦人文主义范式和意识形态对比仍然活灵活现，不过我们也会看到还有另一个超出了这些观念范畴的世界。正是这另一极，使得马基雅维里能够抱着批判的态度看待传统遗留下来的模式和价值观，揭示那些深不可测的缺陷，更尖锐地意识到了它们的危机。

2*一个人的传记有时会暗示要小心阅读他的著作，但有时也

---

*   原文如此，下同。——编者注

会暗示具备何种恰当的眼光才能做到小心阅读。因此，尽管别人已经论及这个方面，[9] 而且罗伯特·布莱克也在此进行了讨论，但也许我还是应当简要回顾一下马基雅维里在共和国时期的角色和职责，这两个因素都对他产生了持久的影响。

佛罗伦萨是马基雅维里生活的中心，正如他在 1527 年写给韦托利的信中所说，他爱这个城市"更甚于爱灵魂"。我们在这封信中可以看到，感情、友谊和职业义务把他与佛罗伦萨紧紧拴在了一起。我们可以用 1513 年他的朋友写给他的信中的话说，他和韦托利一样热爱佛罗伦萨，"一般而言，对所有的人……对法律、习俗、城墙、房屋、街道、教堂和城郊居民"，都是如此。[10] 不过，尽管他对这个城市抱着由衷的感情——这反映了典型的公社世界的生存模式和情感，但"尼科洛老兄"——弗朗西斯科·韦托利说他"非常杰出和尊贵"——却从来没有过正式的公民权利。虽然他出身于一个早在 14 世纪就有人担任高官的家族，但即使在 1494—1512 年的平民政府（共和政体）期间，他也没有成为享有正式公民权利并有望当选城邦执政官的那些人当中的一员，就是说，他并非既得利益者之一。当然，他也不属于贵族群体，更有甚者，他还不属于人民。其他那些古老家族的后裔发现自己也处于同样的境况，而且苦不堪言：它甚至能使一个人决意背弃共和制——比如《他的时代的历史》（*Storia del suoi tempi*）的作者皮耶罗·瓦格林蒂就是这种情况，[11] 他认为这就

---

〔9〕　见 R. Ridolfi, *Vita di Niccolò Machiavelli*，第七次修订版（佛罗伦萨，1978），p. 25ff，尤见 N. Rubinstein, 'The Beginnings of Niccolò Machiavelli's career in the Florentine Chancery', *Italian Studies*, II (1916), pp. 72-95 和 'Machiavelli and Florentine politics' in *Studies on Machiavelli*, M. P. Gilmore, ed. (Florence, 1977), pp. 3-28。

〔10〕　N. Machiavelli, *Lettere*, ed. F. Gaeta (Milan, 1961), pp. 505, 285.

〔11〕　P. Vaglienti, *Storia dei suoi tempi, 1494-1514* (Pisa, 1982), pp. 26-7, 32-3.

是希望美第奇家族复辟和君主制统治形式卷土重来的一个理由。

我们也许能够体会马基雅维里对于他被排斥在公民之外的感受，他在《论佛罗伦萨步兵条款》中以特别傲慢的态度对佛罗伦萨当局说道："你们的司法体制是软弱的，你们的军队则不存在。"[12] 总之，广为人知的是，1498 年他进入了国务厅，这是一个辅佐最重要的文职官员（执政团和十人特别委员会）的技术部门，履行他们的政治职责，记录他们的决定，处理他们的通信，并代表他们出使。到 15 世纪，国务厅在所有城邦中都是一个不得不在某种程度上越来越重要的部门，不管它是君主制还是共和制的城邦。正如里卡尔多·弗比尼指出的那样，[13] 尤其是在佛罗伦萨，这个部门经历了一个合并过程，同时作为旧公社的一个部门正在失去以往的重要性。因此，尽管马基雅维里不是享有正式权利的公民，他却是一个公务人员，用马基雅维里本人不无自豪地对另一位国务秘书使用的说法，他是公职人员（uomo pubblico）。[14] 由于他的角色局限，他不可能掌握任何决策权力，但他承担了负有责任的行政职能，而且可以作为顾问发挥某些影响，犹如我们今天所说的专家。此外，一直到去职之时，他对所有公共事务（问题和机密）都了如指掌，而随后的闭目塞听则使他苦不堪言。所以，国家就是他的技艺、他的职业，尽管那并不是他的国家。

从我们的观点来看，讨论马基雅维里的角色究竟主要是个技术角色抑或是个完全的政治角色（正如许多人认为的那样）并无

---

〔12〕 N. Machiavelli, *Arte della guerra e scritti politici mionori*, ed. S. Bertelli (Milan, 1961), p. 95.

〔13〕 R. Fubini, 'Classe dirigente ed esercizio della diplomazia nella Firenze quattrocentesca' in *I ceti dirigenti della Toscana del Quattrocento* (Florence, 1987), pp. 117-91.

〔14〕 1499 年初从佛罗伦萨致一位卢卡国务秘书的信，收于 N. Machiavelli, *Lettere*, p. 48.

太大意义。[15]更令人感兴趣的是指出他的官职的独特特性（这大不同于他的前辈们，即人文主义类型的国务秘书）以及他从中积累的经验的性质，对于后者，我们可以从他国务厅时期的政治通信和作品中了解到，这当中有比他后来的主要著作中更早、更直接的反映。这种经验主要是在佛罗伦萨以外产生的，但我们知道，马基雅维里对这个城市倾注了强烈的独特感情。无论是不得不出访那些发生叛乱、威胁到佛罗伦萨的地区（例如比萨），还是巡回乡村试图招募国民军，都让他直接经验到了佛罗伦萨领土国家的问题，即它的统治区（dominio）问题。他耗费大量时间来处理佛罗伦萨与其他列强的关系。可以说，他成了军事问题和国际事务的专家：他频频奉派出使承担外交使命，一般都是陪同官方的雄辩家、官方大使，通常是一个重要公民。他不仅参与谈判、执行具体指令，而且搜集传送情报，评估时局、政治关系和力量对比，并尽可能预见未来事态和提出适当建议。也许他正是从这些经验中养成了仔细探究有效事实（verita effettuale）的习惯，这成了他后来著作的标志，尽管他从未放弃他的热情和信念。

22

　　他首先上升为皮耶罗·索德里尼的顾问，就是靠的这门技艺。他在佛罗伦萨的权势人物中博得了巨大声望，但同时也遭到了猛烈抨击。[16]1512 年失宠之后，马基雅维里认为，他可以坦率而忠

〔15〕　塞尔吉奥·贝尔特里在为马基雅维里的《全集》（vol. 1, pp. xivff., Milan, 1968）所作的导论中认为，马基雅维里在国务厅的活动有着非常重大的政治意义。另见 'Petrus Soderinus Patriae Parens' in *Bibliothèque d'Humanisme et Renaissance. Travaux et documents*, 31 (1969), 109ff.; 'Machiavelli e la politica estera fiorentina' in *Studies on Machiavelli*, pp. 29-72。

〔16〕　例如比亚吉奥·波拿科尔斯 1499 年以后写给马基雅维里的信即可证明。见 N. Machiavelli, *Lettere*。关于波拿科尔斯，见 D. Fachard, *Biagio Buonaccorsi* (Bologna, 1976)。另见 J. N. Stephens and H. C. Butters, 'New Light on Machiavelli', *The English Historical Review*, 97, 1982, pp. 54-69。

诚地向美第奇家族提供同样真正有效的服务，并且他的朋友韦托利向美第奇家族推荐了他。[17] 不过，他在国务厅任职时期形成的这门技艺，却深刻影响了他的政治意识形态的某些方面。

3 不足为奇，正如尼古莱·鲁宾斯坦指出的那样，马基雅维里是个"公众人物"而不是一个党徒，所以直到后来，在他被迫去职之后，他才开始论说与佛罗伦萨政治斗争联系在一起的宪政问题。[18] 这时他遵循的就是一条不同的路径了，他敏锐地意识到了佛罗伦萨共和国以及总的来说共和制度的危机。事实上，在1513—1514 年，马基雅维里和韦托利热烈讨论的话题，就是法国与西班牙的停战及其可能的政治理由，以及战争重新爆发的可能性，教皇面临的政治抉择，瑞士在米兰面临的风险评估，法国人可能卷土重来所具备的优势和风险。他们非常关注国际局势，试图设计甚至发明一种新的政治平衡的可能框架，以保存佛罗伦萨乃至整个意大利城邦制度的自由。他们并未论及可能的民治形式，他们的主要关切是国家的存续。这就是他们对于危机做出的反应。这些话题是他们在通信中时而异想天开，时而心血来潮，时而诙谐消遣时讨论的内容，而且似乎直接导致了他们友谊的破裂。

然而，在 1512 年之前的政治作品中，马基雅维里似乎就明确或含蓄地审视了各国的体制、基本组织或者毋宁说实质结构。不过，他是严格按照他自身的职业兴趣标准进行这种审视的，它完全不同于绝大多数佛罗伦萨公民所关心的政治标准。他关心的是如何统治臣属地区，而在他批评佛罗伦萨统治阶级对这些地区的

---

〔17〕 R. Devonshire Jones, *Francesco Vettori. Florentine Citizen and Medici Servant* (London, 1972).

〔18〕 N. Rubinstein, 'The Beginnings', p. 16ff. 另见里卡尔多·弗比尼的评论, 'A proposito della relazione di N. Rubinstein', 载 *Studies on Machiavelli*, pp. 373-393。

政策的背后，人们可以经常感觉到他对佛罗伦萨宪政的忧虑，他认为——尽管并没有十分清晰地加以表述——迫切需要一个新的基本宪政框架。在《论佛罗伦萨步兵条款》（1506）中，佛罗伦萨地区那种无休止的动荡，臣属城邦构成的"一个行省中重要的反抗中心"所带来的危险，都与佛罗伦萨周围直接臣属的乡村地区（contado）的宁静形成了鲜明对照。对体制问题和利用佛罗伦萨臣民提供军事服务问题的分析，以及衡量共和国实际军事能力，都与这种对比有关。[19] 统治区也是暴露佛罗伦萨无力进行恰当统治的一个方面，这清楚地表明了一个既没有武装也没有司法的城邦既不能保护也不能惩罚它的臣民，马基雅维里在《关于税收问题的讨论》中就已经指出了这一点。领土体系破碎，防御低劣，动辄屈从于外来压力，各城邦在"渴望你死我活"中遭受的内部瓦解，都能危及它的继续生存。这就是上演各城邦命运的平台，"它们或因被抛弃，或因被征服而丧失力量"。[20] 因此，在马基雅维里看来，巩固领土国家才是实质所在。如果说这首先意味着加强佛罗伦萨的司法及其军事体系，那么实质上也是调整臣属地区的内部关系，回报忠实臣民并惩罚反叛的城邦以彻底削弱之。这是能够从《关于对待反抗的瓦尔蒂扎纳人民的方式》中得出的最为重大的教训，[21] 在那里，马基雅维里第一次被罗马的楷模迷住。他

---

〔19〕 N. Machiavelli, *Arte della guerra*, p. 96.

〔20〕 同上，pp. 57-62。S. 伯特利除了介绍性说明马基雅维里《战争艺术》之外，还介绍了他任国务秘书时期的作品，见 J. J. Marchand, *Niccolò Machiavelli. I primi scritti politici (1499-1512)* (Padua, 1975)。至于有无可能把它们视为马基雅维里思想——即便是为他人代笔——的真实表达，见 Marchand, 'Ambiguité du discours du pouvoir dans le premiers écrits de Machiavel' in *Le Pouvoir et la plume. Incitation, contrôle et repression dans l'Italie du XVIe siecle* (Paris, 1982), pp. 51-62。

〔21〕 见 N. Machiavelli, *Arte della guerra*, pp. 72-75。

根据李维论述卡米卢斯 * 和反叛的拉丁民族的篇什（viii，13，11-18）探讨了罗马，我们将会看到，这些篇什对于国家概念特别重要。

在马基雅维里著述的这个早期阶段，我们只能看到对于威尼斯宪政的有限考虑。但在阿尼亚德洛战役之后马基雅维里从维罗纳发给十人团的快件中，此时正在咄咄逼人扩张势力的威尼斯共和国，看上去几乎就是一个国家正在解体的象征性范例，从中我们可以看到像对佛罗伦萨的情况那样对于领土统治权问题的同样关注。马基雅维里从维罗纳估量了威尼斯军队的弱点，他观察了统治城邦与臣属城邦之间的关系，看到了形成对照的内部力量的作用——维罗纳贵族敌视威尼斯，而人民和农民则支持威尼斯。*24* 从威尼斯本土的旁观角度，马基雅维里似乎重新发现了领土国家的问题，有时还窥见了在其他地方看不到的基本社会关系的复杂性。[22] 正如已经有人指出的那样，[23] 这是对威尼斯历史及其宪政采取批判态度的开端，后来又以更为广泛、更加充实的形式体现在《论李维前十书》和随后的《佛罗伦萨史》中。马基雅维里在这种评价中抛弃了威尼斯神话及其不同民众力量之间的独特平衡，并详细考察了威尼斯与其臣属地区的关系性质。

另一方面，马基雅维里论述法国与神圣罗马帝国的著述则详细讨论了宪政组织与国家结构，这与他的外交活动密切相关。在佛罗伦萨（与在威尼斯不同）不必在结束一次使命时提交综合报

---

*   卡米卢斯（Marcus Furius Camillus，？—公元前 365 年），罗马军人、政治家，在高卢人于公元前 390 年左右劫掠罗马之后领导罗马人恢复了国力，被尊崇为罗马的"第二个奠基人"。——译注

[22] N. Machiavelli, *Legazioni e commissarie*, S. Bertelli ed. (Milan, 1964), vol. III, pp. 1188-1205.

[23] I. Cervelli, *Machiavelli e la crisi dello Stato veneziano* (Naples, 1974), pp. 344-62.

告。然而，按照马基雅维里的说法，"作为外交官，将他所在国家的状况、城市的风貌以及王国的形势汇报给那个派遣他出使的上级"则是可取的。就像许多年后他劝告拉菲洛·吉罗拉米一样，后者在起程前往西班牙时也认为费力撰写综合报告"对于撰写人而言是极大的荣誉，对于撰写的对象而言是极大的实惠"。[24]然而，《日耳曼国家报告》(Rapporto)与《日耳曼国家状况》(Ritratto delle cose della Magna)（时间分别为1508年和1512年）及《法兰西国家状况》(Ritratto di cose di Francia)（按照 J. J. 马尔尚的说法，时间应为1510—1511年）[25]则是极其简要的综合报告。正如作者本人所说，依据不光是听到的传闻，还有在宫廷中和其他国家国务厅那里搜集来的素材，[26]这样获得的见识（要想有用就必须"客观真实"或"有效"）以能被应用于政治问题的方式组织进了这些著作。在1508年，马基雅维里的目的大概是特别实用性的，就是说，在一次非常艰难的出使结束后，为了给佛罗伦萨的对外政策确定方向，他希望说明帝国那种不可思议的脆弱性，而在意大利境内旅行就不可能做到这一点。在后来的岁月中，他的目的更为广泛并与更加综合的思考联系在一起。对那些最宽泛意义上的国家的政治组织的关注是这些著作最突出的特点，而且在这方面与弗朗西斯科·圭恰迪尼作于同一时期的《西班牙报告》

---

〔24〕 *Memoriale a Raffaello Girolami, quando ai 23 d'ottobre parti per Spagna all'imperatore* in *Arte della guerra*, pp, 285-6.

〔25〕 J. J. Marchand, *Niccolò Machiavelli*, pp. 246-79.

〔26〕 例见 *Rapporto delle cose della Magna* in *Arte della guerra*, p. 200, 那里提到了"善人卢卡"搜集的信息（卢卡·里纳尔迪，马克西米连一世最亲密的顾问之一），标注为1508年6月寄自科隆的一封信中则提到了帝国大臣 C. 莫罗送给马基雅维里的日耳曼"carte"，载 N. Machiavelli, *Lettere*, pp. 186-7.

25　（*Relazione di Spagna*）有着最鲜明的差异。[27]一方面，众所周知，马基雅维里描绘了一幅天生强大的帝国画面，"人力、财力、兵力"富足，完美的安排足以保护每一个单独的共同体，却被各个共同体与地区王公之间、王公与皇帝之间、各共同体与瑞士之间的"普遍分裂"以及帝国内部所有势力对"皇帝的巨大权力"的敌视所破坏。这幅画面把各种自由说成是削弱中央集权和阻塞权力之途的因素。此即马基雅维里看到的各行其是的帝国自由城邦的"各自为政"和瑞士人的"真正的自由"，后者是王公贵族的敌人且与"除了那些在政府任职的人，人们之间是没有区分的"格格不入。[28]另一方面，还有一幅君主制的画面，其特征是极富强力或活力，有王室财富的支持，至关重要的是有一种内聚力和对国王意志的普遍顺从。曾经桀骜不驯的贵族则已俯首帖耳，通过严密坚实的契约与王室联系在一起，而且"他们是法兰西的人民，卑微而顺从，对他们的国王怀有极大的敬意"。自由权与公民权（*libertà* and *civiltà*）在这里没有立足之地。国中居民一般都是"平民"——即卑贱之人（*ignobiltà*），他们"许多从属于贵族，许多因其卑贱而在日常生活中意志消沉"。这就是法国步兵素质低劣的原因。虽然人民羸弱，但法国社会的基石却是强大的封建结构。然而，贵族的权力以及他们对臣民的"绝对……权威"，却与国王在财政领域的广泛权力，与国王在各省及王国范围内指派总督和

〔27〕 F. Guicciardini, *Relazione di Spagna* in Guicciardini, *Opere*, ed. V. de Caprariis (Milan-Naples, 1953), I, pp. 27-44.

〔28〕 *Rapporto della cose della Magna*，见 *Arte della guerra*, p. 203; *Ritratto delle cose della Magna*，同上，p. 211。关于马基雅维里对瑞士共同体的看法，见 E. Waldner, 'Machiavelli und die "virtù" der Schweizer', *Schweizer Beiträge zur Allgemeinen Geschichte*, 2 (1944), 69-128; Th. Brady, *Turning Swiss. Cities and Europe, 1450-1550* (Cambridge, 1981), pp. 164-92。

军官的绝对权威，与大法官的绝对统治权，与王室官员的广泛管辖权，与最高法院的权威发生了冲突。[29]

如果说关于佛罗伦萨政治问题的著述和对威尼斯体制的观察引出了城邦共和主义的寻常话题，那么刚才谈到的这三次报告却把我们完全带出了那个传统。这正是它们在马基雅维里著作的发展过程中非常重要的原因所在。它们已不是在具有城邦人文主义特征的"自由或专制"框架内考虑对国家模式进行分析，也没有对共和制与"专制主义"（在我看来这是一个并不适用于16世纪之初的历史范畴[30]）之间提出简单的对比。马基雅维里是在一个完全不同的背景中比较了一些不同的模式，由此凸显了一个完全不同的问题，可以说，这个问题就是欧洲政治的新主角——大国——的形成问题（有成亦有败）。[31]

26

应当指出，第一次报告中使用的语言有一种独特的特性，它在许多方面都不同于《君主论》和《论李维前十书》。之所以如此，可能是因为早先的著述目的是为了积累见识，而不是支持某种意识形态分析，也因为它们涉及的是一些佛罗伦萨人文主义传统之外的现象，大概还因为它们受到了马基雅维里所利用的口头与书面素材的影响。比如在《法兰西国家状况》中，马基雅维里的散文体就有一种特殊的司法与公务腔调，这可以见之于那些专门的拉丁语用法（"绝对统治权"［merum imperium］、"未经国王同意的重罪"［etiam in capitalibus sine consensu regis］、"根据国王的

〔29〕 *Ritratto di cose di Francia* in *Arte della guerra*, pp. 164-92.

〔30〕 例如，我并不认为可以像 G. Silvano 那样谈论"专制主义与共和主义之间的……战役"，见其 *'Vivere civile' e 'governo misto' a Firenze nel primo Cinquecento* (Bologna, 1985), pp. 13, 21。

〔31〕 见 G. Sasso 的评论，收于 *Niccolò Machiavelli*, 2nd edn (Bologna, 1980), pp. 353-356。

意见"［ut regibus placet］）。在论及日耳曼的作品中，马基雅维里的风格表现出了令人惊讶的差别与特性（瑞士人真正的自由），各种范畴有着丰富的社会含义（"贵族"，瑞士各共同体与帝国各自由城邦所见不同的贵族）。这些措辞和范畴特别重要乃是因为它们的具体含义，并且它们将再次出现在后来的著作中（比如《论李维前十书》第一卷第 55 章），成为划分不同宪政模式的基本因素和理解历史进程的一把钥匙。

4 马克西米连不成功的帝国结构在马基雅维里后来的著作中并没有重要地位，而且比他的早期著作有着更加突出的意识形态味道。在他后来的著作中，帝国无非只是一个由皇帝加以调停的脆弱框架，活跃在这个框架中的是"生活方式的极大差异"：瑞士、自由城邦、王公、皇帝（《论李维前十书》，II，19）。现在瑞士各共同体本身已经变成了一种自治模式，一如"阿雷曼尼亚城非常的自由"，看上去更类似《报告》与《状况》（Ritratto）中的情形。它们拥有自己的要塞和武装，不怕皇帝或者任何其他势力。它们是自由的，因为它们建立在公民人人"平等"的基础上，并且对"权贵和贵族"深恶痛绝。它们似乎能被看作古代共和主义城邦美德的典范，这种美德即仁爱与宗教信仰，其作用就是培育公共利益（《君主论》，10；《论李维前十书》，I，55）。但是，它们无瑕的纯洁性却最终使它们成了一个遥远的神话。意大利各共和国之间清正的世界与"腐败"的世界相去太远。关键在于，城邦的布局缺少环绕在周围的依附性乡村，马基雅维里（有人说他错误地）认为这些乡村应当是一些封闭、稳定、古老的微观世界，与他人不相往来，受到帝国范围内特殊政治条件的保护（《论李维前十书》，II，19）。意大利各共和国与君主国的体制大不相同。当然，它们也是一些小邦国，却远更复杂。它们卷入了正在打破欧洲政治平衡的新兴大君主国之间的斗争。由于面临解体的威胁，它们（尤其是佛罗伦萨）不得不谋求扩张以图存。

与这幅帝国画像不同，《君主论》和《论李维前十书》认可并强化了法国的正面形象。除了某些自相矛盾之处以外（有的学者对此大概过于看重了），[32] 马基雅维里对于法国的看法有着基本的内在一致性，给我们描绘了一幅很接近克洛德·德·塞塞尔的《法国君主制》[33] 所描绘的形象。因此，《君主论》——它更多谈论的是美德（virtù），却几乎没有谈到秩序（ordini）——将法国看作典范国家，它的君主几乎没有美德（例见第三章列举的路易十二在米兰所犯的错误），但它具有"不可计数的优秀法规"。这些都是"国王的自由与保证"或"国家与国王的保证"的源泉（第十九章）。如果国王不像土耳其人那样"身处一众古老的贵族之间"且除非身处险境就不能消除他们的优势，他仍会拥有"使他们闭嘴"的手段。首先，那里有最高法院这个"第三裁判人"来约束和调停平民与权贵之间的冲突。国王以这种方式就能始终避开冲突各方，按照黄金律行事。而在马基雅维里看来（使我们想到了某种混合政体），黄金律乃是一个合理稳健的政府的基础："重视大人物，但不招人民的怨恨"（第十九章）。在《论李维前十书》中，对法兰西国王的评价甚至更为消极。这些国王既没有突出的美德，

---

〔32〕 G. Cadoni, *Machiavelli Regno di Francia e 'principato civile'* (Rome, 1974), pp. 129, 148.

〔33〕 Claude de Seyssel, *La Monarchie de France* (1518), ed. J. Foujol (Paris, 1961). 《君主论》或《论李维前十书》中都没有出现西班牙模式，尽管其中特别强调了阿拉贡的斐迪南；见 M. Marietti, 'La Figure de Ferdinand le Catholique dans l'oeuvre de Machiavel: naissance et délclin d'un mythe', 收于 *Présence et influence de l'Espagne dans la culture italienne de la Renaissance*, A. Rochon, ed. (Paris, 1978), pp. 1-54。

也没有显眼的智慧（I，58）。他们由于"不热衷于战争"（I，19）
而被小看，而且像佛罗伦萨和威尼斯的共和政府一样依靠雇佣军，
因为他们解除了平民的武装（II，30）。这个国家本身和西班牙一
样已经局部腐败（I，55），但它"不热衷于战争"（III，1；另见I，
58）。那里的法律卓尔不凡，由最高法院强加给贵族，甚至能够约
束国王，他"可以按照自己的意志处理战争和经济问题，但是剩
下的所有事情，只能遵守法律的规定"，这也是"人民的保证"的
基础（I，16）。

即使法兰西这样一个建立在"古老秩序"基础上的世袭制
君主国，也不是杂乱无章的意大利世界那些危机四伏的共和国与
"新君主"能够仿效的楷模。但在《君主论》和《论李维前十书》
中，法兰西仍是一个要想理解正在发生的过程就必须提到的范例。
它不同于意大利，但和西班牙一样是个完整的领土国家，统一的
帝国行省（provincia）"臣服于一个共和国或一个君主"，其乐融
融（I，12）。

在这种与法国政治体制的比较中，可以看到法律和制度有力
量超越彼此冲突的大人物之间的不和，超越平民之上，甚至超越
国王之上，这就触到了"共和语言"的核心，改变了重要的关键
词的含义。例如《论李维前十书》那些最复杂的篇章之一（I，16）
就是这种情况，在那里，法国再次成为被明确而强有力地讨论的
范例；15世纪关于共和国与君主国各自优劣的争论，始终都是在
自由与安全概念之间进行鲜明对照，在那里却消失了——尽管在
马基雅维里著作的其他篇什中还有很多这种对比，但我们可以看
到这两个术语出现了一种新的关系。马基雅维里认为，自由的生
活无疑不同于君主统治下的生活，而变成"祖国的僭主"的人只
能把部分自由返还给渴望自由的平民。但他继续说道——这就发

展了《君主论》中已经出现的公民君主国主题，"他们有一小部分人渴望自由地发号施令"。事实上，在所有的共和国，"在任何形式的秩序中，有效的统治阶层从来不可能超过四十或五十位公民"。而所有其他人都不过是"渴望自由安全的生活"。正如法国的范例所示，这些人"很容易满足，将秩序、法律及其权力结合在一起，这囊括了所有的保障"。可以毫不夸张地说，马基雅维里在这里似乎把一种结构上不可避免的寡头政治特征赋予了共和主义的权力体系。这里的自由并不意味着像在共和主义的公社传统中那样主动参与国家政治，毋宁说，正如在以后若干世纪中越来越常见的那样，是被动享有一种法律保障下的个人安全。[34]

　　5 我还能引用其他事例说明这种语言上的不连续性，[35] 它们具有极为重大的意义。但它们仅仅是不连续，而不是彻底改观。在《君主论》和《论李维前十书》中，"自由"与"自由生活"以及"公民生活"使用率极为频繁，而且恰恰是在共和主义人文主义的意义上使用的，这样的术语在马基雅维里的后期著作中非常显见。

　　马基雅维里 1512 年之前获得的"现代王室的长期经验"对这些著作的影响，亦可见于他对法兰西和日耳曼的评论中。不仅如此，这种影响不光是在他给予新兴欧洲大国重要性时才是显而易见的，而且在他（尤其是《君主论》，但《论李维前十书》也是）

----

〔34〕 关于马基雅维里对"文明生活"与"安全"之间关系的类似评论，见 J. H. Whitfield, 'On Machiavelli's use of Ordini'，载 *Italian Studies*, 10, 1955, 19-39。关于以参与为基础的积极的政治自由与保障公民权利的"现代"自由之间的差别，可见 J. Ch. L. Simonde de Sismondi, *Storia delle repubbliche italiane del secoli di mezzo* (Capolago, 1844-6), vol. 10, pp. 370-1。

〔35〕 例见《论李维前十书》, II, 2, 那里所说的自由的生活（*vivere libero*）指的是"他们因美德而成为君王"，但也指他们的"财产（并没有）被剥夺"。

给予国际斗争，从而给予军事组织和不同领土的规模与财富重要性时同样如此。但是，尽管作者连续把自己展示为"专家"而不是一个党人，《君主论》和《论李维前十书》却与发生在佛罗伦萨的政治辩论和政治斗争密切相关。这些后期的著作都是在处理一些宪政主题：系于平民和权贵之间的佛罗伦萨政体的命运，美第奇家族与他们的"党派"以及与"全体佛罗伦萨人"的关系，共和国与君主国的取舍。[36] 它们是同一文化和同一政治语言的反映。

事实上，史学界的评论过于关注马基雅维里对佛罗伦萨政治斗争的态度了，他的著作一般都是从这个角度被解释的，尽管他的政治态度实际如何一直众说纷纭。然而，只有极少数史学家看出了他考虑领土国家问题的这种方式。[37] 甚至更鲜有人试图理解两种前景（城市斗争与领土国家）如何共存——假使它们相互作用或者背道而驰的话。然而，正是这种共存，规定了马基雅维里对他那个世界——小国林立的半岛及共和制佛罗伦萨——危机的认识，并显示了这种认识的明确特性与历史局限。为了厘清这种认识的性质，我们可以再次利用某些语言学的观察。

这里无须考察《君主论》和《论李维前十书》之间是否具有理想的连续性或不连续性问题。我也不会像以往人们常做的那样探究两部著作中哪一部是这位前佛罗伦萨国务秘书思想的真实反

---

〔36〕见 A. Anzilotti, *La crisi costituzionale*, R. von Albertini, *Das florentinische Staatsbewusstsein im Übergang von der Republik zum Prinzipat* (Berne, 1955)，另见 G. Silvano, 'Vitere civile'。关于这一时期特别涉及马基雅维里的政治事件，见 J. N. Stephens, *The Fall of the Florentine Republic 1512-1530* (Oxford, 1983); H. Butters, *Governors and Government in Early Sixteenth-century Florence 1502-1519* (Oxford, 1985)。

〔37〕见 G. Procacci 为 N. Machiavelli, *Il Principe e Discorsi* 撰写的导论，ed. S. Bertelli (Milan, 1960), pp. lxiii-lxviii，以及 I. Cervelli, *Machiavelli e la crisi*，尤见 p. 231ff。

映。对立的两方都曾提出过这个问题，一方欣赏的是共和主义者
马基雅维里，比如费里克斯·吉尔伯特与汉斯·巴隆，另一方看
重的是美第奇家族的与君主制的马基雅维里，比如卡尔洛·狄奥
尼索蒂。[38]然而，依我之见，两部著作并没有被足够频繁地提
到的重大差异，在于这一事实：《君主论》尤其要谈论的是国家
（stati），而且一开始就在共和国与君主国之间做出了区分；《论李
维前十书》则是在特别讨论城邦（città），这从第一卷第一章的标
题即可看出："所有城邦的起源"。

　　史学界已经做出了大量研究去追溯国家一词的历史，以及它
在马基雅维里著作中，乃至在文艺复兴文献中的语义变化。[39]事
实上，马基雅维里本人在《君主论》一开始使用该词时就试图给
出它的定义，宛如这是个不同寻常的或者并不完全清晰的术语。
这一章所说的国家，是"所有那些曾经以及仍然高于人民的帝国

---

〔38〕 H. Baron, 'Machiavelli. The republican Citizen and the author of the "Prince"',
English Historical Review, 76 (1981), 217-53; F. Gilbert, *Machiavelli e
Guicciardini*, pp. 133-71; C. Dionisotti, 'Dalla repubblica al principato', *Rivista
storica italiana*, 83 (1971), pp. 227-63, now in Dionisotti, *Machiavellierie* (Turin,
1980), pp. 101-53.

〔39〕 见 F. Chiappelli, *Studi sul linguaggio*, pp. 59-74, O. Condorelli, 'Per la storia del
nome "stato" (il nome "stato" in Machiavelli) ', *Archivio giuridico*, 89 (1923), 223-
35, 90 (1923), 77-112; J. H. Whitfield, *Machiavelli* (Oxford, 1947), pp. 92-3; F.
Chabod, 'Alcune questioni di terminologia: Stato, nazione, patria nel linguaggio
del Cinquecento', 收于 *Alle origini dello Stato moderno* (Rome, 1957), 现收
于 Chabod, *Scritti sul Rinascimento* (Turin, 1967), pp. 630-50; J. H. Hextcr, 'Il
Principe and lo Stato', 载 *Studies in the Renaissance*, 4 (1957), 113-38; F. Gilbert,
Machiavelli e Guicciardini, pp. 271-3; N. Rubinstein, 'Notes on the word stato' 收
于 *Florilegium Historiale. Essays presented to W. K. Ferguson*, J. G. Rowe and W.
H. Stockdale, eds. (Toronto, 1971), pp. 314-26; A. Marongiu, 'La parola"stato" nel
carteggio Machiavelli-Guicciardini-Vettori', *Storia e politico*, 14 (1975), 333-44;
A. Tenenti, 'La nozione di "stato"', 'Archeologia medievale della parola Stato', in
Tenenti, *Stato: un'idea*。

的统治",是最高政治权力的所有组织形式,不论它是共和制的还是君主制的。另一方面,如果我没有记错的话,马基雅维里的研究却没有给城邦一词下过定义,他本人并不认为有必要对它进行定义,因为它适用于一种具体的现实,适用于他所热爱的人和物。

不过也确实,这个术语的用法把我们带回了城邦共和国的世界和它们在 15 世纪领土国家中留下的景象,与它平行且常常重合的是共和国(republica),而不是源自古典的城邦(civitas)概念。它使我们联想到支配城邦所拥有的霸权,那里的权力被用于征服领土,政治冲突也是为了征服领土——这是一个被动的统治对象,因为支配城邦的绝大多数公民都可能建议(一如弗朗西斯科·圭恰迪尼有时所做的那样)给征服的领土一个较少不义、较少侵扰的政府,一个不那么受支配城邦派遣的官员(rettori)私人利益影响的政府。[40] 自发地、无须定义地使用城邦(città)一词指称共和国或国家,是与一种语言联系在一起的——诸如公民生活与公民权等范例就正是属于同一语言,它们首要的具体参照点恰恰就是城邦。一位出自完全不同的社会的后代政治思想家让·博丹认为,城邦是个必须进行严格讨论的术语。这并非巧合。[41]

如果说,在我们所理解的这个意义上使用国家一词仅限于《君主论》,而城邦仅限于《论李维前十书》,这显然是荒谬的。两部著作都使用了这两个术语。但是,国家在前一部著作、城邦在

31

〔40〕 F. Guicciardini, *Discorso del modo di riformare il governo per meglio assicurare lo Stato alla casa lei Medici* (1516), in Guicciardini, *Opere inedite*, ed. G. Canestrini, vol. II (Florence, 1858), p. 339.

〔41〕 J. Bodin, *Les Six Livres de la République* (Paris, 1583; 新版 Paris, 1986), I, 6: 'Du citoyen et de la différence d'entre le subject, le citoyen, l'estranger, la ville, cité et République', pp. 68-100. 另见 Bodin, *Methodus ad facilem historiarum cognitionem* (Paris, 1566), p. 178ff.

后一部著作中具有的重要性，允许我们——至少暂时——把它们看作表达两种不同观点的关键词。前者实质上是 1513 年简要论述的观点，后者则是分层次反思的观点，按照多数学者的看法，这种反思开始于撰写《君主论》之前并在随后几年中完成，它在一定程度上无疑是依赖于外部背景，而这两部著作的产生就与这种背景有关。许多学者已经指出，论述是为美第奇家族而作，并且马基雅维里关心的是在利奥十世继任教皇伊始拿出一个建立大规模领土国家的规划。这种体现在《论李维前十书》中的巨大反思，至少在最后阶段，恰恰反映了一种外部影响的重要性：共和主义者们在奥利切拉里花园（Orti Oricellari）*对他发挥的影响。然而，这两个观点的存在，无论如何都与马基雅维里观察他那个时代的政治危机时采取的方式具有某种深刻的不连续性密切相关。

6 当然，在《君主论》中，我们可以感受到各种政治事件以及利奥十世谋求落实领土政策的影响。但是，马基雅维里面对的世界却是越来越破碎而且备受折磨的意大利小邦国的世界。它们并没有必需的"根基和相互联系"，缺少正当性权力，在很大程度上都是听凭命运的摆布，罕有具备伟大美德的领袖——而这是它们得以存续所必不可少的。在马基雅维里看来，这个世界似乎根本不拒绝外来的影响：它被新兴大国包围并渗透——我们已经强调了这些大国在马基雅维里政治视野中的重大意义。至关重要的是，像国务厅时期的著述一样，《君主论》也是在国际局势的背景中看待这些危机的，注意到了军事冲突的范围以及最终影响其结局的新兴力量。因此，这个提供给新君主的推陈出新的简要"宝

---

*　　当时佛罗伦萨的鲁切拉伊家族庭园，恰好处在佛罗伦萨最外缘防御墙内。1512 年在这邻近的镇子里，马基雅维里本人担任国务秘书期间创建的军队遭到惨败，导致共和政权的倾覆和马基雅维里政治生涯的终结。——译注

鉴",其核心问题就是他们如何作为才能不仅"保全国家",而且在那个必须设法图存的时代还能扩张国家——依靠自己的武装力量充实国家、贡献国家。

这并不意味着《君主论》没有论及内部的权力斗争(除了为臣民规定行为准则以外),没有给"秩序"和"宪政"留出空间。[42]恰恰相反,这个论证平台始终含蓄地存在着:建立良好秩序事实上是君主们一个根本的新任务,"良好的法律"加上"良好的军队"则是"一切国家的根本之所在"(第十二章)。我们已经看到马基雅维里在这方面对日耳曼城邦,尤其是对法国的大量评论。马基雅维里批评威尼斯不仅是因为它放弃了一条可靠的光荣之路,即曾在海上征服中习以为常的"贵族与武装平民一道"作战,而且还因为它依靠雇佣军去征服意大利的陆地领土。他还批评了它对臣属城邦的统治方法。他认为,威尼斯人支持臣属城邦的内部纷争、怂恿公民不和以便"更容易统治",并不是个好主意(第二十章)。相反,他对恺撒·博吉亚的赞扬不仅是因为他渴望拥有"真正的武装",还因为他对臣属领土的模范组织。这里他指的是在承认各个城邦自治的条件下特别明智和实用地推进中央集权进程的计划。在博吉亚治下,许多争吵不休、掠夺成性的地方小领主软弱无力的统治,首先被残酷的司法镇压取而代之,随后则是通过建立"行省的公民法庭",即最高法庭,实现了国家管辖权的统一,不过其中"每一个城邦都有自己的辩护人"(第七章)。佛罗伦萨也出现在《君主论》中,不仅涉及它的臣属地区,而且还涉及一个具体城市的现实。在对基于平民反对权贵的公民君主国发出的赞颂(第九章)背后,不难看出佛罗伦萨政治斗争的背景

32

---

〔42〕 见 J. H. Whitfield, 'On Machiavelli's use of Ordini', p. 35ff。

和这位前国务秘书与美第奇家族复杂关系的印记。实际上，在这部简论的展开过程中，我们可以看到马基雅维里在试图把君主制模式与文明生活的传统结合起来——大概他就是在暗示一种法国模式。[43]

这些都是表明马基雅维里始终关注国家结构各个方面，首先是关注领土问题的事例。不过必须指出，在《君主论》中，这种关切是工具性的。不管他论述的是世袭制的、新生的还是混合型的君主国，不管它们是不是由共同或不同语言、习俗与制度的行省所构成，也不管它们已被利用是为了生活在一个君主统治之下还是生活在自由之中，基本的问题始终就是我们已经谈到的那个问题：如何才能保持权力并扩张国家。必须根据这个问题来衡量君主的美德与秩序的品质。

33

7更大量的反思集中在《论李维前十书》中，它是在一个长时期中形成的。根据最近的研究，此书是经过了部分改写与改编的成果，[44]同样显示了当时的政治剧变引起的深刻焦虑。不过，这种焦虑在《论李维前十书》中表现为两种不同的形式。波利比奥斯所说的"政府的多样性"是个基调，但波利比奥斯的六种形式

---

[43] 见 G. Sasso, *Niccolò Machiaveli*, pp. 346-57，以及 'Principato civile e tirannide'，收于 *Machiavelli e gli antichi e altri saggi*, vol. II (Milan-Naples, 1988), pp. 351-490。关于事涉法国模式的问题，见 G. Cadoni, *Machiavelli,* p. 75ff，不过他的论点好像并没有得到充分证明。

[44] P. Larivaille, *La Pensée politique de Machiavel. Les 'Discousi sur la Première Décade de Tite-Live'* (Nancy, France: 1981)。关于《论李维前十书》的形成年代，Larivaille 接受了先前有过一部"共和国教科书"的假设，提出该假设的是 F. Gilbert, 'The composition and structure of Machiavelli's Discorsi'，载 *Journal of the History of Idea*, 14 (1953), pp. 136-156（现收于 Gilbert, *Niccolò Machiaveli e il suo tempo*），但此文认为，预备阶段有过比较复杂的演替，他在这个基础上打算对这部著作的不同部分加以不同的安排，例如，我们将要谈到的第一卷第二章就可能表明了这些不同阶段的轨迹。

循环决定的演替，却被另一种更生动的变化所颠覆，那就是国家
正在从属于"治理得更好的邻国"。在现实中这是最有可能产生的
结果，因为"几乎没有一个共和国可以长时间地经历这些改变而
仍旧昌盛"（I，2）。我不打算在这里重新考虑波利比奥斯的文本
与《论李维前十书》第一卷第二章的对比所产生的理论问题，因
为盖纳罗·萨索已经对此做了详细分析。[45] 在此指出这一点就足
够了：批判利用波利比奥斯的文本提供了一个框架，从中可以表
达一种危机意识，它涉及城邦共和国的宪政基础和它们作为独立
国家得以存续的可能性。在《论李维前十书》中，这种危机是从
共和制度内部被体验、讨论和分析的，而一再提出的核心问题则
是如何重建城邦的秩序，如何更新文明生活的基础，以创造一种
"明确而稳定"的组织。这些问题似乎都受到了佛罗伦萨经验的强
烈影响。《论李维前十书》频频提到佛罗伦萨当代以及久远历史上
的种种事件，这绝非偶然：马基雅维里甚至在长篇补论波利比奥
斯一开始就提到了1502—1512年的各种事件，以证明除非极端必
要而迫不得已，否则创立新的体制将是多么困难，以及在这些环
34　境因素之下共和国很可能在完全建成之前就毁于一旦的危险。[46]

　　与《君主论》相比，《论李维前十书》有时会显得退回了更
加局限的传统天地。事实上，这是一部涉及最系统的城邦人文主

---

[45] G. Sasso, 'La teoria dell'anacyclosis' in Sasso, *Studi su Machiavelli* (Naples, 1967), pp.
161-222。另见 Sasso, 'Polibio e Machiavelli: costituzione, potenza, conquista'，同上，
pp. 223-280。关于两个文本的详细比较，见 *The Discourses of Niccolò Machiavelli*,
ed. by L. J. Walker (London, 1950), vol. II, pp. 6-15。

[46] "佛罗伦萨共和国清楚地证明了这一事实：1502年的阿雷佐事件，以及1512
年的普拉托事件"，N. Machiavelli, *Discorsi sopra la prima deca di Tito Livio*, ed.
C. Vivanti (Turin, 1983), pp. 17-18。众所周知，切亚纳河谷叛乱之后的1502年
改革便涉及终身旗手制度。当然，1512年"骚乱"在围攻普拉托之后就是美
第奇家族的复辟。

义价值观的著作。马基雅维里经常（而且往往以非常抽象的方式）谈到公共利益与公民生活、公民的美德、平等与自由、平民与权贵。但他这样做的时候采取了一种显而易见的批判方式，这有两层意思。

马基雅维里在谈论那些价值观时不断利用了罗马的范例，这使他能够创造一种理想的共和国模式，以此来对照他那个时代的现实：腐败、特殊利益、不公、派系和分裂盛行，私人势力和外国势力到处都在凌驾于公共秩序的力量之上。[47]马基雅维里是从共和主义传统中汲取参照以评判他那个时代盛行于佛罗伦萨的权力形式。在他——作为一个过气的公职人员——看来，这些形式的突出特性似乎是（正如他在 1520 年的《论佛罗伦萨政务》中以不同但比较直接的语言所说的那样）[48]破坏性地削弱了各种制度与"国家的崇高形象"，"外人"和"私人"的专横力量则损害了"政治秩序"。因此，他利用这个制度本身的意识形态前提批判了它的运转方式。在这个基础上，他力主结束从美第奇家族开始占据优势以来就持续不断的"权力流失"（斯蒂芬斯语），以最开放的形式恢复各项制度，即恢复人民[49]的政府。但是，他也提出了城邦共和国意识形态的某些基本前提。他宣称自己毫无保留地忠诚于

---

〔47〕 见 A. Bonadeo, *Corruption, Conflict and Power in the Works and Times of Niccolò Machiavelli* (California, 1973)。

〔48〕 *Discursus florentinarum rerum post mortem iunioris Laurentii Medices*，收于 N. Machiavelli, *Arte della guerra*, pp. 261-77。

〔49〕 关于人民（popolo），见 A. Bonadeo, 'The role of the people in the works and times of Machiavelli'，载 *Bibliothèque d'Humanisme et Renaissance*, 32 (1970), 351-77。尽管他的分析在这一点上并不绝对令人信服，但却彻底证明了赋予该词一种精确的社会政治意义是不可能的。关于大人物（grandi），见 Bonadeo, 'The role of "Grandi" in the political world of Machiavelli', *Studies in the Renaissance*, 16, 1969, pp. 9-29。

公民的生活。但他认为，这要在"选择王国或共和国之时"才能实现。利用波利比奥斯并参照法国的例子，他在一种实行政治生活（vivere politico）制度的君主国与"被称为僭主政治的绝对权威"之间做出了鲜明区分（I，25）。就共和国而言，他用威尼斯与罗马进行了比较，这显然是一种反历史的程序（当然，马基雅维里以人文主义方式利用罗马的范例始终是反历史的），却是具有重大理想价值的程序。

《论李维前十书》的这两种批判态度，实际上几乎是密不可分的。不过最好还是暂时把它们区分一下，因为它们确定了两个不同的反思阶段，并支持了两个我们试图厘清的观点。首先，事实上，马基雅维里似乎完全沉浸在一种城邦态度中，继而又采取了近乎公社的方式。这就是他为什么详细书写城邦内部各种力量的表演之原因所在，而且他找到了共和国的兴盛和在平民与权贵之间常存的"多种不合"中衰落的原因。在他看来，城邦是进行他强烈渴望的政治抉择和设计改革以创造良好秩序的主要场所。然而，我们现在就能看到，按照他的第二种观点——在某种程度上他恰恰是在批判意大利各共和国的城邦特征——它们仍是可以辨认的公社母体。这似乎就是马基雅维里脱离共和传统能够达到的最高水平，尽管他始终是他那个时代中人，且从来没有与它彻底决裂。

8 像在《君主论》中一样，对16世纪初期颠覆了马基雅维里的领土国家的各种事件的记忆，也生动地展现在《论李维前十书》中。这不足为奇，因为马基雅维里亲身介入了当时出现的各种难题之中。他在《君主论》中勉强承认了战争的荣誉属于比萨：在第一次被佛罗伦萨征服百年之后，比萨发生了叛乱，它变成了一个"习惯于自由生活"的城邦的楷模，因为它不会忘记"自由的

名义和古老的秩序"（第五章）。在《论李维前十书》中，比萨
的故事又成了证明堡垒无用的范例之一（II，24），而执意"自
发地……偎在佛罗伦萨双臂中"的皮斯托亚，不仅证明了在其他
城邦鼓励内部分裂的益处，而且证明了像"兄弟"那样行事的益
处。[50] 阿雷佐与切亚纳河谷的叛乱——1503 年论文中引用的李
维片段再次被引用于《论李维前十书》——则被用来证明采取一
种"折中办法"（II，23）是多么有害。因此，如果说《论李维前
十书》的支点是城邦，那么其中也有对臣属城邦、对国家领土范
围的关注。实际上，至少有一次，当马基雅维里在那不勒斯王国、
教皇国、罗马尼亚和伦巴第发现了"在城堡里发号施令"的士绅
（gentiluomini）的存在，而在托斯卡纳却不存在时，行省便凸显了
出来，这是有利于在后者形成共和国、在前者形成君主的相同
与不同之处的基础（I，55）。[51]

　　已经有人正确地指出，这恰恰与威尼斯统治大陆领土的方式
有关，它使马基雅维里发展出了对这个城邦的消极评价。对于马
基雅维里这位威尼斯神话最热烈的佛罗伦萨仰慕者来说，[52] 一旦
考虑威尼斯的核心制度——十人团的巨大权威、诉诸四十人委员
会决策的可能性以及大委员会的广泛管辖权，它就属于"现代共
和国中……极为杰出的"样板了（I，34，49）。他赞扬威尼斯能

36

---

〔50〕 应当指出，佛罗伦萨统治下的皮斯托亚（与比萨和阿雷佐不同）享受着一种
　　　有利的待遇，因为它并非"臣民，而是伙伴和盟友（non subdita, sed socia et
　　　confederata）"。
〔51〕 关于这一章，见 G. Sasso, 'Intorno a due capitoli dei Discorsi', 收于 Sasso, *Studi*,
　　　pp. 111-59。
〔52〕 关于马基雅维里、威尼斯及其神话，见 I. Cervelli, *Machiavelli*，另见 F. Gilbert,
　　　'The Venetian constitution in Florentine political thought', 收于 *Florentine Studies.
　　　Politics and Society in Renaissance Florence*, N. Rubinstein, ed. (Evanston, ILL, 1968)。

够以不至于妨害国家机能的方式调节民众大会的活动（I, 5）。但是，就像那个时代批评威尼斯体制的人们一样，[53]马基雅维里也认为，大陆领土的破碎组织——威尼斯的陆地——似乎是不可否认的。阿尼亚德洛之战则进一步证明了它无力维持或者扩张权力，在那个悲惨的日子，在占领了"意大利的一大部分……并不是通过战争，而是通过金钱与诡计"之后，威尼斯"必须展示其军事力量时，却一败涂地"（I, 6）。马基雅维里的评价考虑到了威尼斯历史——苦于在海陆两地奔忙——的特异性质，而且得益于早年涉足威尼斯事务的经验。然而，这必须被看作对城邦背景的共和国领土危机进行总体评价的一部分。这个主题在《论李维前十书》中极端重要，而且它的基础正是对罗马与威尼斯进行比较。

"占领"、"维持"、"扩张"以及"扩大"等措辞不仅在《君主论》中反复出现，某种程度上说，《论李维前十书》同样如此。如果是君主国与显而易见的王国，"扩张"看上去几乎就是一项天职，而在共和国那里，与其说是一种选择，不如说是一种必要。事实上，一个共和国能够组织它的制度以"保持"而不是进一步获取领土，或者能够扩张地盘而又不致受到其他国家的攻击，这才能称之为佳境。马基雅维里写道：

> 若能够以这种方式维持平衡的状态，（那么）这应该就是真正的政治生活和一个城市真正的平静。然而，所有的人类事务都在变化中，而不会静止。因此，人类的变好和变坏，都是不可避免的。对许多事情而言，如果推动你的不是理性，

---

[53] 见 Claude de Seyssel, *La Monarchie de France*，p. 107ff。关于和马基雅维里的比较，见 I. Cervelli, *Machiavelli*, p. 344ff。

就是需求。(I, 6)

　　在这幅变化与冲突的画面中（我们在《君主论》中也能看到同样的画面），日耳曼各共同体是这个规则的例外。如果说它们的生活能够"满足于它们小小的统治"并"在它们的城墙内联合起来"，那也只是亏了该地区特别破碎和皇帝的高度主权。但是如果该行省不具备这样的条件，也许对它们而言，更合适的方式是扩张和打破它们的宁静。并且因为在别处没有同样的条件，（所以）不能以这种方式生活。(II, 19)

但"扩张"却是一个艰难的任务，而且并不适于城邦背景的共和制度："扩张"本身对于"没有良好秩序的共和国"来说可能是危险的（同上）。这是一项艰巨的事业，对此，即使古代人也只能提供一个绝无仅有的范例：罗马。

　　在马基雅维里看来，重要的是进行扩张，他对此极为重视，以至众所周知，他衡量各种可能的共和国体制的品质，就是看它们如何适应这个目标。一个像威尼斯或斯巴达那样的共和国"只需要维持即可"是一回事，而"一个像罗马一样希望成为帝国的共和国"则完全是另一回事。例如，威尼斯体制的贵族特征事实上在长期保障着城邦的自由，那里"对自由的保障"[54]一直掌握在绅士手中，只有他们有权居于行政职位。而它的"静止且完成的状态"，即明确区分原住民和外来人口，则非常适于一个希望维持现状、保持内部和平与稳定的国家(I, 5-6)。但在威尼斯，平民被解除了武装，这就是它军力疲弱

〔54〕　圭恰迪尼恰当地找到了这个略嫌模糊的说法（*Considerazioni intorno ai discorsi del Machiavelli*。作为马基雅维里《论李维前十书》附录发表，ed. C. Vivanti, p. 550）。

的根源，也是它使用雇佣军的理由和阿尼亚德洛惨败的原因。罗马则完全不同。在罗马，"对自由的保障"被托付给了平民，而建立帝国所必需的罗马人民则是"武装人数众多"。此即罗马共和国必然"骚动"的原因，而且平民与元老院之间多有"不和"：从"有利于公共自由法令和规定"到"马里奥的权力与罗马的覆灭"（I，4-5）。就城市的繁荣与扩张而言，"充足的人口"是必要的：因此，一方面必须将被征服城市的居民迁往罗马，另一方面必须保证对外国人"开放而稳定的途径"，确保他们能够轻松地获得公民身份和荣誉（II，3）。

因此，就威尼斯而言，罗马展示了由混合政体提供的"大众化"解决办法，而这两个城邦都是典型的混合政体。不过在我看来，还有另一些造成差别的因素。罗马也是一个不同的城邦，一个开放、动态的城邦，威尼斯则是封闭、静态的城邦。

即使在组织起自身的军事力量之前，罗马也能够不断发展，因为它与外界，与它的领土的关系不同。这就是它最终成为帝国核心的原因所在。但威尼斯却表现出一副有可能衰落的城邦的消极形象，因为它有着典型的城市社会性质，它对不同类别的居民做出了严格的区分，而且与它的领土截然分离。

尽管与领土国家问题有关，但对两者的比较并没有直接涉及领土统治的形式与概念。不过在《论李维前十书》的其他篇什中，38 却不难找到马基雅维里反思这个特定主题的轨迹。这些反思并不系统，甚至并不明确，但它们提出了富有启发性的问题。事实上这就是第二卷的核心话题之一，那里讨论了罗马发动战争建立领土帝国的方式。

罗马模式作为一个典范再次具有了重大价值，并被用来批判意大利各城邦的政治逻辑。在这方面，马基雅维里赋予了它十分突出的重要性，明确针对他那个时代的问题把它作为应当仿效的模式——此即马基雅维里在第一卷前言中表明的意图。

> 罗马曾经使用过的许多组织形式，既与内政相关，也与外交相关。而时至今日，这些组织形式不仅不被效仿，甚至不被考虑。因为有些被认为是不真实的，有些被认为是不可能的，有些被认为是不合适并且无用的。因为这份无知，我们对经过行省的任何人都毫无防备之力。

这是第二卷第四章的一段，马基雅维里在这里考察了三种可能的"扩张模式"。他把建立同盟和"成为同盟"的两种方式与"成为从属"的方式进行了对照。最后这一种则是"毫无用处"；"如果你不是全副武装并且装备充足……使用暴力统治城市，要想习惯于自由生活"是不可能的。[55]第一种是好的，尽管"一个共和国分散在许多不同的地方"，但它以平等参与各种共同体为基础，只有有限的扩张可能性，为当时的瑞士和瑞士联盟[56]以及过去的伊特鲁里亚人所用，而且还有可能为他们的后代所用——如果他们认为仿效罗马过于困难的话。不过最好的方式还是第二种，即多多结盟的罗马方式，盟邦由于和那个城市"在许多事务中使用同样的法律"而生机勃勃，实际上就是服从于那个"最大的城市"，它始终在等待着成为"帝国所在和帝国统治的称号"。这时最好是形成一种依附性的领土结构，它在某种程度上是联合的，但统治的城邦还能继续保持它的核心特征与政治霸权。

依我之见，这就是马基雅维里在领土问题上对共和国整个组

---

〔55〕　同一主题亦可见于《君主论》第五章。
〔56〕　1513年至1514年马基雅维里和韦托利的通信中可以看到许多对瑞士的评论。

织进行反思的最完整表述之一。在这些段落中，可以看到比圭恰迪尼《关于〈李维史论〉的思考》对这些基本问题更敏锐的认识，后者在很大程度上只是被动地接受现状。[57]但是，也存在着即使是马基雅维里也难以逾越的边界。他过于看重统治的城邦在领土国家中的核心作用，被征服城邦与领土的绝对臣服成了共和制的一个基本前提。只有一个僭主才能打破这个规则，拒绝使新获得的领土臣服于以他为领主的那个城邦。

39

> 僭主并不在意使他的城邦变得更强大；他在意的是将国家分成不同的部分，于是每个行省都臣服于他。因此只有他和他的祖国从扩张与征服中获利。（II，2）

马基雅维里的观点受到了公社传统的深刻影响。我们已经看到，他在1503年论及切亚纳河谷时以及在《论李维前十书》（II，23）中，都曾利用了李维关于卡米卢斯对待拉丁叛乱民族的政策的段落，但他似乎未能完全理解这个段落的含义，这并非偶然。李维叙述了卡米卢斯重新征服那些民族之后如何逐一分别对待：有的报之以免税和其他特权并给予公民权，有的则加以惩罚并消灭其中的"恐怖分子"，余者被强制迁往罗马，然后派遣新的殖民者去占据他们的家园。这个故事不仅说明罗马人经常采用残酷的统治手段，而且也说明他们愿意给予作为帝国基础之一的外邦人公民权。[58]但在早期著作中，马基雅维里基本上是用这个情节来

---

〔57〕 见 F. Guicciardini, *Considerazioni* 第二卷第十九章的评注，p. 176。

〔58〕 关于马基雅维里对罗马"和睦"的理解，见 A. Momigliano, 'Camillo e la Concordia'，收于 Momigliano, *Storia a storiografia antica* (Bologna, 1987), pp. 273-274，不过此处仅仅提到了《论李维前十书》第一卷第五章。

批评佛罗伦萨对阿雷佐的政策过于温和，在《论李维前十书》中则是比较概括地用于对"中间道路"方案进行消极评价。他的结论是："当你认为一个城邦很强大并且已经习惯于自由生活时，那最好是，或者消灭它，或者安抚它。"不过他并没有强调罗马人"怀柔"的性质，好像在他看来那不可能属于他理想的罗马模式，因为这种模式的特性完全不同于被他的经验和看法羁留在他视野中的那些城邦。

统治的城邦与其臣属领土的关系是批判分析马基雅维里时代的共和制度特性的基础，这个主题就是他进行比较的对象，尽管它们在意识形态上离他很远，但在时间上离他很近。

他似乎认为自由的生活与奴隶的生活（即臣服于他人）是一种绝对的反差，两者之间根本没有其他的可能性。正如自由城邦富裕而繁荣一样，臣属城邦则注定要去体味贫困、衰败和被剥削。这是一种不可避免的严酷命运，因为一个共和国（显然又是等同于统治的城邦）"需要削弱所有其他的城邦，以达到增长其力量的目的"。只有在君主统治下，臣民才有可能获得一种不同的地位。如果君主"不是野蛮人，不是如东方的君主一样的国家与人类进步的毁灭者，他以同样的方式热爱他征服了的所有城邦，因此，即使这些城邦无法自由地发展，也至少不至于在奴役中灭亡"（II，2）。在君主统治下，则能以臣属实体之间的对等为基础扩大领土。

因此，在《论李维前十书》中，除了罗马及其帝国的巨型城邦理想模式以外，囊括了众多城邦的大规模君主国与公国也再次跃然纸上。正是根据这种双重比较，马基雅维里从他深涉其中的古代共和主义与公共世界内部，解释并见证了其危机的性质。

第三章　16 世纪初期的佛罗伦萨共和主义

乔万尼·西尔瓦诺

一

　　1494 年佛罗伦萨的美第奇政权被推翻，标志着佛罗伦萨共和制的一个转折点。尽管共和制自 13 世纪以来就已存在，[1] 但只是到了 1494 年底，它才激发了城邦政体的改革，结果是最终建立了大委员会。

　　1434 年以后美第奇政权实施的宪政改革有一个明确的目的，就是剥夺人民议会和公社议会的传统权力。[2] 然后这些权力被赋予了百人会议和七十人会议，从而更加表明美第奇家族的政策大大背离了佛罗伦萨的宪政传统。16 世纪美第奇政权宪政改革的这个特殊

---

〔1〕　许多人都提出了这个观点，包括 N. Struever, *The Language of History in the Renaissance. Rhetoric and Historical Consciousness in Florentine Humanism* (Princeton, 1970, p. 117) 和比较晚近的 Q. Skinner, *The Foundations of Modern Political Thought* (Cambridge, 1978), vol. 1, *The Renaissance*, pp. 77-84。R. Witt 则不怎么愿意承认中世纪的自由概念是个"清晰的"表述，见他的 "The Rebirth of the Concept of Republican Liberty in Italy"，载 *Studies in Honor of Hans Baron*, A. Molho and J. A. Tedeschi, eds. (Dekalb, 1971), pp. 171-99, 以及 R. Witt, *Coluccio Salutati and his Public Letters* (Geneva, 1976), pp. 73-88。当然，解读所有这些观点都必须考虑到 H. Baron 的主要命题"公民人文主义"去解读，这是 15 世纪初期在佛罗伦萨出现的政治思想的变化，雷奥纳多·布鲁尼则是这个过渡时刻的主要代表。见 H. Baron, *The Crisis of the Early Italian Renaissance. Civic Humanism and Republican Liberty in an Age of Classicism and Tyranny* (Princeton, 1966)。

〔2〕　见 N. Rubinstein, *The Government of Florence under the Medici (1434-1494)* (Oxford, 1966), pp. 183-5。

方面，与 1494 年晚些时候的各种事件，尤其是与大委员会有很大关系。事实上，这个制度一直被认为是古代城邦会议的复原。

皮耶罗·德·美第奇无力设计有效的防御政策以对付 1494 年 8 月底越过阿尔卑斯山的查理八世，而且他的轻率导致比萨与萨尔扎纳向法国国王称降，最终导致他在 1494 年 11 月 9 日被放逐。直接结果则是发展出了宪政危机，相互冲突的各个派别为主导城邦政制改革展开了激烈斗争：

42

> 我认为，长时间内，这座城市将理所应当地不再处于悲伤的氛围之中：这个占统治地位整整 60 年的极有权势的家族被驱逐，于是它所有被流放的反对者得以返回；因此，政权处在剧烈的变化当中，所有在洛伦佐或皮耶罗时期曾经掌权的人、曾经冒犯过被流放者及其先人的人，那些曾经对他们进行过买卖交易、偷盗过他们、霸占过他们财产的人都处在巨大的恐惧中。[3]

然而，直到 1494 年 11 月 28 日查理国王离开佛罗伦萨时才达成协议，"他启程时，整个城市毫无秩序，于是人们开始重塑国家"。[4]

的确，令人迷惑的是，尽管佛罗伦萨的政治局势非常紧张，但却很快达成了"妥协"，并提出了有待批准的改革方案。第一步是在 12 月 2 日召开了民众大会，废除了 1434 年以来制定的所有法

---

〔3〕 F. Guicciardini, *Storie florentine*, in Guicciardini, *Opere*, ed. E. Lugnani Scarano (Turin, 1970-81), 3 vols, I, p. 126.

〔4〕 同上，p. 131。"1494 年 11 月 28 日，星期五，佛罗伦萨国王在午饭后启程前往城堡，据说，费拉拉的吉罗拉姆，我们著名的传教士，对国王说，上帝不希望他留在这里，上帝希望他继续往前"，L. Landucci, *Diario fiorentino dal 1450 al 1516 continuato da un anonimo fino al 1542*, ed. I. Del Badia (Florence, 1883), p. 87。

律，七十人会议、十人团和八人特别委员会也被一并废除，同时恢复了人民议会和公社议会。资金也被命令冻结，并在新的计票之后得出了选举的结果。[5] 在前美第奇政权中担任官职的人都在为保住自己的政治权力而斗争，他们认为，决不应该与1434年之前政府任职者的后人分享这些权力。但是，这些人现在纷纷回到了佛罗伦萨并要求获得正式公民权，而且反对12月2日的法案，因为该法案要求人民议会和公社议会成员必须是三个最高官职的知名者或任职者，年龄在25岁以上。根据这项法案，叛乱者绝无资格！

民众大会解散之后不久，事情就变得显而易见了：遵守民众大会采纳的许多决议是根本不可能的。必须找到办法为那些遭到12月2日法案排斥的人们提供公民权。在这个特殊环境下，吉罗拉莫·萨沃纳罗拉为冲突各派达成妥协发挥了重要作用。无论萨沃纳罗拉是不是由于保兰托尼奥·索德里尼和皮耶罗·卡波尼的竞争而受到激励登上了佛罗伦萨政治舞台，更重要的是这一事实：萨沃纳罗拉的确是挺身带来了国家的变化（mutazione di stato）。[6]

43

这个目标就是民众大会限制资格条件以建立一个寡头政府的意图。这将使冲突各派演变为公开斗争，如果

在城市中，有许多人曾经想要打击贝尔纳多·德尔·内

---

[5] 见 L. Landucci, *Diario*, p. 89。该法案文本收于佛罗伦萨国家档案馆（ASF），Consigli Maggiori, *Provvisioni*, Registri, 185, cc. 1-7。

[6] "使党派震惊的是保兰托尼奥·索德里尼的落选。作为一个有威望的富人，他是皮耶罗·德·美第奇的政敌。据说，是他的敌人皮耶罗·卡波尼从中作梗，导致了他在竞选中的失败。因此，传言称保兰托尼奥·索德里尼因这次冒犯，为了国家的变化，说服并利用吉罗拉莫来组成人民政府", F. Guicciardini, *Storie fiorentine*, pp. 131-2. 另见 E. Gusberti, 'Il Savonarola del Guicciardini', 载 *Nuova rivista storica*, 54 (1970), pp. 581-622, 56 (1971), 21-89。

罗，尼科克洛·里道夫，皮耶罗菲利普，阿尼奥洛，洛伦佐·托马布尼，科波·萨尔维亚蒂和其他代表了旧体制旧秩序的公民；然而许多其他优秀的公民对此持反对态度，尤其是皮耶罗·卡波尼和弗朗切斯科·瓦洛里，一方面是为了公共利益，因为打击的行动可能会破坏城市，另一方面则是因为个人原因：这些优秀的公民及其家族都是美第奇家族的朋友，在 1434 年，他们帮助科西莫重新获得权力，同时担心其他代表旧秩序的人以及所有那些被泛称为"政治上犹豫不决的人"（bigi）遭到抛弃，以致他们也以落到那些在 1434 年失败了的人们手里告终，这些人当然将与他们为敌……直到获得了吉罗拉莫令人始料未及的帮助。[7]

从圭恰迪尼《佛罗伦萨史》的这一段落中浮现出来的实际政治问题，与这个旧制度（stato vecchio）之敌的政治期望密切相关，虽然皮耶罗已被击败，但他们还是感受到了许多仍然掌权的美第奇党徒带来的威胁。

于是，在这一点上，人民的政府似乎就是一个顺理成章的政治选择，至少从理论上说是能够把正式公民权扩大到相互冲突的政治集团的唯一选择，不管这些集团属于美第奇家族还是属于它的对头。承认佛罗伦萨需要一个人民的政府，是个非常重要的政治决定，这在 1494 年 12 月 22—23 日的立法陈述中可以看出，它是佛罗伦萨共和国的宪政基石。

正如民众大会法案的情况一样，12 月 22—23 日的法律再次非常仔细地规定了大委员会的任职资格。基本上说，只有那三种最高

---

〔7〕 F. Guicciardini, *Storie florentine*, pp. 132-3.

执政官职位的知名者或任职者，或者前三代中有先人曾是知名者或任职者，才能被授予大委员会的任职资格。此外，收益（beneficio）也被给予了 1484 年资格审查时获得资格的人，[8] 然而，许多公民尽管没有这种收益，但也对它表现出了强烈兴趣。[9]

因此，一方面，这个修正法案说明了大委员会的任职资格依据的是一种半世袭的原则；另一方面，它也承认需要灵活处理这个问题。这部法律及其后来的修订案，事实上为许多一直被排斥在官职之外的人提供了要求获得正式公民权的机会。[10] 美第奇家族的许多对头就是这种情况。12 月 2 日民众大会的法案以及 12 月 22—23 日的法律有着同样的政治关切，目的就是推翻皮耶罗·德·美第奇之后迅速确定佛罗伦萨共和政府的成员资格。然而，它们在一个关键选择上——究竟是要寡头政府还是要平民政府——也有着显著的差异。

尽管佛罗伦萨人不大可能充分理解建立大委员会的 12 月 22—23 日修正法案革命性的政治与社会意义，但事实仍然是，这个机构改变了佛罗伦萨宪政史的进程，并在这个城邦的政治和意识形态生活中留下了一个核心问题。大委员会的成员资格现在交

---

〔8〕　对这种预选的详细描述，见 N. Rubinstein, *The Government of Florence*, pp. 210-18。

〔9〕　该法律的文本现存佛罗伦萨国家档案馆，Provvisioni, 185, cc. 9r-13v。其中一些重要条款可见于 F. Guicciardini, *Opere inedite*, illustrate da G. Canestrini (Florence, 1859), vol. III, p. 228。

〔10〕　1497 年 2 月颁布的一项修正法案也把好处扩大到了能非制度性地获得它的那些公民。见 N. Rubinstein, 'I primi anni del Consiglio Maggiore a Firenze (1494-99)', 载 *Archivio storico italiano*, 112, 2 (1954), 151-94, p. 154。另见 121-47 对大委员会选举程序的说明。关于文艺复兴时期佛罗伦萨公民权问题比较综合的考察，见 L. Martines, *Lawyers and Statecraft in Renaissance Florence* (Princeton, 1968), pp. 119-24。J. Kirshner, 'Paolo di Castro on 'cives ex privilegio': A controversy over the legal qualifications for public office in early fifteenth-century Florence', 收于 *Studies in Honor of Hans Baron*, pp. 229-64。

由法律控制，公民不再能依靠偏袒性的预选获得任职资格。[11]1494
年12月下旬这次立法最具革命性的方面就是，它在佛罗伦萨历史
上第一次尝试用严格的司法语言规定现政府和未来政府的社会基
础。根据同一部法律，政府的组成将不再可能像美第奇时代那样
发生剧变，而且在很大程度上体现了美第奇政府与平民政府之间
的连续性。[12]如果说某些精英[13]（uomini da bene）竭力反对这个

---

〔11〕　见 N. Rubinstein, 'l primi anni', 155，那里说预选仍然保留着。不过应当强调指
　　　　出，1494年12月22—23日的修正法案允许只实行一次预选，而不是作为一
　　　　个通则。

〔12〕　首先提出这一观点的是 N. Rubinstein, 'Oligarchy and democracy in fifteenth-
　　　　century Florence'，收于 *Florence and Venice: Comparisons and Relations*, 2
　　　　vols., I Quattrocento, S. Bertelli, N. Rubinstein, C. H. Smyth, eds. (Florence, 1979-
　　　　80), pp. 79-80。最近又有了大量档案证据足以说明鲁宾斯坦的这个假定。见
　　　　R. Pesrnan Cooper, 'The Florentine ruling group under the "governo popolare",
　　　　1494-1512'，收于 *Studies in Medieval and Renaissance History* (1985), 71-181。
　　　　在这项基础研究中，作者认为，与前美第奇政权相比，人民政府的建立并没
　　　　有改变佛罗伦萨统治集团的社会成分——同样作如是观的还有 D. Kent, 'The
　　　　Florentine *reggimento* in the fifteenth century'，载 *Renaissance Quarterly*, 28
　　　　(1975), 575-638，以及 D. Kent, *The Rise of the Medici. Faction in Florence, 1426-
　　　　1434* (Oxford, 1978)。此外，Pesman Cooper 认为，建立大委员会作为一道"堤
　　　　坝"，是打算一劳永逸地划定佛罗伦萨政治阶层的边界线。她的看法是正确
　　　　的。比较有争议的是她的这一观点：大委员会并没有促成佛罗伦萨公民权的
　　　　扩大。说大委员会全体成员中只有三分之一能够实际行使权利，这未必意味
　　　　着1494年12月22—23日法律的目标没有把扩大公民权考虑在内。获准增
　　　　加进入大委员会的人数超过了构成美第奇政权的家族人数的百分之五十。关
　　　　于建立大委员会的政治意义，鲁宾斯坦做出了重要评论，见他的 'Florentina
　　　　Libertas'，载 *Rinascimento*, 26 (1986), 20-1。大委员会成员不仅有资格担任城
　　　　邦的官职，而且被赋予了立法和某些行政权力。

〔13〕　精英群体的政治、经济和文化领导权在中世纪晚期的佛罗伦萨文艺复兴社
　　　　会中得到了长期的公认。G. Brucker, *The Civic World of Early Renaissance
　　　　Florence* (Princeton, 1977) 是这方面研究的一部杰作。关于对文艺复兴时期寡
　　　　头统治机能的重要评论，见 L. Martines, *Power and Imagination, City-State in
　　　　Renaissance Italy* (New York, 1979), pp. 148-161。这些以及其他著作相继试图
　　　　对佛罗伦萨的统治群体做出社会与数量化定义。然而，史学界一直在使用
　　　　一些不同的术语而不是文艺复兴时期佛罗伦萨的习惯用语指称佛罗伦萨的
　　　　上层阶级：ottimati, primi cittadini, uomini da bene 都是最有权势者的同义词。

45　　机构，那是因为他们担心对这样一种机构进行政治操纵会面临极大困难。在大委员会就位的首席公民（primi cittadini）很快就认识到，共和国官职的分配今后将产生于大委员会多数成员的决定。在这个新的宪政框架中，寡头政府一些最坚定的支持者担心自身的利益将得不到保护。这就是贵族对大委员会的批评目的始终在于把政治权力拉回到更小范围的原因所在。然而，12 月 22—23 日的修正法案，事实上已经展现了一个远离美第奇传统的共和国或者人民的生活方式。如果说大委员会不是复原了人民议会或者公社议会，它又是什么呢？

　　研究文艺复兴时期从 15 世纪下半叶到 16 世纪上半叶的佛罗伦萨共和制，理应集中关注大委员会中的佛罗伦萨人是如何理解的。尽管大委员会在 1512 年和 1530 年美第奇家族复辟时被两度废除，但它仍是当时许多政治与历史著述的核心话题。大量作品都对这个机构表示了支持态度。最终，无论是精英还是平民，都赋予了正在失去原本历史特征的大委员会一种比较神秘的特色。这个机构被公认为是共和国的化身，循着对它的认识所发生的变化过程，可以更好地从历史上理解佛罗伦萨人就平民政府与寡头

46　政府或者在精英与平民之间发生的争论。

　　［接上页］佛罗伦萨的统治群体绝不是一个法定的封闭实体——人民政府时代有一部分例外——而且只是在科西莫·德·美第奇建立了公国之后，那种属于一个精英群体的意识才变得越来越明显。见 S. Bertelli, *Il potere oligarchio nello stato-città medievale* (Florence, 1978), pp. 106-16，以及 F. Diaz, 'L'idea di una nuova "élite" sociale negli storici e trattatisti del principato', *Rivista storica italiana*, 92 (1980), 572-87，另收于 *Firenze e la Toscana dei Medici nell'Europa del '500*, vol. II (Florence, 1983), pp. 665-681。关于这个问题，另见 R. Burr Litchfield, *Emergence of a Bureaucracy. The Florentine Patricians 1530-1790* (Princeton, 1986), pp. 13-51。

二

1494年美第奇家族被逐出佛罗伦萨之后，吉罗拉莫·萨沃纳罗拉成了大委员会最坚定的支持者之一。他在这些戏剧性事件之前就已经投身于政治，1480年代致力于《全部哲学纲要》（*Compendium totius philosophiae*），其最后一部著作题为《论政治与王国》（*De politia et regno*）。[14] 在这一时期，他的政治观点完全沉浸在亚里士多德与托马斯的思想模式中。他的基本假定是相信人都是社会动物，人的目的存在于和他人的共同生活中。因此，下一步就是找到一种服务于这个目标的政体形式。这样，萨沃纳罗拉就背弃了他对君主制的同情，主要是基于君主制与神对万物的统治之间那种表面的类似。[15] 最后是详尽讨论了好国王的义务与德行。这是正宗的托马斯主义哲学，并未涉及任何当代的政治问题，毋宁说是萨沃纳罗拉所受多明我派哲学教育的产物。[16]

面对皮耶罗·德·美第奇被放逐引起的佛罗伦萨宪政危机，萨沃纳罗拉坚持了内在的哲学信念，他为自己确定了以尽可能有效的方式干预历史变局的任务。作为一个拥有大批追随者的传教士，他有机会在布道坛上鼓吹城邦政体改革，并在1494年基督降临节

---

[14] *Compendium totius philosophiae tam naturalis quam moralis, Reverendi patris Fratris Hieronymi Savonarolae de Ferraria ordinis praedicatorum, nunc primum in lucem editum* (Venetiis, MDXXXIIII). 另见 E. Garin, 'Ricerche sopra gli scritti filosofici di Girolamo Savonarola. Opere inedite e smarrite', 收于 Garin, *La cultura filosofica del Rinascimento italiano* (Bari, 1961), p. 208.

[15] 'Bonum multitudinis est pax et unitas quae multo melius potest per unum fieri quam per plures...et hoc regimen est magis naturale, ut pote magis simile regiminis totius universi et partium eius... ', Savonarola, *Compendium*, p. 223.

[16] 关于这部著作，见 D. Weinstein, *Savonarola and Florence. Prophecy and Patriotism: in the Renaissance* (Princeton, 1970), pp. 290-4。

布道中现身说法。在此之前，这位修道士从未以公开方式涉足佛罗伦萨的政治舞台。

在基督降临节第二个礼拜日布道中，12月7日，他发出呼吁进行深刻的道德更新。[17]只是到了后面，他才谈到了政治改革：

> 噢！佛罗伦萨，现在我面向你。如果你愿意重焕新颜。噢！新的城市，如果你愿意成为新的城市，如果你已经变成了新的国家，那么现在，如果你想要持久地支撑下去，想要持久地存在下去，你需要采取新的生活方式［……］首当其冲应该要做的是：制定法律，禁止任何人可以自立为政。

47　　按照可以追溯到萨索费拉托的巴尔托鲁与科卢西奥·萨卢塔蒂的悠久思想传统，[18]萨沃纳罗拉提出了这样的观点：专制统治是最劣等的政体形式。他不可能更直接地说明这是指美第奇政权。[19]在这次布道中，萨沃纳罗拉只是非常泛泛地提到了佛罗伦萨的政治改革问题，没有谈论任何具体的改革，主要内容是认为绝对有必要建立一种能够钳制任何专制企图的政体。

---

〔17〕"佛罗伦萨，你听我说，你应该重拾丢失了的智慧，在每件事中请求神的帮助……佛罗伦萨，你应该剔除所有的迷信，正如《圣经》所说，不要对上天的指引心存恐惧。重新引导你们的生活走向正轨，重拾对神的敬意，驱逐巫师术士和一切迷信"，G. Savonarola, *Prediche sopra Aggeo*, ed. L. Firpo (Rome, 1965), p. 129。

〔18〕见 R. Witt, *Hercules at the Crossroads. The Life, Works, and Thought of Coluccio Salutati* (Durham, NC, 1983), pp. 368-86，以及 D. Quaglioni, *Politica e diritto nel trecento italiano* (Florence, 1983)。

〔19〕见 A. Rinuccini's 'Dialogus de Libenate', ed. F. Adorno, in *Atti e Memorie dell' Accademia Toscana di Scienze e Lettere 'La Colombaria'*, 22 (1917), 267-303 and L. Martines, *The Social World of the Florentine Humanists* (1390-1460) (Princeton, 1961), pp. 299-300。

　　一周之后，12 月 14 日，萨沃纳罗拉以更加技术性的说法向他的听众提出了某些改革的想法，极为谨慎地传达了这样的观念："上帝希望你看见并体验我的无能，这样你更能看见并理解，是他（上帝）而不是我，做了这一切。"[20] 萨沃纳罗拉认为，尽管从理论上说一个人的统治是最上策，但是对于佛罗伦萨来说，最合适的却是更多的人（统治）。这位传教士暗示说他支持贵族政体形式，因为，按照他对政体形式的分类，"更多的"就是指贵族统治。[21] 在这一点上，看来佛罗伦萨的贵族统治能够争取到萨沃纳罗拉的支持，而且这无疑合乎他提到的威尼斯政体的两个长处。[22] 虽然萨沃纳罗拉谨慎地准备了人们期待已久的佛罗伦萨财政改革的一些细节，但在宪政问题上他没有走得更远，只是表达了对威尼斯政体的喜爱。这次布道也没有直接提到大委员会，只有他对威尼斯模式的期盼可以被解释为含蓄地表达了对大委员会的有力支持。只是到了后来，他才公开谈到了大委员会，而且迟至 1498 年才在他的《关于佛罗伦萨政府及其统治的论文》中着重论及。[23]

---

[20]　G. Savonarola, *Prediche*, p. 212.

[21]　"有些人支持'一人统治'，有些人认为应该由多人统治，还有些人支持应由全体人民共同统治"，同上书，页 210。

[22]　"你们所提出的政体，如果不进行一些改变，是无法长久实行的。我认为，你们并不像威尼斯政体那么运作良好，并且我认为，你们正是模仿他们的……"，同上书，p. 226。

[23]　见 *Le lettere di Girolamo Savonarola*, ed. R. Ridolfi (Florence, 1933), p. 95。*Trattato* 引自 G. Savonarola, *Prediche sopra Aggeo*, pp. 435-87（以下引用时均为 *Trattato*）。见 A. Fuhr, *Machiavelli und Savonarola. Politische Rationalität und politische Prophetie* (Frankfurt am Main, 1985), pp. 97-102。另见一篇很有助益的短文，D. Weinstein, 'Machiavelli and Savonarola', 收于 *Studies on Machiavelli*, Myron P. Gilmore, ed. (Florence, 1972), pp. 253-64。诚然，萨沃纳罗拉在多个场合暗示了大委员会，而且他对这个机构的看法在佛罗伦萨肯定已经广为人知。这一事实可见于 1497 年 2 月 24 日 D. Ccchi 的 'Riforma Sancta et Pretiosa', 见 ed. U. Mazzone, *'El buon governo'. Un progetto di riforma generale nella Firenze savonaroliana* (Florence, 1978), pp. 32-52, 185-6。

48   这篇短论是应执政团的要求而作，就其政治情感来说，执政团都是些牢骚满腹的人。人们期望萨沃纳罗拉阐明大委员会在佛罗伦萨史上的内在政治意义。[24]而萨沃纳罗拉的意图则是彻底澄清1494年改革的真正性质。当时他支持这次改革的根据是，佛罗伦萨政体必须效法威尼斯的模式。四年后的现在，这位传教士却不再愿意承认威尼斯人对佛罗伦萨建立平民政府有任何影响了。[25]

　　这个小册子的起点非常富有哲学味道。人的天性要求他与其他人共同生活，并建立一个政治共同体以促进公共利益。虽然从比较实际的与历史的角度来看，可以肯定地说君主制是最佳政体形式，但人民的特性——从它的历史来看——决定着在不同政体形式中进行的选择。根据这些理由，萨沃纳罗拉认为佛罗伦萨适合于公民政府。一方面，人民的天性排除了在这个城邦建立君主制的可能性；[26]另一方面，传统是令人怀疑贵族政体的最重要理由：

　　　　现在，佛罗伦萨的人民，已经采取了古老的公民统治，并且对其非常熟悉，这比其他任何政府都更天然，也更有利，这是因为习俗，还有在公民思想中的烙印。要使他们放弃这个政府非常困难，几乎是不可能的。事实上，专制者们曾经统治了许多年，和公民统治的时间不相上下……他们用诡计统治人民，不挖掘他们的天性和习俗：以便在这个城市留下（他们的）政府组织形式。

————————

[24] "然而，各位尊敬的先生，你们为什么来询问我？你们不要让我写普遍的政府经验，而要让我写关于佛罗伦萨新政府的特殊现状……", *Trattato*, p. 435。

[25] 见 G. Savonarola, *Prediche italiane ai fiorentini*, ed. F. Cognasso (Perugia-Venice, 1930), vol. III, pp. 1-2, 56, 234。

[26] "无论如何，这个民族的天性不能够忍受君主统治下的政府，即使这个君主是完美的", *Trattato*, p. 447。

在萨沃纳罗拉看来，大委员会是从制度上恢复了这种传统的政体形式。这个委员会最适合于佛罗伦萨，因为它显然是解决这个城邦内部冲突问题的唯一可能的办法。[27]

佛罗伦萨政治共同体被大人物的野心所分裂，在马基雅维里看来，1434年遭到驱逐的那些人在1494年返回佛罗伦萨加剧了这里的政治紧张气氛，因此只有一个公民政府才能应付这种局面。根据历史的观察，马基雅维里认为，大委员会的建立实际上就是为了克服由于存在相互冲突的社会群体而在佛罗伦萨产生的内部失和。公民政府由于允许很大数目的公民进入大委员会，从而实际上超然于各个派别之上。

49

> 分裂并充满了往日的不和，这不和来自最重要的那些公民的野心和他们之间的仇恨……那些在不同时期，尤其是在1434年被驱逐的公民们回到了城市……市民议会与政府，是由神，而不是由人所创建，它们保障了城市的自由。[28]

萨沃纳罗拉最为关注的是佛罗伦萨的自由。他的基本假定是，为了创制并保存公民政府，任何公民个人都无权授予其他公民荣誉和官职。否则，所有公民都有可能迅速屈从于能够承诺给予荣誉的那个人，从而为专制统治铺平道路。这种分配荣誉的权力应当始终掌握在人民手中，以防止任何公民个人最终变成一个专制

---

[27] *Violence and Civil Disorder in Italian Cities 1200-1500*, L. Martines, ed. (Berkeley-Los Angeles-London, 1972)，其中有若干论文都专门谈到了这个问题。尤见 Martines 的序言，pp. 3-18。

[28] *Trattato*, p. 449.

者。[29]"总之，组织了这个数量的公民，就必须匹配人数众多的议会，它有了分配荣誉的权力，毋庸置疑的是，它就是城市的统治者"[30]，这是能够在佛罗伦萨合法分配荣誉的唯一权威。按照萨沃纳罗拉的看法，大委员会是真正的民众共和国的化身，能使这个城邦从专制走向繁荣与自由。

皮耶罗·德·美第奇的垮台以及佛罗伦萨直接回到了他的敌人手中，加之美第奇的同一些党羽中出现的某些内部分歧，都使这位传教士确信，只有一个共和国——多数统治——才能使佛罗伦萨恢复众望所归且必不可少的团结。至于如何满足这种迫切的要求，萨沃纳罗拉的答案就是大委员会。但是，某些贵族精英是如何看待大委员会的？他们也像萨沃纳罗拉那样相信大委员会的统一作用吗？

某些饶有趣味的政治备忘录作于 1494 年 12 月修正法案颁布之前，从中可以看出，某些似乎欢迎大委员会这个机构的大人物却不得不意识到他们建立一个寡头政府将会遇到什么样的困难。[31] 这在皮耶罗·卡波尼答复多梅尼科·邦斯关于大委员会机构的建议中清晰可见。这个新的机构虽然没有被看作事关城邦政治未来的神奇方案，但却得到了高度尊重。卡波尼按照贵族统治的观点要

50

---

[29]"……需要保证的是，没有一个公民拥有任何形式的绝对权威：任何公民个人都无权授予其他公民荣誉与职位，因为这是专制统治的根基……必须要保证分配荣誉与官职的权力在人民手中，以防止任何一个公民个人成为专制者"，*Trattato*，pp. 473-4。

[30] 同上。

[31] 在寡头政府最坚定的支持者中包括 Bernardo Rucellai，关于他的政治活动，可见 F. Gilbert, 'Bernardo Rucellai and the Orti Oricellari: a study on the origin of modern political thought', 载 *Journal of the Warburg and Courtauld Institutes*, 12 (1949), pp. 101-31, 今重印于 Gilbert, *History. Choice and Commitment* (Cambridge, MA, 1977), pp. 215-46。

求建立一个元老院，

> 更不必说梅塞尔·多梅尼科主张的遴选委员会了，这对
> 于进行某个更重要的选举，做出某个决议，对于更频繁地使
> 用它，就像僭主统治的议会与委员会……是非常必需的。这
> 个议会对我们的自由而言非常重要，因为僭主统治不敢在这
> 个委员会缺席的情况下有所作为，也不可以厚此薄彼地授予
> 公民荣誉。[32]

更重要的是应当指出，无论是萨沃纳罗拉还是多梅尼科·邦斯，
从来就没有提到把元老院作为他们的民众共和国一个必需的机构。

然而，按照大人物的观点，大委员会如是佛罗伦萨所必需，
就应当有一个小得多的委员会——比如元老院——帮助它运行。
这里暗示的是威尼斯的参议院（Consiglio dei Pregadi）。[33] 在卡
波尼的心目中，这样一个委员会是作为顾问组织以如下方式运转
的——只有一个精选的有影响的公民群体才能在其中实际享有发
言权。[34] 此外，这个委员会应当制约执政团的权力，让它始终在

---

[32] *Ricordi di Piero Capponi*, pp. 162-3 ed. S. Bertelli in his article 'Constitutional reforms in Renaissance Florence', *The Journal of Medieval and Renaissance*, 3 (1973), 139-55, documents, pp. 56-64.

[33] 关于威尼斯神话对佛罗伦萨的影响，见 F. Gilbert, 'The Venetian constitution in Florentine political thought' in *Florentine Studies*, N. Rubinstein, ed. (London, 1968), pp. 46-100, 现收于 Gilbert, *History*, pp. 79-114。威尼斯人的灵感来自皮耶罗·卡波尼的要求，"必须制作一本册子，其中记录所有参加参议院各个阶级的家族"，*Ricordi*, p. 164。

[34] 关于这项实践在佛罗伦萨政治生活中的含义，见 F. Gilbert, 'Florentine politic assumptions in the period of Savonarola and Soderini', *Journal of the Warburg and Courtauld Institute*, 20 (1917), 187-214, 以及更晚近的 G. Brucker, *Renaissance Florence* (Berkeley-Los Angeles-London, 1983) 2nd edn, pp. 134-5。

委员会审议之后采取行动。因此，按照卡波尼的建议，统治共和国的就是少数精英，这就大大削弱了大委员会的声望和实际权力。卡波尼对顾问委员会（Consiglio dei richiesti）的兴趣，成了未来许多年间佛罗伦萨贵族统治的主要政治议题。事实上，1494 年就已经建立了一个比大委员会更小的委员会。然而，这个八十人议会并没有满足大人物在佛罗伦萨政治中拥有一个永久空间的要求。它在大委员会中的成员必须每六个月选举一次。而且，八十人仅有很有限的权力，主要是限于大使和委员的选举。

15 世纪末的佛罗伦萨，民众共和国与贵族共和国的支持者正是在这个问题上互相发起了挑战。按照宪政观点，前者要求一切政治权力归大委员会，后者则宁愿大委员会仅仅在城邦决策过程中发挥边缘作用，把最重要的作用留给元老院。在佛罗伦萨人的宪政语言中，这两种不同的共和国前景是由寡头统治和多数统治表示的，但它们并非在鼓吹背道而驰的宪政组织。[35] 如果说平民支持大委员会是因为它增加了佛罗伦萨公民的数量，那么精英们支持它则仅仅是就这个方面而言：它已被证明是防止任何公民个人成为专制者的有效途径。在这一点上，弗朗西斯科·圭恰迪尼认为，一个良好的共和国，任何公民都会期盼分享城邦所能提供的利益，至关重要的是

> 需要注意，不可指望将政府的统治基础扩大到这样一种程度——所有参与统治的人，给国家造成的危害将大于其带来的好处。[36]

---

〔35〕 最晚近的对这种政治术语的说明，见 P. Burke, *The Italian Renaissance. Culture and Society in Italy* (Princeton, 1987) 第二版，pp. 188-9。

〔36〕 F. Guicciardini, *Discorso per appoggiare...*, 收于 *Opere inedite*, vol. III, p. 238。

即使委员会选举程序这个非常技术性的问题，在这里也成了当务之急，圭恰迪尼提出的观点表现了一种政治说服力，使追求一种寡头政府成了许多佛罗伦萨公民的基本信念。此外，圭恰迪尼坚持认为，应当把1494年革命看作精英们的成就，仿效威尼斯模式在佛罗伦萨采用大委员会。[37]

在共和国初期，城邦的某些精英对大委员会发出了批评，指出必须通过一个元老院建立寡头政府。不过在他们的政体中，大委员会在城邦的许多机构中仍然保留着重要地位，尽管不是最重要的地位。看来佛罗伦萨平民政府的同一些政治对手并没有胆量直接攻击大委员会，他们的策略是对它加以监督，并从另外的角度处理城邦的改革，这种努力的一个主要成果就是在1502年确立了终身旗手制。

有许多理由可以说明这项改革：受到恺撒·博吉亚军队威胁的佛罗伦萨[38]仍然收复了比萨，而现在又面临皮斯托亚危险的叛乱。[39]此外，由于找不到有效的政策以恢复佛罗伦萨以往的繁荣而在大委员会成员中引起的不满与对立已经非常严重，在许多人看来，宪政改革成了摆脱当前危机的唯一途径。在1502—1503年，建立一个比大委员会小得多的新委员会的想法引起了争论，但却从未提交大委员会批准，因为有些人担心它不可能被通

52

---

[37] "各位尊敬的公民，你们不要认为，这个参议院是在威尼斯开始的……"，*Opere inedite*，p. 247。

[38] "然而，华伦天奴回到了罗马尼亚，开始准备博洛尼亚的活动。他听说了维泰罗佐和奥西尼家族……考虑到，如果华伦天奴攻下博洛尼亚，那么所有人都会在他的控制之下……如此这般，造成了新的混乱局面，整个城市将会减少对华伦天奴，对维泰罗佐和对奥西尼家族的恐惧"，F. Guicciardini, *Storie fiorentine*, p. 196。

[39] 同上，p. 193。

过。[40]这样一来，终身旗手的想法在首席公民当中便得到了越来越多的支持，他们坚信大委员会不会反对这项改革。事实上，1502 年 8 月 26 日的一项法律批准了建立终身旗手制。[41]

虽然近些年来对于这个官职出现了许多不同看法，[42]但事实仍然是，这项改革是效仿了威尼斯的共和国总督，而且很容易令人想到这是贵族为改革进行的斗争获得了胜利，尽管是局部的胜利。在那些坚定支持皮耶罗·索德里尼候选人资格的人——比如萨尔维亚蒂——看来，这个新的旗手可望促进并保护他的支持者群体的利益，并最终为一个贵族共和国奠定基础。但从下面的意义上说，事情的进展并不如意：

----

[40]"……然而，考虑一种可以维持参议院的模式，需要人们尽可能地去除城市中的恶行；这些恶行尤其体现在重大的事件竟由些不懂行的人主持进行。而有能力有智慧的公民，则没有发挥作用的位置。"因此，一个元老院是必需的，但即使"这个结论受到广泛的欢迎，但受到质疑的是，民众对国家是否进行改革怀有巨大的疑问，就如同人们担心将听命于没有他们参与的委员会"。同上，p. 188。另见 H. C. Butters, *Governors and Government in Early Sixteenth-centurry Florence 1502-1519* (Oxford, 1985), pp. 43-6。

[41]佛罗伦萨国家档案馆，Provvisioni, vol. 193, cc. 50r-52r。

[42]关于皮耶罗·索德里尼生涯的开端，见 R. Pesman Cooper, 'L'elezione di Pier Soderini a gonfaloniere a vita. Note storiche', *Archivo storico Italiano*, 125 (1967), 145-85, 另外还有 'Pier Soderini: aspiring prince or civic leader?', *Studies in Medieval and Renaissance History* (1978), 71-126, 其中作者认为，皮耶罗·索德里尼的意图是利用对他的授权以巩固人民政府。与这种看法相反，S. Bertelli 更倾向于认为皮耶罗·索德里尼是在佛罗伦萨谋取他的个人霸权。见 'Petrus Soderinus Patriae Parens', 载 *Bibliothèque d'Humanisme et Renaissance*, 31 (1969), 93-114; 'Pier Soderini' Vexillifer Perpetuus Reipublicae Florentinae'1502-1512', 收于 *Studies in Honor of Hans Baron*, pp. 335-46 以及 'Uno magistrato per a tempo lungho o uno dogie', 收于 *Studi di storia medievale e moderna per Ernesto Sestan*, vol. II (Florence, 1980), pp. 45-94。Bertelli 强调了法国与恺撒·博吉亚对于索德里尼当选所起的作用，并有力地指出，这位旗手一当选就在设法确保自己在国际与国内舞台上的个人地位。关于对 Bertelli 这种解释的评论，见 H. C. Butters, 'Piero Soderini and the Golden Age', 载 *Italian Studies*, 33 (1978), 56-71。

　　主要而言，他考虑到如果将政府及重要事务交到精英
手中，他们位高权重，将按照自己的方式而非他的想法行
事……他为野心所动，对精英贵族们存有不理性的怀疑，认
为他们获得权力后就会重新控制国家，并且将其驱逐……因
此，他开始不与委员会商量每件事情。[43]

　　尽管这位旗手的统治遭到越来越多的反对，并因美第奇家族　　53
与斯特罗奇家族的和解而达到顶点，[44]但他仍然保住了自己的官
职，直到 1512 年美第奇家族返回佛罗伦萨。[45]这个十年期间再
也没有出现进一步的宪政改革。尤其是，在这个方面，大委员会
已不再是佛罗伦萨人政治与宪政思考的中心。

　　宪政实验的时代在佛罗伦萨结束了。另一次激进的改革潮发
生在 1530 年代，其时美第奇家族对佛罗伦萨的统治在这个公国已
经形成了制度。但在这之前的 1520 年代和 1530 年代，虽然公认
美第奇家族正在为获得佛罗伦萨的支配权而斗争，但是大委员会
仍然不仅反复出现在大批佛罗伦萨共和主义者的作品中，而且还
出现在佛罗伦萨的末代共和国中。大委员会成了佛罗伦萨历史的
一个基本成分，尽管美第奇家族——特别是 1512 年他们返回之
后——曾不遗余力地甚至要摧毁 1494 年 12 月革命的记忆。

---

〔43〕 F. Guicciardini, *Storie fiorentine*, p. 216.

〔44〕 见 Melissa M. Bullard, 'Marriage, politics and the family in Florence: The Strozzi-
Medici Alliance of 1508', 载 *American Historical Review*, 84 (1979), 668-87。

〔45〕 关于索德里尼的垮台，见 R. Pesman Cooper, 'La caduta di Pier Soderini e il 'Governo
popolare'. Pressioni esterne e dissenso interno', 载 *Archivo storico italiano*, 43 (1985),
225-60, 该文认为这位旗手在 1512 年事件中反映出来的弱点是他最终失败的
主要原因。

三

尼科洛·马基雅维里描述的 1512 年美第奇家族返回佛罗伦萨之后的那种政治局势，透露出一种潜在的爆炸性：

> 与此同时，一种新的政府秩序形成了，总督并不认为美第奇家族和它的盟友有足够的把握让这些僭主们明白，必须将国家重新带回"伟大的洛伦佐"时期的体制中。贵族们希望遵从命令，但是担心人民的反对。[46]

尽管抱有这种担心，但实际上仍然完成了改革：大委员会被解散，[47]终身旗手制被废除，恢复了七十人会议和百人会议。[48]这种国家的改变见证了美第奇家族与佛罗伦萨多数精英的冲突，后者曾希望与美第奇家族达成妥协，现在幸亏有了洛伦佐的政治领导，从而朝着君主国的方向更进了一步。[49]

54

然而，在君主国可能得到制度上的承认之前，美第奇家族对佛罗伦萨的 20 年统治并不是无可非议。[50]在此期间，有关什么政体形式最适合佛罗伦萨的政治和意识形态的辩论达到了顶点，

---

〔46〕Niccolò Machiavelli a una gentildonna, Firenze, post 16 Settembre 1512, in Machiavelli, *Epistolario*, ed. S. Bertelli (Milan, 1969), p. 233.

〔47〕见 L. Landucci, *Diario*, p. 333。

〔48〕关于更详细的情况，见 G. Silvano, *'Vivere civile' e 'governo misto' a Firenze nel primo Cinquecento* (Bologna, 1985), pp. 23-6。

〔49〕见 R. Devonshire Jones, 'Lorenzo de' Medici, Duca d'Urbino "Signore" of Florence', 载 *Studies on Machiavelli*, pp. 299-315。

〔50〕见 G. Spini, *Cosimo I e l'indipendenza del principato mediceo* (Florence, 1980)。另见 N. Rubinstein, 'Dalla repubblica al principato', 收于 *Firenze e la Toscana dei Medici nell'Europa del'500*, vol. I (Florence, 1983), pp. 159-76。

这根本不足为奇。在这个背景下，大委员会也被人们广泛讨论，尽管美第奇家族竭力要消除人们的记忆。在这场辩论中，佛罗伦萨的共和主义者出现了分分合合，他们未能就这个特殊机构的政治意义达成一致看法。这是一个对政治进行密集思考的时期，是马基雅维里、圭恰迪尼和吉安诺蒂的时代——仅仅提到他们就足够了。

皮耶罗·索德里尼旗手生涯的最后时刻，1512 年 8 月底，弗朗西斯科·圭恰迪尼写出了他的《关于佛罗伦萨政府的对话》，一部广泛讨论佛罗伦萨最佳政体形式的政治文献。其中包括 16 世纪开始以来第一次比较详细地讨论大委员会问题的简要专论，被视为佛罗伦萨自由的基石，被赞颂为公民生活的基本原理：

> 作为自由的根基，必不可少的是人民的权力，大委员会是人民权力的灵魂和基础，分配和安排地方执政官和公民职位。如果是这样的情况，那么任何一个公民个人都不可能在城邦内积累过多的权力，并且，由于不可以给任何一个人威望和荣誉，地方执政官们不会因恐惧或希望获得一些好处而顺从他。如果相反地，不是这样的情况，那么城市就不是自由的，也不可能成为自由的，因为它将不可避免地充斥着党派团体，然后在某一年，就归某个人所有。[51]

圭恰迪尼坚持认为，支持大委员会在国内分配官职的独有权力，将使任何公民个人都不可能篡夺权力。虽然看上去他赞成萨

---

〔51〕 F. Guicciardini, *Discorso di Logrogno*, in *Opere*, vol. I, pp. 255-6.

沃纳罗拉对大委员会的看法，[52]但同时他也支持城邦首席公民在共
和国政治生活中的特权作用。他愿意把选举城邦执政官的任务交
给大委员会，理由是该委员会的选择自然会青睐德高望重经验丰
富的人们，[53]例如，他并不担心就财政政策问题与大委员会进行协
商，这需要老练的深思熟虑，它只有在"更小范围，更关键的场
合"中才能找到。[54]

55   　圭恰迪尼怀疑大委员会是否具备丰富的经验去处理——比如
选举大使或者批准财政立法等等公共生活问题。

因此就必须钳制旗手的权力：

> 必须给公民大会提供一个方法，公民大会的人数现在是
> 八十人，这个大会是由被选拔的人，由这个城市的精英组成
> 的。这些人商讨并决定共和国所有重要的事务。需要注意的
> 是，重要的事务不应该听从多数人的建议，多数人只能够产
> 生大众的解决方案……[55]

由此似乎可以看得更加清楚，在圭恰迪尼的共和国观念中，最关
键的国家政治行动应被托付给元老院，因此大委员会就被远远撇
在了城邦决策过程之外。按照他的看法，新的立法由于影响到整
个共同体，应当在大委员会中获得正式批准，但不应提交该委员
会进行辩论："……首先在小范围内对问题进行讨论，以形成有用

---

〔52〕 但这并不意味着圭恰迪尼不会表达更有批评意味的看法，比如"由于大委
　　　员会的范围很广，它也囊括了一些疯子，很多无知的人和很多邪恶的人，然
　　　而……"，F. Guicciardini, *Discorso di Logrogno*, in *Opere*, vol. I, p. 256。
〔53〕 同上，p. 257。
〔54〕 同上，p. 259。
〔55〕 同上，p. 260。

的提议，没有必要进行辩论……",〔56〕财政问题的立法也同样如此，圭恰迪尼的要求是仅由极少数人磋商即可。〔57〕

因此，到1512年底，圭恰迪尼便提出了应当建立一个贵族共和国的主要思路：在大委员会这个多数和旗手个人之间应当有一个元老院，这是个少数，是"城市的舵"，是首席公民政治智慧与经验的体现。〔58〕"实际上，政府的所有重担都在极少的一部分人肩上，无论在古代还是现代，这都是每个共和国的常态",〔59〕这是一个表明圭恰迪尼的共和国情感具有寡头统治特征的信念。如果大委员会能够维持下去，那么显而易见，这个多数将在城邦政治中享有最后的发言权〔60〕——精英们可能会小心维持的一个幻想。从萨沃纳罗拉的时代，大委员会就被认为是这样一个机构，即相比过去它能使更多的佛罗伦萨人成为公民，改革的意义在那时就已经越来越黯淡了。对于圭恰迪尼来说，大委员会不过是少数的深思熟虑能由多数予以批准的一个宪政渠道。

几年后的1516年，美第奇家族的权力在佛罗伦萨已经牢牢立足，大委员会已不再是一个现实，圭恰迪尼在他的《关于将国家交给美第奇家族的讨论》中也就不承认该委员会的作用了。他提到"全体"时并不遗憾佛罗伦萨公民的很大一部分在大委员会中没有得到制度性的代表。他只是认为，此时的情况仍然不错，甚至可能

56

---

〔56〕 F. Guicciardini, *Discorso di Logrogno*, in *Opere*, vol. I, pp. 264-5。

〔57〕 同上，pp. 265-6。

〔58〕 "与他们一道被选出来的，必定是最优秀的公民。即使那些真正了解政治的公民甚少，被选出来的人数也应该尽力保持在一个较大的范围，用以捍卫自由，由此，巨大的权力不至于最终落到少数人手中"，同上，p. 276。

〔59〕 同上，p. 277。

〔60〕 "……因为这些法律必定牵涉所有人，所以不能说（这些法律）是由少数人制定出来的，没有经过所有人的同意"，同上，p. 265。

胜于先前的共和政体,只要"曾经与他们(美第奇家族)的共同生活和对话是更加文明更加正确的,符合老洛伦佐的习惯"。[61]

圭恰迪尼在这份备忘录中指出,先前的共和国,在皮耶罗·索德里尼旗手生涯的初期岁月中几乎成为一个完美的共和国。[62]在他的记忆中,很可能1502年的改革更为重要,因为它比1494年改革更具贵族性质。在洛伦佐·德·美第奇掌权期间,大委员会不再可能是个讨论的话题,佛罗伦萨的美第奇政策特性和趋势已成定局。

在这些年间,尽管洛伦佐的政策越来越受到反对,但美第奇家族仍能获得教皇利奥十世的强有力支持,而这位教皇的俗名就是乔万尼·德·美第奇。罗马与佛罗伦萨的联盟增强了美第奇政策在城邦内外的力度,只是1519年和1521年洛伦佐与利奥十世先后猝死才动摇了这个联盟。美第奇家族在佛罗伦萨和罗马都失去了头人,现在要把枢机主教朱利奥·德·美第奇推出来继承教皇的遗产。佛罗伦萨的未来现在落入了一个早在1520年代之初似乎就急于恢复共和制的领导人之手。[63]国家的改革似乎是他的头等关切,因此,他要求向他提交与此有关的方案。最早向他建言的就是尼科洛·马基雅维里。

在这种情况下,他写出了题为《论洛伦佐·美第奇去世后的佛罗伦萨政务》(以下简称为《论佛罗伦萨政务》——译者)的小

---

〔61〕 F. Guicciardini, *Discorso V*, in *Opere inedite*, p. 336.

〔62〕 同上,p. 334。

〔63〕 "……这是所有人都同意的观点:在所有美第奇家族的统治者之中,红衣主教朱利奥·德·美第奇似乎是那个将佛罗伦萨治理得最文明的一个", J. Nardi, *Istorie della città di Firenze*, ed. A. Gelli (Florence, 1858), vol. II, p. 64. 亚里山德罗·德·帕齐为朱利奥·德·美第奇写的拉丁文演说词《共和国》就说明了这种政治预期的气氛。见本人的 *Vivere civile* 附录,pp. 182-91。

册子，表明了他对城邦政体改革的想法。[64] 马基雅维里这是刻意
为美第奇家族撰写的演说，他从 1513 年以来就一直在谋求这个家
族的青睐，[65] 因而勾画了一幅能够很容易受到美第奇家族欢迎的宪
政改革图景。按照这种备忘录的惯例，他也是从历史着手进入主
题：以往的佛罗伦萨历史提供了依据，能够支持这样的观点——
这个城邦的政体必须改革。《论佛罗伦萨政务》的第一节，尤其是
论及他所经历的那段时期平民政府的内容，[66] 给人的感觉像是马基
雅维里在《佛罗伦萨史》中说过的那样，使作者与当代人展开了
难分难解的争论。他批评了那些仿效 15 世纪美第奇模式、怀旧般
回到过去的改革方案，[67] 以及那些在平民政府之初不分青红皂白扩
大政府规模的改革方案。

　　这种批评帮助马基雅维里提出了他认为最适合佛罗伦萨的改
革方案。他辩称，只有给予现有的公民以"平等"，才有可能成功
地在这个城邦建立一个共和国："相反，若想在佛罗伦萨这样一个
极其平等的地方建立一个君主国，首先应该推行不平等。"[68] 从佛

---

〔64〕收于 N. Machiavelli, *Opere*, ed. S. Berttili, vol. II (Verona, 1979), pp. 393-418。
此作的日期见 Bertelli《论佛罗伦萨政务》的附注，pp. 419-24，那里认为是
1520 年底或 1521 年初。关于这个问题，另见 G. Guidi, 'Niccolò Machiavelli
e i progetti di riforme costituzionali a Firenze nel 1522', 收于 *Machiavellismo e
Antimachiavellici nel cinquecento* (Florence, 1969), pp. 252-68。

〔65〕"由于公爵的去世，一切都结束了。人们必须讨论新的政府形式，在我看来，
为了向尊敬的各位展示我的忠诚⋯⋯"，Machiavelli, *Discursus*, p. 396. S. N.
Stephens 就 1512 年之后美第奇家族与马基雅维里的关系做出了一些有趣的
评论，见其 'Machiavelli's Prince and the Florentine revolution of 1512', *Italian
Studies*, 41 (1986), 456-61。

〔66〕这一节并未直接提到大委员会。

〔67〕关于这一主题的最为综合性的研究，见 E. Gusberti, 'Un mito del Cinquecento:
Lorenzo il Magnifico', *Bullettino dell' Istituto storico italiano per il medio evo e
archivio muratoriano*, 91 (1984), 183-279。

〔68〕N. Machiavelli, *Discursus*, p. 403.

罗伦萨公民的社会成分这个总体观点来看，改革必须考虑到，佛罗伦萨有三种类型的人，他们的抱负应在城邦政体中得到满足。[69]他的结论是，首要的应当任职于执政团，次要的应当任职于遴选委员会，最次的应当任职于千人议会。[70]

在这个实质上非常保守的宪政改革方案中有一个新颖的要素，其中马基雅维里明确表示，城邦执政官将写着候选人姓名的选票放进袋子里，这必须由因为忠于美第奇家族而被选出的选举官（accoppiatori）去执行。[71]马基雅维里这里是在表示赞同一个寡头共和国，无疑是更小范围而不是萨沃纳罗拉的平民政府。马基雅维里就如何挑选政府的内部圈子成员提出的建议，表明他非常深刻地认识到了选举官的政治作用，是他们保证了美第奇家族在15世纪的优势地位。如今他试图在宪政框架内——包括在大委员会中——更好地利用这些执政官。在1520年代，马基雅维里似乎漠视了1494年改革的一个实质方面。他不再关心把该委员会——像在1494年那样——作为扩大佛罗伦萨公民权的一个手段。在《论佛罗伦萨政务》中，大委员会并不是共和国最重要的机构，它的存在主要是反映了马基雅维里式的希望，把他的改革思想纳入一种即使在首席公民看来也已经非常传统的形式中。

马基雅维里对大委员会的态度必须放在一个比《论佛罗伦萨政务》更广阔的背景中去考虑。在一个主要是历史的背景中，他是如何看待1494年底的那些关键事件的？众所周知，马基雅维里

[69] "共和国的统治者们必须为三类人提供机会：首要的，次要的，最次的。这三种人在每个城市里都能见到踪影"，Machiavelli, *Discursus*, p. 404。

[70] 见 *Discursus*, pp. 405-9。

[71] "为了确保你们朋友的名字被放进袋子，尊敬的阁下，您必须挑选八位选举官，他们可以秘密地保证你们想要的人获选，没有人能够阻拦，……"，N. Machiavelli, *Discursus*, p. 409。

对萨沃纳罗拉的作为表达了一种复杂的感情，[72]而且看来他从未把这位传教士当作历史上的伟大改革者之一。

> 然而，实施法令的恰当方式是：当人们不再信任时，可以强迫他们相信。摩西，居鲁士，忒修斯和罗慕洛，如果他们没有受到厚爱，是不可能让人们长期遵守他们的法令的；正如在我们的时代，吉拉莫·萨沃纳罗拉的干预；这毁了他的新法令，正如大众开始不再信任他，而他无法挽留住那些信任他的人，也无法再使人们相信。[73]

马基雅维里并没有充分认识到这位传教士对建立大委员会做出的贡献，而是似乎要急于指出平民政府的弱点，一如它是建立于1494年。由于萨沃纳罗拉以及整个政府都没有把用自己的军队保卫新政体作为头等政治关切，他的努力就注定要失败。

萨沃纳罗拉忽略了马基雅维里所认为的健康的共和国生活的一个基础：良好的军队与良好的秩序之间不可或缺的紧密联系：

> 一个城邦中所有因人们的共同利益而存在的公社，如果没有防御，便毫无意义……良好的秩序，若没有军队的帮助，是不会被遵守的……[74]

---

[72] 见马基雅维里 1498 年 5 月 9 日致 Ricciardo Becchi 的信，收于 N. Machiavelli, *Epistolario*, pp. 11-16。

[73] N. Machiavelli, *Il principe* in *Opere*, vol. I, ed. S. Bertelli (Milan, 1968), pp. 20-1.

[74] N. Machiavelli, *L'Arte della guerra* in *Opera*, vol. II, ed. S. Bertelli (Verona, 1979), p. 11.

真正的民众共和国都会准备好进行防御，如果它不想扩张的话。在马基雅维里看来，大委员会的建立尽管极端重要，但它只是一套建立并保存一个真正的民众共和国所必需的非常清晰的宪政改革方案的一个方面。马基雅维里只是在第二国务厅为共和国服务了几年之后，才能够在那位旗手的保护下从事一项后来被证明非常困难的任务——为平民政府提供适当的军事防御。他投入了一种半宗教式的干劲去组织国民军。此外，在 1519 年至 1521 年间，马基雅维里写出了《战争艺术》为他的规定以及如下观念进行了有力辩护：要想体现共和国的生命力和完美条件，莫过于有能力运用自己的军事力量来避免腐败。[75]

作为人类活动的产物，共和国就免不了盛衰起伏，这最终将使它或者面临外来威胁，或者面临内部骚动。[76]因此，共和国的国民军就不只是一个宝贵的防御手段，而且还能展示共和国的美德。

───────

〔75〕"无论如何，你们赞颂这条法令吗？还是你们希望我批判？" N. Machiavelli, *L'arte della gutra* in *Opere*, p. 28。并且再次论及人的德行，"除了那些承诺为她而死的人，祖国还应该信任哪一类人？"同上书，p. 11。"任何一个将这份职责转向另一个目的的公民都不是好公民，任何一个不以这种方式统治的政府都不是好政府。"同上，pp. 21-22。关于马基雅维里论述这个问题的其他作品，见 *La cagione dell' ordinanza, dove la si truovi et quel che bisogni fare*，同上，pp. 251-5; *Provisione prirna per le fanterie dél 6 Dicembre 1506*，同上，pp. 259-82; 以及 *Ghiribizi d'Ordinanza*，同上，pp. 359-63。还有一些重要评论见 J. G. A. Pocock, *The Machiavellian Moment. Florentine Political Thought and the Atlantic Republican Tradition* (Princeton, 1975), pp. 199-202。关于对"商人"的马基雅维里式责难，认为他们应当对佛罗伦萨国民军的衰败负责，见 M. Hulliung, *Citizen Machiavelli* (Princeton, 1983), pp. 65-6。关于《战争艺术》，另见 F. Gilbert, 'Machiavelli: The renaissance of the art of war', 收于 *Makers of Modern Strategy from Machiavelli to the Nuclear Age*, P. Paret, ed. with the collaboration of Gordon A. Graig and F. Gilbert (Princeton, 1986), pp. 11-31。

〔76〕"毫无疑问，我认为，如果这种方式能够维持平衡，那么这就是真正的政治生活，能够真正稳定一个城市。然而，所有的人类事务都在变化之中，不能保持静止，所以起起伏伏是不可避免的。所有理智不允许我们做的，形势都会迫使我们去做"，*Arte dlella guerra* in *Opere*, p. 113。

在《论李维前十书》中，马基雅维里给出了一个共和国的轮廓，在那里，公民权的问题已经超出了司法考虑，成了一个政治问题。马基雅维里发现，佛罗伦萨共和国的内部问题就在于这一事实：那些已是羽翼丰满的公民，随后又成为大委员会成员的人，却要求其他人——不是佛罗伦萨公民的人——去保卫"他们的"共和国并尽可能扩大其边界。如果放在这个概念框架中来看，马基雅维里闭口不提大委员会，可能不仅是在间接责难萨沃纳罗拉和那位首席公民，而且还是在暗示，他认为共和国不能只体现在大委员会中。[77]

尽管马基雅维里在通信和作品中几乎不提大委员会，但他始终坚持了这一信念，即国家的权力必须归属于人民。这个基本假定在《论李维前十书》中表述得十分清晰。在将斯巴达、威尼斯、罗马等著名共和国进行比较时，马基雅维里证明了罗马共和国的优越性，他的根据是，在罗马，"对自由的保障"被托付给了全体而不是大人物，因为

> 对罗马的立法者而言，必须做到以下的其中一件事，要么希望罗马像上面提到的几个共和国一样平静；要么像威尼斯人一样不将平民卷入战争；要么像斯巴达人一样对外国人关上大门。[78]

60

因此，在这一点上就可以清楚地看到，《论李维前十书》中的共和国与《论佛罗伦萨政务》中的共和国并不完全是同一回事。前者是从高度理想主义的角度定义共和国的，而后者中的共和国——用马基雅维里自己的话说——实际上是个君主国：

---

[77] 见 *Discorsi*, I, 47, pp. 194-5，那里叙述了 1494 年的事件，也没有提到大委员会。他的《佛罗伦萨史》倒是略有提及，见 CXII, pp. 124-7; CXVII, p. 181。

[78] N. Machiavelli, *Discorsi*, I, 61, p. 111.

如果把这个制度视为一个共和国，而没有你们的权力，那它就什么都不缺了，就像我们之前长时间讨论过的那样；但考虑到你们这些陛下和最尊贵的大人还活着，那么它就是君主政体。[79]

一方面，马基雅维里把城邦的自由托付给了千人议会，因为"如果没能使大众满意，就不可能建立一个稳定的共和国，如果不重新提供参政的可能性，佛罗伦萨的公民们是不会满足的"。[80]另一方面，他强调指出，除了六十五人委员会、两百人议会和八人特别委员会成员这样一些重要的例外，千人议会在选举城邦执政官方面的权力必须由美第奇家族通过他们的选举官加以政治控制。

《论李维前十书》中的"全体"大不同于《论佛罗伦萨政务》中的"全体"。[81]此外，《论佛罗伦萨政务》忽略了《论李维前十书》中的一个中心话题：良好的秩序和良好的军队之间那种循环的关系。[82]尤其重要的是应当指出，马基雅维里在《论佛罗伦萨政务》中没有详细谈论国民军的问题，因此令人感到，由于受到当时历史条件的约束，这个小册子只是在有限程度上表明了马基雅维里的共和信念。

---

〔79〕 N. Machiavelli, *Discursus*, p. 413.

〔80〕 同上，pp. 409-10。

〔81〕 见 N. Machiavelli, *Discorsi*, I, 5。关于这一基础性的篇章，应该读一读圭恰迪尼在 *Considerazioni sui Discorsi di Machiavelli* 中的评论，收于 Guicciardini, *Opere*, I, pp. 617-19。

〔82〕 "有军队的地方，应该有好的秩序，在有些情况下，也需要有好运气"，*Discorsi*, I, 4, p. 105。另见 *De principatibus*，同上，ch. XII, p. 38, 据说"没有良好的军队的地方，是不可能有良好的法律的。然而有良好的军队的地方，必须有良好的法律"。对这一论点的响应见 F. Guicciardini, *Dialogo del reggirnento di Firenze*, in *Opere*, vol. I, Book II, p. 449: "你们赞美古罗马的军队，就像其他所有人一样，你们赞美古罗马的内政，就像大多数人一样。然而我听说过完全相反的意见，他们的理由是：如果人们承认军队的价值，就应该承认内政的价值，因为没有良好的内政，就不可能有良好的军队。"

亚里山德罗·德·帕齐批评马基雅维里的《论佛罗伦萨政务》时提出的根据是，应当绝对避免背离传统去讨论城邦政体的改革：

> 要我说，我情愿避免所有新形式的政府，对此，你们及其尊贵的僭主殿下已经知晓，尤其是从马基雅维里那里（知晓）：我不喜欢他的形式，因为不是传统的，所以对城市来说非常奇怪……[83]

亚里山德罗·德·帕齐没有更详细地说明他对马基雅维里《论佛罗伦萨政务》的批评，便直接转向了佛罗伦萨的政体改革问题。他根据亚里士多德范式提出了一种混合政体，[84]其中包括一个君主、一个元老院和那个大委员会。元老院的成员不应超过100人，而且可望成为终身成员；它是共和国的灵魂，同时大委员会的权力被大大削减，这个机构不应再被信任，因为过去"如果想要争取到一件好事，需要阿谀奉承大委员会，就像乞求九级天使一样"。[85]在亚里山德罗·德·帕齐向枢机主教朱利奥·德·美第奇提出的宪政改革方案中，大委员会仍然保留着，但元老院被看作是共和国的灵魂，这是当时佛罗伦萨精英们的共识。

61

---

〔83〕 Alessandro de' Pazzi, 'Discorso di Alessandro de' Pazzi al Cardinale Giulio de' Medici-Anno 1522', *Archivio storico italiano*, I (1842), 429.

〔84〕 中世纪以来，亚里士多德的政治学与伦理学著作一直都有拉丁文译本可用。然而，佛罗伦萨人文主义者一直认为亚里士多德是共和制城邦的主要政治理论家之一。见 G. Silvano, 'Vivere civile', p. 169, 以及 C. Schmitt, *Aristotle and the Renaissance* (Cambridge, MA, 1983)，那里讨论了其他的有关文献。强调亚里士多德主义在文艺复兴时期佛罗伦萨的存在，并不意味着否定同一环境下无疑也是至关重要的其他古典思想渊源，比如斯多葛主义。关于这一点，见 Q. Skinner, *The Foundations*, vol. X 及各处。

〔85〕 Alessandro de' Pazzi, 'Discorso', p. 430.

大约在这同时并直到 1525 年，圭恰迪尼一直在写作《关于佛罗伦萨政府的对话》，这部杰作比任何其他著作都更出色地概括了终将在佛罗伦萨建立的贵族共和国的特征。《对话》不应被解读为一个乌托邦计划，[86] 因为它深深植根于佛罗伦萨以往的思想传统中，提出了一种切实可行的宪政改革思路。[87] 在第一卷中，发言人之一皮耶罗·卡波尼认为，1494 年皮耶罗·德·美第奇垮台之后，某些精英提出的目标是建立一个寡头政府，而萨沃纳罗拉以及其他一些有影响的佛罗伦萨公民则要建立民众政府和大委员会。[88] 这个机构在对话中成了贝尔纳多·德尔·内罗攻击平民政府的靶子，而这种攻击的根据实际上是：

> 正因为你们，或者更恰当地说，指挥新政府的人，重新将所有职位的选举交给大委员会，这只会产生许多错误，因为人民不能很好地判断人的能力，也不能很好地衡量每个职位的分量，情况只会变得严重，他们只会用一些毫无根据的建议来统治，与其说是理性，不如说是乱喊乱叫。[89]

圭恰迪尼让贝尔纳多在这里表达了精英当中最激进者的观点，其中像贝尔纳多·卢塞莱这样的人绝不可能承认平民政府。

但在《对话》第二卷，贝尔纳多·德尔·内罗缓和了他的立

62

---

[86] 见 V. de Caprariis, *Francesco Guicciardini dalla politica alla storia* (Bari, 1950), p. 81 和 G. Sasso, *Niccolò Machiavelli. Storia del suo pensiero politico* (Bologna, 1980), pp. 628-44。

[87] "我不确定是否应该这样继续下去，我们不是为了炫耀，或者无用地讨论，我们希望我们的讨论是有价值的"，*Dialogo*, II, p. 399。同样的态度亦可见于 pp. 419, 439。

[88] 见 *Dialogo*, I, p. 316。

[89] 同上，pp. 341-2。

场，在新的贵族共和国中给了大委员会一个角色。第一卷和第二卷之间这种表面的矛盾——对大委员会既贬又褒——经常被人指出并加以不同方式的解释。[90] 但是可以认为，贝尔纳多对大委员会的态度变化很容易理解，因为两卷的性质不同：第一卷是回顾分析 1494 年革命，对美第奇政府与平民政府进行比较；第二卷则是宪政改革方案。尽管从他的历史视角来看，那些支持寡头政府的大人物很可能把建立大委员会视为自己在政治上的失败，但从比较实际的政治角度来说，一旦他们认识到大委员会能够防止公民个人篡夺权力，从而也能有助于他们的事业，他们的态度会变得偏向于这个机构。贝尔纳多似乎知道很难协调两卷各自表达的对大委员会的看法，或许正是由于这个原因，他说，

> 但必须保证的是，政府既是人民的，人民也被很好地统治。因此，我谈到了我所担心的它的缺陷，为的是使我们能够仔细考量，并且得到鼓舞。这些缺陷尤其在于：重要的事务掌握在那些既不会决策、也不会治理的人手中……[91]

这样一来，贝尔纳多对于大委员会在他的贵族共和国中的宪政作用的概括就越发重要了。

在贝尔纳多看来，平民政府的灵魂就是大委员会，因为它包

---

[90] 见 N. Rubinstein, 'Guicciardini politico', 收于 Francesco Guicciardini 1483-1983. *Nel V Centenario della nascita* (Florence, 1984), pp. 161-89，以及 G. Cadoni, 'Per l'interpretazione del 'Dialogo del reggimento di Firenze' di Francesco Guicciardini', 载 *Storia e Politica*, 22 (1983), 625-73。G. Sasso, 'Sul Dialogo del reggimento di Firenze' 是对圭恰迪尼《对话》的重要研究，收于 Sasso, *Per Francesco Guicciardini. Quattro studi* (Rome, 1984), pp. 181-253。另见 Pocock, *The Machiavelli Moment*, pp. 219-271。

[91] *Dialogo*, II, p. 401.

容了所有具备资格的佛罗伦萨公民。全部最高权力都属于这个大委员会，因为它有权授予荣誉和分配国家官职。[92]但不能托付这个委员会进行任何重要审议，"不能将病人的健康交到一个没有经验的医生手里，也不应该放到人民的手里，因为他们是没有能力的"。[93]根据这个假设——它也是贝尔纳多第一卷中的论点——大委员会只应颁布新的立法，而让小得多的公民团体讨论并形成立法本身。[94]从这个意义上说，贝尔纳多的要求是，政策要由少数制定、由多数批准。因此，民治的某些成分仍需保留，尽管实质上这是个寡头共和国。如果说贝尔纳多坚持认为大委员会是城邦的君主（principe），那在很大程度上应当归因于圭恰迪尼对当时佛罗伦萨政治语言中典型的政治学关键词的用法。

至于贝尔纳多把元老院看作这个政体的真正灵魂，则是因为它的成员全部是最明智、最富政治经验的佛罗伦萨公民。贝尔纳多对佛罗伦萨和威尼斯政体的比较，应当从以下意义上加以理解：

> 即使它有一个与我们的设想不同的名字，因为它叫作"贵族政府"，而我们的将叫作"平民政府"，但它们并不因此就是两种不同类型的"政府"，因为它是这样一个政府：所有

63

----

[92] "总之，国家的基础，人民政府的灵魂就是你们大委员会所做的那样，也就是一个普遍的委员会，所有24岁以上有能力的人都可以在其中有自己的位置。这个委员会必须提供除了某些特殊少数之外……所有的职位……", *Dialogo*, II, pp. 401-2。

[93] 同上。

[94] "但是，我们的目的在于，大委员会是人民的，它有这些权力：……在委员会没有允许的情况下，不可制定新的法律，也不可改动旧的法律；我并不是说颁布法律，而是批准通过法律。这是因为，颁布法律是更小的委员会的工作", 同上。

参与执政的人，都有能力开展工作，在这个政府中，人们不因财富或家庭出身而有所区别，从而使统治达到最优。[95]

而且，威尼斯实际上是个公认的贵族共和国。因此，贝尔纳多·德尔·内罗用了若干篇幅专门论述元老院在共和国的作用，说那里以最优雅的形式体现了精英的精神气质，这实在不足为奇。只有精英才能入选元老院，他们的智慧就是为了服务于城邦的需要。此外，元老院的权威也将证明能够钳制旗手的权力，且能矫正大委员会的无知。[96]因此，在贝尔纳多的宪政思考中，最重要的国家机构不是大委员会，而是元老院，条件是：

> 总之，这个元老院有这些权力：决定那些最重要的事务；在大委员会获得薪酬之前，需要首先通过元老院，选择并任命大使、公职人员和十人委员会成员，除了这些，还决定其他一些我下面将会提到的人员。[97]

因此，在1527年之前，佛罗伦萨的共和主义者并不赞同在他们的城邦实行一种完全不同的宪政。他们似乎对以下事实达成了一致看法：新的共和宪政必须基本清晰地体现在三个机构中——大委员会、元老院和旗手。当然，正如先前指出的那样，区别是存在的，但基本事实仍然是，同一个首席公民将会随着时间的进程而改变对大委员会的态度。然而，圭恰迪尼或者贝尔纳多的作品中的大委员会，已经大不同于15世纪末集合在佛罗伦萨的那个

---

〔95〕 *Dialogo*, II, p. 406.
〔96〕 同上，p. 419。
〔97〕 同上，p. 421。

64　大委员会了。它在 1494 年的那种绝对至高无上的地位，到 1520 年代则被精英所取代，处于一种对元老院的从属地位。到 1520 年代中期，大委员会在佛罗伦萨共和主义者的政治论说中已经变得必不可少。

四

　　1527 年 5 月，美第奇家族再次被推翻，[98]而且像 1494 年和 1512 年的情形一样，城邦的重要公民都不遗余力地设法要在即将恢复的佛罗伦萨共和国保证自己享有永久地位。在佛罗伦萨共和主义者的这种政治预期气氛中，一直被激烈争论的大委员会及其重建也就指日可待了。此时，维奇奥宫（Palazzo Vecchio）根据多纳托·吉安诺蒂在《关于威尼斯共和国》[99]中提供的对威尼斯各种制度客观公正的最新说明，正在广泛讨论威尼斯的宪政。吉安诺蒂立即在佛罗伦萨这个末代共和国的改革者中间赢得了巨大声望，并且成了旗手尼科洛·卡波尼的门客，他向后者呈上了一份简要的《关于停止佛罗伦萨政府的报告》。[100]

---

[98]　弗朗西斯一世和克莱门七世为对付查理五世结成的 1526 年科尼亚克同盟并不成功，它的失败为罗马失陷之后美第奇家族被推翻铺平了道路。对于这些事件有许多同时代的著述，见 F. Vettori, 'Sacco di Roma. Dialogo', 收于 Vettori, *Scritti storicie politici*, ed. E. Niccolini (Bari, 1972), pp. 275-96。

[99]　关于 *Republica de' Viniziani*, 见 G. Cadoni, *L'utopia repubblicana di Donato Giannotti* (Milan, 1978)。

[100] Discorso sopra il femare il governo di Firenze l'anno 1527. Indiritto al Magnifico Gonfaloniere di Giustizia Niccolò di Piero Capponi, 收于 D. Giannotti, *Opere politiche e letterarie*, ed. F.-L. Polidori, 2 vols. (Florence, 1850), vol. I, pp. 3-15。关于吉安诺蒂的公正介绍，见 R. Starn 为 *Donato Giannotti and his Epistolae* (Geneva, 1968) 撰写的导论，pp. 1-58。

在吉安诺蒂看来，这个共和国必须通过授予多数人自由权、授予少数人自由权和荣誉以及授予极少数人君主权威来满足其公民的不同抱负。从制度角度来说，大委员会、元老院和旗手制度再加上市长一起，便有望满足这些不同的抱负。这样，"全体"（universale）——他们的抱负就是自由——都将在大委员会中获得位置，事实上，

> 那个展示了其大众性的部分，必须是一个聚集了所有公民的集体，即所有那些共享利益的人：因为这些人确实是公民，作为公民，就应该参与统治，也遵守秩序。而这个或那个成为城邦主人的成员，若不是制定法令、安排城邦执政官的人，他就不能代表城邦……[101]

这个观点反映了围绕 1494 年第一次建立的大委员会出现的思想观念。尽管吉安诺蒂似乎并不完全赞同佛罗伦萨精英的信念，即元老院应当是国家的舵手，但他坚持认为，那个"全体"只能被指望颁布已经元老院认可的东西。大委员会是共和国的基础乃是指：它可以始终约束任何少数通过立法危及公认的共和国共同利益的企图。[102]

如果比较一下例如尼科洛·圭恰迪尼大约在同一时期的言论，吉安诺蒂的立场就会看得更加清晰。一个良好的共和国需要一个大委员会、一个元老院和一个君主，在这一点上两人并不存在分歧。实质的分歧出现在吉安诺蒂强调大委员会在共和国政治生活

65

---

〔101〕Discorso sopra il femare il governo di Firenze l'anno 1527. Indiritto al Magnifico Gonfaloniere di Giustizia Niccolò di Piero Capponi，收于 D. Giannotti, *Opere politiche e letterarie*, ed. F.-L. Polidori, 2 vols. (Florence, 1850), vol. I，p. 4。
〔102〕"正如我们之前已经提到过的，参议院希望通过投票实现终身制任职"，同上，p. 6。

中的关键作用之时，对此尼科洛·圭恰迪尼警告说：

> 并且，由于那些糟糕的任命，选出了一些品质低下的
> 人，因此，人们甚至可以选择从元老们的袋子里抽取决定，
> 选举所有的地方执政官……这些元老，由于他们是有能力的
> 人，可能会做出一些恰当的任命。[103]

然而，1527 年的共和实验很快就走到了尽头，没有在大委员会
问题上带来任何新观点。围绕 15 世纪的大委员会出现的那些政治
预期，30 年之后又浮上了台面。1529 年 4 月，尼科洛·卡波尼被免
职，弗朗西斯科·卡杜齐和拉菲洛·吉罗拉米接替了他的职务。这
段时间，该政权对于城邦前政权成员的敌意日趋强烈，最终竟放逐
了他们的大批成员或者宣告他们犯有政治罪（而不是刑事罪）。[104]就
在对前朝余党进行这种攻击期间，1530 年 8 月，经过长时间被围困
和艰苦的防守之后，佛罗伦萨向教皇和帝国的联军投降。美第奇家
族再次返回城邦，接着又出现了一轮关于佛罗伦萨最佳政体的讨论。

在这个关节，首席公民只能与美第奇家族达成妥协，因为如
今后者可望在教皇克莱门七世的支持下在佛罗伦萨政治生活中发
挥主导作用，而这位教皇的俗名就是朱利奥·德·美第奇。在这个
背景下，弗朗西斯科·圭恰迪尼作于 1531 年至 1532 年间的《演
说》便引起了高度关注。作者相信，建立一个把美第奇家族所有

---

〔103〕N. Guicciardtni, 'Discursus de Florentinae Rei Publicae Ordinibus'，收于 R. von
Albertini, *Das Florentinische Staatsbewusstsein im Übergang von der Republik zur
Prinzipat* (Berne, 1955), p. 379。

〔104〕见 J. N. Stephens, *The Fall of the Florentine Republic 1512-1530* (Oxford, 1983),
pp. 222-30。

党羽和支持者都包括进来的新委员会——元老院——是新国家的实质所在。他辩称，"我们不能建立一个大多数的国家，因为大众不是我们的朋友，因为我们没有可以容纳许多人的处所"。[105] 在为美第奇家族进言时，弗朗西斯科·圭恰迪尼小心地没有提及大委员会，因为它可能很快就会成为公开同情平民政府的标志。出自一些首席公民之手的其他有关这个话题的当代备忘录，与弗朗西斯科·圭恰迪尼一样避而不谈平民政府和那个委员会，他们包括罗贝尔托·阿奇亚奥里、弗朗西斯科·韦托利、路易吉·圭恰迪尼等。佛罗伦萨的精英们再次试图保住他们在美第奇公国中的地位。[106]

　　1532 年 4 月，佛罗伦萨颁布了新的宪法。亚里山德罗·德·美第奇被正式承认为佛罗伦萨共和国公爵，该城邦的政治与宪政命运由此便清晰可见了。[107] 大委员会再也没有成为一种宪政现实。然而，那些坚定的共和主义者却痴心不改。许多外逃者继续与他们认为的美第奇专制统治进行战斗，直至 1537 年在蒙特穆洛被击败。[108] 最终只是对大委员会的记忆保存了下来，因为多纳托·吉安诺蒂的《佛罗伦萨共和国》和弗朗西斯科·圭恰迪尼的《意大利史》从政治和历史的角度详细记录了这个机构。

　　在《佛罗伦萨共和国》第二卷中，吉安诺蒂非常明确而令人

----

〔105〕F. Guicciardini, *Discorso VII* in *Opere Inedite*, vol. II, p. 356.

〔106〕见 F. Gilbert, 'Alcuni discorsi di uomini politici fiorentini e la politica di Clemente VII per la restaurazione medicea', *Archivio storico italinto*, 93 (1935), 3-14。这里谈到的备忘录均存于 *Archivio storico italiano*, I (1842), pp. 433-67。

〔107〕见 F. Diaz, *Il Granducato di Toscana. I Medici* (Turin, 1976), pp. 50-83。这是 *Storia d'Italia* edited by G. Galasso 第 13 卷的第一部分，也是 E. Fasano Guarini, *Lo stato Mediceo di Cosimo I* (Florence, 1973) 的基础。

〔108〕见 R. Starn, *Contrary Commonwealth. The Theme of Exile in Medieval and Renaissance Italy* (Berkeley and Los Angeles, 1982)。关于某些外逃者的政治活动，见 A. Stella, 'Utopie e velieita insurrezionali dei filoprotestanti italiani (1545-1547) '，载 *Bibliotheque d'Humanisme et Renaissance*, 17 (1965), 133-61, documents, pp. 162-82。

信服地指出了 1494 年和 1527 年两个共和国注定要垮台的诸多原因。尽管它们都是共和国，但它们的政府却很小，"虽然在我们的许多贤人看来很大"。[109]吉安诺蒂坚持认为，授予城邦执政官的权威大大超过了一个共和国执政官应当拥有的权力。因此，只是从理论上说大委员会才是共和国的基础，因为"对城邦执政官的任命，毫无疑问是大多数的权力，因为全部都取决于大委员会"，"但对和平与战争的决定权在十人特别委员会手里"，就是说，掌握在少数的手中，[110]比如司法行政，比如立法程序的实际操作。

为了至少从理论上纠正历史的错误，吉安诺蒂在第二卷中详细描绘了一个真正的平民共和国的宪政形式，其中他强调了大委员会的作用。该委员会的成员应当足够广泛，除了包括大人物与中等阶级（mediocri）以外，还应当包括平民，他们向国库交税，完全有希望被视为共和国的公民。这就是吉安诺蒂的政治论点，不过，

> 因为我们谈到过，我们并不愿意太过脱离以往时代的习惯；因此，我们将会把人民放在不太重要的位置，我们满足于人民当中每年都有人当选，正如我们之前做的一样；当人民越坚信他们中有许多人会得到政府职位，共和国的基础也就越广泛、坚固。要我说，总之，所有那些有能力担任政府公职的人都应该加入大委员会……并且，为了使大委员会成为城市的统治者，它必须拥有共和国所有重要的权力，这

---

〔109〕我已经编出了一个新版的吉安诺蒂《佛罗伦萨共和国》，依据的是佛罗伦萨国家图书馆的 Magliabechiano XXX, 230 署名原稿，已被纳入 Travaux d'Humanisme et Renaissance 系列，正在印刷中，日内瓦。不过以下引文均出自 F. Diaz' reprint of Polidori's edition (Milan, 1974), *Opere*, vol. I, II, 10, p. 241。

〔110〕同上，p. 221。

些权力包括了国家的所有力量，共有四种权力：分配政府职
位；决定战争与和平；立法；受理申诉。[111]

眷恋和尊重传统，始终在佛罗伦萨人的政治思考中发挥着基础作
用。这就使人想到了马基雅维里的信念，即任何政治改革都应回
顾和追溯传统。[112] 然而，尽管吉安诺蒂承认需要扩大大委员会的
社会基础，但他并不愿意在这个方向上走得太远。

大委员会在共和国的一切重大政治与司法问题上都有最后的发
言权。就此而言，注意到以下情况便更加重要：建议由元老院处理
外交政策的同时，吉安诺蒂谨慎地指出，元老的选举要依靠大委员
会。[113] 马基雅维里本人在《论佛罗伦萨政务》中则把元老院看作一
个独立于大委员会的实体。在吉安诺蒂看来，元老院必须保留它的传
统政治权力和声望，[114] 但它的地位绝不是要超越大委员会的政治权威。

同时，吉安诺蒂的佛罗伦萨共和国理论能够更多地看到大委员
会的存在。《佛罗伦萨共和国》细心地研究了国民军问题。吉安诺
蒂是根据公民对它有着天然动力这一假设议论国民军的。只是到后
来，他才从政治角度谈论这个问题，因为他坚持认为，应当在全体
合格男子中全面征召国民军，不论他们是否可能有益处。[115] 从纯
理论的角度来说，在吉安诺蒂的思想中，公民权问题不仅与成为大 *68*

────────

〔111〕F. Diaz' reprint of Polidori's edition (Milan, 1974), *Opere*, vol. I, II, 10, p. 281.

〔112〕见 Machiavelli, *Discorsi*, I, 25; III, 1。

〔113〕Giannotti, *Republic fiorentina*, p. 283.

〔114〕同上，pp. 285-7。

〔115〕"如果需要全面征兵，不仅仅是那些有益处的需要入伍，还有其他所有生活在
城市中、有职位、有房产的人；我们并不满足于只对这些人进行武装，还有其
他隶属佛罗伦萨统治的农民和市民"，同上，IV, 1。吉安诺蒂描述的被围困期间
弗朗西斯科·腓鲁齐的表现，等于是明确赞颂了国民军的德行，同上，IV, 5。

委员会成员有关，而且与在国民军中积极服务有关。

在《意大利史》中，弗朗西斯科·圭恰迪尼则从史学家的立场讨论了大委员会。他用两篇虚构的保兰托尼奥·索德里尼和圭丹托尼奥·韦斯普奇的演说叙述了 1494 年佛罗伦萨发生的种种事件，这样就使 1494 年革命的支持者与批判者迎面相对了。那些渴望建立大委员会的人要求

> 政府必须完全依赖于人民的权力，但（人民）是按部就班地被统治着，被规范着的：这主要由两个基础构成。首先，既为了城市也为了统治，一个时期一个时期地，所有的地方行政官和其他职务，都是由一个委员会来分配和安排的，这个委员会是由所有根据我们的法律有能力参与统治的人组成的。[116]

因此，如果所有执政官的选举必须在大委员会中进行，那就只能把外交政策的经营托付给一个小得多的委员会——元老院，但是元老院也是在大委员会中选举出来的。[117] 保兰托尼奥·索德里尼以不那么技术性的方式表达了吉安诺蒂在《佛罗伦萨共和国》中阐述的同一观点。

那些并不需要大委员会的人则认为，一个共和国要指望从未直接参与过政治的那个多数表现出政治智慧来，这是绝对愚蠢的。那个"全体"很快就会产生出专制。

> 因为，在以下几种情况下，人民与僭主非常相似：赐予那些不配拥有的人，而剥夺那些不应被剥夺的人，混淆人们的

---

〔116〕F. Guicciardini, *Storia d'Italia*, in *Opere*, ed. E. Scarano, vols. II-III (Turin, 1981), II, pp. 211-12.

〔117〕同上，p. 212。

等级和区分；也许，僭主政治的有害程度与（人民的）无知的危险程度相同，因为既没有负担，也没有限度和法律来对其进行限制，尽管保持着某些规则、某些约束和某些界限。[118]

饶有趣味的是，保兰托尼奥·索德里尼和圭丹托尼奥·韦斯普奇都在诉诸威尼斯模式以证明自己！争论的背后则是他们对威尼斯宪政史的不同理解：前者倾向于把威尼斯主要委员会高度评价为城邦公民权的体现，从而能够团结坚定地促进共同利益，后者则激烈批评这种把威尼斯的政治稳定性作为设立共和国总督的最重要理由的观点。

五

佛罗伦萨文艺复兴时期的共和主义故事，并不屑于图式化。马基雅维里和圭恰迪尼——仅仅提到这个故事两位最重要的主角就足够了——往往抱有一些相互冲突的观念，而这些观念即使放在它们那个历史背景下也很有可能被片面地理解。画出一条简单的线条以标明不同共和理论的界限，这种可能性并不存在。从宪政角度来看，大委员会乃是一切共和主义改革方案的核心，而只有分析这些改革方案的细节，才有可能揭示它们之间的差异。

其中有一个问题，平民和精英的看法即便不是相互冲突的话，也是见仁见智。后者很少注意国民军的问题，而前者往往把在国民

---

[118] F. Guicciardini, *Storia d'Italia*, in *Opere*, ed. E. Scarano, vols. II-III (Turin, 1981), II, p. 212.

．

军中服役视为公民的最高义务。[119] 关于大委员会，佛罗伦萨的共和主义者赞成它在共和国政治生活中发挥根本作用。那些大人物的观点则迟早会变得更有利于大委员会，而他们在 15 世纪末曾认为这个机构将会危及他们在社会上和政治上的优势地位。这种态度的变化就是本文研究的主要焦点。首席公民不得不学会如何应对 1494 年的革命，由此，大委员会成了他们政治思考的一部分，而大委员会则一度在佛罗伦萨政治传统中获得了一席重要地位。

这种态度变化的典型就是以下信念，

> 找到对症的药方很不容易，因为既需要治疗胃部又不应损伤头部，即，必须预见到不可损害平民政府的实质，即自由，又要剥夺那些不明当下情况的人对当下的决定权，尤其不可赋予单独一人很大的权力，否则将会导致暴政。[120]

大人物们则倾向于突出元老院治理共和国的关键作用，从而削弱大委员会最初的政治意义——扩大佛罗伦萨的公民权。促使他们支持大委员会的是这一信念：这个机构是钳制那些其野心终将危及城邦自由的公民个人的唯一宪政屏障。佛罗伦萨共和主义者认为必须澄清这个问题，这驱使他们不遗余力地思考和书写政治。他们的政治和意识形态斗争有一个共同的攻击目标——美第

---

〔119〕"首先，重要的决定应该由能够理解的人来完成，而不应该由大多数人来决定，这是人民政府的首要威胁。其次，它是有效的制约，约束终身旗手的过大权力。我称这个中间机构为参议院，它位于独裁统治和过度自由之间。再次，参议院可以赋予那些有德行的公民以荣誉，不仅仅因为权力在这些有能力的人手里，可以为国家带来好处，更因为，如果不满足这些有能力的人的要求，他们会给国家带来坏处"，F. Guicciardini, *Dialogo*, II, pp. 155-6。

〔120〕同上，p. 133。

奇家族对佛罗伦萨的统治，因为它有可能把任何身份的佛罗伦萨公民统统都变成臣民。大委员会就是对付这种危险的一个屏障。作为执政者，大委员会可以防止任何公民个人篡夺共和国权力，在城邦公民当中促进一种"平等"，只有它才能成为共和国的基础。

70

最后但并非最不重要的一点是，精英们最终也回到了大委员会的观念，因为在这个委员会中很难形成宗派并导致分裂，事实上"委员会的人数众多是一件好事，因为人数越多，越不容易产生派系"。[121] 大委员会改变了佛罗伦萨历史的模式。在15世纪第二个十年间，政治上的发迹主要依赖于美第奇家族的庇护，而在人民的国家中，庇护人与被庇护人的关系不再是公民政治发迹的基本条件。大委员会可望促进和保护城邦公民之间一种新型的政治关系。共和主义得到了发展并从政治上解除了一种担忧：某个人可能会把国家攫取为个人财产，至于此人是不是美第奇家族中人倒在其次。

如果考虑到佛罗伦萨共和国还不是一个现代国家，那就可以看出，这种担忧是有道理的。那时的政治和历史理论家尚未形成作为一种独立的政治与宪政秩序的现代国家观。对于佛罗伦萨共和主义者、对于马基雅维里或者弗朗西斯科·圭恰迪尼来说，"统治"和"拥有"这个国家在很大程度上是同一回事——他们认为国家就是由统治者本身构成的。[122] 在这种历史背景下，寡头政府与平民政府这样的说法就有了非常重要的意义，而且通行于佛罗伦萨人的政治和历史著述中。[123] 这些说法指的是获准参政，从而在为国服务的诸多政治经济机会中获益的城邦公民数量。

---

〔121〕 N. Guicciardini, *Discursus*, p. 380.

〔122〕 见 Q. Skinner, *The Foundations*, vol. I, pp. ix-x, vol. II: *The Age of Reformation*, pp. 349-58, 以及 G. Silvano, '*Vivere civile*', pp. 170-1。

〔123〕 例见 F. de' Nerli, *Commentari de' fatti civili occorsi nella citta di Firenze dall'anno 1215 al 1537* (Trieste, 1859), p. 193。

第四章 　马基雅维里：
　　　　　　佛罗伦萨共和国公仆

罗伯特·布莱克

　　1498 年 6 月 19 日至 1512 年 11 月 7 日，尼科洛·马基雅维里任职于佛罗伦萨共和国国务厅。佛罗伦萨国务厅是一个主要由半常任官员组成的机关，负责管理共和国的内外事务，实施这个城市的行政官和议会制定的政策。共和国的内部事务由几个独立的秘书部门负责：执政团书记官负责佛罗伦萨最高行政官的日常事务；选举监督书记官负责监督佛罗伦萨众多行政官的选举；立法书记官负责管理佛罗伦萨立法委员会的事务。最高行政官——执政团，以及理论上的临时行政官"十人委员会"，负责决定对外政策。这些行政官的事务由一个部门统一管理，该部门的负责人即第一国务秘书；而这个对外事务部门的第二负责人就是第二国务秘书。理论上，第一国务秘书负责管理佛罗伦萨的对外关系，第二国务秘书则负责监督佛罗伦萨城外但又属于佛罗伦萨属地之内的事务；然而实际上，第一国务秘书与第二国务秘书的职责范围有很大部分的重叠。[1]1498年 6 月 19 日，马基雅维里当选为第二国务秘书，[2]不到一个月之

---

〔1〕　关于佛罗伦萨国务厅，见 D. Marzi, *La cancelleria della repubblica fiorentina* (Rocca San Casciano, 1910); A. Brown, *Bartolomeo Scala* (Princeton, 1979), pp. 135-92; R. Black, *Benedetto Accolti and the Florentine Renaissance* (Cambridge, 1985), pp. 115-83。

〔2〕　N. Rubinstein, 'The beginnings of Niccolò Machiavelli's career in the Florentine chancery', *Italian Studies*, 11 (1956), 90.

后，1498 年 7 月 14 日，他又兼任了另一个职务，即任职于十人委员会。[3] 八年半之后的 1507 年 1 月 12 日，马基雅维里作为国务秘书又被赋予了第三个职务，担任新建立的佛罗伦萨国民军九人团秘书，负责管理新成立的佛罗伦萨国民军的事务。[4]

72

　　与国务厅的其他官员一样，马基雅维里的主要职责是撰写书面文件。对于像马基雅维里这样负责对外事务的国务秘书来说，这个职责主要是代表执政团或十人委员会写信，收信对象包括外国的个人或政府、佛罗伦萨驻外使节或海外平民、任职于佛罗伦萨属地之内的官员或居住在这些属地上的居民、服务于佛罗伦萨政府的军队长官、监督这些军队长官的佛罗伦萨军事专员，以及佛罗伦萨的臣民和臣属城市。马基雅维里还要分担国务厅的一般行政工作，例如为选举或提名而准备市民的名单，或者为审议会——委员会——的会议拟定备忘录；另外，马基雅维里不仅是国民军九人团的信函捉刀人，而且还是该机构的总管，例如监督乡村兵员的招募。马基雅维里最引人注目的工作之一是担任通常享有授权资格的信使、谈判人和外交官；他以这种身份担负了很多使命，有些还是长期而重要的，足迹所至不仅限于佛罗伦萨境内或者意大利的其他地方，还包括法国和德意志。[5]

〔3〕　N. Rubinstein, 'The beginnings of Niccolò Machiavelli's career in the Florentine chancery', *Italian Studies*, p. 73; Marzi, *Cancelleria*, p. 289.

〔4〕　O. Tommasini, *La vita e gli scritti di Niccolò Machiavelli*, I (Rome, Turin and Florence, 1883), p. 367. 关于马基雅维里在国民军的工作，见 N. Rubinstein 的分析，Machiavelli and the world of Florentine politics，载 *Studies on Machiavelli*, M. Gilmore, ed. (Florence, 1972), pp. 5-16。

〔5〕　关于马基雅维里亲自起草的书面文件和报告记录，见马基雅维里的 *Legazioni. Commissarie. Scritti di governo*, ed. F. Chiappelli (Bari, 1971)；关于马基雅维里的行政工作，见 R. Ridolfi, *The Life of Niccolò Machiavelli*, trans. C. Grayson (London, 1963), pp. 15-132 *passim*。

在担任公职的 14 年半期间，马基雅维里在所有这些国务厅事务方面都非常活跃。他对他的官方职务可谓孜孜不倦，正如后来被迫辞职之后孜孜不倦于文学、政治和历史著述一样。作为一个思想家和作家，马基雅维里的独创性和独一无二的品质自不待言，更不用说他作为一个公仆而做出过的特殊贡献了。了解马基雅维里在为佛罗伦萨共和国服务期间，他的工作与活动在多大程度上取决于他的独特个性和智慧，以及他的秘书服务在多大程度上受到了佛罗伦萨国务厅已经形成的模式和传统的影响，对我们的研究将大有裨益。关于这些问题，我们不妨把马基雅维里与他同时代或前辈国务秘书做一个比较，这可能是饶有趣味的。这种比较方法迄今为止还很少用于马基雅维里的生平研究。特别是，我们应当审视一番马基雅维里作为一个公仆在四个主要方面的经历：他作为人文主义者的工作、他作为外交官的角色、他作为一个官僚的地位，以及他在共和国政治事务中的活动。

作为人文主义者，马基雅维里在共和国的服务，始终是在遵循佛罗伦萨国务厅由来已久的传统。从 14 世纪下半叶开始，国务秘书履行的基本服务——写信——就一直采取古典人文主义者的方式。科卢西奥·萨卢塔蒂首次把大量的古典引文、参考文献、范例寓言和格言警句引进了佛罗伦萨国务厅的公函。[6] 15 世纪佛罗伦萨国务秘书的公函，一般都是比较朴素的作品，没有萨卢塔蒂那种不同寻常的古典学识，尽管那个世纪中期任职的马萨皮尼和阿科尔蒂也曾用了些心思来恢复萨卢塔蒂公函丰富的古典内涵。然而，15 世纪的国务秘书在公函风格上还是超越了萨卢塔蒂，他们

---

〔6〕   D. De Rosa, *Coluccio Salutati* (Florence, 1980), pp. 22-7; H. Langkabel, *Die Staatsbriefe Coluccio Salutatis* (Cologne and Vienna, 1981), pp. 29-47.

将拼字法、句法，最后还将新学所偏爱的书法引进了政府公函。此外，由于 1458 年到 1464 年担任国务秘书的贝内德托·阿科尔蒂进行的改革，人文主义甚至更进一步渗透进佛罗伦萨国务厅。到 15 世纪中期之前，人文训练（studia humanitatis）的影响还只是显著体现在第一国务秘书的公函中；国务厅的其他记录——例如委员会的讨论和使节们的报告——却很少注意人文主义的拉丁语使用标准。然而，阿科尔蒂扩展了人文训练在国务厅的影响力，此后不仅是公函，而且连委员会的讨论以及正式的外交换文，都采用了人文主义的拉丁语。另外，他坚持第一国务厅的文档均应使用人文主义者的斜体字书写。因此，在国务厅应该配备受过人文主义训练的助理也就成为必需，如此才能确保维持这些新的风格标准以及拼字法和字体标准。阿科尔蒂是第一个任命了一位训练有素的人文主义者——巴斯蒂亚诺·迪·安东尼奥·弗莱西[7]——做助手的国务秘书。后来他的做法便成为一种传统，他的继任者巴托罗缪·斯卡拉拥有几名出色的副手，例如亚里山德罗·布拉塞西、尼科洛·米开罗齐、贝尔纳多·努蒂和克里斯托弗洛·兰迪诺。[8]到 15 世纪末，不仅第一国务秘书本人是个出色的人文主义者，并且整个国务厅已成为一个人文主义训练的中心。具有人文主义教育背景已成为在国务厅服务的必备条件。就是由于具备了这些资格，马基雅维里在 1498 年进入了佛罗伦萨国务厅。

因此，到 15 世纪末，佛罗伦萨国务厅无疑已经充满了人文主义的气息。然而，有一种观点认为，马基雅维里是这种博学环境的局外人。比如按照卡波尼《佛罗伦萨共和国史》的说法，

---

〔7〕 Black, *Accolti*, pp. 138-72.
〔8〕 Brown, *Scala*, pp. 187, 203, 204.

"马基雅维里甚至没有足够的书本知识"，[9]尽管最近三四十年间出现了有力的相反证据，但这种看法仍然颇有信众。事实上，直到非常晚近的1986年，一位研究16世纪初期佛罗伦萨的学者还写道："与布鲁尼和博吉奥以及与阿尔贝蒂和伯纳多·卢塞莱不同，马基雅维里在人文训练方面似乎并不是一个行家里手……也许是他略有不同的背景和略有不同的教育使他脱离了惯常的方法。"[10]

　　这种否认马基雅维里的人文主义出身并将其排除在佛罗伦萨国务厅传统之外的观点是值得商榷的。首先，马基雅维里受到的训练就是佛罗伦萨的一个精英所受到的同样训练，即当时已经盛行的人文主义教育。他从7岁开始便用《拉丁文入门》（多纳泰罗）作为初级读物进行基础阅读和写作；8岁开始接受拉丁文教育；11岁开始算术或算盘训练；12岁开始更高级的二次研习拉丁文著作。他先后就学于不同的私人教师——开始是一个卑微的阅读教师，一位马太老师，进而是教授语法的一名牧师，圣本笃会教堂的巴蒂斯塔·达·波比先生，最后是一位杰出的人文主义教师保罗·萨索·达·隆奇里奥尼先生来授课，他是皮耶特罗·克里尼托和米契尔·维里诺的老师，也是兰迪诺、梅鲁拉和蓬塔诺的人文主义者同事。[11]凡此种种，都是15世纪之初人文主义研究开始成为佛罗伦萨一种时尚之后，佛罗伦萨贵族成员的受教育模式。[12]同样，我们几乎没有理由怀疑保罗·吉奥维奥的考证，即马基雅

_74_

----

〔9〕　G. Capponi, *Storia della repubblica di Firenze*, 2nd edn (Florence, 1876), 111, 187.

〔10〕　J. N. Stephens, 'Machiavelli's *Prince* and the Florentine revolution of 1512', *Italian Studies*, 41 (1986), 49.

〔11〕　Ridolfi, *Life*, p. 3; F. Gilbert, *Machiavelli and Guicciardini* (Princeton, 1965), pp. 321-2.

〔12〕　C. Bec, *Les Marchands écrivains* (Paris, 1967), pp. 383-93; R. Black, 'Florence' in *The Renaissance in National Context*, R. Porter and M. Teich, eds., forthcoming from Cambridge University Press.

维里是在佛罗伦萨大学接受马塞洛·弗吉里奥·阿德里亚尼的人
文主义教程完成了他的教育的——"这是非常明确的……他师从
马塞洛·维吉尔……（在那里）接受了丰富的希腊文和拉丁文教
育"，[13]仍是循着既定模式，与佛罗伦萨的贵族子弟一样到大学接
受诸如菲勒尔佛、马苏皮尼、兰迪诺、阿基洛普罗斯或者波利契
亚诺这样一些教授的课程教育。[14]

　　第二，有证据表明，1498 年，在被选入佛罗伦萨国务厅之
前和当选之后不久，马基雅维里都从事过文学活动和研究。12 岁
时大概他就研习了查士丁尼；青少年时期可能研读了李维的《前
十书》和比翁多*。[15]根据马特利新近的研究，马基雅维里在
1493—1494 年曾写有两首诗，一是舞曲歌词《假如我有弓与翅
膀》，一是三音节诙谐诗《在这月桂树下的影子》，其中洛伦佐时
期的人文主义倾向显而易见。[16]现在看来一般都会同意，根据纸
张水印的证据，马基雅维里事实上就是"梵蒂冈 Ross.884"手稿
中卢克莱修文本的缮写者，时间为 1490 年代，马特利对此评论
说："正是从事这样一种类型的工作，才有可能进行文学研究……
在公共事务官员的工作中，这是必不可少的。"[17]1502 年马基雅维
里曾向比亚吉奥·波拿科尔斯要求获得一部普鲁塔克《希腊罗马

75

---

〔13〕 引自 Ridolfi, *Life*, p. 262, n. 17。
〔14〕 见 A. Verde, *Lo studio fiorentino*, vol. III (Pistoia, 1977), *passim*; A Della Torre, *Storia dell'Accademia Platonica* (Florence, 1902), *passim*。
　*　比翁多（Flavio Biondo, 1392—1463），文艺复兴时期人文主义历史学家，第一部意大利史的作者。曾任罗马教皇秘书。比翁多规模最大的著作是 32 卷的《历史》。——译注
〔15〕 Ridolfi, *Life*, p. 4.
〔16〕 M. Martelli, 'Preistoria (medicea) di Machiavelli', *Studi di filologia italiana*, 29 (1971), 377-405.
〔17〕 M. Martelli, 'L'altro Niccolò di Bernardo Machiavelli', *Rinascimento*, ser. 2, 14 (1974), 95.

名人传》的抄本，当时他正在恺撒·博吉亚那里出使。[18]

第三，马基雅维里的书信风格从他担任公职之初就带有一个人文主义者的明确标志。1498 年 7 月 14 日他的第一封公函就体现了措辞遣句的几个特征，包括两个反叙法、一个变格以及一个联珠法，更不用说其中两个突出的拉丁语现象"激昂"（irritato）和"革新"（innovare）。其中第一个，据马特利称，"毫无疑问非常罕见而珍贵"。[19]此外，从 1498 年到 1500 年，马基雅维里亲笔书写的拼字法表明他使用了拉丁语的二元合音字母，在字母"e"下面有表示读音特征的下加符，或是更少见的完全写法。[20]

从马基雅维里受到的教育、他的文学兴趣以及对语言和文风的技术把握来看，他在 1498 年夏天进入国务厅时，就已经是个训练有素的人文主义者了，完全有资格继任先前担任第二国务秘书的那位杰出人物，而且，事实上也很难想象佛罗伦萨人会选出一个缺少良好教育、缺乏学识的人去继承布拉塞西或者弗朗西斯科·加迪的职位。布拉塞西是马基雅维里的直接前任，而弗朗西斯科·加迪则是布拉塞西的前任。作为一名书记官、律师、银行家和羊毛商人，加迪是一位有教养的业余人文主义者，[21]他遵循的是 15 世纪之初由尼科洛·尼克利和帕拉·斯特罗奇为佛罗伦萨贵

---

〔18〕 N. Machiavelli, *Lettere*, ed. F. Gaeta (Milan, 1961), p. 82.

〔19〕 Martelli, 'L'altro Niccolò', p. 47-9.

〔20〕 P. Ghiglieri, *La grafia del Machiavelli* (Florence, 1969), p. 300.

〔21〕 见 Della Torre, *Storia*, pp. 730-1; Marzi, *Cancelleria*, pp. 265-7; C. Bologna, *Inventario de'mobili di Francesco di Angelo Gaddi 1496* (Florence, 1883), nozze Bumiller-Stiller; A. M. Bandini, *Catalogus codicum latinorum Bibliotecae Mediceae Laurentianae* (Florence, 1774-8), IV, pp. iv-xiii; C. Bec. *Cultura e società a Firenze nell'età della rinascenza* (Rome, 1981) 一书中的 'La biblioteca di un alto borghese fiorentino: Francesco Gaddi (1496)', pp. 197-207; L. Sozzi, 'Lettere inedite di Philippe de Commynes a Francesco Gaddi' in *Studi di bibliografia e di storia in onore di T. de Mariniis*, IV (Vatican, 1964), pp. 205-62。

族开创，后由美第奇家族本身的楷模在他那一代人当中确定下来的模式。加迪是菲奇诺*的追随者，与当时佛罗伦萨的主要人文主义者过从甚密，其中包括兰迪诺、斯卡拉、波利契亚诺以及德拉·方特；[22] 他是拉丁语、希腊语和法语研究者，藏书多达 200 余卷，分为五个主要部分，其中最大的部分包括了 110 本书籍，占了藏书的一大半，它们汇成了 "人文主义丛书"，此外还有单独一个部分的希腊文书籍，包括两部词汇表、两部入门书和两部语法书。[23] 这些书籍的一部分在加迪出使国外时一直陪伴着他：例如 1488 年出使米兰时随身携带着《圣托马斯对物理学、欧几里得及伦理学与阿吉罗皮勒的评论》。[24] 事实上，那时他在米兰还有威尼斯大使埃尔莫劳·巴巴罗做伴，据菲奇诺说，加迪和埃尔莫劳·巴巴罗热衷于进行广博的讨论和研究："所以呢，你，我们最亲爱的法兰西人，作为模范，埃尔莫劳·巴巴罗，你现在可不能放弃在大使任期期间学习哲学呀。"[25]

加迪是个高雅的半吊子，而马基雅维里的前任第二国务秘书亚里山德罗·布拉塞西则是专业的人文主义者。布拉塞西所受的古典教育可以很清楚地见之于他的拉丁文信函，为此他在 20 岁时就得到了米开罗奇的称赞，后者赞赏的是布拉塞西 "在文学写作方面的教育" 和 "丰满华丽的写作风格"。在与纳尔蒂、坎帕诺等人文主义文化重要代表人物的接触当中，尤其在兰迪诺的影响之

---

* 菲奇诺（Marsilio Ficino，1433—1499），佛罗伦萨哲学家、神学家和语言学家，他对柏拉图和其他古典希腊作家作品的翻译和注释促成了佛罗伦萨柏拉图哲学的复兴，影响欧洲思想达两个世纪之久。——译注

[22] Della Torre, *Storia*, p. 730.

[23] Bec, 'La biblioteca'.

[24] Bandini, *Catalogus*, iv, p. xi.

[25] Della Torre, *Storia*, p. 731.

下，布拉塞西创作了三部拉丁诗集，达到了作为拉丁诗人的最高成就。布拉塞西还享有翻译家的盛名，尤其是他的意大利文译本埃涅阿斯·西尔维斯的《情侣故事》，以及用本国语译成的阿庇安《罗马史》，更使他声誉鹊起。[26]

在理解马基雅维里的人文主义造诣方面，有一个问题始终是个显而易见的事实，即作为一个学识渊博的人，他不可能和诸如波利契亚诺、兰迪诺或者菲奇诺等他的同时代佛罗伦萨杰出人物归为一类。然而，按照这样的标准，例如斯卡拉或米开罗奇的人文主义造诣就会受到质疑。最近的某些研究中出现了一种倾向，即不再绝对否认马基雅维里具有基本的希腊文知识，[27]而希腊文知识也许是他所有的前任都可能引以自诩的地方：加迪藏书中的希腊文书籍就证明了学习希腊文的兴趣，但是没有迹象表明他达到了某种专业水平；[28]布拉塞西可能也是同样的情形，他翻译阿庇安《罗马史》的时候靠的是皮埃尔·坎迪多·迪桑布里奥的拉丁文版本。[29]在拉丁文方面，毫无疑问马基雅维里具有足够的语言能力，这可以见于他的两份早期作品，一是1497年12月1日他的亲笔信件草稿片段，二是1504年11月9日他为《前十书》所作的题献辞。例如，马基雅维里在手稿中正确地使用二元合音字母拼写了minuta、causae，尽管他在拼写poenitebit时用了oe而没用更加流行的ae，但是他没有犯过不用二元合音字母拼写ceteris这种常见的错误。[30]而且，他在写给阿拉曼诺·萨尔维亚蒂的《前

---

〔26〕 A. Perosa, in *Dizionario biografico degli italiani* (henceforth *DBI*), xiii, pp. 602-8.

〔27〕 比较 R. Ridolfi, *Vita di N. M.*, 7th edn (Florence, 1978), p. 7 与他的 *Life*, 3。

〔28〕 Bec, 'La biblioteca', 207.

〔29〕 Perosa, *DBI*, xiii, p. 605.

〔30〕 Biblioteca Nazionale, Florence, Carte Machiavelli, I, 58bis.

十书》题献辞中，不光是表现出了人文主义者的拘泥形式，而且
在这个使用拉丁语的场合，还一丝不苟地按照古典用法对萨尔维
亚蒂以第二人称单数形式相称；实际上，现存另一封致萨尔维亚
蒂的信是用本国语写的，使用了第二人称复数，尽管萨尔维亚蒂
的回信是用的单数。[31]

这似乎是这位野心勃勃的国务秘书为数不多的拉丁文作品，
不过另外还有卢克莱修的长篇抄本，它实际上几乎可以被看作一
个单独的版本，其中一些异文接近于皮埃尔·坎迪多·迪桑布里
奥的版本，并且与无名氏在劳伦佐手稿（Laurenziano）xxxv，32
中的校订相同。[32]况且，还可以再做一个并非无足轻重的比较：
国务厅的其他一些人文主义者却罕有拉丁文作品。比亚吉奥·波
拿科尔斯是马基雅维里的朋友兼同事，还是一个历史学家、诗人
（他的诗歌反映了当时新柏拉图主义的影响）兼职业书记官，按照
他最近的传记作者法沙尔的说法，"文人理所应当具备人文主义者
的素质"，却根本就没有拉丁文作品。[33]另一个次要人物巴斯蒂亚
诺·弗莱西是又一个范例，足可以印证马基雅维里的博学。1453
年2月23日到1465年4月23日之间，巴斯蒂亚诺·弗莱西担任
了12年国务秘书的助手。他是个职业书记官，古典作家的研究
者，1450年代中期曾向博吉奥借阅过《论责任》、瓦罗及贺拉斯
作品的抄本。他是个胜任的拉丁语学者，不仅用他出色的古典斜
体书法，而且还通过矫正阿科尔蒂的拼字法和句法，帮助了阿科

〔31〕 *Lettere*, ed. Gaeta, p. 136; M. Luzzati and M. Sbrilli, 'Massimiliano d'Asburgo e la politica di Firenze in una lettera inedita di Niccolò Machiavelli', *Annali della scuola normale superiore di Pisa*, Lettere e filosofia, ser. 3, 16 (1986), 849-54.

〔32〕 Martelli, 'L'altro Niccolò', pp. 94-5.

〔33〕 D. Fachard, *Biagio Buonaccorsi* (Bologna, 1976), p. 7.

尔蒂对国务厅的改革。他大概还是一个职业的人文主义者书记官，
而且可能是 20 位人文主义者手稿的抄写人，这些手稿分别出自佩
特拉克、萨卢斯特、西塞罗、瓦勒里乌斯·马克西穆斯和普劳图
斯等作者。他的人文主义关切可以从他用本国语书写的两首长诗
中明显看出，那决不是当时流行的抒情诗，而是严肃的作品，展
示了大量的古代和人文主义文学、历史以及哲学知识。他还是菲
奇诺的私人密友，并与萨贝里科有书信来往。然而，与马基雅维
里一样，菲奇诺的原创拉丁文作品几乎无存，现在能看到的实际
上只有一封写给洛伦佐·德·美第奇的亲笔信是用得体的古典拉丁
文写的。[34] 如果说弗莱西和波拿科尔斯是真正的人文主义者——
事实上他们的确是，那就无法否认马基雅维里也的确是人文主义
者。按照马特利的说法，"简而言之，我们所知的关于马基雅维里
的一切，都将我们引向一个文学家与人文主义者的足迹"。[35] 马特
利重要作品的一位评论家正确地做出了进一步的澄清："认为马基
雅维里是人文主义者以及他的知识结构是植根于 15 世纪末期的文
学人文主义，这是一个略显棘手的命题。必须承认，马特利并没
有清楚地说明在他看来马基雅维里究竟是哪一种人文主义者。事
实上，描述马基雅维里的'人文主义'特征并不那么容易……"[36]
要想回答这个问题，也许应该这样说：马基雅维里是 15 世纪中期

78

----

〔34〕　Black, *Accolti*, pp. 165-70.

〔35〕　Martelli, 'L'altro Niccolò', 96.

〔36〕　J. Najemy, in *Speculum*, 52 (1977), 159. 16 世纪早期在国务厅属员中普及的人文
主义造诣，可以见之于任职时间最长的下级官员之一 ser Girolamo di ser Griso
Griselli 的藏书情况。他在 1498 年 10 月 11 日被抽签选为国务厅的第二助
手，年薪 72 佛罗林（佛罗伦萨，《国家档案》[Archivio di stato，下文为 ASF]，
Tratte 附录，5, fol. 78r），他至少任职到 1531 年 3 月 31 日（ASF, Carte Riccardi,
816, inserto n. 58：关于其间的再确认，见 ASF, Tratte 附录，5, fol. 120r; 6, fol.
49v, 124v; 7, fol. 16r, 104v, 189v; 8, fol. 86r, 177r; 9, fol. 48v, 125v; 10, fol. 25r,

以来充任佛罗伦萨国务厅属员的那类人文主义者。

马基雅维里是作为一个人文主义者，因而是遵循佛罗伦萨共和国的传统投身公务的，但是，利用古典知识筹备起草文件并不是他在国务厅的唯一职责。马基雅维里还有一项极为活跃的外交工作，他在担任公职的 14 年间曾受托出使 40 多次。按照传统，佛罗伦萨国务厅官员都是佛罗伦萨的外交行政人员；他们对外交官进行指导，与他们保持通信联络，管理使节们的具体工作，记录他们出使和归国的日期，管理薪酬和支出的费用；如果执政团成员不会说拉丁语（有时可能是法语或希腊语），他们就代表执政团向外国外交官发言；他们记录与外交问题密切相关的委员会会议讨论内容；他们为正式的外交会谈做记录。[37] 然而，直到 15 世纪晚期，佛罗伦萨国务厅的秘书们很少担任外交官的工作。有趣的是，在这方面，佛罗伦萨的传统与 15 世纪另一个伟大的意大利

［接上页］139r; 11, fol. 62v; 13, fol. 68r; Marzi, *Cancelleria*, p. 324）。他留给他的遗孀菲亚梅塔的藏书共 56 卷，其中 25 卷是关于法律和书记官教科书的，6 卷是关于圣经和早期教父文学的。最令人感兴趣的是他收藏的大宗古典文集，包括西塞罗的演说集、《论责任》和《论演说术》、奥卢斯·格利乌斯的《雅典之夜》、维吉尔的全部作品、奥维德的《变形记》和《岁时记》、卡尔普尔尼乌斯的田园诗、西里乌斯·伊塔利库斯的《布匿战记》、4 卷普鲁塔克的《希腊罗马名人传》、恺撒的《备忘录》、李维的《前十书》摘要，以及苏埃托尼乌斯的一些作品。他还拥有波伊提乌斯《哲学的慰藉》和佩罗蒂《人的命运与美德》。在《国家档案》（ASF）中发现了标明日期为 1535 年 10 月 28 日的详细目录，Carte Riccardi, 816, fasc. A., n. 1, inserto 63; Griselli 在 1534 年 8 月 13 日留下了遗嘱，出处同上，inserto 62。我对罗森塔尔博士让我查阅 Griselli 的文件极为感谢。Griselli 的父亲，Griso Griselli, 曾任 Giannozzo Manetti 的文书和国务秘书，从 Giannozzo Manetti 的书库里可以得到一些上述书籍。见 Della Torre, storia, 276ff., 332, 337, 343, 345, 422。关于 Griso Griselli 与 Marco Parenti 和 Vespasiano da Bisticci 的关系，见 Mark Phillips, *The Memoir of Marco Parenti* (Princeton, 1987), p. 44。关于 Griso Griselli 与 Luca Pitti 的关系，见 Biblioteca Comunale di San Gimignano (Archivio storico communale), NN, 127, fol. 46v (1463 年 6 月 15 日）。

〔37〕 Black, *Accolti*, pp. 116-17, 164-5.

共和国威尼斯形成了鲜明对照，在整个 15 世纪，威尼斯的国务秘书们都是频频衔命出使。早期的一个例子是雅科布·朗格奇，他担任公爵秘书（ducal secretary）直到 1410 年，后于 1416—1419 年连续奉派出使热那亚、乌迪内、费拉拉和波伦亚。[38] 威尼斯另一个从事外交工作的重要人文主义者秘书是希腊人，1455 年获得公爵秘书头衔的尼科洛·萨冈蒂诺。1455—1458 年，他被派往那不勒斯和罗马执行外交使命，1460 年又去了莫当、君士坦丁堡、特拉布宗。[39] 费伯·卡佩拉大概是 15 世纪中期威尼斯这些人文主义者秘书中最活跃的一个，他最迟从 1442 年就开始担任秘书，在弗朗西斯科·巴巴罗 1443—1444 年出使米兰时，他作为秘书成了巴巴罗的外交见习生。1450 年他升为公爵秘书，承担了一系列重要的外交使命，1455 年出访了安茹的勒内国王，1457 年出访腓特烈三世皇帝，1460 年出访佛罗伦萨。[40] 1463 年出访佛罗伦萨的艰难使命，显示了他作为外交官所抱的坚定信心，那是一个几乎不可能完成的任务，当时威尼斯与土耳其即将开战，他奉命前往说服佛罗伦萨人在威尼斯与土耳其交战期间停止与君士坦丁堡进行有利的商业贸易。[41] 到 15 世纪末，威尼斯仍然要求人文主义者秘书从事外交服务，这从安东尼奥·文齐古埃拉的生涯中可以看得很清楚。文齐古埃拉 1459 年成为公爵秘书，曾作为秘书随同多位威尼斯大使见习，1468—1469 年出访卡斯蒂利，1470—1471 年出访罗马教皇。在随后几年间，他被投入了几乎是不间断的外交使命，最出名的几次是 1474—1476 年出使佛罗伦萨和费拉拉，

---

〔38〕　M. King, *Venetian Humanism* (Princeton, 1986), p. 387.

〔39〕　同上，p. 428。

〔40〕　同上，pp. 348-9。

〔41〕　Black, *Accolti*, p. 255.

1478—1479 年出使佛罗伦萨和罗马，1480—1481 年和 1488—1489 年两次出使韦利亚，1486—1487 年出使罗马，以及 1495—1499 年出使波伦亚。[42]

在 15 世纪晚期以前，佛罗伦萨国务厅官员，例如拉珀·玛奇[43]和贝内德托·福蒂尼，[44]偶尔也会被用于外交使命，但只是在洛伦佐·德·美第奇取得支配地位的时期，这种做法才变得比较固定。一个早期的例子是亚里山德罗·布拉塞西，第一国务秘书的助手，1470 年 8 月到 1471 年 3 月期间作为雅科布·圭恰迪尼和皮埃尔弗朗西斯科·德·美第奇的大使秘书出使了那不勒斯和罗马。[45]此后不久，1471 年 9 月到 10 月，同样是第一国务秘书助手的尼科洛·米开罗齐，陪同洛伦佐本人出使罗马。[46]布拉塞西大概是在 1471 年 10 月作为大使派往波伦亚和费拉拉的，[47]但只是到了 1480 年代，国务厅官员才凭着自身实力频频成为外交使团的成员，甚至成为大使。巴罗内就是这样一个人。他在 1481 年 11 月进入奥托·迪·普拉蒂卡的国务厅，1482 年 9 月成为迪耶奇·迪·巴利亚的国务秘书，1483 年 11 月的国务厅改革之后，在 1483 年 12 月 5 日被选为执政团的 6 名秘书之一。他的使命包括，1482 年 1 月 28 日到 1482 年 2 月 25 日出使比萨，1482 年 9 月 27 日到 1487 年 10 月 29 日出使卢尼贾纳，1483 年 2 月 17 日到 21 日出使瓦尔德尔萨，1483 年 4 月 15 日到 24 日出使巴尔加，1483 年 5 月 15 日到 22 日出使皮斯托亚，1484 年 3 月 19 日到 4 月 3 日出使萨尔扎内罗，1484

80

---

[42] King, *Venetian Humanism*, p. 443.

[43] Marzi, *Cancelleria*, pp. 134, 178.

[44] 同上，p. 154。

[45] Perosa in *DBI*, xiii, p. 603.

[46] R. Fubini, 'Note Machiavelliane' in *Studies on Machiavelli*, Gilmore, ed., p. 374.

[47] Perosa in *DBI*, xiii, p. 603.

年 7 月出使安吉亚里附近的拉西纳，在萨尔扎纳战争期间，1484 年
9 月到 1485 年 2 月出使卢尼贾纳；他最后的任务是 1485 年 7 月 28
日到 8 月 1 日出使比萨和 1489 年 6 月出使拉西纳。[48] 劳伦斯时期
出现了一位甚至更为重要的秘书外交官，这就是弗朗西斯科·加迪，
他把自己的三重角色称为官方大使、洛伦佐的私人代表以及国务厅
官员；他的国务厅官职 1478 年是十人委员会秘书，1488 年之后是
八人委员会秘书，并在 1488 年 9 月和 1489 年 9 月作为大使分别出
使米兰和锡耶纳。加迪作为秘书和外交官的角色并没有随着 1492
年 4 月洛伦佐的去世而结束，他在 1492 年 12 月和 1493 年 5 月还
分别出使了威尼斯和罗马。[49] 同样，布拉塞西也像在洛伦佐手下一
样继续担任皮埃罗的秘书和外交官，1490 年出使卡斯泰罗城，1491
年出使锡耶纳，在那里一直待到 1494 年 11 月美第奇被驱逐。[50] 尤
其有趣的是，1494 年美第奇政府倒台后，国务厅秘书担任外交官这
样的事情并没有随之停止。例如，改革后的共和国第二国务秘书以
及十人委员会国务秘书加迪，就在 1495 年作为大使奉派出访乌尔
比诺公爵。[51] 布拉塞西的外交生涯甚至更为活跃，他在 1494 年底
第二次当选国务秘书并立即被派往卢卡，1495 年初到 1496 年 7 月
间又多次前往佩鲁贾。他最棘手的一次使命是 1497 年 3 月 3 日到
1498 年 6 月 8 日出使教皇国，在那里代表萨沃纳罗拉党，同时又是
佛罗伦萨主教的私人使者以及政府使节，正如他在 1494 年 11 月之
前曾经代表美第奇执行官方使命一样。[52]

―――――

〔48〕 G. Ristori, 'Ser Francesco di Ser Barone Baroni', *Archivio storico italiano*, 134 (1976), 231-80; R. Ristori, in *DBI*, xxiii, pp. 287-90.

〔49〕 Bologna, *Inventario*, pp. 5-12; Bandini, *Catalogus*, IV, pp. vi-xii.

〔50〕 Perosa in *DBI*, xiii, p. 605-6.

〔51〕 Bologna, *Inventario*, p. 12.

〔52〕 Perosa in *DBI*, xiii, p. 606.

由此可见，作为第二国务秘书的马基雅维里，其活跃的外交服务并非史无前例，尽管他的外交生涯在佛罗伦萨国务厅的历史上构成了相对新潮的一个组成部分。作为一名外交官，他很难做到比布拉塞西和加迪更为积极活跃，而且，他并不是 16 世纪最初 10 年间唯一被派往佛罗伦萨以外地区执行外交使命的国务秘书。1498 年 8 月到 1500 年 1 月 22 日，任职于十人委员会作为第一国务秘书助手的比亚吉奥·波拿科尔斯，就曾担负过四次外交使命：1500 年 6—7 月出使比萨，1501 年 9 月到 1502 年 7 月出使法国，1503 年 5 月出使曼图亚，1505 年 11 月到 1506 年 6 月出使罗马。[53] 第二国务秘书的助手阿格斯蒂诺·韦斯普奇也曾在 1501 年夏出使罗马，1506 年 12 月出使波伦亚。[54] 然而，马基雅维里的确是 1498—1512 年那个时期国务秘书中最活跃的外交官。

作为人文主义者和外交官，马基雅维里在国务厅的服务体现了由来已久的传统，但他作为一名官僚是否代表了佛罗伦萨国家发展的新趋势，却一直众说纷纭。马基雅维里并不是个书记官，所以他的任期可以被视为表明了政府法律部门与政治部门的逐渐分离，以及佛罗伦萨主权国家地位的不断提高。按照里卡尔多·弗比尼的说法，

> 非常确切的一个负面事实在于：马基雅维里并不是公证人……正如公民条例所记载的，莱昂纳多·布鲁尼是佛罗伦萨第一位公证人的书记官，但也不是公证人。现在，马基雅维里虽不是第一位（非公证人）书记官；但他属于低层人员，

81

---

〔53〕 Fachard, *Buonaccorsi*, pp. 70-105.
〔54〕 Machiavelli, *Lettere*, ed. Gaeta, pp. 62-8, 175-7.

我并不认为，在他之前，（低层人员）非公证人可以被任命为书记官。这对于形成一个专业的政治团体是很有意义的，自然而然随后又会加入文学家、知识分子……这样，我认为，在这层意义上，马基雅维里的情况即使不是完全的革新，也扩大了委员会的运用，这个运用超出了佛罗伦萨的法律惯例。这是一个相当重要的因素……问题不在于他因其无可比拟的专业性而成为公证人，而在于他有合法的资格鉴定公文，有合法的资格制定合适有效的公文而被称为公证人。正是因此，法律规定书记官必须是公证人。此后确实出现了法学家，但法学家们是潜在的公证人。反之，马基雅维里是一个法律领域之外的角色；这是一个很重要的问题。这里也可以大体看出政治领域与法律领域分离的趋势。[55]

弗比尼在这里发展了早先由阿里森·布朗讨论过的一个话题：巴托罗缪·斯卡拉在 15 世纪下半叶开始实行的佛罗伦萨国务厅改革，意味着

改变了官员的地位和文件的法律形式，以反映佛罗伦萨作为主权国家的地位。理论上说，该城市仍然臣属于皇帝，尽管实际上它的议会在国内行使着最高权威，它们的法令政令和法律文书都是书面的，似乎需要（帝国书记官连署证明赋予的）帝国授权才能生效。根据法规，立法的国务秘书和书记官必须是专职书记官，所有的法律文件不仅需要批准机

82

---

〔55〕摘自弗比尼对这次马基雅维里研讨会的评论抄件，此件最初就是在会上宣读的；我不知道迄今为止他是否对这个主题发表过看法。

关全体成员签字，……而且需要……书记官的连署证明。这种程序……意味着佛罗伦萨仍然缺少必要的权威使自己的法令产生效力。斯卡拉清楚地看到了这一点，而他最重要的改革就是由不具备法律资格的秘书取代旧式的书记官，前者仅仅是他们所代表的主权政府的行政人员。他们效仿法国和英国的枢密院，创造了加盖公章并由国务秘书签字的短信和法律文书，国务秘书并不是书记官，而是政府代表。……马基雅维里尽管没有法律资格，但他（像他之前的伯纳多·里奇一样）被任命为这个秘书班子成员，事实上就表明了斯卡拉的改革并非没有成效。[56]

的确，绝大多数国务厅官员都是书记官，因此，马基雅维里被任命为国务厅属员，也就成了一个例外，而且引人注目；不过，很难知道如何去解释这种非书记官在国务厅得到任命的重要意义。首先，虽然马基雅维里不是书记官，但这并没有把他完全排斥在佛罗伦萨国务厅的传统之外。弗比尼注意到，第一个在国务厅服务的非书记官是布鲁尼，在他之后就很少有书记官成为第一国务秘书。此外，1444年从菲力波·巴尔杜齐开始，若干没有书记官资格的律师——比如雷奥内·雷奥尼、尼科洛·阿尔托维蒂、雅科布·莫德斯蒂——都曾成为立法的国务秘书。事实上，马基雅维里并不是第一个非书记官而在国务厅担任属员的人：更早的国务秘书还有贝尔纳多·努蒂、克里斯托弗洛·兰迪诺和贝尔纳多·里奇。[57]

不应夸大任用这种非书记官的重要性，因为，他们在佛罗伦

---

[56] Brown, *Scala*, pp. 162-3.
[57] Marzi, *Cancelleria*, pp. 603, 604, 606, 613.

萨国务厅属员身份的历史变迁中并不代表一种决定性趋势。马基雅维里和他的同僚波拿科尔斯是 1498—1512 年国务厅助手班子中仅有的两名非书记官成员，后来取代他们的仍然是两名书记官。的确，1512 年之后，国务厅仅有的非书记官成员就只有第一国务秘书以及立法的国务秘书，又回到了 1440 年代到 1450 年代的国务厅官员任职状况。[58]

83

然而，事实上，1427 年之后，国务厅就包括了某些不能合法签署（起草）文件的非书记官。弗比尼认为，这代表了政府的政治与法律领域逐渐分离，布朗则认为这是佛罗伦萨逐渐发展成为主权国家过程中的里程碑。然而，早在 15 世纪之前，佛罗伦萨政府就不再需要通过帝国书记官的签署来使其法律文件生效，在 1349 年之前，习惯上一直是立法的书记官或他们的助手加盖书记官印章签署由公社批准的大量法律，并且附有他们提出的法案，一如私人秘书业务的备忘录那种做法。然而，这种做法在 1349 年被废止，在公社的普通立法规定中也没有重新恢复。因此，1350 年，佛罗伦萨共和国开始采取措施自行颁布法律，而不再需要帝国书记官提出的法案予以批准。[59] 很难说 1427 年之后任命少数非书记官就职于国务厅就是体现了政府的政治和法律领域分离或主

----

〔58〕关于马基雅维里 1498 年 6 月任命之后直到 1515 年国务厅的官员任职情况，见 ASF, Tratte Appendice, 5, fol. 68r, 69r-70r, 78r, 119r-v, 120r-v, 124r-v; 6, fol. 49r-v, 58r-v, 121r-v, 124r-v, 139r-v; 7, fol. 13v, 16r-v, 29v-30r, 104r-105v, 114v-115r, 187v, 189v-190r; 8, fol. 13r-14r, 86r-v, 95v-96r, 176v-177v; 9, fol. 2v-3r, 48r-v, 64v-65r, 125v-126r, 136r-v;10, fol. 24v-25v, 36v-37v, 114v, 131r, 138r-139v, 159r-v; 11, fol. 61v-63r, 83r-v, 178r, 179v-180r, 191v; 12, fol. 45v-46r, 149r-v, 154r-v; 13, fol. 66v-68r, 72r-v, 79v-81v, 85r-86r, 87v-89r, 174r-175r.

〔59〕这种程序上的变革可见于多处，ASF, Provvisioni, Registri, 35（1347 年 8 月 17 日到 1348 年 4 月 11 日），整卷都有书记官印章和法案；同上，p. 36（1348 年 8 月 23 日到 1349 年 3 月 13 日，ab inc.）仅在末尾有一处加盖了印章并附有法案；fol. 115r, 38, 39, 40 等处则既无印章也没有法案。

权发展方面的重大宪政步骤。当时佛罗伦萨已经有75年自行立法而无须帝国批准。与其说任命非书记官就职于国务厅是一种自主革新，倒不如说是对现行宪政实践的确认。

这个意大利城邦的整个司法发展，在某种程度上就是从法律上逐渐独立于帝国权威的历史。无疑，是法律和宪政的发展使非书记官和律师出现在国务厅班子当中成为可能，但这种情况很难代表弗比尼和布朗所暗示的公社官僚制的新面貌或新概念。如果说佛罗伦萨的法律地位有了一种新气象，那就是在14世纪头十年中期，书记官们开始了一种无须帝国确认而颁布立法的新气象。此外，就实际条件来说，像马基雅维里这种非书记官国务秘书，在一个政治上独立的主权国家内就很难成为一个不受罗马法法律程序羁绊的比较灵活的执行者，相比之下，乔万尼·圭迪和尼科洛·米开罗齐这样的书记官，在落实他们政治主宰者的意图时就很少感觉到有什么束缚。

任命非书记官就职于国务厅，这明确反映出一种渴望——让具备最现代化资格的人担任公职。到15世纪，佛罗伦萨公社的法律已经变得日趋严格而复杂；在汇编1415年的公社法规时，这项工作不再交给书记官而是交给了一组具备正式资格的律师。这样一来，让具备正式资格的律师担任立法书记官也就言之成理了。同样，对第一和第二国务秘书提出的要求就是接受过人文主义训练以胜任撰写公函和公开演讲，人文主义者由此而占据了优势。1427年之后，国务厅的所有非书记官任职者都是出自巴尔杜齐、雷奥尼、阿尔托维蒂、莫德斯蒂这样的律师，或者马基雅维里、波拿科尔斯和兰迪诺这样的人文主义者。

由此来看，马基雅维里作为一个人文主义者与外交官在佛罗伦萨国务厅服务，这是反映了一种常规做法，同样，他的官僚身份也很难说是史无前例或者推陈出新。然而，更有争议的是马基雅维里担任公职期间的政治活动。从传统上说，国务厅官员由于事实上可以终身或长期任职，所以都被排除在佛罗伦萨的政治舞台之外，因此，他们在佛罗伦萨最重要的政务报告的会议上不会受邀发言；他们通常不是那个政治上非常活跃的社会阶层——贵族——的成员，而是外国人或者政治上不起作用的书记官；与贵族成员不同，他们一般不能享受一系列高级政治官职。14 世纪和 15 世纪的绝大多数时期，国务厅一直都在因循这种模式，如果说谢罗·巴尔多维尼、纳多·巴尔多维尼、萨卢塔蒂、皮耶特罗·迪·米诺、马苏皮尼、阿科尔蒂和博吉奥几乎算不上政治活动家的话，这也不是歪曲事实。保持中立是佛罗伦萨国务厅的准则，但在佛罗伦萨的国务厅官员登上政治舞台时，也曾有过宪政革新和热衷于政治宗派活动这样的例外时期：比如 14 世纪中期的文图拉·莫纳齐和他的儿子尼科洛，就像 1420 年代的伏尔蒂尼和马蒂尼一样投入了政治活动，而布鲁尼在 1437—1444 年则享有了极不寻常的一系列官职。布鲁尼去世后，国务厅又恢复了原本的正常模式，但随着美第奇在 1466 年巩固了权力以及洛伦佐进行了一系列前所未有的宪政革新，斯卡拉、布拉塞西、加迪、巴罗内，尤其是乔万尼·圭迪和西蒙·格拉兹尼等国务厅官员便进入了权力核心。这种高度的政治交错状态在美第奇垮台之后仍在继续，例如尼科洛·阿尔托维蒂、皮埃罗·贝卡努基这样的贵族就在国务厅担任着最高职位，而布拉塞西、加迪这样的政治活动家则继续待在秘书的岗位上。然而，正如最近的一篇文章所说，1498 年是国务厅政治行动主义历史的分水岭；随着萨沃纳罗拉的垮台，国务厅不仅清除了修士们，而且连同那些政治行动主义者也一并扫地出门。新的国务厅班子——阿德里亚尼、安东尼奥·韦斯普奇、阿格斯蒂诺·韦斯普奇、安东尼诺·德拉·瓦雷、弗朗西斯科·奥塔维亚尼——都是佛罗伦萨政治舞台的局外人，要么是外国人，要么就是贵族阶层之下的佛罗伦萨人，而马基雅维里成功入选国务厅，不仅因为他是萨沃纳罗拉的批评者，还因为他以前没有活跃的政治参与记录。*85* 1498 年之后，国务厅大体上回归到前劳伦斯时期那种比较正常的模式，这在 1498 年入选的国务厅官员的生涯中清晰可见，他们绝大多数人在 1502 年之后都乐于为皮耶罗·索德里尼效力，也很乐于在 1512 年之后与复辟的美第奇政权合作。[60]

　　马基雅维里当然并不只是个公函捉刀人；1498 年以后，他在国外、在外交和军事政策方面深深地卷入了共和国的命运。因此，问题仍然是，他到底在多大程度上参与了共和国的内部政治事务，在佛罗伦萨陷入混乱时期，尤其是索德里尼执政时期，他在多大程度上卷入了派别的斗争。马基雅维里是遵循两位高级国务厅官员——第一国务秘书阿德里亚尼和立法的国务秘书奥塔维亚尼——的指引并置身于政治阴谋之外，还是像他的两位第二国务秘书前辈加迪和布拉塞西一样参与了大量政治冲突？费里克斯·

---

[60] R. Black, 'Florentine political traditions and Machiavelli's election to the chancery', *Italian Studies*, 41 (1985), 1-16. 我想借此机会纠正一下这篇早期文章里的两个错误；我应为其不确之处道歉，但我认为这个更正不会削弱我原先做出的论述。首先，马基雅维里在 1498 年 2 月（p. 11）不是被政治上中立的安东尼奥·德拉·瓦雷击败，而是败于下级修士弗拉特斯科·安东尼奥·米格利奥罗蒂。无论如何，2 月选举的总体形势仍然跟我描述的差不多：主要是政治上中立的候选人取得了成功，但有若干干级修士仍然获得了官职；这反映了帕伦蒂的看法，即，修士在 1498 年遭到了削弱，但并非无权无势。其次，弗朗西斯科·迪·巴罗内在 1495 年作为修士重新进入国务厅，但在 1498 年 2 月他却加入了萨沃纳罗拉的反对派（*DBI*, xxiii, pp. 288-9）。因此，在 1498 年 6 月，马基雅维里面对的是两个怒火中烧的对手（加迪与巴罗内）和一个修士（罗慕洛），而不是我在 12 页所说两个修士和一个愤怒的对手。然而，说马基雅维里的政治轮廓与他的三个对手相比非常低调，这一点还是站得住脚的。

吉尔伯特非常清楚地阐明了这个问题：

> 作为书记官（马基雅维里）本可以在政治上保持中立，不卷入政治斗争。巴托罗缪·斯卡拉，美第奇政权的首席书记官，在共和国也履行着同样的职责。斯卡拉的继任者，马塞洛·维吉里奥·阿德里亚尼，在美第奇家族回到佛罗伦萨之后，仍继续曾被共和国授予的任务。同样的情况也发生在许多其他的书记官身上。起草法律文书的专家们是政治家，我们今天称之为"公共事务官员"。相反，马基雅维里和比亚基奥·布纳科西，他的助手和朋友，在1512年美第奇家族回归时，双双被革职。这也就表明，马基雅维里不是一个在政治上简单的政府官员，而是一个特殊的重要政治家。若要追问马基雅维里参与他城邦中的党派之争是否正确，提供答案并不容易。[61]

吉尔伯特本人从没有对这个重要问题给出直接答案，而马基雅维里的政治角色一直没有定论，其原因也不难发现：实际上，与此前或此后卷入政治派别斗争的国务厅官员不同，没有绝对的或明确的证据可以表明马基雅维里在担任公职期间参与了党争。马蒂尼和伏尔蒂尼参与过，这有1420年代尼科洛·蒂努齐的坦白为证，旁证是美第奇的私人信件和政务报告的记录；[62]圭迪也参与过，这有皮耶罗·圭恰迪尼1484年的回忆[63]和帕伦蒂的证明，

---

〔61〕 *Terzoprogramma*, 1 (1970), 10.

〔62〕 D. Kent, *The Rise of the Medici* (Oxford, 1978), pp. 224-8; Marzi, *Cancelleria*, pp. 184-6; Black, *Accolti*, pp. 107-8.

〔63〕 N. Rubinstein, *The Government of Florence under the Medici* (Oxford, 1966), pp. 318-25.

后者还证明格拉兹尼、加迪和阿尔托维蒂也卷入了政治斗争；[64]实际上，帕伦蒂所说布拉塞西曾经"以有利于修士的方式行事"，可由 1497—1498 年他出使罗马期间的通信予以证实。[65]从朱利亚诺·德·美第奇与侄子洛伦佐的通信和对他侄子的指示中可以看出，接替马基雅维里的第二国务秘书米开罗齐无疑处于新政权的中心。[66]但是对于马基雅维里就没有这样的直接证据——在美第奇 1512 年复辟之前，没有任何党派声明和文字，没有任何当时的佛罗伦萨消息来源说他参加过派别活动。

进一步的困难在于，那些间接证据似乎矛盾重重。一方面，证明他参与了政治纠葛的最重要具体证据就是 1512 年他遭到了洗劫，意指他被佛罗伦萨的新主人看作是旧政权的一分子。这一点可能与他在 1502 年之后经常遭到贵族的厌恶有关。索德里尼对马基雅维里抱有极大信任，但是他的信任并没有使马基雅维里得到政权中的对头们的欢心。因此，按照塞雷塔尼的说法，他是索德里尼的"臂膀"，而在阿拉曼诺·萨尔维亚蒂看来，他又是一个"无赖"；[67]于是可能才会有 1509 年把他作为欠税人进行洗劫的企图，以及 1510 年和 1511 年两次有人向奥托·迪·瓜尔迪亚匿名告发马基雅维里之事。[68]此外，马基雅维里对那些摧毁了索德里尼政府的贵族表现出了明确无误的憎恶，他几乎是在美第奇刚刚返回佛罗伦萨时就发泄

〔64〕 N. Rubinstein, *The Government of Florence under the Medici* (Oxford, 1966), p. 231. Marzi, *Cancelleria*, pp. 259-70; Black, 'Florence political traditions', pp. 13-16.

〔65〕 Perosa in *DBI*, xiii, p. 606.

〔66〕 H. Butters, *Governors and Government in Early Sixteenth-century Florence* (Oxford, 1985), pp. 208-9, 221-2.

〔67〕 Ridolfi, *Life*, p. 99.

〔68〕 同上，p. 112-13; J. N. Stephens and H. C. Butters, 'New light on Machiavelli', *English Historical Review*, 97 (1982), 57。

出了这种情感。正如马尔尚指出的那样，1512 年 11 月 1 日到 7 日
的《致美第奇派》(*Ricordo ai Palleschi*) 就很典型，

> 明确使用暴力的范围直指贵族派系：这不再是以往在作
> 品中常见的一种表达观念、态度或概念的具体方式，而是系
> 统研究更平民、更暴力的表达方式。[69]

87

这些证据可以表明马基雅维里卷入了政治纠葛，但作为相反
方面的具体证据也有着同样的分量。在外交上，马基雅维里似乎
很少充当私人外交代表的角色，因为这种角色的使命除了代表政
府的官方政策之外，还代表了某个派别的特殊观点和利益。若干
早先的国务厅外交官，例如加迪或布拉塞西，在担任大使期间事
实上都是代表美第奇或修士利益的，但却有足够证据表明，马基
雅维里在索德里尼的私人政治代表这个角色上并没有发挥重要作
用。首先，并没有确凿证据表明皮耶罗·索德里尼的确实施了与
众不同的对外政策：按照他的传记作者罗斯琳·佩斯曼·库珀的说
法，"1510 年到 1512 年间……是文献证据最为丰富的时期，从这
些证据来看，索德里尼并没怎么追求一种独立的政策作为执政团
和十人委员会政策的补充"；[70] 她的结论得到了汉弗雷·巴特斯的
支持，巴特斯写道：

> 索德里尼多次发现他的观点与十人委员会多数的观点相

---

〔69〕 J.-J. Marchand, *Niccolò Machiavelli, I primi scritti politici (1499-1512)* (Padua, 1976), p. 308.

〔70〕 R. Pesman Cooper, 'Piero Soderini: aspring prince or civic leader?', *Studies in Medieval and Renaissance History*, n. s. I (1978), 100.

左，也许他曾打算诱使佛罗伦萨驻外大使们实行他自己的对外政策，但是，即便他真的有过这种冲动，他的两卷书信集（ASF，Minutari，19 and 20，1505—1512）中包含的与诸多使节的通信也能表明，他还是果断地抑制住了这种冲动。[71]

此外，罗斯玛丽·德温希尔·琼斯还详细分析了1508年马基雅维里担任帝国使节时的作为，论证了塞雷塔尼的说法是没有根据的，塞雷塔尼认为，马基雅维里在这个时期成了索德里尼的"臂膀"，他受这位旗手的派遣"不仅要密切注意韦托利，并且要他回信说明什么才合乎他的目的"。德温希尔·琼斯指出，马基雅维里打算向韦托利传达了新的指示之后立即离开，但韦托利却坚持让马基雅维里留下；而且，索德里尼支持亲法的政策，但马基雅维里继续严肃地谈论日耳曼的威胁，甚至在韦托利表示怀疑之后仍然如此，所以，派遣马基雅维里比派遣韦托利更不利于索德里尼的政策。[72] 最近还有一种看法认为，马基雅维里这次出使的秘密使命，是为了保住索德里尼的帝国代理人职权。但这种揣测难以立足。它的唯一证据是驻帝国宫廷的比萨大使通信；这位大使的陈述显然不利于索德里尼，很多内容当然是在抓住机会诽谤索德里尼，但没有佛罗伦萨方面原始资料的印证。[73] 即便事实上是在谋求帝国代理人的职权，那也不过是对佛罗伦萨"现状与统治权"的肯定，就像君主在1512年提出的要求一样。[74]

88

---

〔71〕 Butters, *Governors*, p. 80.

〔72〕 R. Devonshire Jones, *Fransisco Vettori* (London, 1972), pp. 24ff.; R. Devonshire Jones, 'Some observations on the relations between Francisco Vettori and Niccolò Machiavelli during the embassy to Maximilian I', *Italian Studies*, 23 (1968), 93-113.

〔73〕 Butteers, *Governors*, pp. 124-6.

〔74〕 Pesman Cooper, 'Piero Soderini ', 103-4.

在若干其他场合，马基雅维里似乎是披上了索德里尼私人特使的外衣。例如，1508 年作为帝国使节出使博尔萨诺时，马基雅维里写信给索德里尼说，"我不再写比较官方的信件了"，这让里多尔菲认为，

> "官方"，不。但显然是旗手朋友，是的。就是这些词句，而且尤其是信件亲切友好的语气，给了我们关于共和国第一执政官和他的第二书记官之间亲密关系的证据。[75]

然而，如果读这封信时不在"官方"后面加句号的话，意思就发生了变化："né scrivero più al pubblico ma qua farò quel poco del buono intenderò，anchora che la stanza mia qui sia al tucto superflua"[76]——"我不再写比较官方的信件了，但是我应该发挥我的一点用处，尽管我在这里完全是个多余的人。"马基雅维里这封信是请求被召回佛罗伦萨，他感到这是一次毫无用处的使命；他认为无论是在公务还是私人事务上他都没有做出任何贡献。索德里尼对马基雅维里仅仅发出过一次非常清楚的私人指令——1510 年夏天派遣马基雅维里出使法国王宫，索德里尼的兄弟沃尔泰拉主教弗朗西斯科写信给马基雅维里，代表索德里尼批准马基雅维里的这次私人委托任务。此外，另一份资料表明，马基雅维里负有特殊"使命，充当佛罗伦萨旗手与他的兄弟沃尔泰拉红衣主教的信使"。然而，这很难体现这次独立外交中不祥的一面：出使期间马基雅维里也向十人委员会做了汇报，而弗朗西斯科·索德里尼则宣布马基雅维里奉派出使"表

---

[75] Ridolfi, *Vita*, 7th edn, 618.

[76] G. Hurlmann, 'Une letter "privée" de Machiavel à Piero Soderini', *La bibliofilia*, 74 (1972), 183.

明了我们官方和私人的敬意"。[77] 马基雅维里显然受到了那位旗手的私人委托，而后又补充了一项官方任务；索德里尼的私人指令表明，这位旗手本人特别优先考虑的是这次使命所代表的佛罗伦萨的利益。马基雅维里在两次正式场合向恺撒·博吉亚传达了索德里尼个人的问候，[78] 但这种问候并没有暧昧的政治含义，因此，根据现有的证据我们可以断定，马基雅维里的外交活动没有任何显而易见的党派意味。

在国务厅任职期间，马基雅维里的主要内务是经营国民军；在这个问题上，最有争议的就是对堂·米开勒·德·科莱拉的任命，此人是恺撒·博吉亚以前的党羽，塞尼加利亚大屠杀的始作俑者。这使索德里尼的贵族反对者们感到惶恐不安，圭恰迪尼曾描述了他们的恐惧，

> 贵族们非常担忧，因为他们怀疑让堂·米开勒当上军队首领是出于某种不良企图，堂·米开勒可能成为被人利用的工具：或用于建立僭主统治，或在陷入某种困境的情况下，用于消灭他的敌人。[79]

圭恰迪尼的证明甚为卡尔洛·狄奥尼索蒂所看重，后者认为，马基雅维里秘而不宣的动机是把国民军作为索德里尼的私人军队，

〔77〕 关于这次出使，见 Pesman Cooper, 'Pier Soderini', 91 (n. 85), 101-3，以及她的 'Machiavelli, Francesco Soderini and Don Michelotto', *Nuova rivista storica*, 66 (1982), 354, and 'Machiavelli, Pier Soderini and *II Principe*'，载 *Altro Polo. A Volume of Itanlian Renaissance Studies*, C. Condren and R. Pesman Cooper, eds. (Sydney, 1982), p. 123。

〔78〕 S. Bertelli, 'Machiavelli and Soderini', *Renaissance Quarterly*, 28 (1975), 15.

〔79〕 F. Guicciardini, *Storie fiorentine*, R. Palmarocchi, ed. (Bari, 1931), p. 281.

以帮助这位终身旗手成为一个君主。[80]塞尔吉奥·贝尔特里与狄奥尼索蒂持有同样观点。[81]但佩斯曼·库珀明确否定了他们的解释。她首先指出，关于堂·米开勒的任命，在马基雅维里与索德里尼兄弟的通信中没有表露出任何险恶用心；这些通信的主要话题是纪律，以及看到堂·米开勒"正在招募罗马尼阿的农民进入恺撒·博吉亚的军队"，他们认为他是重建古罗马军队美德的理想人选。佩斯曼·库珀仔细研究了马基雅维里的《步兵条款》（ *Discorso dell'ordinare lo stato di Firenze alle armi* ），以及紧接着此文之后在 1506 年 12 月 6 日颁布的建立国民军的法令，她指出，这些文件"在很大程度上表明了国民军不是一个私人工具"。她还指出，在实践中，这些正式的军队是有效的：索德里尼的反对者在控制着国民军的两个地方行政区都有代表。[82]关于马基雅维里在国民军中的个人作用，无疑他本人就是这个计划的创始人。但是尼古莱·鲁宾斯坦认为，该计划的实现有力证明了马基雅维里在佛罗伦萨的政治影响力所达到的境界；[83]此外，该计划最有争议的一个特点是对堂·米开勒的任命，也许这个决定并非马基雅维里而是弗朗西斯科·索德里尼做出的：佩斯曼·库珀指出，第一个提名堂·米开勒的是弗朗西斯科·索德里尼，那是 1505 年 8 月 26 日在他给他兄弟的信里提到的，并且根据帕伦蒂所说，堂·米

〔80〕 C. Dionisotti, 'Machiavelli, Cesare Borgia e don Michelotto' in his *Machiavellerie* (Turin, 1980), pp. 3-59.

〔81〕 S. Bertelli, 'Petrus Soderini Patriae Parens', *Bibliothèque d'humanisme et renaissance*, 31 (1969), 93-114, and his 'Pier Soderini Vexillifer Perpetuus Reipublicae Florentinae: 1502-1512' in *Renaissance Studies in Honor of Hans Baron*, A. Molho and J. A. Tedeschi, eds. (Florence, 1971), pp. 347-57.

〔82〕 Pesman Cooper, 'Machiavelli, Francesco Soderini and Don Michelotto', 350-2; and her 'Pier Soderini', 113.

〔83〕 Rubinstein, 'Machiavelli and the world of Florentine politics', 16.

开勒的任命曾在佛罗伦萨遭到抵制，因为"罗马尊重枢机主教索德里尼，才颁布了这个任命"。[84]

90

　　另一个能够说明马基雅维里担任公职期间并不是一个党徒的证据，就是他的熟人和朋友圈子，他们并不全是索德里尼的支持者。而且，马基雅维里还经常在索德里尼的反对者中扩大自己的支持力量。在索德里尼政权开始的几个月里，马基雅维里与萨尔维亚蒂家族的关系非常之好：1502 年 10 月他成功地获得了雅科布·萨尔维亚蒂的帮助，解决了一个税务问题；同年 12 月，阿拉曼诺·萨尔维亚蒂写了一封热情赞扬的信，打消了马基雅维里关于他是否能在国务厅重新得到任用的疑问。[85]然而，在 1504 年的头几个月里，索德里尼与萨尔维亚蒂之间产生了裂痕，萨尔维亚蒂将要成为该政权贵族反对派的领袖；不管怎样，马基雅维里觉得他没有任何理由疏远阿拉曼诺·萨尔维亚蒂，[86]1504 年 11 月他为阿拉曼诺·萨尔维亚蒂题献了《论李维前十书》。这部著作包括了一篇颂文，赞扬了一位没有指明姓名的市民，马基雅维里认为该人是共和国的救星。[87]许多评论家认为马基雅维里这里指的就是阿拉曼诺·萨尔维亚蒂；[88]但佩斯曼·库珀认为此人是指皮耶罗·索德里尼，这种说法值得怀疑，原因很简单，马基雅维里在文中说该人当时掌管着佛罗伦萨。[89]萨尔维

---

〔84〕 Pesman Cooper, 'Machiavelli, Pier Soderini', 140-1 (n. 37) .

〔85〕 Luzzati and Sbrilli, 'Massimiliano d'Asburgo', 836; Pesman Cooper, 'Machiavelli, Pier Soderini', 141 (n. 43) .

〔86〕 同上。

〔87〕 Bertelli, 'Machiavelli and Soderini', 11-13; Butters, *Governors*, p. 72; Ridolfi, *Life*, p. 82; Pesman Cooper, 'Machiavelli, Pier Soderini', 125-8.

〔88〕 Tommasini, *Vita*, I, pp. 308ff; Dionisotti, 'Marchiavelli', pp. 36ff; Bertelli, 'Machiavelli and Soderini', 11-12.

〔89〕 Pesman Cooper, 'Machiavelli, Pier Soderini', 125-8. 文本见 Machiavelli, *Opera*, ed. M. Bonfantini (Milan and Naples, 1954), p. 1058。

亚蒂当时是执政团（字面上的意思是众领主，佛罗伦萨的"主人"）之一员，而索德里尼当时还只是十人委员会的成员之一，在统治这个国家方面有权（balia）而无名。在《论李维前十书》的颂辞和颂文当中，马基雅维里明确表示想挽救与萨尔维亚蒂之间的友好关系，但努力很快宣告失败，萨尔维亚蒂在 1506 年用"无赖"这个词指斥了马基雅维里，同年《论李维前十书》发表时删掉了献辞。[90] 尽管如此，马基雅维里并不是一个轻易放弃希望的人，1509 年 3 月到 6 月之间成功收复比萨的努力，促使萨尔维亚蒂和马基雅维里在正在围攻比萨的佛罗伦萨军营里进行了密切合作。[91] 马基雅维里毫不犹豫地再次向成为比萨首领的萨尔维亚蒂示好。1509 年 9 月回到佛罗伦萨工作之后，他给萨尔维亚蒂发去一封重要的长信。[92] 据编者称，马基雅维里用特别夸张的形式问候了萨尔维亚蒂，另外还有极尽奉承的告别辞。[93]

但细读萨尔维亚蒂的回信就会看出，马基雅维里并没有再次获得成功，[94] 但他仍未彻底灰心。他利用与路易·圭恰迪尼的友情，在 1509 年要求路易吉·圭恰迪尼给他引荐索德里尼的另一个贵族反对者，即路易吉的兄弟弗朗西斯科·圭恰迪尼，萨尔维亚蒂的女婿。[95] 这一次他还是没有获得太大的成功，不过他在与一个由于反对索德里尼而出名的党人家族的交往上倒是颇有成效。马基雅维里与弗朗西斯科·韦托利的友情始于他们 1508 年出使德

〔90〕 Ridolfi, *Life*, p. 95; Pesman Cooper, 'Machiavelli, Pier Soderini', 128; Luzzato and Sbrilli, 'Massimiliano d'Asburgo', 837.
〔91〕 同上，pp. 839-40。
〔92〕 同上，pp. 849-53。
〔93〕 同上，p. 841。
〔94〕 见下文，pp. 97-98。
〔95〕 Ridolfi, *Life*, 285, n. 10.

意志；尽管弗朗西斯科并不像他兄弟保罗一样强烈敌视索德里尼，但也决非索德里尼政策的拥护者，例如 1512 年他并不主张与尤利乌斯二世和西班牙总督联盟。用德温希尔的话说，他的政治联盟是"索德里尼的'宪政'反对派，领导这个派别的是内尔利提出的雅科布·萨尔维亚蒂"，[96] 所以很明显，马基雅维里在萨尔维亚蒂那里失去的，在韦托利那里得到了。

这种政治上的骑墙态度在佛罗伦萨国务厅历史上可谓家常便饭。雷奥纳多·布鲁尼与美第奇的反对派关系极其密切，甚至还与卡斯特拉尼家族联姻，而这个家族有许多成员在 1434 年成为最著名的流放者；[97] 然而，他与美第奇家族的头面人物关系也很好，其中包括阿格诺罗·阿奇亚奥里和科西莫本人，[98] 而且据朱利亚诺·迪·阿韦拉诺·德·美第奇称，雷奥纳多·布鲁尼在 1427 年当选国务秘书，的确使所有的人都很高兴。[99] 同样，贝内德托·阿科尔蒂在 1450 年代与逐渐壮大的美第奇的反对派也有联系，但他在 1462—1464 年仍向科西莫及皮埃罗题献作品。[100] 然而，在国务厅历史上，最圆滑的政治幸存者肯定非萨卢塔蒂莫属：1378 年 8 月 4 日，在梳毛工的支配达到巅峰时，萨卢塔蒂在一封私人信件里对这场革命表示了明确肯定，但在 1383 年普选政权倒台后，他又毫不留情地谴责了这批佛罗伦萨乌合之众的叛乱和愚蠢暴行，

---

〔96〕 Devonchire Jones, *Vettori*, p. 63.

〔97〕 L. Martines, *The Social World of the Florentine Humanists* (Princeton, 1963), pp. 199-210.

〔98〕 Vespasiano da Bisticci, *Le vite*, ed. A. Greco (Florence, 1970-6), 11, p. 169; L. Bruni, *Humanistisch-Philosophische Schriften*, ed. H. Baron (Leipzig and Berlin, 1928), pp. 146-7.

〔99〕 Black, *Accolti*, p. 108.

〔100〕同上，pp. 184ff., 209-10, 277-85。

同年稍晚以及 1385 年，他再次发出了这种谴责。[101]萨卢塔蒂的
能屈能伸，在马基雅维里时代几乎只有立法的书记官弗朗西斯
科·奥塔维亚尼可以一比，此人 1509 年被索德里尼政府授予佛罗
伦萨公民身份，[102]不料却主持了 1512 年 9 月 16 日那次确立了美
第奇权势的民众大会，并且获得了赛马赌博者资格以便提供 1514
92 年 3 月新政权的选举资金。[103]国务厅的官员希望无论政权如何变
换，他们都能保住自己的差事，在这个方面，马基雅维里与萨卢
塔蒂、布鲁尼、阿科尔蒂和奥塔维亚尼等人的唯一不同，就是他
在政权更迭时没有保住自己的职位。

马基雅维里与皮耶罗·索德里尼的私交，并不能令人信服地说
明他在佛罗伦萨政治舞台上扮演了一个党徒的角色。贝尔特里试图
将马基雅维里说成是索德里尼的侍臣，[104]但佩斯曼·库珀指出，索
德里尼并不打算沿袭美第奇的先例，而是依靠支持者、被庇护人和
家族成员建立个人权力。根据当时的记载，索德里尼的支持者在十
人委员会中几乎没什么优势，相反，这个行政机构却极为频繁地出
现一些顽固的反对派。如果说索德里尼的同盟者主要是大使那样的

---

[101] A. Petrucci, *Coluccio Salutati* (Rome, 1972), pp. 43-53.

[102] Marzi, *Cancelleria*, p. 292. 我早先的文章《佛罗伦萨政治传统》（p. 10）把这个
年份搞错了，容我在此表示歉意。

[103] Butters, *Governors*, pp. 184, 232. 奥塔维亚尼 1514 年 11 月就不再担任改革事
务的书记官了（Butters, *Governors*, p. 14），Mazzi 不知道他是被革职了还是
去世了（*Cancelleria*, p. 309）。实际上他是死于任上，并且直到他生命的终点
他都成功地设法保住了人们对新政权的信任：ASF, Tratte Appendice, 13, fol.
80r: (1514 年 1 月 10 日 ab inc.) Messer Jacopo di ser Michele Modesti da Prato
当选为改革事务的国务秘书，'loco ser Francisci Antonii de Aretio premortui
olim cancellarii et officialis dicti loci'；另见同上 fol. 85v: 'in locum ser Francisci
Octaviani de Aretio premortui'. 临时补缺的改革事务国务秘书是 ser Bernardo
Fiamingi da San Miniato, 他一直任职到 1514 年 1 月 3 日 ab inc（同上，fol.
79r-v）。

[104] Bertelli, 'Machiavelli and Soderini', 1-16.

人物，那是因为他的反对派通常都拒绝到国外出使。跟大议会中的其他成员一样，索德里尼有权提名官员，但是佩斯曼·库珀发现，他提出的候选人都没有特别如愿以偿的。与佛罗伦萨其他重要人物一样，索德里尼的亲属经常也要求他能够给他们好处，但是驻佛罗伦萨的艾斯特大使认为，他"非常地害羞并且非常注意，他从不超出常规做事，也不超出常规给人行方便"，索德里尼最苛刻的批评者之一塞雷塔尼也赞同这一看法。另外，索德里尼升至旗手的地位，也并没有对他兄弟的外交官生涯产生什么特别助益，后者继承他们父亲托马索（死于 1485 年）的事业，从 1494 年就开始了外交官职业。关于弗朗西斯科·索德里尼枢机主教的职位，贝尔特里指出，主要的促成者是恺撒·博吉亚而不是皮耶罗·索德里尼。[105]关于马基雅维里的职业生涯，佩斯曼·库珀指出，1503 年，第一国务秘书马塞洛·弗吉里奥·阿德里亚尼成为大议会的一员，因此而有资格担任政治职务，但是第二国务秘书就并非如此；马基雅维里只能一直等到 1521 年才得到索德里尼的庇护。[106]马基雅维里对索德里尼家族的个人感情并不是坚定而持久的；1513 年底他对韦托利邀请他去罗马犹豫不决的主要原因，就是他不敢再次去见索德里尼："让我犹豫的是，那里有索德里尼家族，并且，如果我去了那里，我就必须去拜访他们，并且和他们交谈。"[107]

93

像狄奥尼索蒂、贝尔特里、佩斯曼·库珀以及巴特斯等人在马基雅维里和索德里尼关系问题上的见仁见智，部分是由于他们

---

〔105〕Pesman Cooper, 'Pier Soderini', 83-4, 109-10, 115-18.

〔106〕Pesman Cooper, 'Machiavelli, Piero Soderini', 125.

〔107〕*Lettere*, ed. Gaeta, pp. 304-5. 见 Pesman Cooper, 'Machiavelli, Piero Soderini', 142, n.57, 佩斯曼·库珀在这里把此信奇特地解释为表明了马基雅维里对索德里尼的个人依赖。

史学研究方法的差异。1494 年之后出现了大量前所未见的佛罗伦萨当代编年史资料，问题是如何利用这些丰富的素材。贝尔特里的观点很大程度上是以解读这些书面编年史资料，同时主要是辅之以外交通信，另外也以一些当时的文学作品为基础而形成的。他对索德里尼和马基雅维里在佛罗伦萨政治中扮演的角色持负面观点并不奇怪，因为当时很多历史学家都是这样的态度，尤其是帕伦蒂、圭恰迪尼和塞雷塔尼。佩斯曼·库珀和巴特斯则以另一种假设前提为起点。他们知道，那些历史记载对于索德里尼政权抱有极大的偏见，于是希望看一看其他证据在多大程度上能够证实那些叙事素材不利于索德里尼。果然，他们从私人信件、委员会的讨论以及官员任职和提名的名单中发现了一幅相当不同的画面。贝尔特里在答复中令人费解地略去了佩斯曼·库珀的所有驳论，而是指责巴特斯无视当时见证人的证据或是仅仅对他们的证据做了表面理解。[108] 他对巴特斯的著作发出的最有力的异议是，由于一个人为的编年史起点（1502 年），巴特斯没有考虑到索德里尼家族和被庇护人网络的扩张。[109] 如果了解到佩斯曼·库珀早已探究过这个问题，[110] 这个批评也就失去了力量。贝尔特里还错误地指责巴特斯忽略了贝尔特里自己的一篇文章，[111] 更重要的是

---

〔108〕 S. Bertilli, 'Di due profili mancati e di un bilancino con pesi truccati', *Archivio storico italiano*, 165 (1987), 579-610.

〔109〕 同上，p. 582。

〔110〕 Pesman Cooper, 'Piero Soderini', 115ff.

〔111〕 Bertilli, 'Di due profili', 607, n. 70. 见 Butters, *Governors*, p. 148, n. 71. 按照贝尔特里的说法（p. 581），巴特斯忽略了反对直接重新选举八十人委员会的禁令在 1494 年被搁置这一事实，但是这个说法也并非完全公正。该禁令在 1494 年被放弃，但 1498 年又被引用，1502 年再次被撤销：见 R. Pesman Cooper, *'The Florentine ruling group under the "Governo popolare", 1494-1512'*, *Studies in Medieval and Renaissance History*, n. s. 7 (1985), 92, 95; Butters, *Governors*, p. 48。

"忽略了对一个非常重要的文本的利用"——乔万韦托里奥·索德里尼的回忆录。[112] 事实上，巴特斯在文本以及参考书目中多次引用了这部著作；[113] 巴特斯没有使用更多的内容，这并不奇怪，因为该书截至 1498/1499 年，更重要的是，贝尔特里大段引用的那些篇什，更多的不是揭示野心勃勃的索德里尼家族势力如何坐大，而是说明该家族在萨沃纳罗拉垮台之后如何孤注一掷企图在政治上幸存下来（索德里尼家的长兄帕格兰托尼奥与萨沃纳罗拉一直有着密切合作）。[114] 最后，问题可以归结到这一点：如果同等看待所有当时的证据，不带任何成见或偏见，那么贝尔特里就是赢家；但是，如果我们不仅从这些历史见证人提供的证据的表面价值，而且从他们的动机来评估的话，那么赢家就肯定是佩斯曼·库珀和巴特斯。

94

不难看出，贝尔特里在看待任何策略的险恶含义时，都带有一种历史阴谋论的先入之见，从而将"索德里尼的政策"视为"统统来自马基雅维里的教诲"，[115] 而佩斯曼·库珀和巴特斯对索德里尼的看法可能带有盎格鲁 - 撒克逊人的公平与宪政因素，她／他们把索德里尼视为"平民领袖"，是个"以非政治的眼光看待自己的官职，认为它高于政治"的人，[116] 他在"任职期间总体上说都在细致地遵守着规定了他在政府中的地位的法律限制"。[117] 能够

---

〔112〕Bertilli, 'Di due profili', 582.

〔113〕Butters, *Governors*, pp. 26, 36, 37, 44, 322.

〔114〕Bertilli, 'Di due profili', 582-88.

〔115〕同上，p. 597。

〔116〕Pesman Cooper, 'Piero Soderini', 121.

〔117〕Butters, *Governors*, p. 308. 也许还应该指出，与巴特斯相比，佩斯曼·库珀似乎倾向于认为索德里尼是个不那么世俗的人，巴特斯则相信索德里尼不得不卷入政治纷争是为了成就终身旗手。

令人满意的结论也许是，双方的观点都有正确的成分，但就这个特定场合而言，佩斯曼·库珀和巴特斯的观点似乎更加真切地接近历史现实。15 世纪末到 16 世纪初的佛罗伦萨的政治舞台，随处可见各种宗派、恩宠、赞助、裙带关系和贪污腐化现象。然而，在索德里尼 1502 年任职之前的 1498 年，即马基雅维里进入国务厅的时候，佛罗伦萨刚刚经历了一个由美第奇家族进行政治操纵和庇护的前所未有的时期，随后又围绕萨沃纳罗拉发生了连续四年几乎是不可思议的宗派冲突。在这种情况下，如果出现一位希望抛弃刚刚结束的过去，回到神话中的公正、和平、民众和谐的黄金时代的人，也就不足为奇了；皮耶罗·索德里尼在他就职前的盛宴上朗诵了奇普里亚诺·布拉凯利的一首诗，尽管它体现了人文主义传统，具有维吉尔诗歌（第四首牧歌与《埃涅阿斯》）的风格，并且带着歌功颂德的情调，但很有可能反映了这位旗手的个人理想主义。[118]

马基雅维里在政治上图存的本能也许激发了他对政治舞台略显愤世嫉俗的态度，1504—1512 年他在政治宗派纷争中采取的那种异乎寻常的策略就表现出了这一点。约翰·纳杰米认为马基雅维里是一个很有主见的人，他是被自信和自己的观念所断送的，他失去的朋友多于赢得的朋友。这是对马基雅维里直到 1512 年的复杂行为提出的一个重要的新见解。[119] 然而，无论马基雅维里在这段时间表现如何，作为政府官员，他的行为必须符合他的政治主宰者制定的规范，没有什么理由认为他应该比任何其他官员更加一以贯之。在皮耶罗·索德里尼统治下，就意味着马基雅维里

95

---

[118] H. Butters, 'Piero Soderini and the Golden Age', *Italian Studies*, 33 (1978), 56-71.
[119] 见下文，第五章，尤其是 pp. 101-3, 117。

要明哲保身，置身于纷杂的党派政治斗争之外。此外，他在这一时期的某些作品则是以政治和谐为主题或目的，例如 1509 年最后几个月所作的关于抱负的章节。[120] 同时他还写信给萨尔维亚蒂，呼吁萨尔维亚蒂不要恢复 1507—1508 年时的亲帝国姿态，而是继续保持重新征服比萨后取得的政权的统一。[121] 更为特别的是《论李维前十书》中出现了颂扬阿拉曼诺·萨尔维亚蒂和皮耶罗·索德里尼的文字：萨尔维亚蒂在担任最高执政官（1502 年 7—8 月）期间，平定了皮斯托亚，镇压了阿雷佐地方与瓦尔·迪·齐亚纳的叛乱，提出了宪政改革动议，并最终当选为终身旗手（vv. 355-69），消除了佛罗伦萨的混乱状况。此后是皮耶罗·索德里尼就任此职，成为佛罗伦萨和平的"基石"。谁也不应诋毁索德里尼和萨尔维亚蒂这两个人所实现的和谐局面与良好秩序。这些文字写于萨尔维亚蒂开始反对索德里尼以后，是在呼吁恢复新政权最初几个月达到的那种统一，因为它几乎解决了佛罗伦萨的所有问题。[122]

如果说仔细研究了索德里尼任职期间的证据并不能说明马基雅维里曾经卷入过党争的话，那么这个政权倒台之后的一系列重要文献和文本也不能说明这一点。其中一件是 1510 年 12 月 10 日马基雅维里写给韦托利的一封信，他在信中声明，自己 45 年以来一直是个诚实行事的人。马特利认为，马基雅维里自 1494 年以前就与美第奇家族有联系，而这封信不仅温和地言明了自己的诚实正直，还肯定了自己决不会与他先前的庇护人美第奇家族的利益

---

[120] N. Machiavelli, *Capitoli*, ed. G. Inglese (Rome, 1981), 101. 见 Luzzati and Sbrilli, 'Massimiliano d'Asburgo', 846, n. 80。

[121] 同上，p. 846。

[122] Machiavelli, *Opere*, ed. Bonfatini, pp. 1058-9. 见 Pesman Cooper, 'Machiavelli, Peiro Soderini', pp. 125-8。

作对；[123]如果此信真的是这个意思的话，那就意味着马基雅维里否认了他在 1498—1512 年曾经参加过反对美第奇或者反对美第奇支持者们的派别活动。如果他在平民统治时期不曾成为美第奇的反对者，那么他在索德里尼倒台之后立即重新投奔美第奇就更为可信。虽然有关这一点还需要进一步推敲，但是乔万尼·福尔奇在 1513 年 3 月 1 日关于反美第奇阴谋——马基雅维里被牵扯其中——的供词文本却是毋庸置疑的。乔万尼·福尔奇不仅肯定了马基雅维里没有参与颠覆密谋，而且宣称马基雅维里即便在被革职之后，也是更多地专注于佛罗伦萨的对外事务，而不是这个城市内部翻云覆雨的派系斗争："他曾说他和马基雅维里谈过关于旗手的问题，也谈到过关于索德里尼的问题，以及，他们更多地谈到战争，而非城市的问题。"[124]显得不可思议的是，一个刚刚由于党争而被剥夺了官职的党徒，怎么会更加关注对外事务而不是刚刚让他丢了饭碗的内部政治？

不过，最有说服力的还是《致美第奇派》。此文大约成于 1512 年 11 月 1 日到 7 日之间，[125]当然是直接聚焦于党派政治问题：马基雅维里告诉新近卷土重来的美第奇家族如何维持自己的地位；他尤其警告说，不要信任贵族。特别意味深长的是，这个小册子与马基雅维里的所有早期政治著述形成了鲜明对照。马尔尚非常清晰地勾勒出了这种对照：

此文与以前的文章大为不同：它第一次不以佛罗伦萨的内外政策、托斯卡纳的军队组织或者某个欧洲国家的结构为

[123] Martelli, 'Preistoria (medicea) ', p. 405.
[124] Stephens and Butters, 'New light', p. 67.
[125] Marchand, *Primi scritti*, pp. 298-301.

　　主题，而是谈论索德里尼共和国垮台后在首都进行的党争，以及它们对国家、对美第奇家族权力的影响。[126]

马基雅维里自己的著述证明，1512 年之前他所关注的问题并非派系之争，直到身处危机时，他才第一次把注意力集中到佛罗伦萨的党派政治问题上来。此外，马基雅维里在《致美第奇派》中表达了对贵族的憎恨，这本身并不能说明他在索德里尼执政年代参与了反贵族的活动。事实上，这些观点在《致美第奇派》中仅仅出现过一次，表明马基雅维里在早些年曾经克制了自己的政治观点。《致美第奇派》与马基雅维里早期文论的对比，并不意味着马基雅维里由于索德里尼政权的倒台而经历了深刻的观点变化；实际上，他的思想在这些早年岁月中无疑有着连续性和稳定的发展。[127] 这种对比所能证明的是，马基雅维里实际上一直在政治上力求自我克制，就是说，在履行政务的那些年间尽力置身于共和国的内部政治之外。所有这些都与 16 世纪初的国务厅气氛相吻合。的确，马基雅维里的同僚波拿科尔斯·比亚吉奥也曾被新政权革职，最近法沙尔指出，这是一个几乎在政治上完全超然的人物，他的著述大都回避了政治评论或政治偏见。[128] 事实上，甚至美第奇家族本身一开始也并不热心于破坏国务厅主要在 16 世纪之初重新建立起来的那种政治上不偏不倚的氛围。1514 年 11 月弗朗西斯科·奥塔维亚尼死于任上时，加雷奥托·德·美第奇被洛伦佐——未来的乌尔比诺公爵——任命为这个城市的看守者；作为接任人的加雷奥托致信洛伦佐，建议任命波拿文图拉，说他在立

97

〔126〕Marchand, *Primi scritti*, p. 302.

〔127〕见 Marchand, *Primi scritti*, pp. 367-95。

〔128〕Fachard, *Buonaccorsi*, pp. 5, 22, 139.

法的国务秘书任上的表现得到了广泛认可，因为他是一个"很少或几乎不参与派系斗争的人，并且独立于其他所有人"的人。[129]

当然，还有一个关于马基雅维里被革职的问题；纳杰米无可非议地问道，如果他不是个党徒，为什么他会被革职？[130] 索德里尼垮台与马基雅维里被逐出王宫之间有两个多月的时间差，这本身未必说明马基雅维里在政治上出污泥而不染；1498 年革命之后也曾引人注目地出现了类似的空当，修士的领导者们 4 月份被关进了巴尔杰罗（Bargello），而国务厅的下级修士，例如监督选举的书记官巴托罗缪·齐埃，却被允许任职到 5 月，更有甚者，萨沃纳罗拉一个不太显眼的支持者、第二秘书安东尼奥·米格利奥罗蒂直到 6 月才被革职。[131] 这里有着重要意义的可能是被看作一个党徒与实际上成为一个行动者之间的差别。毫无疑问，像萨尔维亚蒂、圭恰迪尼和塞雷塔尼这样的贵族，都认为马基雅维里是受到了政治上的株连。然而，正如佩斯曼·库珀和巴特斯指出的那样，这些人对于那位垮台的政权首领皮耶罗·索德里尼的认识很不准确，而且没有什么特殊理由认为他们对于马基雅维里的看法更接近于事实。马基雅维里并不是第一个，也不是最后一个被不公正革职的人，他在《致美第奇派》中对贵族表示的憎恨，更多的只是像一个普通人那样直接表达出他对习惯于歧视和势利的上流社会的怨恨，而不是一个坚定的党徒对宿敌的强烈反感。纳杰米令人信服地论证了索德里尼倒台之后动荡不安的几个月里，马基雅维里的表现很难保住自己的位置，他的个性的这一方面不仅可以从纳杰米讨论的那些文本中清晰可见，从最近发表的他在

---

〔129〕Butters, *Governors*, p. 14.

〔130〕见下文，第五章，p. 102。

〔131〕Black, 'Machiavelli's election', pp. 11, 16.

1509 年与阿拉曼诺·萨尔维亚蒂的通信中也能看出来。

此信的编辑们不仅着重指出了马基雅维里在努力讨好萨尔维亚蒂，还指出马基雅维里越来越自高自大和一意孤行。他们指出，这封信对佛罗伦萨的外交前景做出了明确而详尽的分析，可以与先前马基雅维里在 1506 年 6 月 12 日写给乔万尼·里多尔菲的信做一个比较。特别明显的是，前一封信里马基雅维里并没有对自己的分析充满自信，而是说那都是"更智慧的公民"的观点，但在 1509 年 9 月他却夸示了他自己的看法，公开表明他的个人分析与"公共舆论"不同。[132] 这里不难看出一个知识分子的日益自大，由于自己精心规划的产物——国民军——在夺回比萨时获得的成功，马基雅维里的自负大为膨胀。他很清楚他要对收信人提出告诫；他在这里抱着歉意说，他的冗长论说是一个"消磨时间的东西"，一件"玩物"，但在先前那封信中他却辩解说是为了写"那本经书"。[133] 不过，他的自负很难带来更多的好处，这从萨尔维亚蒂的回信中就可以看出，那里面随处可见嘲讽和挖苦。虽然他赞扬了马基雅维里长篇大论的优美结构，但对马基雅维里的结论却未置可否。显然，与马基雅维里不同，在关于帝国围攻帕杜阿的可能结局这个问题上，萨尔维亚蒂还是乐于听取比萨的佛罗伦萨军事首脑的意见。萨尔维亚蒂嘲笑马基雅维里缺乏宗教信仰，因而很难在面对捉摸不定的转折关头时意识到自己的宿命，"是奇迹而非常理"。萨尔维亚蒂认为，这位知识渊博的写信人，"我的博士"马基雅维里，还必须弥补自己的知识缺陷，在回信的末尾，萨尔维亚蒂写了一句更有讽刺意味的批语，"神保佑你！"[134] 我们

98

---

〔132〕Luzzati and Sbrilli, 'Massimiliano d'Asburgo', p. 842.

〔133〕同上。

〔134〕同上，pp. 853-4。

很难找到更能说明马基雅维里在佛罗伦萨保守派贵族当中激起的嫌恶之情的证据了，而在萨尔维亚蒂看来，马基雅维里就是一个自以为是的无神论知识分子。

因此，马基雅维里的被革职，更多的可能是与他的个人表现，而不是他和索德里尼派的联系有关，实际上就像国务秘书保罗·伏尔蒂尼 1427 年由于激起了最高执政官之一路易吉·韦奇埃蒂的"仇恨与敌意"而被革职一样。[135] 马基雅维里的情况与 15 世纪另一位国务秘书的命运更为相似。1456 年博吉奥未能被重新叙任，至少在一定程度上就是由于美第奇政权陷入危机时仍然与科西莫·德·美第奇保持密切联系。他曾在佛罗伦萨以外生活了 50 多年，很难理解佛罗伦萨政府的运行方式，他也没有适当的地位去代表任何人的利益参加党派纷争，但还是被革职了，这在很大程度上就是为了让美第奇政权，尤其是让科西莫难堪。不过，与马基雅维里一样，博吉奥也是一个特立独行、直言不讳而又傲慢自大的人，显然不可能博得佛罗伦萨整个统治阶层的欢心。[136]

然而，马基雅维里与另一位国务厅官员、他的朋友比亚吉奥·波拿科尔斯一起被免职，说明其中涉及的因素不光是马基雅维里的个性。他们除了都与那位垮台的政治领导人有关系之外，99 还有一个共同点，就是他们有着同样的社会地位，都是国务秘书/书记官阶层的成员。佩斯曼·库珀指出，这个社会群体在 15 世纪到 16 世纪之初沿着佛罗伦萨的社会阶梯往上攀爬获得了非凡的成功。[137] 这种出人头地当然会招来贵族阶层的反对和怨恨。因此，

---

〔135〕Black, *Accolti*, p. 108.

〔136〕D. De Rosa, 'Poggio Bracciolini cancelliere della Repubblica Fiorentina', *Studi e ricerche*, 2 (1983), pp. 217-50; Black, *Accolti*, pp. 88-98.

〔137〕Pesman Cooper, 'The Florentine ruling group', pp. 84-6.

正如马丁内斯注意到的那样，1434 年之后书记官被排除出执政团，最终则是 1498 年 3 月的立法，要求书记官们选择是在书记官职位上还是在普通的政府职位上服务。[138] 因此，皮耶罗·瓦格林蒂始作于 1500 年左右的编年记和"执政团颂"，便恶语相向地抨击了对书记官和国务秘书的偏袒待遇，圭恰迪尼在他的《关于佛罗伦萨政府的对话》中也评论道，"政府承担着重任，然而国务秘书们却为人粗俗、品质低下"。[139] 从这种思想感情的角度来看，马基雅维里这样特别引人注目的国务秘书遭到贵族的敌视，他被革职的同时另一位靠马基雅维里提携而升至高位的国务厅僚属也被革职，这就不足为奇了。[140]

马基雅维里当然是个有着惊人个性的人物，他在担任共和国官员期间为佛罗伦萨的行政管理做出了非常活跃的贡献。然而，他的公务——作为一个人文主义者、官僚、外交官和政治家——在很大程度上始终是在遵循佛罗伦萨国务厅的悠久传统。"十五年来我投身于对治国术的研究"，这本身并不是什么特殊的经历，令人惊奇的是马基雅维里这个人本身以及他作为公仆所做的一切；如果理解了他是在这样一种传统背景下脱颖而出的，他的独到之处就会更加令人敬畏。

---

〔138〕L. Martines, *Lawyers and Statecraft in Renaissance Florence* (Princeton, 1968), pp. 47-50; Pesman Cooper, 'The Florentine ruling group', p. 85.

〔139〕同上，pp. 115 (n. 89), 118 (n. 125)。

〔140〕关于比亚吉奥·波拿科尔斯和马基雅维里，见 G. Sasso, 'Biagio Buonaccorsi e Niccolò Marchiavelli', *La cultura*, 18 (1980), 195-222, 以及纳杰米（Najemy），下文第五章。

第五章　关于马基雅维里效力于共和国的争论

约翰·纳杰米

　　马基雅维里作为国务大臣兼秘书为佛罗伦萨共和国效力 14 年，他与共和国历史及思想传统的不期而遇，从一开始——或者说几乎是一开始——就和他与这个共和国的复杂关系密不可分。马基雅维里在《君主论》和《论李维前十书》的献辞中，都强调了他的政治知识是来自他对当代事务的"长期经验"和"实践"以及阅读古代文献这两个源头。马基雅维里在国务厅任职期间留给人们一个熟悉的形象——不知疲倦而又谦恭的公仆，信念坚定而坦诚，为了这种热忱服务而付出了沉重代价。事实上，这幅画像主要是产生于上述文字以及共和国垮台、美第奇复辟迫使他去职以后写下的若干其他名句（大都可见于 1513 年 12 月写给韦托利的那封异乎寻常的信中）。很明显，1512 年之后马基雅维里对他国务厅岁月的描绘，都受到了革职和蒙羞让他感到的苦涩心态的影响。

　　在看上去可能是那些年间以这样那样的方式广为人知的马基雅维里及其周围人的经历中，他到底起了什么作用呢？按照我们所了解的他在 1512 年之前的活动和经历来看，它与后来马基雅维里关于共和国的著述又是什么关系呢？罗伯特·布莱克重新讨论了这些问题（见第四章），认为马基雅维里的公务活动至少在三个重要方面遵守了"佛罗伦萨国务厅的传统"：他作为人文主义者的可靠证明，他的外交活动，以及他在1498—1512年动荡的佛罗伦萨政局中没有支持任何派别。布莱克的分析有一个总的要旨，就是把马基雅维里描绘成一个标准的公仆：把他置于一个至少从15世纪中期以来就形成的对国务厅官员的制度约束和职业资格特征的背景中。至少在布莱克看来，马基雅维里不是一个革命性的人物。此外，马基雅维里在这些年间的注意力大多放在对外政策和军事政策上，而不是国内政治。因此，布莱克给出了一个预设，即国务厅官员应该完全置身于一切党派政治或派别政治的纷争之外（如果布莱克是正确的，那么马基雅维里倒是符合这个预设），而他的方法似乎就是把研究范围缩小到"15年来我投身于对治国术的研究"，这可能真正是——正如马基雅维里后来所说——经验之源泉的范围，而关于共和主义政治的许多革命性理论说明，就是从这个源泉奔涌出来的。布莱克认为，《致美第奇派》是马基雅维里的一个重要转折点：此时此刻，他第一次表现出对索德里尼治下的共和国国内政局的关注，或者说，终于表达了他在这个方面的情感。按照布莱克的说法，直到那时，马基雅维里一直都尊重国务厅的惯例，与党派政治保持着距离，与不同的党派人士广交朋友。布莱克的论点并不是说马基雅维里在1512年之前对于这些问题没有任何看法或感情，毋宁说是他认识到，为了出色地尽职尽责，在这15年里就必须掩饰他的那些情感，实际上根本就是为了保住自己的饭碗。

102

　　但是众所周知，在索德里尼与共和国政府垮台之后，仅仅隔了两个多月，马基雅维里就被革职。我们必须要问的是：如果在这15年间马基雅维里的确遵守了在国务厅服务的规范和惯例，如果总的来说他并没有公开他对党派纷争的看法，也没有卷入党派斗争之中，他为什么会被革职？在国务厅班子中，只有马基雅维里和他的朋友及同僚比亚吉奥·波拿科尔斯被免除了职务。显然，马基雅维里与皮耶罗·索德里尼的亲密关系与他被革职有着莫大的联系，但是，在索德里尼 8 月 31 日被罢黜后隔了两个多月的 11 月 7 日马基雅维里才被革职，这段间隔的时间说明，马基雅维里与这位终身旗手（vexillifer perpetuus）的特殊关系并不足以解释他被革职的原因，更不能解释他在 1513 年 2 月到 3 月间的蒙羞受辱。事实是，马基雅维里有些敌人——或者至少是对他感到厌恶的人——足以保证马基雅维里在佛罗伦萨政府中再也不可能占据什么重要位置。或许是带有强烈反贵族情绪的《致美第奇派》害了他。但是，如果说这份备忘录写于马基雅维里被革职前夕，那就很奇怪为什么他能像布莱克说的那样 15 年来一直小心谨慎地克制着自己，却要在此前程未卜的时刻冒这样的风险——因为这时大局将定，美第奇家族和贵族们为争夺佛罗伦萨控制权都乐于找些灰心丧气的共和主义者做替罪羊呢。

　　马基雅维里任职国务厅期间也许一直都在努力压抑自己的政治见解。更成问题的是，他这种自我克制的努力是否成功，别人是否觉察到他在这样做。马基雅维里的朋友、他在国务厅的同僚，以及佛罗伦萨那些主要的政治人物[1]写给马基雅维里的信件有力地说明，他并没有做到，而且他在履行公务时的态度和风格还常常引起争议。这倒不是因为马基雅维里表达了什么特殊的党派观

103

---

〔1〕　马基雅维里的通信最有助益的版本是：Niccolò Marchiavelli, *Tutte le opere*, ed. Mario Martelli (Florence, 1971), pp. 1009-1256，下文引用时标为 M；以及 *Opere di Niccolò Machiavelli*, vol. III, *Lettere*, ed. Franco Gaeta (Turin, 1984)，下文引用时标为 G. Gaeta 的版本包括一篇出色的绪论文章以及很有帮助的注释和参考书目。

点，正如布莱克所说，而是马基雅维里表现出的那种特立独行的姿态，那种与他所服务的政治体系和领导人保持距离的倾向，以及常常提出带有轻视意味的批评。马基雅维里的朋友曾告诫他，这种态度会被人认为是傲慢自大，会使他陷于孤立境地，最终还可能遭到攻击。

盖纳罗·萨索关于马基雅维里和他的朋友比亚吉奥·波拿科尔斯的出色论文提醒我们，马基雅维里与朋友的关系是个很复杂的问题。萨索认为，波拿科尔斯对马基雅维里的妒羡以及怀疑他对马基雅维里的那种五体投地——甚至爱戴——从来得不到回报，因而不断抱怨，极有助于说明他不时给马基雅维里的处境描绘一幅阴郁画面时的潜在动机，按照萨索的说法，波拿科尔斯出于自身的心理原因，在反复的告诫中夸大了马基雅维里地位的不稳定和不得人心的程度。萨索认为，波拿科尔斯痛苦地意识到了在面对马基雅维里时的自卑感，因此只能扮演"聪明的实用顾问"角色，去发现马基雅维里很少注意到的各种危险。因此，萨索认为，对于波拿科尔斯的告诫，我们不能只看其表面价值，尤其是鉴于马基雅维里的工作得到了他人的大量称颂。[2]

但是，比亚吉奥并非唯一告诫马基雅维里要小心他履行公务职责的方式给他带来危险的人。马基雅维里的工作常常得到赞扬或是善意的批评，这一事实说明马基雅维里的工作很有争议，他的朋友和同僚常常担心马基雅维里会给执政团、十人委员会、九人团和贵族头面人物留下不好的印象。和那些预兆不祥的告诫一样，马基雅维里得到的赞扬大概也不能仅从表面上去理解。然而，总起来看，

---

[2] Gennaro Sasso, 'Biagio Buonaccorsi e Niccolò Marchiavelli', *La cultura*, 18 (1980), 195-222.

他们认为，尽管没有人会怀疑马基雅维里杰出的工作能力，但他不愿尊重他为之工作的那个政治体系的惯例和规矩——不是在形式或法度方面，而是在一些不成文的服从和等级规则方面，这是敬佩他并希望他能保住职位的人感到忧虑的一个根源。

马基雅维里的朋友们非常频繁地告诉他，他的什么什么信函和快件得到了嘉许和赞扬，这使人们开始怀疑是马基雅维里需要这种不断的肯定还是那些朋友在表达他们自己的焦虑。1499 年 7 月 19 日，波拿科尔斯对马基雅维里说，"我认为，你受托执行的［出访卡特里纳·斯福尔扎的］使命至今为止已经给你带来了莫大的荣誉，我一直为此感到非常高兴"（M 1016a; G79）。一周以后（7 月 27 日）比亚吉奥又提到，他们的一个朋友"听说你的来信得到了盛赞"（M 1017a; G82-3）。1500 年 8 月 23 日，比亚吉奥写道，他不想略而不提"你写的信是多么令人高兴；相信我，尼科洛，我并不喜欢奉承人。我知道你（从法国宫廷）写给一些公民的信，还有写给一些杰出人士的信，你得到了极高的称赞。这使我非常高兴，我想用言简意赅的寥寥数语证实这一点，说明你做得多么娴熟"（M 1019b; G88-9）。这是否意味着马基雅维里的快信在给国内的政治家留下深刻印象时需要得到说明和辩护？另一个例子是马基雅维里第二次出访恺撒·博吉亚期间，尼科洛·瓦罗里1502 年 10 月的一封信，其中除了盛赞以外也暗示了某些方面人士的保留意见。关于 10 月 7/8 日马基雅维里的信（M 402b; 405a），瓦罗里写道，"你的叙述和描绘得到了无与伦比的赞许，人们承认了我一直以来对你的认识：这同样是一项清晰、敏锐而直率的报告，可以作为一个可靠的依据"（M 1033a; G120）。瓦罗里的意思肯定是说，别人也开始和他一直以来那样看待马基雅维里了。在瓦罗里形容马基雅维里快件之特点的形容词（"简洁、准确、直率")中，"直率"是个引人注目的重要线索，可以说明马基雅维里来信所引起的反应：他似乎是说这些来信不偏不倚、毫无遮拦，是不做任何隐瞒这个意义上的直率，也没有表露出对可能导致的后果的担忧——确切地说，这是一种让某些人感到不舒服的"坦诚"。几天之后，瓦罗里再次写信说道，"你的报告和分析真是太完美了，如果每个人都能像你这样做，也许就会少犯些错误"（M 1039b; G135）。显然，瓦罗里指的是，很少有人用马基雅维里那样的方式"自我表现"——这里再次暗示了马基雅维里与政治和外交论说的常规及惯例的距离。瓦罗里当月写的另两封信同样在赞扬之中暗示了某些方面人士对马基雅维里的不满。10 月 28 日，他再次谈道"你的报告得到了无以复加的赞许"，然后补充说，"不过为了能够按照我们的习惯讨论问题，人们希望你能更经常地来信"（M 1041b; G139）。这种批评可能是马基雅维里经常听到的。当月 31 日，他向马基雅维里保证，他一直努力"不论在公开场合还是在私下，都在使人们了解你的工作；虽然它们本身已广为人知，但把它们展示出来还是符合我们的目的……你最近的两次来信的确包含着不同寻常的魄力，显示了你的出色判断，所以得到了无与伦比的赞许"（M 1042a; G140）。正如 1500 年波拿科尔斯所做的一样，瓦罗里显然也在尽力提高马基雅维里在他所认为的重要人物中的声誉。

　　问题何在呢？是因为马基雅维里做了什么还是因为他没有做到什么而需要对他的行为进行干预？马基雅维里向他的上司们提交的报告，显然是他认为有用和必需的，而不是他们认为有用和必需的，这才是他招人恼怒的原因之一。马基雅维里的朋友们理解他。1500 年 1 月 4 日罗贝尔托·阿奇亚奥里致信马基雅维里，开头就说他能接受马基雅维里对于不经常（rarità）给他写信的原因的解释，"因为你太忙，还因为你的保密义务（l'officio del silentio），为此你不可能得到足够的赞扬，因为这是对一个优秀国务秘书的要求"（M1019a; G86）。但是别人却提醒他，希望他按照常规呈报公函。1502 年 11 月，皮耶罗·索德里尼表示，他收到马基雅维里的报告非常高兴，并敦促他"继续时常勤勉来函"（M1046a; G148）。第二天，比亚吉奥·波拿科尔斯就直截了当地告诉马基雅维里，执政团"觉得你的信迟到了，因为你在 5 号写的信还没有寄达，也许你根本就没有写"（M1047a; G151）。月底，比亚吉奥又告诉马基雅维里，他可以更多地帮助马基雅维里要求追加资金，但条件是马基雅维里能够送来"一百个这样的洋葱头，因为，老天作证，就在今天早上还有两个委员会成员让我写信告诉你，叫你抓紧写信派第一信使送回"（M1049a; G154-5）。接下来的几周里，索德里尼又三次催促马基雅维里保持通信："除了经常写信，你还应该尽量跟你一直以来那样，把这些事情描述清楚，我和执政团的其他成员对此都很满意，如果你注意到什么事，请通知我。"再有："我只是希望你尽你所能，与我保持通信，告诉我除了你写给十人委员会之外的事，还发生了什么。"还有："你应该继续关注那里发生的事态，经常保持通信。"（M1049a-b, 1049b, 1051a; G155, 156, 160）1503 年 1 月比亚吉奥写信说，有一段时间马基雅维里没有来信，后来又终于看到了他的来信而让知道他还活着的人们松了一口气，他不知道两者哪一个更为重要："由于［恺撒·博吉亚被投入监狱以及马基奥内阴谋领导人在塞尼加利亚被处决］这一事件发生后，8 天还没有收到你的来信，而这些消息早已传得沸沸扬扬，所以我们［对于马基雅维里是否活着］不是没有担心。"（M153a; G166）重要的并不是马基雅维里没有写信，保存至今的快件表明，他的信写得很详细，但他似乎宁肯按照自己的时间表，在他认为对事件有了足够的了解、能够发出他认为他的政府所需要的报告时才会写信。他正是以这些理由为自己辩解的。1502 年 11 月 3 日从伊莫拉写来的信中，马基雅维里对一些说他写信太少的批评表达了不满。"如果大人们［十人委员会］对于［超过 8 天］没有收到我的信感到很吃惊，那么很抱歉，我以前不能，现在同样也不能改变这种情况。"显然，有些信确实姗姗来迟，有些信则是遗失了，马基雅维里要求为此得到原谅。但他补充说，十人委员会应该考虑到"事情不能仅靠猜测，如果一个人不愿凭幻觉和做梦［ghiribizzi e sogni］写信，就必须验证事实［bisogna che riscontri le cose］，而验证事实就需要时间。我一直在尽力利用好我的时间，而不是浪费时间"。接着，他又对他认为的不公正责难报以讽刺挖苦："大人们期望收到我更多的报告，但是我认为，如果读完了我的所有来信，就可以看到我已经满足了这种期望。"（M443b-444a）如果十人委员会对于这样的文字毫不恼火，那才是真的不可思议了。

从比亚吉奥·波拿科尔斯 1502 年 10 月 28 日的一封信中可以看出，在指责马基雅维里写信不够勤快的背后，是有些人认为马基雅维里不应在信中过多地谈论自己的观点和判断，而是仅应报告事实。比亚吉奥一开始就说："尽管您睿智而谨慎，但我还是要不揣冒昧地提醒您应该如何写信，尤其是关于那些时时发生在您眼前的事务，我仍想简要说明我必须告诉您的话，虽然我在各个方面，并且在那些想要指责您的人们面前已经尽到了义务。"他指出的第一点是马基雅维里应该经常写信，"因为这里的人每隔 8 天才能收到您的一封信的话，对您并没有好处，而且也会使派您去那儿的人感到不高兴；执政团和其他人都为此而责备您，因为人们渴望知道到底事情是怎样的"。随后波拿科尔斯谈到了问题的要

害，认为马基雅维里的上司们一定已经觉察到了这一点，尽管马
基雅维里已经详细叙述了恺撒·博吉亚及其敌人的军事力量，

> 然而，您做出了大胆的结论，说现在［博吉亚的］敌人
> 无力再对他造成沉重打击；据我所知，没有人批评您的看法，
> 但我感到，您似乎不应对这种问题做出定论。

波拿科尔斯的理由是，马基雅维里在自己的阵营里不太可能获得
关于博吉亚敌人的足够精确的信息，而在佛罗伦萨有大量说明博
吉亚敌人实力的证据，却鲜有能够对博吉亚本人做出"出色判断"
的依据。"因此，您只需像您已经做过的那样谨慎而详细地讨论您
所观察到的一切，请让别人去判断吧。"（M1040-1041a; G137-8）
如果不是长老会（Palazzo Vecchio）中有人让波拿科尔斯这样做，
波拿科尔斯可能不会给马基雅维里提出这样的告诫，那些人希望
的是更经常地知道实际发生了什么，而不是马基雅维里对这些事
件的解释。

　　一年之后，1503 年底，由于对恺撒的看法（见波拿科尔斯
1503 年 11 月 15 日信；M1056a-b, G 174-5），也由于仍然一如既
往地习惯于不能满足迅速报告新闻和消息的要求，马基雅维里还
是不受欢迎。11 月 21 日，执政团成员阿格诺罗·图奇在罗马写
信给马基雅维里，要求他尽快汇报教皇与威尼斯对罗马尼阿的政
策（M1059 a-b; G181-2）。两周后，比亚吉奥告诉马基雅维里，图
奇对于他没有回信大为光火（"这……是对您极严重的对抗，因为
没有给您回信……"）。在执政团的一次会议上，图奇用"确实本
质恶劣"这样的措辞猛烈抨击了马基雅维里，据比亚吉奥说，执
政团的其他成员当时只是安坐谛听，无人反对图奇的说法，因为

107

他们对马基雅维里也有各种强烈情绪："执政团的其他成员坐在那儿听着，有人因情绪激动，有人因为别的什么原因，没有人打断他。"比亚吉奥说，他会将这些反马基雅维里的细节一直保留到马基雅维里回国：因为到那时他就会明白，"有一些恶毒的头脑"（M1060a-b; G183-4）。在此我们的确可以想象到比亚吉奥夸张的一面，正如萨索所言，比亚吉奥常常夸大其词，尤其是他说他捍卫了并会继续以他能够采取的一切方式捍卫马基雅维里之类的话，使得马基雅维里认为比亚吉奥对他的爱戴胜过了他的自爱。也许吧。但马基雅维里没有对图奇的抨击作答，接近12月底的时候，他又像一年前对待十人委员会那样挖苦了图奇。他为自己辩解时指出，图奇想要知道的事情在公函中都已经提到，他说：

> 从我已经写去的信（例如公务快件）中，您可以获得很多信息，但是，为了在您要求我汇报这些事件的问题上不至于玩忽职守，我将把同样的事情重复一遍；也许我曾用拉丁语和国务厅通信——对此我拿不准，但这次我将使用本国语言。（M1060b-1061b; G185-6）

当然，马基雅维里从来没有用拉丁文写快件；他只是给了图奇一个小小的恶作剧，他实际上是在说，如果你图奇不能理解可以在国务厅找到的公函内容，我这里只好用更简单的语言再说一次——这同时也就意味着，如果给国务厅的那些信件是用拉丁文写的，图奇肯定是看不懂的。这是一种加倍的侮辱，肯定不可能为马基雅维里在佛罗伦萨中层官员中赢得朋友，而图奇是个售纸商，这些官员当选后只是短期担任某些主要行政官职，渴望在别人那里感受到自身的重要性，能够被人尊重，并体现自己的发言

108

权，而最后这个愿望却遭到了一个甚至没有资格像他们一样担任政治官职的国务厅官员的嘲笑，尽管这个官员很有影响、国际交往广泛并且与索德里尼关系密切。

接下来的几年间，马基雅维里仍然是个有争议的人物，如果说有什么不同的话，就是他招来了更多的争议，这是两个特定问题造成的后果：一是国民军——或者说《步兵条款》——的计划，这是他在索德里尼支持下不顾许多贵族的反对而促成的；二是 1507 年任命他出使帝国宫廷，此事因备受争议而最终作罢。已有许多著述谈到了对《条款》的政治异议，[3] 这里强调指出马基雅维里的朋友和保护人对这些异议的回应就足够了。那位旗手的弟弟、枢机主教弗朗西斯科·索德里尼，早在 1504 年 1 月曾对马基雅维里的"打算"（大概就是国民军的计划）表示欢迎（M1061b; G187）；但同年 5 月（在一封告诉马基雅维里不要因为他自己写信少就责怪他人的信里），这位枢机主教已经间接提到了一项指控，即国民军将会成为巩固他哥哥或他家族权力的工具："人们不应怀疑一支为公众利益而不是为私人利益建立的军事力量。"（M1062b; G191）他在 10 月份又提到了类似的反对意见（M1066b; G200），而且，对于在这一整个设想中看出了险恶意味的人——包括许多贵族——来说，马基雅维里肯定已经变得非常可疑，因为《条款》被普遍认为是他的"发明"。[4] 1506 年初，他的国务厅同僚马塞洛·弗吉里奥·迪·阿德里亚诺·贝尔蒂向他转达了皮耶罗·索德

---

〔3〕 尤见 Gennaro Sasso, 'Marchiavelli, Cesare Borgia, Don Micheletto e la questione della milizia', 载 Sasso, *Machiavelli e gli antichi e altri saggi*, vol. 11 (Milan and Naples, 1988), pp. 57-117。

〔4〕 雷奥纳多·巴托里尼 1506 年 2 月 21 日致信马基雅维里说："至于新的军队，我认为是一件值得赞美的事，等我看到它整装待发的那一刻，一定会非常欣慰，一方面因为这是你的发明。"另见 G213。

里尼对他的鼓励，要求他继续全力进行从城郊招募军队的工作，"因为这个想法在［佛罗伦萨］这里每天都在得到更多的支持"（M1071b; G211-12）——这等于承认了马基雅维里超出计划之外的兵员招募仍然遭到了强烈反对。同年 10 月，比亚吉奥提到，马基雅维里最近一封写给十人委员会的信，使更多人表示支持这个计划，"这样，事情就会进展得更加顺利；但是人们对它的日常争论仍然无休无止；好在局面正在改观"（M1090a; G261）。在马基雅维里亲自起草的《九人团法令》于 1506 年 12 月 6 日经新的行政机构批准之后不几天，枢机主教索德里尼便写信向他祝贺："对我们来说，《法令》真是神来之笔，因为它每天都在获得更多的支持，尽管还是有些敌意等等。"他对国民军受到争议的解释似乎是在宽慰和鼓励马基雅维里："我们对新的行政机构感到尤其高兴。我们祈祷［九人团的］选举能够给我们带来更坚实的基础，因为我们相信，近来这个城市的所作所为，唯有此事对它的安全更荣耀、更有益。如果能够善加利用，它就不致毁于恶意和无知，善良的人们应当投入自己的全部热忱，而不应被那些抱着其他目的、对这个城市的福祉无动于衷但同样置身于新建立的自由之中的人所误导，因为这是神赐而非人赐的礼物：你于此已有大功，不可稍有懈怠，除非你想激怒神和人民。"（M1093a; G267-8）得知枢机主教——我们还可以猜测——以及他哥哥对《法令》如此慷慨的支持，马基雅维里可能会感到很欣慰。但弗朗西斯科·索德里尼也告诉他要坚持这个树敌众多的计划——因为它完全是在马基雅维里的名下进行的。

　　1507 年 6 月，关于国民军的争论仍然使马基雅维里置身于旋涡之中，这时出现了一个插曲，即任命马基雅维里出使帝国宫廷一事遭到了非议。弗朗西斯科·索德里尼选中马基雅维里担

109

任此职，但在贵族坚持任用他们的人选的压力下做出了让步，大概是作为折中选择，弗朗西斯科·韦托利成为共和国派驻马克西米连宫廷的使节。德温希尔·琼斯分析了这项外交使命的来龙去脉——马基雅维里最终扮演的角色是当年 12 月被索德里尼派往韦托利处传达补充指令。[5] 我们这里感兴趣的是，马基雅维里在得知索德里尼原本打算给予他这个显赫的任命但却失之交臂以后的沮丧反应。对此，我们可以从菲利浦·卡萨维奇亚 1507 年 7 月 30 日写给马基雅维里的信中略窥一二。卡萨维奇亚是马基雅维里多年的好友兼同僚：马基雅维里在 1500 年的信中就提到过他，[6] 而且 1507 年他曾在费维扎诺担任军事专员。从卡萨维奇亚后来的信中可以看出，他们在之后的几年也一直保持着友谊，马基雅维里与韦托利失败之后的通信也证明了这一点。1507 年 7 月 30 日的那封信，很明显是在回应马基雅维里先前写信与他谈论交情的话题，其中似乎表露了马基雅维里未能获得他曾觊觎的那个外交职位而产生的直接结果。卡萨维奇亚的回信是用一个稍加改动的但丁诗句（《神曲·地狱》，XXVI，19）开头的："如果我曾经悲伤，而今我还是悲伤。"

110

我一直认为，像您这样的人应当是我生命的支撑和依靠，应当给我释疑解惑，而今您却让我迎面看到，您也同样会问是先有天体还是先有占星术，是水还是地球更稠密，是

---

[5] Rosemary Devonshire Jones, *Francesco Vettori, Florentine Citizen and Medici Servant* (London, 1972), pp. 10-33.

[6] M 1020b, 1024b; G 91, 100. 关于卡萨维奇亚的生平及其与马基雅维里之间关系的简介，见 Paolo Malanima, 'Filippo Casavecchia' in *Dizionario biografico degli italiani*, xxi, pp. 269-70。

三角形还是圆形更完美。

显然，马基雅维里提出了一个使卡萨维奇亚认为根本无法回答的问题。从卡萨维奇亚接下来的几行文字中可以看出，马基雅维里的疑问关系到友情及其在政治上的作用："难道您不明白，随着时间的流逝，只有极少数的友谊不会走向反面？"马基雅维里肯定曾悲叹他未获任命是因为友情和忠诚遭到了出卖。不管马基雅维里心里想的这个出卖者是谁（或许就是索德里尼），他明显是从个人忠诚被辜负的角度反对一项受到真正的政策分歧——许多贵族都支持与皇帝进行正式谈判以减少共和国对法国的依赖——影响的决策。于是卡萨维奇亚的慰问信在一开头就提醒马基雅维里，就像所有在"时间的流逝"中发生的事情一样，友情也会变得走向反面。他说，孩子们喜欢换朋友，就像更换不同颜色的衣服。如果没有了同情心，成年人的穷困、嫉妒和激愤都会随着时间的流逝将朋友变成穷凶极恶的敌人。卡萨维奇亚以"难道您不明白……？"开头提出了一系列铺张扬厉的问题之后，将不稳定的友谊和政治上的逆境联系起来，又用了一个反问句说："难道您还不明白罗马的力量和伟大就是因为友谊而遭到无数次毁坏的吗？"他列举了许多因为友谊破裂而带来极大政治后果的例子：柯拉汀（Collatinus）与塞克斯图斯·塔奎尼乌斯（Sextus Tarquinius）、马略与苏拉、恺撒与庞培、安东尼、屋大维及李比达。他说还可以举出希伯来人、希腊人和拉丁人的许多类似情形。

　　但是，在现代，我们已经亲眼看到我们的祖国一再由于类似的事件而遭到极大的破坏和困顿，我们还有必要列举这些古代的例子吗？

他援引狄耶蒂萨尔维·内罗尼与皮耶罗·迪·科西莫·德·美第奇
以及朱里亚诺·德·美第奇与弗朗西斯科·帕齐的例子：他们的友
谊都没有能够阻止（分别在 1466 年和 1478 年的反美第奇阴谋中）
111　的灾难性后果。

　　　　故此可以理由充分地说，是自然的日常友谊引起并造成
　　　了绝大部分城邦的毁灭，随着时间的流逝，尤其是在权势人
　　　物当中，就会带来类似这样的后果，其中原因已如前述。因
　　　此，最亲近的朋友们——（卡萨维奇亚这里指的是马基雅维
　　　里和另一些没有提到名字的人——谁呢？）——我要劝告并
　　　建议你们，可以说是恳求你们，彼此相待要温和谦恭，这首
　　　先是因为我相信，如果你们能做到的话就可以保持友谊经
　　　久不衰，也是为了避免这些城邦中习以为常的猜疑和嫉妒。
　　　（M1095b-1096b; G272-75）

　　这些话带有某种玩笑性质，但正如我们将要看到的，它们含有
严肃的目的，就是对马基雅维里发出告诫。这番夸大其词而又自命
不凡的有关友谊和城邦政治毁灭的论述，读起来就像萨沃纳罗拉的
一篇布道文，满是学究语言、历史范例和道德劝诫。[7]卡萨维奇亚
是要尽力让马基雅维里在这个因为走了霉运而愤愤不平的时候开怀
一笑。此信最后一段就表明了这种幽默，并且把它与马基雅维里因
被否决出使帝国宫廷而认为受到的羞辱联系起来。"但是为了避免

---

〔7〕　Mario Martelli 曾简要讨论了卡萨维奇亚写给马基雅维里的信件，见 'I
　　　　"Ghiribizzi" a Giovan Battista Soderini'，载 *Rinascimento*, second series, 9 (1969),
　　　　159-62。另见 Giulio Ferroni, 'Le "cose vane" nelle *Lettere* di Machiavelli', *La
　　　　Rassegna della letteratura italiana*, 76 (1972), 221-3。

我这封信成为一通无稽之谈［cantafavola］，我就不再说教了。我只想再提醒您一件事，就是对于您从德意志凯旋您要有耐心"——卡萨维奇亚显然是话带讽刺的——"而且，那些夸口否定了您［在德意志的胜利］的人没有，也不会在亚洲得到赞赏"。换句话说，马基雅维里失之东隅，也许将来能够收之桑榆。卡萨维奇亚实际上是告诉马基雅维里要有远见，不应夸大或者公开张扬政治挫折去谴责不忠和背叛。这番关于友谊的幽默说教可能是在模仿马基雅维里本人的悲伤，告诉马基雅维里他在过度关注道德而一时迷失了政治智慧时是什么样子。卡萨维奇亚补充了一段附言，更清楚地表达了他的忠告的深意。"我希望您谒见高贵的旗手时一定要替我带上问候；但是对于您来说，可能这些问候就像箭在弦上不得不发一样，您并不情愿说。"尽管这句话的确切意思不是很清楚，但它暗示马基雅维里的愤怒的确集中指向了索德里尼。对于把这种危险而错误的愤怒指向一个马基雅维里不可或缺的保护人和支持者，卡萨维奇亚发出了不祥的预言："唯有一事我是肯定的，有一天你会使你自己被遗忘，而这就足够了。"[8]

　　卡萨维奇亚的告诫实质上是在说，马基雅维里没有以足够的敏捷与自我保护的冷静来面对政治上的起伏和一时的挫折。更明确地说，卡萨维奇亚是在警告马基雅维里，不要苛责或者过度抱怨自己的上司：卡萨维奇亚这里所说的话与其他人——包括比亚吉奥·波拿科尔斯——早几年想告诉马基雅维里的话颇有相似之处。马基雅维里的另一位同事兼朋友，亚里山德罗·纳西在 7 月 30 日也发出了类似的信息，话中透出的是一种希望而非现实：'Machiavel gentile e

[8]　让-雅克·马尔尚在评论卡萨维奇亚写给马基雅维里的信时也做了类似的解释；见他的 Niccolò Machiavelli: I primi scrtti politici (1499-1512) (Padua, 1975), p. 159, n. 5。

non sciagurato, che ne sei guarito interamente'——大意是，"我仁慈的马基雅维里，你并没有那么不幸，你已经完全复原了"——"……我很高兴你已将出使帝国的任命一事放在了脑后，你现在已经完全复原了；我认为对于你来说，上策是应该留在佛罗伦萨而不是在德意志……"纳西最后也谈到了我们所熟悉的话题："即使你偶尔写下了这些文字，也没有什么不可宽恕之罪。"（M1097a; G275-6）这时开始浮现出来的画像，是一个苛刻的马基雅维里，他对朋友的要求和对他所服务的共和国的要求一样严格，固执己见并急于指责他人却很少宽恕，有时不会考虑别人那些常见的天然弱点和短处。这是马基雅维里的国务厅同僚阿格斯蒂诺·韦斯普奇早在 1502 年 10 月就跟马基雅维里说过的话，当时他写信说他不希望马基雅维里

> 忽视可能使他将来不能继续任职的一切。我亲爱的尼科洛，如果有人小声抱怨［你］，那很快就会变成公开的抱怨。你知道人们的心理；你知道他们的狡猾和虚伪，他们的嫉妒和憎恶；因此，你知道什么样的人才是可以完全依靠的。（M1034a; G 122）

这里的完整意思是，不管马基雅维里对人的"伪装与掩饰，装模作样与仇恨"有多少了解，都始终未能以此为依据而谨慎行事。出于私人交情，比亚吉奥·波拿科尔斯在 1506 年 10 月也对马基雅维里提出了类似的劝告："你总是为自己找理由辩解，不是说疏忽（trascurataggine）就是说由于太忙；这并不能使朋友们满意，因为他们想知道真正的原因。"无疑，比亚吉奥在同一封信中还特别强调，马基雅维里与朋友相处的方式常给他带来麻烦，说阿拉曼诺·萨尔维亚蒂对马基雅维里有一个尖刻的说法："那个无赖。"

（M1087a; G253）

如果说1507年是马基雅维里垂头丧气的一年，那么1509年则是他欢呼胜利的一年。虽然经历了前些年的汹汹众议，国民军还是成为一个既定事实。2月20日，波拿科尔斯对马基雅维里说，不必担心最近一些徒劳无功的反对意见，但他同时也劝说马基雅维里赶紧写信给军事专员之一尼科洛·卡波尼，"他嘟嘟囔囔抱怨你从不给他写信"（M1105a; G301）。第二天比亚吉奥再次写信说，卡波尼的恼怒得到了帕拉佐·韦齐奥的响应："这并不是公务上一个令人愉快的方面。"比亚吉奥提出了某些忠告："权势人物总是正确的，必须表现出对他们的尊重。"表面上看，比亚吉奥这些话是相信马基雅维里面对"权势人物"时自会谨慎而圆通，实际上他是在表明过去一直对马基雅维里的担心："当然，你已经习惯于保持耐心，也知道在这种微妙局面下该如何表现，尽管这并无太大干系，因为你已经离开了［佛罗伦萨和宫廷］：如果你能写一两封信使他［卡波尼］开心，那对你来说并不难。"但是这件事引起了索德里尼本人的注意，比亚吉奥说他与这位旗手"昨晚进行了详谈"，旗手要求比亚吉奥写信给马基雅维里，让他——为了索德里尼——要有耐心。就像我们前文看到的一样，也与1509年的情况一样，许多佛罗伦萨人都能够感受到卡波尼直接或间接向索德里尼表达的那种对马基雅维里的怨恨。比亚吉奥2月21日来信的其他部分仍然是想让马基雅维里知道这一点，并且规劝马基雅维里做出姿态以示"尊重"，这是行政机关，尤其是他们中的贵族希望一个国务厅官员做到的。由于马基雅维里有时不愿这样做，使得索德里尼很有些为难，比亚吉奥在这里实际上是传达了这位旗手本人的告诫。

我想提醒你的一件事是，当你写信［公务快件］时，请将比萨发生的每件事的细节都写出来，因为［大概是国务厅的］某些人对于这些细节会很满意而高兴，这些将会使你的地位得到提高，……今晚，你所有的来信，从最近的一封开始，将在八十人［议会］和［奥托·迪·］普拉提卡面前宣读，而且今后仍将如此，还请时常写信给九人团，因为每个人都希望由此获得满足和尊敬，像你这样地位的人应该这么做；只要几封短信和几句中耳的话就足够让他们感觉他们被重视了：请一定要这么做。(M1105b-1106a; G302-3)

我们很容易就能看出，马基雅维里——波拿科尔斯也不例外——对于他们所服务的官员和行政机关有一种纡尊降贵的态度。尤其是马基雅维里，肯定会把他们视为无聊而又专横的半瓶子醋，他们所要求得到的敬重，只是阻碍马基雅维里严肃的工作而已。但是，与波拿科尔斯和国务厅的其他成员不同，马基雅维里很少掩饰自己的这种态度，甚至危险地公开表现给那些有朝一日也许会支持和保护他的那些人。卡波尼的抱怨促使比亚吉奥在 1509 年 2 月 20 日和 21 日写了以上两封信，因为尼科洛·卡波尼是弗朗西斯科·韦托利的内弟，甚至在韦托利与马达雷娜·卡波尼结婚之前，由于家族关系和朋友关系，也有可能使他将来成为共和国的末代旗手。[9] 马基雅维里在 1513 年当然要转向韦托利寻求庇护和帮助，不过一目了然的是，就算韦托利愿意帮他，像尼科洛·卡波尼这些始终与韦托利很亲近的人对马基雅维里这个"前国务秘书"的怨恨和不满，也使他很难得到援手。我们不知道马基雅维里在 1509 年对卡波尼的冒犯有多么严重，但他甚至不惜冒犯本来

---

[9]　Devonshire Jones, *Vettori*, pp. 2-7.

应该站在他这一边的人——因为卡波尼是贵族当中的索德里尼政权支持者之一，这就无怪乎有人把马基雅维里看作这个政府的批评者与敌人。马基雅维里给人留下的印象是有些蔑视他为之工作的这个政府和政治领导们，因而陷自己于不利。他很生气别人对他的批评和抱怨传到了帕拉佐·韦齐奥那里，并说这些批评和抱怨没有认识到他的个人价值和他付出的巨大努力。皮耶罗·索德里尼理解马基雅维里，并且告诉他——正如卡萨维奇亚 1507 年告诉马基雅维里的一样——不要用这种态度去看待问题。就在波拿科尔斯写了那两封信之后不久，1509 年 2 月 22 日，皮耶罗·索德里尼告诉马基雅维里：

> 你的两封来信已收悉，我们也已简单作答。我们想告诉你的是，这个世界上，常有对伟大的贡献者忘恩负义的事情发生，但并不是每个人都会忘恩负义。请继续做好你一直以来勉力为之的工作，相信不久，我们的上帝，我们的人民，都会帮助你的。（M1106b; G304）

马基雅维里一定曾向索德里尼抱怨，反对和批评他的人是在对他"忘恩负义"，而索德里尼——就像波拿科尔斯、卡萨维奇亚、阿格斯蒂诺·韦斯普奇（以及还有多少其他人？）一样——尝试着告诉马基雅维里，那些反对、批评、非议和歧见之声，不过是"尘世的平常事"（il naturale di questo mondo），尤其是在共和国的政治舞台上。

　　1509 年 6 月，马基雅维里的朋友写信祝贺他在比萨的胜利。他的国民军对这次胜利发挥了决定性的作用，这个港口城市终于在 15 年后重新回到了佛罗伦萨的统治之下，而他是比萨归降正式

115 法令的签署者之一。韦斯普奇高兴地称之为"胜利的极其重要的部分"，并且奉承加责备地说：

> 如果我不是认为您会因此而过度骄傲的话，我敢说您领导您的军队干得太好了，不是靠拖延，而是靠加速推进，您将佛罗伦萨恢复到了以前的状况。（M1107b; G306-7）

韦斯普奇引用了恩尼乌斯（Ennius）对昆图斯·法比乌斯·马克西穆斯（Quintus Fabius Maximus）这个见风使舵者的评论，后者"拖延了把共和国归还给我们"。把马基雅维里与传说中的罗马救星之一相提并论，韦斯普奇知道这种评价过于崇高了，担心会导致马基雅维里把它看作是自己的胜利；不过同时他也否定了这种比较（"假设我不相信你可以变得这么骄傲，我敢说……"），再次告诫马基雅维里不应总记着自己的胜利或者在面对批评和反对时过于宣扬他的正确感。一个多星期以后，6月17日，卡萨维奇亚也写信表示了类似的祝贺与警告。"的确，可以说这次［胜利］应当归功于你个人和你［所具有］的伟大品质……"，而后便告诫说：

> 尼科洛，现在是一个人变聪明的时候了。我认为，你的哲学并不会吸引狂热的民众［a'pazzi］，而睿智的人们又不满足于你的哲学：就算我说得不是很明白，你也应该明白我的意思。每天我都从你这个伟大的预言家那里得知希伯来人和其他民族经历过的事情。尼科洛啊尼科洛，我要告诉你，我不可能说出我真正想说的话。因此，请为我们共同的情谊而高兴吧，不要觉得跟我在一起的这四天是一种负担啊。（M1108b; G308-9）

他用丰盛的美食和美酒诱惑马基雅维里；两个星期之后，他再次邀请马基雅维里并开玩笑说，"如果你来了，我肯定你不会因此丢掉你的国家（quando vegniate, non credo pero perdiate lo stato）"（M1109a；G310）。卡萨维奇亚 6 月 17 日提到的"哲学"应该是马基雅维里关于国民军的理论，或者更一般地说，可能是他对共和国领导和政策的经常性批评。把马基雅维里描绘成"一个无论是犹太人还是其他民族都从未有过的伟大预言家"的形象，在某种意义上说当然是一种赞美；但是，没有人必须提醒马基雅维里预言家地位的不稳定性以及他们是如何常常被孤立的，尽管他们富有智慧，但在他们的国度里却得不到尊重——尤其是人们对萨沃纳罗拉的殉难记忆犹新的时候。卡萨维奇亚告诫马基雅维里，即使在这个大功告成的时刻，也不要指望他的批评者会销声匿迹、他的"哲学"会获得公认；因此，不要对共和国政治领袖有进一步的不耐烦表示，以免当前的有利地位受到压制。他坚持认为，现在正是度假的好时光，以便多少缓解一下这位国务厅预言家的工作强度。很显然，马基雅维里并未接受邀请，因为卡萨维奇亚在 7 月底送给马基雅维里一些鲑鱼作为礼物，并且希望马基雅维里告诉他在阿尼亚德洛后的威尼斯领土上正在发生的事情。他再次告诫马基雅维里要尊重惯例：

116

> 因为我对这些事情只能得到一种混乱的描绘，我希望更多地了解真相，而不是你最近那封信里所热衷的讨论（它让我觉得自己几乎毫无价值）——最好是那些适合于平民制度下一个消息完全闭塞的人去了解的内容，并且理应使用你［讨论这些问题时］所习惯的方式。

通过这些自称没有价值和无知的玩笑话，卡萨维奇亚其实就像波拿科尔斯等人一再重复的那样，是在让马基雅维里多写一些人们期待的那种来信和短信："那种你曾经习惯的用法。"（M1109b; G314）

但是，去做那些他的位置所要求的以及上司所期待的合乎惯例的日常事务，却正是马基雅维里始终难以做到的。有时候他甚至会就此开自己的玩笑。1509 年 11 月，他去维罗纳晋谒帝国宫廷，一连多日他除了等待便无事可做。29 日，他给正在曼图亚的路易吉·圭恰迪尼写信说：

> 我在这里也和你一样像是被放逐了，因为在这里，人们什么也不知道；为了证明我还活着，我不停地幻想在给十人委员会写一份长篇大论……（M1111a; G319）

这些文字极有启发意义，因为它们透露出马基雅维里摇摆不定的矛盾心理。这是一段难得无所事事的空闲时间，没有什么东西值得写给他的政府，但马基雅维里在这里非常需要依靠那种临时缺少了的活动来表现自己存在的意义。由于没什么新闻可以汇报，"因为在这里，人们什么也不知道"，他幻想着写了一些给十人委员会的信。他是如此看重自己的工作及其日常职责，以至于在无所事事中产生的幻想也体现了那种活动的直接连续性。简言之，给他的政府写信写报告，既是他内心的一种需要（"为了表面上看像是还活着"），也是他的公务职责。这是马基雅维里的一个方面。他的另一个方面表现在，他幻想他写的信可以是针对其政治上司的谴责与批判——如果能这么写的话该多好：长篇大论（intemerate）——激烈的长篇发言、淋漓尽致的讽刺和慷慨激昂的演说。表面上他可能会尽力做得表里一致并隐藏内心的情感，像一个出色的秘书和军人；但是，不仅对于路易吉·圭恰迪尼、皮耶罗·索德里尼、比亚吉奥·波拿科尔斯、菲利浦·卡萨维奇亚和阿格诺罗·图奇，而且对于或多或少了解这位没有耐心且不时过于独立的国务秘书的任何人来说，都很清楚，马基雅维里是在形式上遵守国务厅的惯例，背后却隐藏着许多对他所服务的政治领导人、制度和政策的消极评价，甚至常常是尖刻的评价。[10]我们如何才能将这种对马基雅维里态度的普遍认识与他不受欢迎乃至他在 1512 年 11 月被革职联系起来？

117

　　这种矛盾心理——依赖与疏离，甚至可以说，虔诚与拒斥，一直是马基雅维里书写佛罗伦萨共和国时的核心表现。他不能想象自己离开它会是什么情形，但他又一直不能接受它的现状。使马基雅维里备受争议的——再说一遍——并不是他与某个宗派的依附关系。毋宁说，他一直倾向于对整个这一体系袖手旁观，要找出由于不完善、迟钝和混乱而导致的弊病，要表达对政客的愤怒和焦虑，他认为这些政客看不到共和国的最大利益，他以那些虽说不无可能，但却使他招致厌恶的严苛标准去评判他们的行为和政策。甚至在他需要劝说他的政府与国民军合作时，他也不能克制自己。在给执政团的一份备忘录《条款的起因》（可能写于 1506 年）中，他记述了已经使城郊的国民军组织初具规模并为之进行了辩护，然后便要求将国民军扩展到城市中，马基雅维里写下了一段话，大概最好不过地说明了他的缺乏克制，这甚至让那些与他同声相应的人看来都是毫无道理的：

---

[10] 对马基雅维里 1513 年之前的著述中出现的这场争论的实质和目的的评估，见 Marchand, *I primi scrtti*, pp. 327-30；以及 Gennaro Sasso, *Niccolò Machiavelli: Storia del suo pensiero politico* (Bologna, 1980), part I, pp. 13-289。

> 人尽皆知，举凡谈论帝国、王国、君主国或共和国的
> 人——举凡谈论统帅者的人，从最高统帅直到一个匪帮头子，
> 都是在谈论正义和武装。而你们，本来就不那么正义，至于
> 武装，就更是一无所有。（M37b-38a）

大概这并非确保朋友给予合作并将批评者争取过来的最佳做法。
但无疑也不是一种党同伐异的批判；事实上，这是在暗示，人人
都应对一场集体失败承担责任，只有马基雅维里的真理才能从失
败中拯救共和国——至少其中的暗示就是如此。正是这种态度，
这种核心的冲突，致使马基雅维里陷入了困境，并在1512—1513
年变成了孤家寡人（在另一种"孤岛"［isola secha］中）；但是，
它所开辟的理论与历史眼界，却是一个了解并接受自身地位局限
性的合乎惯例的国务秘书，或者一个了解并接受共和主义内在局
限性和缺陷的政治党徒不可企及的。

第二部分

马基雅维里与
共和主义观念

第六章　马基雅维里的《论李维前十书》与共和主义观念的前人文主义渊源

昆廷·斯金纳

一

到 12 世纪末，意大利地区（Regnum *Italicum*）绝大多数主要城市都建立了一种独特的共和政制。控制这些城市的一般都是以波德斯塔（Podestà）著称的首席执政官，之所以有此称谓，盖因他们被授予了最高权力，或者有权将市民置于他们掌管之下。正常情况下，波德斯塔的任期为 6 个月，至多 1 年，借助一系列执行委员会实施行政管理。这种委员会的全体成员，包括波德斯塔本人，地位都不超过选举了他们的公社公仆。[1] 因此，这种政制也标志着以往所熟悉的中世纪领主统治和世袭统治原则被彻底抛弃。[2]

然而，学者们普遍认为，各城市最初并未发展出与城市意识形态相应的一切。它们全都缺少手段以使它们的选举和自治安排概念化与合法化。这样的发展必须要等到 13 世纪下半叶亚里士多德的

---

〔1〕 关于对这种政制的出色概述，见 D. Waley, *The Itanlian City-Republics*, 3rd edn (London, 1988)，尤见第 3 章，第 32—68 页。另见 E. Artifoni, 'I podesta professionali e la fondazione retorica della politica communale', *Quaderni storici*, 63 (1986), pp. 687-719, at pp. 688-93。

〔2〕 关于领主统治的传统观点与 13 世纪意大利出现的不同观点之比较，见 J. Catto, 'Ideas and experience in the political thought of Aquinas', *Past and Present*, 71 (1976), 3-21。

道德与政治理论得到复苏和广泛传播。尤其是亚里士多德的《政治学》，"为城邦政治的新世界提供了一把独一无二的钥匙"，而"在他的文本被重新发现之前并不存在这种指南"。[3] 就这样，"城邦政治学"最终对"意大利城市的宪政理论具有了根本意义"。[4]

122　　有些学者甚至走得更远，认为即便在这个当口，我们也还不可能谈论一种独特的自治共和主义意识形态。汉斯·巴隆尤其坚持认为，这种意识形态首次得到阐述是在 15 世纪初的佛罗伦萨。[5] 直到这时，人文主义者才开始宣称，政治自由和参与式公民权的价值只有在共和主义统治的选举制度下才能保持不坠。因此，只有这时，我们才能开始谈论巴隆所谓"政治参与的新哲学"。[6] 按照这样的解释，佛罗伦萨"在催生这样一套适应城市生活的先进观念方面是中世纪欧洲城市中独一无二的"。[7]

　　毫无疑问，亚里士多德学说的复兴和佛罗伦萨人文主义的兴起，对共和思想的发展具有至关重要的作用。[8] 但如果因此就认

---

〔3〕 见 Nicolai Rubinstein, 'Political theories in the Renaissance', 载 *The Renaissance: Essay in Interpretation*, A. Chastel, ed. (London, 1982), pp. 153-200, at p. 153。

〔4〕 见 J. G. A. Pocock, *The Machiavellian Moment* (Princeton, NJ, 1975), p. 74。

〔5〕 有关这种所谓"新前景"和"新意识形态"，见 Hans Baron, *The Crisis of the Early Italian Renaissance* (Princeton, NJ, 1966)，尤见 pp. 29, 49, 121。其他赞同此说的学者观点，见 Quentin Skinner, *The Foundations of Modern Political Thought*, vol. I: *The Renaissance* (Cambridge, 1978), pp. 27, 79 及注释。

〔6〕 见 H. Baron, *Crisis*, p. 459, 以及 R. Witt, 'The rebirth of the concept of republican liberty in Italy', 载 *Renaissance Studies in Honor of Hans Baron*, Molho and J. Tedeschieds (Florence, 1971), pp. 173-99，尤见 pp. 175。

〔7〕 G. Holmes, 'The emergence of an urban ideology at Florence', *Transactions of the Royal Historical Society*, 23 (1973), p. 113. 另请参阅 pp. 111, 112。

〔8〕 关于前一主题，见 W. Ullmann, *Medieval Foundations of Renaissance Humanism* (London, 1977)；C. Davis, *Dante's Italy and Other Essays* (Philadelphia, 1984)。关于后一主题，见 H. Baron, *Crisis* and Pocock, *The Machiavellian Moment* 的经典论述。关于对这两种思想成分的概括，见 Skinner, *The Foundations*，特别是 vol. I, pp. 49-112。

为只是随着这些思想运动的出现，自治共和主义的意识形态才开始得到详细阐述，也会产生误导。事实上，这种意识形态的表达几乎可以追溯到公社本身创立的时代。[9]尽管前人文主义时代的作家们没有接触到希腊哲学，但他们从众多对自由与公民理想有同样精彩论述的罗马道德学家和历史学家那里汲取了养分。以这些权威——尤其是萨卢斯特和西塞罗——的思想为基础，他们才能为共和政治的独特优越性构思出全方位的辩护。

　　他们应特别感谢西塞罗在《论责任》中对公民美德的分析。[10]但是，他们更应感谢萨卢斯特的历史著作，尤其是《喀提林阴谋》对罗马共和国兴衰的阐述。萨卢斯特的历史著作对共和思想演进的重要性并未受到足够重视。[11]但是，他对事涉城邦政制的前人文主义争论产生了极大影响，以致在很久以后更精到的人文主义作品中仍有体现。马基雅维里在《论李维前十书》中

<small>*123*</small>

---

[9]　对于这一点我已尝试过进行确证，见 'Ambrogio Lorenzetti: the artist as political philosopher', *Proceedings of the British Academy*, 72 (1986), pp. 1-56, 特别是第 3—31 页，下文我吸收了其中的部分内容，尽管我在这里论述的是完全不同的问题。

[10]　晚近对西塞罗在中世纪的作用的重要考察，见 C. J. Nederman, 'Nature, sin and the origins of society: the Ceceronian traditon in medieval political thought', *Journal of the History of Ideas*, 49 (1988), pp. 3-26. 西塞罗作为各种观念——尤其是关于美德观念——的源泉之一，见 R. Tuve, 'Notes on the virtues and vices', *Journal of the Warburg and Courtauld Institutes*, 26 (1963), pp. 264-303, 及 Q. Skinner, 'Ambrogio Lorezetti', 特别是 pp. 25-30。

[11]　一定程度上是因为现代学者试图依据年代顺序把萨卢斯特排除在"政治"作家行列之外。Nederman 的讨论甚至也是如此，例见 Nederman, 'Nature, sin and the origins of society', 6. 但是有两篇出色的论文说明了中世纪作家对萨卢斯特的利用，见 B. Smalley, 'Sallust in the Middle Ages', 载 *Classical Influences on European Culture AD 500-1500*, R. R. Bolgar, ed. (Cambridge, 1971), pp. 165-75；以及 N. Rubinstein, 'Some ideas on municipal progress and decline in the Italy of the Communes', 载 *Fritz Saxl, 1890-1948: A Volume of Memorial Essays*, J. J. Gordon, ed. (London, 1957), pp. 165-83。Smalley 在第 174—175 页强调了时代错置的危险。

说，"人人都读过萨卢斯特描写的喀提林阴谋"，看来他不可能太离谱。[12]

因此，下文我首要关心的，就是发掘文艺复兴时期共和主义的历史上最深层，同时也是最少被研究的成分。然后，我将转向前人文主义文献与马基雅维里《论李维前十书》中对共和主义问题的经典重述之间的关系。我的最终目标是说明马基雅维里用传统语汇继续为共和主义价值观所作的重大辩护。

二

为了复原公社最早的代言人的面貌，我们需要集中注意两种密切相关的文献。首先需要考虑的是由那些独裁官（the *Dictatores*）或者与中世纪意大利各个法律学派有关联的修辞术导师发表的关于《写作的技艺》（*Ars dictaminis*）的作品。[13]这些作品通常都是首先讨论修辞术，然后就是整套的样板演说词和书信。[14]这些原始资料的价值产生于这一事实：它们所包含的大量

[12] Machiavelli, *Il principe e Discorsi*, ed. S. Bertelli (Milan, 1960), III. 6, p. 409. 'Ciascuno ha letto la congiura di Catilina da Sallustio'. *Discorsi* 提到萨卢斯特的其他地方还有 I. 46, p. 236 与 II. 8, p. 297。

[13] P. O. Kristeller, 'Humansim and scholasticism in the Italian Renaissance' 仍是有关这些作家的经典研究，载 *Renaissance Thought and its Sources*, M. Mooney, ed. (New York, 1979), pp. 85-105。但是还有一项不同的研究，见 R. Witt, 'Medieval "ars dictaminis" and the beginnings of humansism' 极富文献价值的讨论，载 *Renaissance Quarterly*, 35 (1982), 1-35。新近一项出色的研究引用了我所讨论的许多作家，另见 Artifoni, 'I podesta professionali'。

[14] 见 J. J. Murphy, *Rhetoric in the Middle Ages* (Berkeley, CA, 1974)，尤见第 218—220 页关于博洛尼亚的于格（Hugh of Bologna）早期对基础性理论专论（the *Ars*）及随后的范例（the *dictamina*）之间做出的区别。

这种演说和书信，都是专供大使、城市执政官等官员在公共场合使用的。因而，它们经常包含着大量有关前文艺复兴时期城市政府行为的价值观和态度的信息。[15]

　　这其中有许多作品从 12 世纪初一直保存至今。比如，博洛尼亚的于格所作《谈话的记录》大概就是成书于 1120 年。[16] 然而，绝大多数保存下来的最早期作品，都是下个世纪前几十年的产物，这时体裁已经定型，更不用说还有内容上的高度重复。[17] 这一时期比较重要的作品包括，佩鲁贾的拉尼艾罗 1215 年所作《诉讼的技艺》，[18] 卡普阿的托马斯 1230 年所作《谈话的技艺》，[19] 锡尼亚的邦科姆帕尼奥 1235 年所作《最新的修辞》，[20] 最重要的则是同一时期圭多·法巴的大量作品，[21] 包括 1226—1228 年的《修辞学

124

---

[15] 这是 H. Wieruszowski 在 'Ars dictaminis in the time of Dante' 中提出的一个精辟观点，载 Politics and Culture in Medieval Spain and Italy (Rome, 1971), pp. 589-627。

[16] 见 Murphy, Rhetoric in the Middle Ages。修订版见 Hugh of Bologna, Rationes dictandi, 收于 Briefsteller und Formelbucher des Elften bis Vierzehnten Jahrhunderts, ed. L. Rockinger, 2 vols. (Munich, 1863), I, pp. 53-94。

[17] 关于对这一时期文献的研究，见 Murphy, Rhetoric in the Middle Ages, pp. 194-268。

[18] E. Monaci, 'Sulle forole volgari dell'Ars notaria di Raniero di Perugian' in Rendiconti della Reale Accademia dei Lincei, 14 (1905), pp. 268-81, 讨论了 Raniero, Dictamina, 并重新发表了许多片段。关于这里所说的年代，见 G. Bertoni, Il duecento (Milan, 1947), p. 253。

[19] 关于版本和年代，见 Thomas of Capua, Ars dictandi, ed. E. Heller (Heidelberg, 1929)。

[20] 关于版本，见 Boncompagno da Signa, Rhetorica novissima, ed. A. Gaudenzi, in Bibliotheca Juridica Medii Aevi, vol. II (Bologna, 1892), pp. 247-97。关于年代，见 A. Gaudenzi, 'Sulla cronologia delle opere dei dettatori Bolognesi', Bullettino dell'istituto storico italiano, 14 (1895), pp. 85-174, at p. 112。

[21] 关于法巴修辞术著作的完整目录，见 V. Pini, 'La Summa de vitiis et virtutibus di Guido Faba', Quadrivium, I (1956), pp. 41-152, at pp. 42-3 及注释。

的写作》，[22]1239—1241 年的《书信》[23]以及 1242—1243 年的《谈话与信件》。[24]最后，在 13 世纪末，用"方言"写成的类似作品开始大量出现。[25]马泰奥·德·李布利的方言演说集作于 1275年，[26]乔万尼·韦尼亚诺的《谈话录》[27]作于 1290 年，腓利普·切菲的《闲谈》作于 1330 年。[28]

我们需要考虑的另一类著述，是专为波德斯塔和其他执政官提供指南的城邦政制专著。这种体裁原是"秘书文案"的一个分支，早期作品的绝大多数仍含有样板书信和演说词以及如何管理城邦事务的一般建议。[29]保存下来的此类作品最早可追溯至 1220

125

〔22〕我使用的版本是 G. Faba, *Dictamina Rhetorica*, ed. A. Gaudenzi, in *Il propugnatore*, 1892-3, Medium Aevum 重印，ed. G. Vecchi (Bologna, 1971)。关于 *Dictamina Rhetorica* 的年代，见 Gaudenzi, 'Sulla cronologia', p. 133。

〔23〕我使用的版本是 G. Faba, *Epistole*, ed. A. Gaudenzi, in *Il propugnatore*, 1892-3, Medium Aevum 重印，ed. G. Vecchi (Bologna, 1971)。关于 *Epistole* 的年代，见 Gaudenzi, 'Sulla cronologia', p. 145。

〔24〕我使用的版本是 G. Faba, 'Parlamenti ed Epistole', in A. Gaudenzi, *I suoni, le forme e le parole dell' odierno dialetto della citta de bologna* (Tutin, 1889), pp. 127-60。关于 *Parlamenti* 的年代，见 Gaudenzi, 'Sulla cronologia', p. 148。

〔25〕不过请注意，G. 法巴在一代人之前就已开了方言规则的先河。见 A. Castellani, 'Le formule volgari di Guido Faba', *Studi di filologia italiana*, 13 (1955), 5-78。

〔26〕我使用的版本是 Matteo de' Libri, Arringbe, ed. E. Vincenti (Milan, 1974), pp. 3-227。关于 Arringhe 的年代，见 P. O. Kristeller, 'Matteo de' Libri, Bolognese notary of the thirteenth century and his *Artes Dictaminis*', 载 *Miscellanea Giovanni Galbiati*, ii (Fontes Ambrosiani 26) (Milan, 1951), pp. 283-320, at p. 285 注释。

〔27〕我使用的版本是 Giovanni da Vignano, *Flore de parlare*, ed. E. Vincenti in Matteo de'Libri, Arringhe (Milan, 1974), pp. 229-325。关于 *Flore* 的年代，见 C. Frati, '"Flore de parlare" o "Somma d'arengare" Attribuita a Ser Giovanni Fiorentino da Vignano', *Giornale Storico della letteratura italiana*, 61(1913), pp. 1-31, 228-65, at p. 265。

〔28〕我使用的版本是 F. Ceffi, *Dicerie*, ed. G. Giannardi, 载 *Studi di filologia italiana*, 6(1942), pp. 27-63。关于 *Dicerie* 的年代，见 S. Giannardi, 'Le "Dicerie" di Filippo ceffi', *Studi di filologia italiana*, 6 (1942), pp. 5-63, at pp. 5, 19。

〔29〕关于修辞术与政治——修辞学家与管理者——之间的关系，见 Artifonio, 'I podesta professionali'。

年代，无名氏的《牧人的眼睛》(*Oculus*)。[30]不久后的 1240 年代，洛迪的奥菲诺用利奥体诗*构成的建言书《论波德斯塔的智慧》即问世。[31]之后另一部，同时也是前人文主义时期最详尽也最重要的此类作品，是维泰博的乔万尼所作《关于城邦政府》，大约成书于 1253 年。[32]再之后就是某种程度上可以说是剽窃来的 1266 年布鲁内托·拉蒂尼的作品《宝库》。这部流传广泛的百科全书最后一部分的题目是《论城邦政制》。[33]

这些作家完全同意这样的观点：公社或城邦的最佳形式必定是选举制度而不是君主制度。如果城邦想实现自己的最高目标，负责城邦管理的官员之行为就必须受到既定习惯或法律的约束。因此，要想了解这一结论如何得来，就应先要知道这些作家在谈论共同体的目标或目的，尤其是城邦能够期望的最高目标时在想些什么。

―――――

[30]　我使用的版本是 D. Franceschi, 'Oculus pastoralis', 载 *Memorie dell'accademia delle scienze di Torino*, 11 (1966), pp. 3-70。关于 1222 年这个年份，见 Franceschi, 'Oculus pastoralis', p. 3。但 A. Sorbelli 认为是 1242 年，见他的 'I teorici del reggimento communale', *Bullettino dell' istituto storico italiano per il medio evo, 59* (1944), pp. 31-136, at p. 74。

　*　利奥体诗（leonine verse），中世纪的一种拉丁诗体，一般是六韵步，并有行内押韵。――译注

[31]　我使用的版本是 Orfino da Lodi, *De regimine et sapientia potestatis*, ed. A. Ceruti in *Miscellanea di storia italiana*, 7 (1869), pp. 33-94。关于年代，见 Sorbelli, 'I teorici', p. 61。

[32]　我使用的版本是 Giovanni da Viterbo, *Liber de regimine civitatum*, ed. C. Salvemini in *Bibliotheca juridica medii aevi*, vol. III (Bologna, 1901), pp. 215-80。关于年代，见 G. Folena, '"Parlamenti" podestarili di Giovanni da Viterbo', *Lingua Nostra*, 20 (1959), pp. 97-105, at p. 97。但 F. Hertter 认为是 1228 年，见他的 *Die Podestaliteratur italiens im 12. und 13. Jahrhundert* (Leipzig, 1910), pp. 52-3，而 Sorbelli 则认为是 1263 年，见他的 'I teorici', pp. 94-6。

[33]　我使用的版本是 B. Latini, *Li Livres dou Trésor*, ed. F. Carmody (Berkeley, CA, 1948)。关于 Tresor 的年代与来源，见 Sorbelli, 'I teorici', pp. 99-104，以及 F. Carmody 为 B. Latini, *Li Livres dou Trésor* 撰写的"序言"（Berkeley, CA, 1948），pp. xiii-xx, xxii-xxxii。

　　他们最为重视的目标是臻于伟大（greatness）——名声之伟大、权力之伟大、财富之伟大。有一类特别的文学作品专门颂扬城邦之伟大的奇迹或标志，其中就在一定程度上表达了这种向往。这类体裁中最为著名的作品当是雷奥纳多·布鲁尼的《佛罗伦萨城邦颂》，当然，这部最具人文主义风格的作品问世于 1403—1404 年，成书较晚。[34] 但有些作品可以追溯至城邦共和国意识形态最早得到阐述的那个时期。最初的作品之一是无名氏所著赞美洛迪城的诗《洛迪城颂歌》，大概完成于 1250 年代，[35] 最负盛名的或许是里瓦的邦维森完成于 1288 年颂扬米兰的《论米兰的奇迹》。[36]

　　有关城邦政制的前人文主义作品同样充满了对荣耀和伟大的向往。它们主张这些才是公民生活的最高目的，它们的主要灵感当然是来自罗马史学家和道德学家，而对这种信念最有影响的论述则非萨卢斯特莫属。它们不仅吸收了他的《喀提林阴谋》中有关罗马共和国如何成就伟大的论述，[37] 还经常引用《朱古达战争》中的一个细节：努米底亚国王祝贺朱古达（Jugurtha）的作为所带

---

[34] 见 H. Baron, *From Petrarch to Leonardi Bruni* (Chicago, 1968), pp. 217-63。H. Baron, *Crisis*, pp. 191-224 进行了经典分析。但 H. Baron 依然如故，与前人文主义者的观点太过决裂，尤其是在 *Landatio* 谈到新的"伟大"理想时。见 H. Baron, *Crisis*, pp. xvii, 202-4。关于不同的评价，见 J. E. Seigel, '"Civic humanism" or "Ciceronian rhetoric"? The culture of Petrarch and Bruni', *Past and Present*, 34 (1966), 3-48。

[35] 我使用的版本是 G. Waitz, 'De Laude civitatis Laudae', 载 *Monumenta Germaniae Historica*, vol. 22 (Hanover, 1872), pp. 372-3。关于年代，见 J. K. Hyde, 'Medieval descriptions of cities', *Bulletin of the John Rylands Library*, 48 (1965), pp. 308-40, at p. 340。

[36] 我使用的版本（包括意大利语译本）是 Bonvesin della Riva, *De Magnalibus Mediolani*, tr. G. Pontiggia, ed. M. Corti (Milan, 1974)。关于后来的米兰颂（Hyde, 'Medieval descriptions of cities', p. 340 给出的时间为 1316 年），见 Benzo d'Alessandria, *De Mediolano Civitate*, ed. L. A. Ferrai in *Bullettino dell' istituto storico italiano*, 9 (1890), 15-36。

[37] Sallust, *Bellum Catilinae*, tr. J. C. Rolfe (London, 1921), X. I, p. 16。

来的荣誉和荣耀，同时还要他记住那些小共同体是如何相继走向伟大的。[38]

所有的前人文主义作家几乎都是异口同声。以一整套专供即将上任的波德斯塔使用的样板演说词开始，《牧人的眼睛》特别建议他们要允诺，他们的统治将致力于"增长、荣耀和荣誉"，由此而确保"城邦臻于伟大"。[39]维泰博的乔万尼所作《关于城邦政府》中的样板演说词同样强调了"增长"的价值，以及随之能使城邦发展和繁盛的重要性。[40]我们发现，13 世纪末，人们开始用方言来表达这些观念。马泰奥·李布利建议大使们和波德斯塔允诺将保证增长与发展，[41]而乔万尼·达·韦尼亚诺的样板演说词则建议，即将离任的波德斯塔要表示希望他们正在管理的城邦"永远发展和增长"，特别是要永葆繁荣昌盛。[42]

同时，这一时期的方言作家开始提出一个新概念来描述他们对公民生活目标的展望。他们开始谈论崇高（grandezza），这个说法显然是新造的，旨在弥补古典拉丁语的一个不足，即缺少一个能够同时表达高贵与恢宏之意的词语。我们已经看到，圭多·法巴作于1240 年代初的《议会与书信》就合乎这种时尚。在为新当选的波德斯塔准备的样板演说词中，法巴建议他们允诺"尽一切必要之努力，以保持公社之长存与崇高（grandeça），给予善待公社之人以更

127

---

〔38〕 Sallust, *Bellum Jugurthinum*, tr. J. C. Rolfe (London, 1921), X. 6, p. 148.

〔39〕 见 Franceschi, 'Oculus pastoralis', p. 25 关于有利于"增长、荣耀和荣誉"以及 p. 27 关于"城邦发展"的希望。

〔40〕 见 Viterbo, *Liber de regimine civitatum*, p. 231, col. 2 论确保"多个城邦的成长"的重要性。另请参阅 p. 232, col. I 论"增长"和"最大的增长"的价值。

〔41〕 见 Libri, *Arringhe*, p. 10 论带来"从好到更好的发展"的责任和 p. 70 论确保"好的城邦的成长和发展"的责任。

〔42〕 见 Vignano, *Flore de parlare*, p. 286 关于"这片土地总是在发展"的愿望。

多荣誉和荣耀".[43]不久之后,同样的术语又出现在维泰博的乔万尼《关于城邦政府》的方言段落中。他建议即将上任的波德斯塔必须发誓保持城邦的"荣誉、崇高(grandecça)与福祉".[44]我们发现,到了下一代,同样的术语在方言写作家当中已经有了标准用法。马泰奥·李布利建议城邦执政官们当选时应该允诺保持城市的"声望、和谐与崇高",[45]而离任的执政官则应宣称自己事实上已经维护了城市的"崇高、荣誉、声望与和谐".[46]乔万尼·达·韦尼亚诺用几乎相同的措辞做出了响应,继续敦促大使和执政官们高谈城市的"升华、伟大和荣誉"[47],它的"声望、崇高与和谐"[48]以及全体公民的"荣誉、崇高、团结与和谐".[49]

既然如此强调"崇高",这些作家特别关注实现这一目标所需采取的政策也就不足为奇了。最初,他们只是重复那些耳熟能详的奥古斯丁式假定,即只有生活在完美的和平中,公社才有希望得到繁荣。例如《牧人的眼睛》,就包含了首席执政官面对好战的宗派时使用的样板演说词,警告他们"只有在安宁与和平状态下,城市才有可能成就崇高".[50]同样,拉蒂尼在论和谐之美的那一章中写

----

〔43〕 见 G. Faba, *Parlanmenti ed Epistole*, p. 156 论必须"尽力……协助城邦的成熟和发展,要更多地赋予那些爱城邦的人荣誉",参阅 p. 143 十分类似的表述。

〔44〕 见 Viterbo, *Liber de regimine civitatum*, p. 234, col. 2 论必须致力于"荣誉、崇高与福祉"。另请参阅 p. 231, col. I 论必须增进"崇高"。

〔45〕 Libri, *Arringhe*, p. 105: 'buono stato, riposo et grandecça'.

〔46〕 同上, p. 99: "Grandeça, honori, bon stato e bon reposo"。关于 Libri "崇高"理想的更多内容, 见 pp. 12, 28, 53, 69-70, 93, 110, 112, 114。

〔47〕 Vignano, *Flore de parlare*, p. 237: 'exaltamento, grandeça et honore'.

〔48〕 同上, p. 289: "bom stato, grandeça e reponso"。

〔49〕 同上, p. 251: "honore, grandeça e unità e reposo"。关于类似的表述, 见 pp. 237, 239, 245, 251, 286-7。

〔50〕 Franceschi, 'Oculus pastoralis', p. 27: "Per quietam autem tranquilitatem et pacem ipsius excrescit civitas."另请参阅 pp. 53, 59。

道：“和平的益处数不胜数，战争带来的只有毁灭。”[51]随之，众多方言写作作家们也表达了同样的观点。马泰奥·李布利则坚定地把那些能使共同体“生活在全面安宁之中”的人们的统治与获得“荣誉和声望”联系在一起。[52]腓利普·切菲更是有过之而无不及，一再言之凿凿地说，如果一个城市“能设法保持良好、和平的状态”，这将始终会有助于增加“你的荣誉和崇高”。[53]

128

然而，14世纪开始不久，许多作家就开始担忧这些对和平的无条件赞美。[54]在这一点上，萨卢斯特再一次成为他们的权威。正如他在《喀提林阴谋》开卷时所强调的，先是被迫与周围的野蛮民族连续发生战争，随之是迦太基人的入侵。正是在这一过程中，罗马才逐步走向伟大。相反，在随后的和平与富足年代里，罗马的公民精神却开始衰落。和平的成果最后变成了贪婪和自利，随着公民美德的沦丧，自由、自治的共和国最终便土崩瓦解。[55]

14世纪初，随着各地的传统公社政制成为执政团崛起的牺牲品，[56]许多意大利史学家与政治作家也开始发出同样的疑惑。例如，阿尔贝蒂诺·穆萨托用帕杜阿方言书写了公民自由土崩瓦解的历史，他在序言中几乎逐字照搬了萨卢斯特的原话。[57]在15世纪专门颂扬共和主义自由之美的人文主义历史著作中，这一主题

---

[51] B. Latini, *Li Livres dou Trésor*, p. 292: "pais fait maint bien et guerre le gaste".

[52] 见 Libri, *Arringhe*, p. 79 论能够 “生活在全面安宁之中” 和 “获得荣誉和声望” 的能力之间的关系。另请参阅 pp. 99, 114, 147。

[53] 见 F. Ceffi, *Dicerie*, p. 27 的说法：如果你的城市 “能保持良好与和平的状态”，那将有利于 “增进你的荣誉和崇高”。关于同一效果的其他表述，见 pp. 36, 47, 61。

[54] 有关这一时期和平与自由 “取向” 的概括比较，见 N. Valeri, *La libertà e la pace: orientamenti politici del rinascimento italiano* (Turin, 1942)。

[55] Sallust, *Bellum Catilinae*, VI-XIII, pp. 11-23.

[56] 对这一过渡阶段的经典概括，见 F. Ercole, *Dal commune al principato* (Florence, 1929)。

[57] Rubinstein, 'some ideas on municipal progress', p. 172 及注释中指出了这一点。

甚至占据了更重要的地位。[58] 比如，对长期和平可能会导致衰竭与颓废的担忧，在博吉奥的《佛罗伦萨人民史》中表现得尤为强烈。他暗示说，爱好和平有时会威胁自由。[59] 如果说为了维护自由与自治就要反对暴政的侵害，那么有时就必须为自由而战，而不是不惜代价地维护和平。

129 　　然而，有一点是作家们达成了共识的——纵然有时必须以自由和崇高的名义对他人开战，但自己城市内部的和平绝不能受到威胁。人人都认为避免内部分裂与失和是城市的伟大所不可或缺的条件。[60]

　　最多被引用来表达这种思想的又是萨卢斯特。人们千篇一律地都会引述《喀提林阴谋》的一个段落：努米底亚国王对朱古达及另两位继承人的告诫。他说，"我留给你们三人的，是一个王国，如果你们行为端正，它就会变得强大；而如果你们行为不端，它就会变得衰弱。保持和谐，小国也能走向伟大；而纷乱的结果是，最伟大的国家也会走向崩溃"。[61]

---

〔58〕 见 J. Oppel, 'Peace vs. liberty in the Quattrocento: Poggio, Guarino, and the Scipio-Caesar controversy' 对博吉奥共和主义的讨论，载 Journal of Medieval and Renaissance Studies, 4 (1974), 221-65。

〔59〕 见 Poggio Bracciolini, 'Historiae Florentini Populi' 仿照萨卢斯特对 Poggio 的 Historiae 第五卷开始部分进行的讨论，载 Opera Omnia, ed. R. Fubini, 4 vols. (Turin, 1966), II, pp. 81-493, at p. 299, 并请参阅 Oppel, 'Peace vs. liberty', pp. 223-4。

〔60〕 关于公民失和乃和平之大敌，见 Q. Skinner, 'Ambrogio Lorenzetti', pp. 8-9, 33。

〔61〕 Sallust, Bellum Catilinae, X. 7, p. 148："如果你们是好公民，我将给你们提供一个稳定的国家，反之，我将给你们一个虚弱的国家，事实上，微小的事物在和平中发展，庞大的事业在不和中崩溃。"最后一句显然是广为人知的：比如塞涅卡就引用过，见 Epistulae Morales, vol. 3, tr. R. Gummere (London, 1925), Epistola XCIV, sec. 46, p. 40。这引起了众多前人文主义作家——如 Orfino da Lodi (见 Lodi, De regimine, p. 57) 以及 De Laude Civitatis Laudae 的作者（见 Waitz, 'De Laude civitatis Laudae', p. 372）——的强烈共鸣。

　　所有论述城邦政制的前人文主义作家都提到了这个告诫中的消极方面。维泰博的乔万尼坚持认为，"正因为今天所有的城市都陷入了内部分裂，所以政府的良好效果已不再能为人所觉察"。[62]对那些发现自己统治的城市"出现内战"的执政官，拉蒂尼向他们提出行动建议时也表达了同样的观点。"你们必须指出，和谐如何会给城市带来伟大，市民如何会变得富有，而战争却会摧毁这一切；你们必须记得，罗马和其他的伟大城邦是如何因内部失和而灭亡的。"[63]在一篇为城市国民军长官准备的样板演说词中，马泰奥·德·李布利也提出了相同的建议，为的是让他们去坚定执政官解决内部党争的决心。"想想佛罗伦萨和锡耶纳，它们如何因内战而衰落；想想里米尼和这个国家的许多其他地方，内部仇恨如何毁了它们自己。"[64]

　　也有许多作家比较乐观地谈到了萨卢斯特论点的积极方面。维泰博的乔万尼宣称，"在和平状态下统治和维护城邦，它就能发展、壮大甚至得到最大可能的增长"。[65]拉蒂尼也强调了同样的观点，并直接向读者推荐萨卢斯特以证明这个判断，即纷争可以摧毁最伟大的事业，而"小的事物，通过和谐，也可以臻于伟大"。[66]同样，

130

---

〔62〕 Viterbo, *Liber de regimine civitatum*, p. 221, cols. 1-2: "Nam cum civitates omnes hodie sunt divise...cesset bonus effectus regiminis."

〔63〕 B. Latini, *Li libres dou Trésor*, p. 404: "die comment concorde essauce les viles et enrichist les borgois, et guerre le destruit; et ramentevoir Romme et les autres bonnes viles ki por la guerre dedans sont decheues et mal alees".

〔64〕 Libri, *Arringhe*, p. 147: "Pensative de Florencia, de Sena, commo son gite per la guerra dentru...Pensative de Rimino, comm'è conço per l'odio dentro, e de multe terre de quella contrata". 另请参阅 p. 193。

〔65〕 Viterbo, *Liber de regimine civitatum*, p. 231, col. 2: "civitates reguntur et tenentur pacifice, crescunt, ditantur et maximum recipiunt incrementum".

〔66〕 B. Latini, *Li Livres dou Trésor*, p. 292: "Salustes dist, par concorde croissent les petites choses et par discorde se destruisent les grandismes." 关于先前提及的萨卢斯特的阐述，见注〔61〕。

在一篇为统治者准备的样板演说词中，马泰奥·德·李布利建议他们，一旦城邦内部冲突迫在眉睫，他们应当提醒有关各方保持"和谐与团结，以促进全面进步和臻于伟大"。[67]

因此，这些作家最为专注的问题之一，就是要认识到如何才能最好地保持城市和谐。在这个问题上，他们经常援引的权威是西塞罗，在他们看来，西塞罗的和谐秩序（concordia ordinum）理想具有压倒一切的重要意义。他在《论责任》第一卷一个影响非常广泛的段落中指出，能够最有效地"把城邦拖入骚乱与失和的，就是保护一部分公民的利益，余者一概视若无睹"。[68]接着他又说，要保持城邦的和谐，就要将公共福祉的理想置于个人与派别利益之上。西塞罗为执政官们提出了两个基本规诫作为指南，从而概括了这一论断，他说，这两个规诫都是来自柏拉图。"首先，每做一事，均须顾及每一公民的福祉，将其置于最优先地位，毫不考虑自身利益。其次，须顾及整个政治体的福祉，决不能只惠及部分公民而背叛其他人。"[69]

我谈到的这些作家对这两种避免失和的建议都进行了广泛的论述。在《牧人的眼睛》中，供未来的波德斯塔使用的样板演说词在结尾处保证，他将积极作为以"促进整个共同体的福祉"，从而确保它得到"荣誉、升华、实益和幸福"。[70]维泰博的乔万尼援

---

〔67〕 Libri, *Arringhe*, p. 18: "la concordia et l'unitate acrese et avança tuti bene".

〔68〕 Cicero, *De officiis*, tr. W. Miller (London, 1913), I. 25. 85, p. 86: "Qui autem parti civium consulunt, partem neglegunt, rem perniciosissimam in civitatem inducunt, seditionem atque discordiam".

〔69〕 同上，I. 25. 85, p. 86: "unum, ut utilitatem civium sic tueantur, ut, quaecumque agunt, ad eam referant obliti commodorum suorum, alterum, ut totum corpus rei publicae curent, ne, dum partem aliquam tuentur, reliquas deserant".

〔70〕 见 Franceschi, 'Oculus pastoralis', p. 26 论必须采取行动 "促进整个共同体的福祉" 以确保它得到 "荣誉、升华、实益和幸福"。

引了西塞罗《论责任》中的整整一段以说明避免纷争与促进公共利益之间的联系。[71]拉蒂尼也引用了西塞罗的规诫，[72]并在《论和谐》一章补充说，要想达到这种佳境，"我们必须遵循自然之道，将公共利益置于其他价值之上"。[73]

131

但是还有一个问题尚未解决，即如何在实践中维护公共利益，并确保共同体没有任一成员遭到忽略，或者不公平地依附于他人之下。对此，我谈到的这些作家再一次完全附和了他们的罗马权威。他们无不断言，只有执政官的所有公共行为都坚持了正义的要求，这一点才能够实现。他们根据罗马法的精神定义了正义的理想：使人人都能得其应得（ius suum cuique）。但他们认为，确保人人都能得其应得，等于是确保任何人的利益都不被忽略，或者被不公正地从属于他人的利益。因此，正义的理想就被看作基础：正义行为是促进公共利益的唯一手段；非此则无望保持和谐，也就不可能成就伟大。

萨卢斯特再次为这个论点提供了主要灵感。在《喀提林阴谋》中，他以典型的简明扼要的笔法指出，"通过正义和勤勉的作为，罗马共和国成就了伟大"。[74]但在这一点上，我谈到的这些作家更多的是受惠于西塞罗《论责任》开卷时的一段类似说法。在讨论正义这个话题时，西塞罗开宗明义地宣布，它是"保全共同体，

---

〔71〕 见 Viterbo, *Liber de regimine civitatum*, p. 268, col. 2。
〔72〕 见 B. Latini, *Li Livres dou Trésor*, p. 267。
〔73〕 同上，p. 291: "devons nous ensivre nature et metre avant tout le commun profit"。关于拉蒂尼对公共利益理想的更多论述，见他的该书末尾一章，特别是第 408、415、417 页。另请参阅 F. Ceffi, *Dicerie* 第 46、57 页论 "bene comune"。
〔74〕 Sallust, *Bellum Catilinae*, X. I, p. 16: "labore atque iustitia res publica crevit."

也可以说是保全共同完整性"的主要手段。[75]

这些观点常被论述城邦政制的前人文主义作家转述，而且差不多是逐字照抄。维泰博的乔万尼在他的作品一开头就宣称，首席执政官的主要职责是"让人人都能得其应得，以使城邦得享正义和平等之治"。[76]他在后来的一篇样板演说词中解释说，这一原则的重要性来自以下事实："一旦城邦的统治得到了正义的保证，庶几便会臻于伟大、变得富足并得到最大可能的增长。"[77]同样，拉蒂尼在《论城邦政制》一章的开头就说，"正义应牢牢立于每个执政官的心中——赋予每个人所应得的权利"。[78]至于理由，他也作了类似的解释："城邦的统治若依据的是权利与真理，即让人人都能得其应得，那无论是人口还是财富，便都会增长，这将永远能使它在良好的和平状态下，保持自身的荣誉和朋友的荣誉。"[79]

132

到了那个世纪末的方言写作作家们的活跃时期，我们发现，正义、公共利益和成就伟大之间的这些联系，得到了几乎是无休止的阐述。马泰奥·李布利宣称，"热爱正义者，自会喜欢一种恒

---

[75] Cicero, *De officiis*, I. 7. 20, p. 20: 'qua societas hominum inter ipsos et vitae quasi communitatis continetur.' 另请参阅 Cicero 在 *De inventione* 中的主张, tr. H. Hubbell (London, 1949), II. 53. 160, p. 328, 意思是维持 *communes utilitaes* 的是 *iustitia*。

[76] Viterbo, *Liber de regimine civitatum*, p. 220, col. 1: 'ius suum cuilibet reddatur, et regatur civitas in iustitia et equitate.'

[77] 同上, p. 231, col. 2: "Per haec enim frena [iustitia et equalitas] civitates reguntur... crescunt, ditantur et maximum recipiunt incrementum"。另请参阅 p. 234, cols. 1-2。

[78] B. Latini, *Li Livres dou Trésor*, p. 392: 'Justice doit estre si establement fermee dedens le cucr au signor, k'il doinst a chascun son droit.'

[79] 同上, p. 403: "La cités ki est governee selonc droit et selonc verité, si ke chascuns ait ce k'il doit avoir...certes, ele croist et mouteplie des gens et d'avoir et dure tousjours en bone pais a l'onour de lui et de ses amis"。

久的意志，即赋予每个人应有的权利；喜欢赋予每个人应有的权利者，自会热爱宁静与和谐。唯其如此，国家才能成就无上的崇高"。[80]乔万尼·达·韦尼亚诺以几乎相同的语汇，对我正在剖析的意识形态做出了进一步的总结：正义构成了良好政府的基础；正义行为则使人人得其应得；而使人人得其应得正是保持城邦和谐的关键，乔万尼断言，"唯有如此，国家才能臻于崇高"。[81]

根据热爱正义并将其视为城邦臻于伟大的根本这样的教谕，[82]我们就可以理解早期独裁官们明确表达的那种意识形态的核心。但是，还有一个具有极大实践重要性的问题，即在何种政制下我们才最有希望确保主要的执政官能在事实上服从正义的要求，从而使他们的统治带来所有其他利益？

对此，独裁官们提出了他们最熟悉而且赞不绝口的政制：以当选执政官领导下的统治委员会为基础的政制。他们都认为，要使正义得到坚持，使城邦成就伟大，就必须不惜一切代价避免出现世袭的君主或执政官；必须保持某种形式的选举和自治制度。

极为频繁地被引用来支持这一基本政治承诺的权威，又是罗马共和国最后阶段的辩护者们。西塞罗的《论责任》那种激烈的反专制主义，自然使它成了一个关键文本。[83]但是，被引用最多的反世袭统治的论点，仍是出自萨卢斯特的《喀提林阴谋》。萨卢

---

〔80〕 Libri, *Arringhe*, p. 34: 'quel k'ama iustitia ama constante e perpetua voluntate de dare soa raxone a çascuno; e ki ama soa raxone a çascuno, ama tranquilitate e reposo, per le qual cose le terre montano in grand grandeça'. 另请参阅 p. 130, 160-2。

〔81〕 Vignano, *Flore de parlare*, p. 296: 'per le qua'cose fare le terre montano in grandeça'.

〔82〕 关于 "Diligite iustitiam" 的专门教谕在这些作家当中的影响，见 Q. Skinner, 'Ambrogio Lorenzetti', pp. 14-17。

〔83〕 关于西塞罗谴责恺撒为暴君，见 *De officiis*, II. 7. 23, p. 190。

斯特宣称，王权的危险来自"在国王们看来，好人是比恶人更大的怀疑目标"。[84]原因在于，"国王们不可避免地会将他人的优秀品质视为一种威胁"。[85]这就说明为什么"只是摆脱了国王的统治之后，罗马城才能在如此短的时间内成就了如此的伟大"。[86]只有当人人都能获准竞争荣誉，无须担心他们统治者的嫉妒和敌意时，城邦的荣耀才有可能达到顶峰。

133

在前人文主义作家中，以最为强烈的关切一再重申这一论点的是拉蒂尼。他在《论执政团》一章的开头便做出了大概是最轻快简明的论述。"有三种统治：一是国王的统治，二是大人物的统治，三是公社自身的统治。第三种远远好于另两种。"[87]在《论城邦政制》中一开始便继续为他的这个结论提供依据。国王、君主们拥有最终控制权的地方，比如法国和大多数其他国家，他们只考虑自身利益，"卖官售爵，出价最高者得之，却从不考虑市民的福祉和利益"。[88]但在市民自己保留着控制权的地方，比如意大利，"他们能够选择那些其作为将最有利于城邦及全体市民共同利益的人担任波德斯塔和执政团"。[89]

前人文主义作家并没有为他们最向往的政府形式给出特别的名号。他们仍然满足于将其描述为一种能够依法对城邦或公社进

---

〔84〕 Sallust, *Bellum Catilinae*, VII, 3, p. 12: "Nam regibus boni quam mali suspectiores sunt."

〔85〕 同上，VII. 3, p. 12: 'semperque eis [viz. regibus] aliena virtus formidulosa est.'

〔86〕 同上，VII. 3, p. 12: 'Sed civitas...adepta libertate quantum brevi creverit.'

〔87〕 B. Latini, *Li Livres dou Trésor*, p. 211: 'Seignouries sont de iii manieres, l'une est des rois, la seconde est des bons, la tierce est des communes, laquele est la trés millour entre ces autres.'

〔88〕 同上，p. 392 发出的谴责。

〔89〕 同上，p. 392。

行统治的政体或政权（regimen or reggimento）。[90]如果说有什么更明确的解释，那也只是补充说，在这种政体中，权力始终由公社本身掌握。[91]除了维泰博的乔万尼有寥寥数语，[92]以及后来阿尔贝蒂诺·穆萨托偶有提及，[93]后一种处理办法再没有使用"共和国"（res publica）来区分这种选举制政府形式与世袭君主制。西塞罗在《论责任》中对这一点的深入探讨也没有给出更多的提示能够使人认为这种政体其实是唯一名副其实的共和国。[94]

　　然而，在有一点上，许多理论家都使用了一个概念，它后来成为文艺复兴时期共和主义政治语汇中的核心概念，实际上是决定性的概念。我们已经知道，他们把它视为保证公民在法律面前一律平等的选举制度的决定性优点。没有任何人的利益会受到排斥，没有人要不公平地依附于任何其他人。他们指出，这实际上是提出了一个政治自由的命题。也就是说，只有在选举制的政体下，个人才能享有一种自由的生活方式，而不会受制于任何非正义的依附或奴役状态。因此，根据西塞罗已经确立的用法，[95]他们

134

---

〔90〕　例见 G. Faba, *Dictamina Rhetorica*, p. 54; Viterbo, *Liber de regimine civitatum*, p. 222, col. 1; F. Ceffi, *Dicerie*, p. 45。

〔91〕　例见 B. Latini, *Li Livres dou Trésor*, pp. 211, 392。

〔92〕　见 Viterbo, *Liber de regimine civitatum*, p. 255, col. 2; p. 272, col. 1 关于用 res publica（共和国）一词形容自治城邦的情况。

〔93〕　A. Mussato, *De Gestis Italicorum Post Mortem Henrici VII Caesaris Historia*, ed. L. Muratori in *Rerum Italicarum Scriptores* (1727), vol. 10, cols. 569-768, at col. 722: "必须维持城邦中的公共形式，共和国的机构将不会被取缔。事实上，至少应该让人们重视的是形式和象征。"

〔94〕　见 Cicero, *De officiis*, II. 8. 29. 他这一段的意思是说，只有传统政体下的罗马才是唯一真正的共和国。我认为，这对理解 res publica（共和国）一词最终不再用于指称任何类型的政治体，而是专门用于描述西塞罗心目中的那种选举式制政的变化过程，具有至关重要的作用。

〔95〕　例见 Cicero, *De officiis*, II. 7. 23-4, p. 190 关于生活在专制者治下与生活在"自由城邦"中的区别。另请参阅 II. 22. 78-9, p. 254 论公民自由。

开始将这种政体描述为"自由的统治",称赞它们是确保任何公民都能生活在"自由状态"中的唯一手段。[96]

我们已经在维泰博的乔万尼《关于城邦政府》的开篇中看到了这项发展的提示,他认为"城邦"(civitas)这个词本身就是衍生于短语"公民的自由"(civium libertas)。[97]里瓦的邦维森对米兰的颂词中则出现了进一步的提示。他颂扬米兰传统公社政制的一章,题名即为《赞米兰——自由之原因》。[98]此后一代的阿尔贝蒂诺·穆萨托在叙述帕杜阿公社的灭亡时,对世袭执政官统治下意料之中的奴役进行了强有力的比较。穆萨托一再将其公民同胞支持共和国抵制德拉·斯卡拉的挑战视同"为捍卫我们祖国的自由而战"。[99]

然而,最坚定地认为自由与选举制政体形式密切相关的是腓利普·切菲的《谈话》。在供市民迎接新任波德斯塔时使用的样板演说词中,切菲将这种执政官描述为自由的守护者。[100]在后来一份用于同样场合的样板演说词中,他建议市民要提醒新任波德斯塔关注他们的期望,即在他的统治下"他们能够安全、自由地生活"。[101]最令人瞩目的是他供市民们在不得不屈从于执政官时使用的样板演说词,在这里,切菲明确将统治的这种变化等同于自由的丧失。他

---

〔96〕因此,如果像 Witt 那样坚持认为只是在 15 世纪初期"共和主义自由观"才重新出现,这就言过其实了。见 Witt, 'Rebirth', p. 175,但请参阅 Cicero, *De officiis*, p. 186-8 对某些更早的论述进行的有趣讨论。

〔97〕Viterbo, *Liber de regimine civitatum*, p. 218, col. 2:然而,城邦被称为"公民的自由"。另请参阅同上 p. 271, col. 1 论自由与自治的关系。

〔98〕Riva, *De Magnalibus Mediolani*, p. 166: 'De commendatione Mediolani ratione libertatis.'

〔99〕例见 Mussato, *De Gestis Italicorum*, p. 658: "pro patria [sic] libertate decertant"。

〔100〕F. Ceffi, *Dicerie*, p. 32。另请参阅 p. 35。

〔101〕同上, p. 41: "che noi possiamo iscampare e vivere liberamente sotto la vostra segnoria"。另请参阅 p. 44。

建议公社领导人在这种困境下说的是，"由于战争的残酷，我们认为应当交出我们已经拥有多年的自由权和正义制度"。[102]

135

三

下面我要转向马基雅维里在《论李维前十书》中对共和主义自由的论述。现代的评论家通常都把关注重点放在马基雅维里的独创性以及偏离公认的观点的程度。因此，对他的论点与早期共和主义支持者之间的连续性可能就认识不足。下文我的首要目的是证明，即便是提出最新奇的主张时，马基雅维里也仍然与我一直讨论的这些作家，尤其是他们的罗马权威，在观点上保持着密切的思想联系。

马基雅维里的分析中最令其同时代人惊讶的特点之一，就是他对破坏了早期罗马共和国政治生活的"骚乱"进行的辩护。[103] 马基雅维里认为，其实正是"由于平民与元老院之间的纷争"及由此造成的动荡，才使得罗马成就为一个完美的共和。[104] 这一

---

[102] Cicero, *De officiis*, p. 61: "per asprezza di guerra, siano condotti a donare nostra libertade e giustizia, la quale abbiamo posseduta per molti anni". 正如鲁宾斯坦所说，在 14 世纪晚期的佛罗伦萨，以下主张在政治论说领域已经成了一个老生常谈，即保全自由就需要自治共和国的存在。见 N. Rubinstein, 'Florence and the despots: some aspects of Florentine diplomacy in the fourteenth century' 进行的重要探讨，收于 *Transactions of the Royal Historical Society*, ser 5 (1952), pp. 21-45。然而，就这一论点而形成的一般看法似乎是，保全自由需要政治上的独立以及共和主义的自治，而不是像鲁宾斯坦所说，"自由"一词大体上就意味着"政治独立"或者"共和主义的自治"（第 29—30 页）。

[103] 关于当时人们对马基雅维里的论点所做出的反应，例见 Q. Skinner, *The Foundations*, I, pp. 181-2。

[104] Machiavelli, *Il principe e Discorsi*, I. 2, p. 135.

悖谬的解决办法出现在第一卷第四章。马基雅维里宣称，谴责罗马骚乱的人"未能认识到，每一共和国都存在两种相反的眼光：一是大人物的眼光，一是平民的眼光；举凡有利于自由的法律，都是来自他们之间的纷争"。[105]他表示，这些批评家"似乎在对罗马得以维持自由的根本原因抱怨不已"。[106]罗马的批评家们"只看到了骚乱中出现的喧哗与嘈杂"，但其实他们最应该思考的却是"由此带来的辉煌成果"。[107]正如马基雅维里这一章的标题所说，这些辉煌成果就是，"罗马平民与元老院之间的纷争同时也使共和国变得自由而伟大"。[108]

136

马基雅维里的同时代人对于威尼斯寓言般的平静普遍抱有钦羡之情，而他的这一分析被认为是对这种钦羡发出了异议。[109]但是，我们已经知道，内部纷争对于城邦的伟大始终是致命的这一假定，在意大利共和主义的整个发展过程中都具有核心意义。所有人都认为，保持和谐、避免内部纷争是维护公共利益、成就伟大的必要条件。马基雅维里坚持认为骚乱是达致自由与伟大的根本原因，从而给整个这一思想传统打上了一个问号。他所批判的正是西塞罗关于和谐秩序的观点，一个直到那时仍被自治共和国的辩护者们几乎不加批判地给予支持的观点。

---

〔105〕Machiavelli, *Il principe e Discorsi*, I. 4, p. 137: "non considerino, come e'sono in ogni republica due umori diversi, quello del popolo et quello de' grandi; e come tutte le leggi che si fanno in favore della libertà, nascono dalla disunione loro".

〔106〕同上，I. 4, p. 137: "coloro che dannono i tumulti intra i Nobili e la Plebe mi pare che biasimino quelle cose che furono prima causa del tenere libera Roma".

〔107〕同上，I. 4, p. 137: "che considerino piú a romori ed alle grida che di tali tumulti nascevano, che a buoni effetti che quelli partorivano".

〔108〕同上，I. 4, p. 137: "Che la disunione della Plebe e del Senato romano fece libera e potente quella republica".

〔109〕例见 Pocock, *The Machiavellian Moment*, p. 186。另请参阅 pp. 196-9。

　　马基雅维里还对传统共和思想提出了更进一步的批评。这体现在他所阐述的以下信条中：对政治行为的判断应根据其效果而不是其内在的正确性。这个信条出现在第一卷第九章讨论罗慕洛建立罗马城的那个著名段落中。他坚持认为："没有任何洞悉世事的人会批评任何人为了组织王国或建立共和国所采取的任何行动，不管那有多么极端。因为，虽然极端的行为会让他受到指控，但成果将会为他洗脱罪名。应该受到谴责的是那些以暴力进行破坏，而非以暴力进行重建的人。"[110]

　　这种表达观点的方式再次体现了对传统信仰的批判。众所周知，一直以来普遍都认为，只有在统治者的行为完全符合正义要求，保证人人都能得其应得，没有人不公平地依附于他人时，公共利益才能得到保护。马基雅维里截然相反的结论乃是由于他认清了这样一个事实：传统观点太过乐观，因为这两种理想可能无法兼容。当你促进公共利益时，你总会冒着"不时损害此人或彼人利益"的风险。[111]然后，如果你的目标真正是促进公共利益，你就必须做好抛弃正义理想的准备。一个令人难以忍受的教训是，罗慕洛就是因为深知其中三昧而备受赞扬。他认识到，"如果效果良好，任何行为都将被原谅，他自己就是这种情况"。[112]相比之下，马基雅维里时代的佛罗伦萨共和国领袖皮耶罗·索德里尼，

137

---

〔110〕Machiavelli, *Il principe e Discorsi*, I. 9, pp. 153-4: "né mai uno ingegno savio riprenderà alcuno di alcune azione straordinaria, che per ordinare un regno o constituire una republica usasse. Conviene bene che, accusandolo il fatto, lo effetto lo scusi...perché colui che è violento per guastare, non quello che è per racconciare, si debbe riprendere."

〔111〕同上，II. 2, p. 280: "quantunque e torni in danno di questo o di quello privato"。

〔112〕同上，I. 9, pp. 153-4: "quando sia buono [viz. , lo effetto] come quello di Romolo, sempre lo scuserà"。

却因未能把握这一原则而受到严厉批判。索德里尼从没有意识到，"当恶可以轻易压倒善时，就应为了一种善而在某种情况下容许一种恶的继续"。结果，他拒绝为了行善而作恶；但正是这个决定造成了共和国及其本人的毁灭。[113]

最后，我要考虑的是《论李维前十书》的论点与早期意大利共和主义之间的正面相似之处。它们之间的连续性远比人们通常所认识到的更基本。尽管马基雅维里的分析新奇怪异，但他始终满足于让自己的观念适合于传统框架，即建立在人们所熟知的自由、公共利益及城邦的伟大等概念之间的联系这种基础上的框架。

至关重要的是，马基雅维里完全赞同一种由来已久的观点，即任何城邦都会渴望那些无上崇高的目标——城邦的荣耀与伟大。他在第一卷的开篇就表明了这一态度。首先，他讨论了那些"未经任何君主指导"，一开始就是由市民自己建立的城邦。[114]他发现，雅典和威尼斯都可归入此类。"它们都是从开始的微不足道一直发展到今天享有的崇高。"[115]接着他又讨论了相反类型的城邦，即最初由君主建立的城邦，他说，"鉴于这些城邦并没有自由的开端，因而它们很少能成就伟大"。[116]马基雅维里不仅一开始就谈到了崇高这一话题，而且暗示了崇高与自由之间的关联，后来证明这成了他的主要论点之一。

再回到古代罗马。马基雅维里再三说明，在他看来，基本问

---

〔113〕Machiavelli, *Il principe e Discorsi*, III. 3, p. 387: "non si debbe mai lasciare scorrere un male rispetto ad uno bene, quando quel bene facilmente possa essere da quel male oppressato".

〔114〕同上，I. 1, p. 126: "sanza altro principe particulare che gli ordinasse".

〔115〕同上，I. 1, p. 126: "talché ogni piccolo principio li poté fare venire a quella grandezza nella quale sono".

〔116〕同上，I. 1, p. 126: "E per non avere queste cittadi la loro origine libera, rade volte occorre che le facciano progressi grandi".

题显然是这个早期的共和国如何达到如此无与伦比的伟大程度。这个问题在整个第一卷里反复出现在马基雅维里探讨罗马共和国宪政的过程中。他不断问自己，究竟是这种体制的什么特性能使共和国"达到了罗马那样的崇高"〔117〕，"最终达到无上的崇高"〔118〕，"实现它所获得的那种崇高"〔119〕。即便在主要分析罗马军事政策的第二卷中，这一话题也是反复再现。马基雅维里在第二卷主要探讨了罗马能够"达到崇高"〔120〕，或者更令人难忘的"在走向无上崇高的过程中帮助了他们"的战争技术。〔121〕最后，在"展示个人的行为对于成就罗马之伟大、给罗马带来如此之多良好效果发挥了多大作用"的第三卷中，这一话题仍然不时可见。〔122〕

　　马基雅维里也赞同关于公共利益重要性的传统信念。他同意，除非每一位公民都以美德行事，并将共同体的利益置于个人私欲和派别忠诚之上，否则，城邦的崇高这一目标就绝无可能实现。他在第二卷第二章对这一假定进行了最有力的论述，其中的一个关键段落还详细列举了共和政制的特殊德行，他说，"给城邦带来伟大的，不是对个人利益的追求，而是对公共利益的追求"。〔123〕他在第一卷反复重申，正是因为那些城邦清楚地认识到了这一点，所以给予建立了宪政的人们最高的赞誉。譬如，罗慕洛据说就是因为充分认识到了公共利益的重要性，以至于其手足相残的行为

138

〔117〕 Machiavelli, *Il principe e Discorsi*, I. 6, p. 146: "pervenire alla romana grandezza".

〔118〕 同上，I. 20, p. 185: "venire a quella sua ultima grandezza"。

〔119〕 同上，I. 6, p. 143: "venire a quella grandezza dove ei pervenne"。

〔120〕 同上，II. 13, p. 312 谈到了 "i modi necessari a venire a grandezza"。

〔121〕 同上，II. 6, p. 294: "per facilitarsi la via a venire a una suprema grandezza"。

〔122〕 同上，III. 1, pp. 383-4: "dimostrare a qualunque quanto le azioni degli uomini particulari facessono grande Roma e causassino in quella citta molti buoni effetti"。

〔123〕 同上，II. 2, p. 280: "non il bene particulare ma il bene comune è comune e quello che fa grandi le città"。

都被原谅了，因为这也是"为了公共利益，而不是出于私心"。[124]
据说，正是这种认识指引着在第三卷概括了其成就的那些罗马杰
出公民。费边、马略、卡米卢斯及其他许多人被专门挑选出来帮
助罗马沿着通向伟大之路前进，他们的行为"完全是出以公心"，
置"公众福祉"和"公共利益"于所有其他价值之上。[125]

马基雅维里有关腐败堕落的论述也印证了这一分析。所谓腐
败的公民，就是将个人野心或党派利益置于公共利益之上。马基
雅维里认为，以这种方式行事将无可避免地对城邦的自由事业与
伟大造成致命危害。他在第一卷之初就说，私人或宗派力量总是
能"毁坏自由生活"。[126]第一卷后面讨论十人团时再次强调了这
一主张。"如果人们不能一致同意制定法律以维护自由，反而结党
支持某个特殊领袖，暴政立刻就会出现。"[127]最后，马基雅维里在
第三卷讨论罗马共和国的瓦解时得出了相同的教训。"苏拉和马略
设法找到了愿意跟从他们背叛公共利益的军队，同样，恺撒也是
由此制服了他的祖国。"[128]

马基雅维里的宪政建议很大程度上也是依据了传统论点。在
第二卷开始不久那个提纲挈领的段落中，他就以正面和负面形式
对它们进行了最清晰的阐述。他的负面命题是：在君主或国王统

[124] Machiavelli, *Il principe e Discorsi*, I. 9, p. 154: "quello che fece fusse per il bene comune e non per ambizione propria".

[125] 同上，III. 23, p. 452 论马略的行为 "tutto...in favore del publico"；III. 30, p. 467 论卡米卢斯的行为 "ad utile publico"；III. 47, p. 502 论费边的行为 "per beneficio publico".

[126] 同上，I. 7, p. 147: "forze private...che sono quelle che rovinano il vivere libero".

[127] 同上，I. 40, p. 227: "E quando e' non convengano a fare una legge in favore della libertà, ma gettasi qualcuna delle parti a favorire uno, allora è che subito la tirannide surge".

[128] 同上，III. 25, p. 456: "Silla a Mario peterono trovare soldati che contro al bene publico gli seguitassono; per questo Cesare potette occupare la patria".

治之下，公共利益很难得到促进。他的解释与早期共和政制辩护者们引述萨卢斯特的解释如出一辙：国王们总是习惯于怀疑那些才能出众、最能为国家做贡献的人。在表述这一观点时，马基雅维里运用了一种与萨卢斯特的论述极为相像的方式。他断言，即使在有德行的专制者统治之下，"政治体也无法获得任何实益"。"任何专制者都不会将荣誉授予他统治之下真正德才兼备的公民，因为他绝不希望对他们产生恐惧。"〔129〕这就意味着，"通常情况下，无论何时，只要是君主统治，君主的行为都会危害城邦，而城邦的行为也会危害君主"。〔130〕

马基雅维里的正面命题则宣称，确保促进公共利益的唯一方法就是维持共和政治形式。第二卷的同一个关键之处对这一推断也发出了强烈的呼应。"毫无疑问，只有在共和国中，公共利益理想才能得到真正的重视。因为只有在共和国，才能完成实现这一目标必须做到的一切。"〔131〕

在这一点上，马基雅维里使用的语汇当然不是论述城邦政制的前人文主义作家们所熟悉的。他们遵从古罗马的权威，通常使用 res publica（共和国）和 repubblica（共和政体）来表达广义的政治体观念，因此，他们谈论的是任何合法建立的政体。然而，马基雅维里用 repubblica 表达的却是他们全都会认可的一种含义。正如我们所知，他们都理所当然地认为，要维护公共利益，就必

---

〔129〕Machiavelli, *Il principe e Discorsi*, II. 2, p. 280, 那里断言，即便 "一个明君"，"也对共和国毫无益处……因为他绝不会将荣誉授予他统治之下那些德才兼备的公民，他不希望对他们产生疑惧"。

〔130〕同上，II. 2, p. 280: "quando vi è uno principe, dove il più delle volte quello che fa per lui offende la città, e quello che fa per la città offende lui"。

〔131〕同上，II. 2, p. 280: "E sanza dubbio questo bene comune non è osservato se non nelle republiche: perché tutto quello che fa a proposito suo si esequisce"。

须坚持选举式政制而不是君主或国王的统治。

最后，马基雅维里沿着这条推理路线得出了最早的公社辩护者业已提出的论断。他坚持认为，只有在这种选举式体制下，才能实现城邦的伟大这一目标。他分两个阶段提出了这一最终结论，并在每个关节点上借助和发展了许多传统观点。

他一开始就把实现城邦之伟大的能力与享受"自由的生活方式"联系在一起。这一关键论断仍然是出现在第二卷的开端。"很容易理解这种对自由生活方式的热爱是如何在民众中滋养的。根据经验可知，除非在自由中建立，否则城邦的实力与财富就永不会增长。"[132]在许多前人文主义者论述城邦政制的著作中，这一点都通过有力地援引萨卢斯特在《喀提林阴谋》中的观点而得到强调。正如我们所知，萨卢斯特注意到，"只是摆脱了国王的统治之后，罗马城才能在如此短的时间内成就了如此的伟大"。马基雅维里以十分相似的风格表达了同一观点。"至关重要的是，看看罗马摆脱了国王之后成就了何等的伟大，实在令人叹为观止。"[133]

把自由与伟大联系起来之后，马基雅维里又提出，仅仅在自治共和国才有可能生活在"自由状态"下，从而完善了自己的主张。的确，他提出君主制统治形式下奴役将不可避免这一论断时，前后并不完全一致。[134]但总体来说，他还是明确区分

---

〔132〕Machiavelli, *Il principe e Discorsi*, II. 2, p. 280: "E facili cosa è conoscere donde nasca ne' popoli questa affezione del vivere libero: perché si vede per esperianza le cittadi non avere mai ampliato né di dominio né di ricchezza se non mentre sono state in libertà".

〔133〕同上，II. 2, p. 280: "Ma sopra tutto maravigliosissimae è a considerare a quanta grandezza venne Roma poiché la si liberò da' suoi Re".

〔134〕一开始他便评论说，他将把重点放在那些 "早已消除所有外部奴役，马上就能按照自己的意愿管理自己"的城市。同上，I. 2, p. 129。在这一点上，他认为

了共和国的自由与不止是由专制者[135]甚至即便是最好的国王与君主[136]所强加的奴役状态。在第一卷开端他就首先坚持了这种 *141* 对比。在叙述早期的罗马历史时，他退一步说，"罗慕洛等诸先王制定了许多有利于自由生活方式的良法"。"但是，"他接着说道，"他们的目的是建立王国而不是共和国。结果是，当城邦获得自由之后，仍然缺少维护自由所必需的许多要素。"[137]后来，他在许多地方都暗示，只有在共和国，人们才有望过上真正的自由生活。譬如，罗马人首次"选举两个执政官取代国王"的那一刻，被描述为"自由生活方式的开端"。[138]同样，意大利各部族"都十分自由"的时期，则被描述为"没有人听说过国王"的时代。[139]

因此，马基雅维里的共和主义，其精髓可以概括为两个密切相关的命题：首先，如果不坚持自由的生活方式，任何城邦都不

[接上页]这种自治安排可采取"共和国或君主国"的形式。同上，I. 2, p. 129："你们要按照……或共和政体或君主政体来统治"。此外，在随后的分析过程中，他就几个问题做出了回复，表示君主政体有时也可以与自由相容，并维护他所谓真正的"城邦"或"政治"生活方式。例见 I. 23, p. 193 和 III. 1, p. 380。

[135]自由与专制当然始终都是对立的。关于一般的论述，Machiavelli, *Il principe e Discorsi*, III. 7, p. 412 和 III. 8, p. 380。关于雅典的情况，见 I. 2, pp. 133-4。关于罗马的末代塔奎家族（Tarquins）的情况，见 I. 17, p. 177 和 III. 2, p. 384。

[136]只有在自治政体下才有可能生活在自由中，因而这种政体与君主国形成了鲜明对照，对于这一论点最完整的陈述，同上，I. 16, pp. 173-5。

[137]同上，I. 2, p. 134："因为罗慕洛和其他罗马的王制定了许多良好的法律，不受外国侵略的国家的独立与自由（vivere libero）证实了这一点；但他们的目标是建立一个王国，而非共和国。当那个城邦自由之时，为了巩固这个自由的状态，仍缺乏许多必要的条件。"

[138]同上，I. 25, p. 192，认为罗马人"将一位国王换成了两位执政官"，他们才建立了"他们的自由生活"。

[139]同上，II. 2, p. 279，认为意大利人民"全都是自由的人民"之时就是"再也不存在国王"的时刻。这一章还接着（p. 283）说明了现代意大利对自由的热爱正在丧失殆尽，根据就是现在的共和国少于古代已成不争的事实。

可能实现伟大；其次，如果不维护共和政制，任何城邦都不可能坚持自由的生活方式。根据这样的观点来看，马基雅维里不仅表明他在全力捍卫传统的共和主义价值观，而且表明他全力采取了一种传统的捍卫方式。[140]

---

[140] 根据在佛罗伦萨会议上得到的评论，我对专为此次会议撰写的这篇论文进行了全面修订。非常感谢 Steven Lukes，Nicolai Rubinstein，Judith Shklar 和 Maurizio Viroli 对我的批评指正。还要感谢 John Dunn 和 Susan James 在修订过程中给予我的帮助。

第七章　马基雅维里与共和主义政治观[*]

莫里齐奥·维罗里

　　如果说在有一点上学者们达成了广泛共识，那就是马基雅维里创立了一种新理论，或者说新政治科学。不管这是他的罪恶还是他对现代文化的最大贡献，看来以下说法是没有争议的，即马基雅维里向我们提供了关于何为政治这一问题的新说，从而否定了共和主义的政治观。人们认为，马基雅维里反对这一古典观点，即政治就是建立并保全良好共同体的艺术，他强调政治的目标是追求权力，"政治人"不可能成为"古代的好人"。有些学者指出，马基雅维里的创新性在于他对政治目的的重新定义，[1]其他人强调的则是他对一种新的政治研究方法论的贡献。[2]

---

[*]　Quentin Skinner, Judith Shklar, George Kateb, Gisela Bock 和 Istvan Hont 诸位对本文先前的草稿给予了评论与编辑方面的帮助，谨致谢忱。

[1]　例见 B. Croce, *Elementi di politica* (Bari, 1925)。以赛亚·伯林对克罗齐的观点不以为然，认为比较恰当的是谈论两种道德观的冲突，而不是发现政治的自治。I. Berlin, 'The originality of Machiavelli', 载 *Studies on Machiavelli*, Myron P. Gilmore, ed. (Florence, 1972), pp. 147-206。另见 Friedrich Meinecke, *Die Idee der Staaträson in der neueren Geschichte* (Munich and Berlin, 1929), 3rd edn, pp. 36-7; J. H. Hexter, *The Vision of Politics on the Eve of the Reformation* (New York, 1973), p. 228; G. Ritter, *Die Dämonie der Macht* (Munich, 1948), 6th edn, p. 14。

[2]　Ernst Cassirer 写道："伽利略的《对话》、马基雅维里的《君主论》带给我们的都是真正的'新科学'……正如伽利略的动力学为现代自然科学奠定了基础，马基雅维里也铺就了一条通向政治科学的新道路。"E. Cassirer, *The Myth of the State* (New Haven, 1946), p. 130; 另见 G. Prezzolini, *Machiavelli anticristo* (Roma, 1954), p. 18。同样，A. Renaudet 写道，马基雅维里的突出贡献是创造

当代学者们的这种一致看法，可能很容易得到 16、17 世纪政治作家们所持观点的印证，他们称马基雅维里败坏了真正的（亚里士多德的）政治观，说他是把最高尚的人类艺术变成了专制统治艺术的思想家。譬如，让蒂耶就曾写道，马基雅维里发明了"一些邪恶的规则，在这些邪恶的规则之上，他建立了一个僭主政体的学科而非政治的学科"。[3]

144

但是，一位现代之初的欧洲政治作家却把马基雅维里的主要观点完全颠倒了过来，称这位佛罗伦萨国务秘书的巨大成就在于恢复了共和理想，而不是将政治作为专制的艺术。我这里指的是詹姆士·哈林顿，他在 1656 年发表的《大洋国》"绪言"中有力地说明了这一点，其论点有一个值得深思的前提，即"古代"和"现代"的经纶之道存在区别。"古代的经纶之道"是上帝亲自启示给人类的，希腊人和罗马人就遵从了这种做法。根据古代的经纶之道建立的政府是合法（de jure）政府，即"在共同权利和公共利益基础上建立并保存下来的城邦"。相反，现代的经纶之道"是一个或几个人使一个城邦或国家隶属于自己，并根据他或他们的私利进行统治的艺术"。鉴于这种政府制定的法律事实上是为了保护一个或少数人的利益，可以说它是人治而非法治。在说明了古

［接上页］了政治科学研究的 "une methode strictement positive"。A. Renaudet, *Machiavel* (Paris, 1955), p. 117; 有关的综论可见 V. Sellin, *Geschichtlichen Grundbegriffe* (Stuttgart, 1978), vol. IV, p. 790; Sheldon Wolin, *Politics and Vision* (Boston and Toronto, 1961), pp. 201-37 也强调了马基雅维里是彻底否定古典传统的政治科学革新者。

〔3〕　I Gentillet, *Discours sur les moyens de bien gouverner et maintenir en bonne paix un royaume ou autre principauté* (1576), A. d'Andrea and P. D. Stewart, eds. (Florence, 1974), p. 20. 在 *Le Livre de l'institution du Prince* (1548) 中，Guillaume Budé 将"政治制度和道德荣耀"与往往产生于权力和优势地位的罪孽进行了对比。

代与现代经纶之道的区别后，哈林顿写道：

> 马基雅维里是唯一力图恢复前一种经纶之道的政治家，但他的著作却不被人重视，而利维坦则要消灭这种经纶之道，想把自己的著作强加给各个大学。[4]

解释上的两难困境在这里似乎清晰可见：马基雅维里利用政治这一概念做了什么？他是破除还是恢复了将政治视为建立并保存良好政治共同体的共和主义观点？

似乎同样清晰可见的是，这一问题已经超出了马基雅维里的研究领域。我们都在或隐或显地运用一种被假设是马基雅维里对政治的理解，即政治是一种需要使用经验科学的语言进行讨论的权力、权宜和自利的游戏。如果我们发现事实上马基雅维里给我们讲了一个完全不同的故事，即政治仅仅适用于保全人们在正义和公共利益基础上建立的共同体，我们就可能被吸引去重新审视我们的政治心理定式。对马基雅维里的语言进行准确的历史理解，往往会产生一种带有自身道德观的、饶有趣味的理论说明。

要想令人满意地理解马基雅维里说的"政治"（及其关联词和同义词）所指何意，以及他如何改变了"政治"的古典含义，最 *145*

---

〔4〕 J. Harrington, *The Commonwealth of Oceana*，见 J. G. A. Pocock, ed., *The Politcal Works of James Harrington* (Cambridge, 1977), p. 161. 汉娜·阿伦特写道，马基雅维里是唯一一个后古典主义政治理论家，他为"恢复政治的古老尊严"做出了非凡的努力。但阿伦特的观点与詹姆士·哈林顿的解释完全相左，她将马基雅维里在《君主论》和《论李维》中描述平民崛起成为君主或跻身公职的内容视为古典政治观的复苏。见 *The Human Condition* (Chicago, 1958), p. 35；关于英语世界对马基雅维里的诠释，见 Felix Raab, *The English Face of Machiavelli* (London, 1964)。

可取的做法就是从叙述他那个时代的文献谈论政治的惯用方式开始。如果明白了它们所谓政治的实际含义，我们便有望理解马基雅维里是否或者在多大程度上支持、反对或改写了主流惯例。

古典政治观的重新发现：政治与城邦

在现代之初的欧洲政治语言中，政治（politicus）及其关联词都是专指城邦——它被理解为一种共同体，即人们在相同的法律统治之下共同生活在正义之中。正义与法律调节着人们的感情，让他们不仅能生活在安全感之中，而且能享受美好生活、共享和谐与友谊。政治的这一概念早在 13 世纪就已流行，它涉及城邦生活的各个方面，是作为一种历史可能性再现于中世纪末期的古代法律与政治智慧的杰作。

另外，讨论君主或国王统治的作家们，在使用 politicus 时则仅限于表示对王权进行调节与限制，其途径是以平等的名义，或通过旨在阻止任意决策的现行习惯法或团契机构。即使用于君主统治，politicus 一词仍然保留了城邦语言的某些意味：行使最高权威时的法律、正义、节制与团契的帝国。

索尔兹伯里的约翰在《论政治》（Policraticus，1159）中有一章专门解释君主，说尽管他"不必遵守任何的法律义务"，但却是"法律与正义的仆人"。他强调说，法律是上帝的礼赠，要想生活在政治之中（in politice rei），就必须生活在法治之下。[5]

---

〔5〕 John of Salisbury, *Policraticus*, eds. A. M. Webb and C. I. Clemens (London, 1909), Bk IV, ch. 2, vol. I, p. 237.

　　卢卡的托勒密认为，"政治支配"（dominium politicum）与"专制支配"（dominium despoticum）不同，它必须是温和的（oportet esse suave），统治者（rector politicus）只能依据法律对人民进行裁决。[6] 在元首政治（principatus politicus）中——这在罗马共和国以及他那个时代的意大利诸城市都可以找到例证，统治者都是经选举产生并依靠德行进行统治。与君主政体（principatum regni）的做法相反，在元首政治中，统治者要受到城邦法律的约束，不能超越法律。政治一词再次与城邦的特征联系在一起：节制，选举产生统治者，法治，正义。[7]

　　政治语汇的绝大多数都源自亚里士多德的作品。通过翻译与注解，一套语汇就变得合用了，其中政治仅仅与城邦联系在一起，那是一种人们过着有德行的生活的良好共同体。从亚里士多德的著作中，学者们得出了一套成为现代之初政治语言精华成分的惯例。

　　政治涵盖了绝大多数传统命题，是人类艺术的极致，因为它引导人们去实现一种至善——共同体的善。[8] 尤其是，好的政治带来了正义。然而，单单正义并不是城邦制度的唯一目的。从质的角度来说，城邦不同于政治联盟或商业合作关系，它的目的在

146

---

〔6〕　Ptolemy of Lucca, *De regimine principum ad regem Cypri*, in S. Thomae Aquinatis, *Opuscula Philosophica*, ed. P. Fr. Raymundi Spiazzi O. P. (Turin, 1954), Bk II, ch. 8.

〔7〕　见 *De regimine principum*, Bk IV, ch. 1。不论是从城邦派生出来的公民，还是公民概念中固有的团契，此段都做了很好的说明："但如果一个国家是由大多数人执政，就好像他们都是执政官、独裁者和长官……他们将这类国家称为城邦（politeia），是因为其中统治的是大多数（pluralitas），或者称之为城市（civitas），因为这个政府主要关注的是城市。"

〔8〕　因为在所有的技艺与艺术中，真正的目标都是"善"，尤其在政治这一重要的技艺当中，"善"是最终的目标。*Aristoteles politicorum libri octo*, tr., Guilelmi de Moerbeka, ed. F. Susemihl (Leipzig, 1872), Bk III, 12. 1.

于创造一种支持并鼓励市民道德行为的良好生活。[9]城邦的基础是友谊——这被定义为共同作为、同甘共苦的愿望——和团结一致,而非单纯的商品交换或者彼此保护。凡有嫉妒与轻蔑存在之处,就不可能存在政治共同体。政治统治实质上既不同于家长统治,也不同于君主统治,最重要的是不同于专制统治。政治统治属于自由、平等的个人组成的共同体,其显著特征是选举产生执政官以及由此形成的统治者与被统治者的可轮换性。[10]城邦有自己的秩序,还有自己的宪法——它规定了任命执政官和行使最高权威的规则。对这种政治语汇完全陌生的是专制,这是一种任意专断的统治,与城邦的精髓格格不入。[11]

流行于13世纪的这种政治观并无消极含义。相反,政治被看作是"建筑科学",目的在于设计城邦的形态,安排其他艺术的地位与功能。

阿奎纳也认为,政治乃是人文科学中的"至尊"(principalissima),其地位仅次于思考整个宇宙终极目标的神学。讨论整个宇宙的终极目标是神学的特权,而政治却有权谈论世俗生活的最高目标,那就是城邦。[12]虽然存在于城邦中的所有共同体与艺术都有其特殊利益,但政治却承担着终身"利益"的职责。[13]由于政治的目的恰恰是建立城邦秩序、确定所有艺术与共同体的特权,

147

---

〔9〕 *Aristoteles politicorum libri octo*, tr., Guilelmi de Moerbeka, ed. F. Susemihl (Leipzig, 1872), Bk III, 9. 14.

〔10〕 同上, Bk I, 12. 2。

〔11〕 同上, Bk VI, 1. 7。

〔12〕 Sancti Thomae Aquinaris, *In decem libros Ethicorum Aristotelis ad Nichomachum expositio*, ed., R. Spiazzi (Turin, 1964), Bk I, lectio II, 31.

〔13〕 同上, Bk VIII, lectio IV, 1669。

因而它无愧于"经纶之道"的资格。[14]

雷奥纳多·布鲁尼对亚里士多德的翻译，标志着政治语汇与城邦语汇的趋同又迈出了重要一步。在布鲁尼看来，希腊人称为politica（政治）的道德素养现在必须用"为国家而制定的规则"来表示。他在（假托）亚里士多德论经济的著作翻译序言中强调说，是抛弃陌生的希腊词语，使用我们自己的语汇的时候了。政治的目标就是塑造城邦的秩序与生活。穆尔贝克所谓属于"政治的知识与理论"的，用布鲁尼的话说，已经变成了"城邦的认识与观察"问题。[15]穆尔贝克仍然用希腊词 politia（国家）表示城邦体制，而布鲁尼则用拉丁词 res publica（共和国），并将其定义为"例如，必须提供一个关于重要公共国家利益的城邦机构，在这个机构中，最高统治权威必须自我克制，这是任何一个社会的目标"。[16]从植根于国家的词语转向植根于城邦的词语，这样一套表述城邦形象的语汇便在文艺复兴时期人文主义政治文献中占据了主要位置。城邦远不只是提供保护和供给物质需求，它还是人文共同体，那里的公民有着共同的法律、执政官、宗教和公共仪式。在真正的城邦中，公民之间是友谊与团结一致的关系。如果嫉妒和憎恶代替了友谊，城邦将会变成麇集在一起的路人和敌人。[17]一个井井有条的城邦就是一个自治的共同体，在那里，平民在公共生活中也有一席之地，[18]公民会轮流担任公职。[19]只有在这样的良好城邦里，人们才能享受

---

〔14〕 Sancti Thomae Aquinaris, *In decem libros Ethicorum Aristotelis ad Nichomachum expositio*, ed., R. Spiazzi (Turin, 1964), Bk VIII, lectio IV, 1669.

〔15〕 *Aristotelis politicorum libri octo* (Paris, 1506), Bk VII, 2.

〔16〕 同上，Bk IV, 1。

〔17〕 同上，Bk III, 6。

〔18〕 同上，Bk II, 8。

〔19〕 同上，Bk I, 8。

148　幸福，过上真正的人文生活。教人们知道什么是城邦并知道如何使之保持不坠的艺术，理应居于人文学科的最前列。当然，没有任何一种学科比这个学科对人类而言更有用了：一种使人们了解什么是城邦，什么是国家的学科，并且（帮助人们）了解公民社会继续存在或消亡的原因。[20] 布鲁尼不是用一个词来取代希腊语的"国家"，而是集中针对城邦以及作为政治艺术之对象与目的的城邦的保存问题对国家进行了解释。[21]

把政治作为城邦的艺术，布鲁尼的翻译对于获得这种概念做出了重要贡献。但是，早在布鲁尼的译作发表之前，政治就已享有崇高地位。在《宝库》（1226 年）中，布鲁内托·拉蒂尼就把政治列为最重要的人文科学和最高贵的人类活动。政治的宗旨是依据理智与正义统治城邦（他教我们依据理智和正义统治居住在一个区域或一个城邦的异乡人，以及一个民族或一个共同体，无论在战争还是和平时期）。[22] 拉蒂尼将政治描述为建筑科学，并明确提到了亚里士多德的《尼各马可伦理学》。但是，他将城市概念化为人们聚集一地、在同样的法律支配下共同生活，则是借鉴自西塞罗："因此，西塞罗说，城邦是居住在一起，以遵守同种法律而生活在一起的人们。"[23] 另一处提到西塞罗的地方则涉及雄辩术（说服的艺术）与政治（统治城邦的艺术）之间的关系。统治一个城邦就需要一种演说能力，其表现方式要适合自由与平等的公民组成的共同体。没有语

---

〔20〕 *Leonardo Aretini in libros politicorum Aristotelis de Greco in latini traducto prologus*, in ibid.

〔21〕 同上，*Prologus*。

〔22〕 B. Latini, *Li Livres dou Trésor*, ed. F. J. Carmody (Berkeley and Los Angeles, 1948), Bk 1, 4, 5. 乔万尼·维拉尼写道，B. 拉蒂尼是在教导佛罗伦萨人如何根据政治要求来统治共和国，*Cronica* (Florence, 1845), Bk VIII, ch. 10。

〔23〕 B. Latini, *Li Livres dou Trésor*, Bk III, 73, 3.

言，就不可能有正义；没有友谊，则不可能有人文共同体。[24]人们通过语言所表达的不仅是动物也能够表达的痛苦与快乐，而且还可以讨论何为正义、何为不义，并享受与同胞们交流的快乐。人们通过演说与交谈来表达自己观点的合适地点就是政治共同体，必须将其视为人们能过着真正人文生活的天然场所。[25]

149

对城邦的颂扬还可见诸 13 世纪晚期的作家，比如力倡世袭制君主国优于共和政治的埃吉迪乌斯·罗曼努斯。政治共同体是人类的天然命运。[26]"政治"生活也就意味着生活在法律与良好制度之下。[27]拒绝生活在政治共同体中的人，要么是把自己降到了与畜生为伍的地步，要么就是野心勃勃地想与上帝一样凌驾于法律和正义之上。

城邦乃人类的天然命运，这种图景也反映在巴尔都斯·德·乌巴尔蒂斯的作品中，他与巴尔托鲁都是城邦的现代法律概念之父。他写道，"政治"（politicus）是一个人在城邦中生活的适当资格："一个民族在将自己关在城墙内的一刻，即作为一个城邦而存在：这本身就成为政治（politica），它来自 polis，意思是城

---

〔24〕　B. Latini, *Li Livres dou Trésor*, Bk III, ch. 1, 9-13.

〔25〕　把雄辩术称颂为良好政治共同体不可或缺的基础，这是人文主义文献中的流行话题。譬如波利契亚诺写道，"仅仅这件事（语言）就将原本分散的人们团结在一起，使原本有争执的人们握手言和。通过法律与习俗，将所有人团结在同一种生活方式中。因此，在所有良好的政治共同体中，雄辩术通常很发达，可以说达到了顶峰。"见 ed. E. Garin, *Filosofi italiani del Quattrocento* (Florence, 1942), p. 412. 另见 J. Seigel, *Rhetoric and Philosophy in Renaissance Humanism* (Princeton, 1968)。

〔26〕　Egidio Colonna (Aegidios Romanus), *De regimine principum*，据罗马版本重印 (apud Bartholomeum Zannettum), 1607 (Scientia Verlag, Aalcn, 1967), Bk III, Part 1, ch. 4。

〔27〕　同上，Bk III, ch. 2。

邦。"[28]城邦的基本特征是法律和正义的统治，而"政治"一词指
的就是正义统治下的共和国："对于国家而言，使国家被一种正当
的方式所统治，这就是政治的任务。"[29]

　　到14世纪初，正如尼古莱·鲁宾斯坦正确指出的那样，
"politicus（政治）一词及其拉丁语和意大利语对应词civilis和
civile，都被直接用来指称共和政体"。[30]然而，在14世纪和15世
纪的政治文献中，政治仍然首先是作为城邦的学科被讨论的。由于
城邦的主要特征是法治，因而毫不奇怪，人们甚至会发现，那里的
政治语言大都借自民法学的语言，而政治艺术也经常被等同于立法
艺术。譬如，科卢西奥·萨卢塔蒂的著名文论《僭主论》，就对元首
政治（那里的权力"受法律约束"）与属于经济学范畴的专制政体
（regimen dispoticum）（"根据经济目标的本质"）进行了对比。[31]

150

〔28〕 Baldus of Ubaldis, *Commentaria super prima et secunda parte Digesti veteris* (Lyons, 1498), J. I. Rubr. (fol. 4r). 关于巴尔都斯的公民权理论，见 Joseph P. Canning, 'A fourteenth-century contribution to the theory of citizenship: political man and the problem of created citizenship in the thought of Baldus de Ubaldis', 收于 *Authority and Power: Studies on Medieval Law and Government Presented to Walter Ullmann on His Seventieth Birthday*, eds. P. A. Linehan and B. Tierney (Cambridge, 1980), pp. 197-212; J. P. Canning, *The political thought of Baldus de Ubaldis* (Cambridge, 1987)，特别是第93—206页。

〔29〕 Baldus of Ubaldis, *In primam Digesti veteris partem commentaria* (Venice, 1616), I. I. Rubr. n. 20. 关于正义乃城邦的根本特质，见 Baldus of Ubaldis, *Praelectiones in Quatuor Institutionum Libros* (Venice, 1599), I. 3 (De iustitia et iure): "正义被定义为政治的德行。政治（politica）一词来源于城邦（polis），也即城市（civitas）……人们认为，从字面上看，这展示了永恒和持久的意思。直到人们认识到，作为政治的德行，在正义缺席的情况下统治一个城市是不可能的。就像一座山不可能从一个地方被搬到另一个地方。"

〔30〕 N. Rubinstein, 'The history of the word "politic" in early-modern Europe', in *The Languages of Political Theory in Early-Modern Europe*, ed. A. Pagden (Cambridge, 1987), p. 45.

〔31〕 Coluccio Salutati, *De tyranno*, in *Abhandlungen zur Mittlern und Neuren Geschichte*, ed. Alfred von Martin (Berlin and Leipzig, 1913), p. viii.

政治学（scientia civilis）一词从未用于表示追求权力或者君主国的扩张。萨卢塔蒂的《关于法学与医学的名望》——这是人文主义的政治庆典宣言——强调指出，政治学仅仅与城邦有关，后者乃是人们因法律的义务而结成的共同体。[32]政治的真实目的是调整旨在促进公共利益、确保享有"永恒政治"（politica felicitas）的法律。法律是政治的实质。[33]萨卢塔蒂的文本明确表示，把政治说成是背法律与正义之道而行使权力，这是野蛮无知。通过政治与法律，人类的情感与习俗将服从于理性与规则，[34]在理性的指引下生活，人才能真正成其为人。政治承担着人的最高贵成分——灵魂——的健康之责，因而理应位居人文科学之首。

用大法学家乌尔比安的话说，政治智慧（civilis sapientia）就是教导人们制定良法以保全城邦，完全应当被视为真正的哲学（vera philosophia）。[35]没有政治素养（civilis disciplina）就不可能有正义，也就没有惩恶扬善的平等，总而言之，就没有文明的生活。这个观点在人文主义文献中几乎就是个老生常谈。[36]没有市民法（ius civile），不管是私人事务还是公共事务，都无法得到

---

[32] Coluccio Salutati, *De nobilitate legum et medicinae*, ed. E. Garin (Florence, 1947), ch. 10.

[33] 同上，ch. 17。

[34] 同上，ch.9。另见 ch.20，萨卢塔蒂在那里强调了政治与法律的同一性："idem esse politicam atque leges"。

[35] "Oratio domini Andreae magistri Hugonis de Senis quam recitavit in principio studii Florentiae"，收于 K. Mullner, *Reden und Briefe italienischer Humanisten*（Munich, 1970, 据 1899 年的维也纳版本重印），pp. 113-14。

[36] 例见 Lapo de Castiglionchio, 'Oratio Bononiae habita in suo legendi initio ad scolares et alios tunc ibi praesentes', 出处同上，p. 131。关于政治人等于城邦科学家，见 Donald R. Kelley 的未刊稿 '*Jurisconsultus perfectus*: the lawyer as a Renaissance man'；另见他的 'Vera Philosophia: the philosophical significance of Renaissance jurisprudence', 载 *The Journal of the History of Philosophy*, 14 (1976), pp. 267-79。

正确的管理。[37] 然而，如果是依据政治素养的原则对城邦进行统治，那就完全可以说城邦是属于公民的，他们共同分享，而且对他们来说，属于城邦就是一件大事：

151

> 祖国之名是尤其神圣而甜蜜的。事实上，她（祖国之名）与城邦事务密不可分。归属于同一个城邦是一件伟大的事，尤其（在这个城邦内）人们自由地生活着。公民之间有许多共同事务：权利、法律、市场、元老院、所有的职位和法官，并且也有共同的敌人、共同的希望和共同的危险。[38]

在人文主义者的语言中，政治正是指一种城邦哲学，其目标是塑造公共制度，最高尚的事情莫过于处理那些影响到众多个人具体生活的问题。正如圭恰迪尼在他的《关于佛罗伦萨政府的对话》序言中所说：

> 讨论国家的政府形式（福利、健康、人们的生活以及世界上所有美好事物的来源）是一件非常美好、非常光荣也非常伟大的事。即便我们所构想的，我们提出的理论无法实现，也必须承认，将灵魂和时间奉献给这一可敬又光荣的研究的人是值得赞颂的。[39]

---

[37] Lapo de Castiglionchio, 'Lapus Casteliunculus Roberto Strozzae s.p.d.', in Müllner, *Reden und Briefe*, p. 259.

[38] 同上，p. 250。这一段引自西塞罗："Civibus multa inter se sunt communia, forum, fana, porticus, viae, leges, jura, judicia, suffragia, consuetudines: praeterea et familiaritates multaeque cum multis res rationesque contractae", *De Divinatione*, 2, 1。

[39] F. Guicciardini, *Dialogo del reggimento di Firenze in Opere*, ed. Emanuella Lugnai Scarano (Turin, 1974), p. 299.

政治素养不光是在形式上设计政体和民法体系，它还必须能够塑造公民的情感与倾向。只有政治素养才能逐渐在公民当中灌输进友谊与城邦美德的习惯，而正是这些才能保证公民中不同等级的长期和谐。弗朗西斯科·帕特里奇写道，就像一个唱诗班，不同的声部才能产生和谐，一个秩序良好的城邦则因其多样性而和谐。[40]但如果我们想达到和谐，让友爱之情在公民当中蔚然成风，就必须遵循罗马政治学的基本规则，并实现法律面前的正义和平等："公民间的平等能够带来和谐，没有和谐，公民社会则会产生动荡，稳定便无从谈起。"[41]

15 世纪的政治论说无不强调，没有公民的平等与和谐，就不可能完成真正的政治生活方式（vivere politico）。马泰奥·帕尔米耶里在他的《论民生》中，以最经典的西塞罗式语言雄辩地说明了这一点：

> 国家内部的分化总是曾经摧毁、未来还将摧毁每个国家。没有什么能像不义的政府一样导致城邦内部的分裂和反抗。那些拥有美好自由的人必须起表率作用，给每一个公民个体他们所应得的，因此，在公共生活中，他们将得到由公民和谐所带来的团结之爱：根据最好的哲学家们的观点，这些是一个国家稳定的力量和主要原因。[42]

1493 年，即马基雅维里被任命为佛罗伦萨共和国国务秘书之

---

[40] Francesco Patrizi, *De institutione reipublicae libri IX*, Editio postuma (Paris, 1534), Bk V, 2.

[41] 同上，Bk I, ch.6。

[42] Matteo Palmieri, *Vita civile*, ed. G. Belloni (Florence, 1982), pp. 136-7.

152 前五年，阿拉曼诺·李努奇尼在一次公开演说中也毫不含糊地重申了这一西塞罗命题。只要是正当统治，城邦与帝国的荣耀和声誉就会日渐提高。而且，人民想要的只是正义；如果人人都能得到正义，城邦就会和平安宁。李努奇尼的结论是，西塞罗将正义列为一切美德之首完全正确。无论是古代历史抑或现代经验都已证明，对于城邦的自由与保全"人们的生活，尤其是政治生活与公民生活"来说，正义与良法是必不可少的基础。[43]

　　在现代历史之初，意大利城邦共和国的经验为古典政治观的重新流行提供了最有利的基础。到中世纪晚期，城邦再现为一种历史与政治现实，伴随而来的是城邦艺术——即共和主义政治艺术——的重新发现。此次复兴，毫无疑问是政治在现时代的最高荣耀。使政治艺术得到如此嘉许的乃是它的目标，即良好的共同体——人们根据同样的法律而生活在正义之中。在这一时期的语言惯例中，政治语汇从来就没有脱离过城邦及其独特的特性：法治、正义、自由、自治、和谐与美德。应该说，政治仅仅行之于城邦范围，在城邦以外或者背离了城邦生活，政治将无立足之地。

马基雅维里的政治生活

　　马基雅维里的思想历程开始于城邦共和国时代与政治素养鼎盛时期几已结束的时候。但是，当我们研究马基雅维里如何使用politico（政治的）与 civile（市民的）这两个词时，一定会发现他

---

〔43〕Alamanno Rinuccini, *Lettere ed orazioni*, ed. V. Giustiniani (Florence, 1953), p. 202. 另见 p. 191："我将在那一天保持沉默，那一天你们将巩固神圣不可侵犯的法律，对法律的尊重，是每一个良好的政治共同体的基础。"

并未否定其传统含义。他始终是把 politico 与人们熟悉的城邦语汇联系在一起，从没有反其意而用之。马基雅维里对传统政治语汇进行的唯一一次重要修正，就是在必须扩大城邦的社会基础时对于和谐的价值所做的评估。我们可以看到，马基雅维里的创新只是对共和政治的两难困境提出疑问，而不是对这种政治观置之不理。

我们已经知道，马基雅维里可用的那些文献都是按照惯例使用 politico 这个词的，通常都是为了将受法律约束的权威与"不受法律约束"的权威即专制统治进行比较。在《论李维前十书》第一卷第 25 章中，马基雅维里是完全赞同这种流行的语言习惯的。

马基雅维里写道，如果希望废除或打算废除城邦的古代宪政形式（"一种古老的生存方式"）以求新的自由形式，则应"尽可能保留古老的东西，如果执政官的人数、权力和任期有变化，那也应当保留传统名称"。他的结论是：

> 想要……组织（城邦）政治生活的人，无论在共和政体的意义上，还是在君主制的意义上，都必须对此保持注意。然而，相反地，想要创造一个独裁的政体，即学者们称之为僭主政治的，则必须要改变一切。[44]

使最高权力受到法律约束（legibus restricta）乃是城邦的统治

153

---

[44] Machiavelli, *Discorsi sopra la prima deca di Tito Livio* (Milan, 1960), Bk I, ch. 25. "我已说过，这是即将建立政权者——无论是以共和国还是君主国方式——皆应遵守的事情。不过，那些打算建立专制统治，或作家们称之为'僭主统治'的人，则必定会刷新一切。下一章将要论及。"英文引文出自 *The Discourses of Niccolò Machiavelli*, tr. Leslie J. Walker (New Haven, 1950)。

正当而有节制的最好保障。无论君主统治还是平民统治，实行法治都是可取的做法。历史上有无数不受法律约束而反复无常、忘恩负义、鲁莽轻率的君主，马基雅维里写道，能够为所欲为的君主就是一个"疯子"（è pazzo）。没有法律约束的平民则易于失控，且容易被激怒。肆意妄为的平民可能会接受贤人的劝诫，但是对于一个恶君，除了还以刀剑就断无救济之策。[45]

在城邦生活中，法律不应宽赦例外或特权，在共和国更应如此。即使是那些对城邦犯下了滔天大罪的人也要依照法律进行惩罚。阿皮乌斯·克劳狄乌斯是个蔑视人民与罗马法律的暴君，但是，马基雅维里评论说，拒绝给予他向人民上诉的权利，"就很难说符合文明的习俗"。[46]

为了保全真正的城邦生活，仅有形式意义上的法治还不够。法律与制度的内容必须体现整个城邦的公共利益，而不是宗派利益。如果城邦的制度（ordini）与法律只维护某个宗派的利益，那将不是"真正的自由生活和市民生活"，不是法治，而是宗派统治（希望更多是以派系而非法律维持）。[47]

除了法治，马基雅维里还使用 politico（政治）一词来重申共和主义政治语汇的另一个显著特征，即公民平等的概念。他在《论李维前十书》第一卷第 55 章写道：

> 那些保持了廉洁政治生活的共和国，不允许他们的任何公民成为贵族，或以贵族的方式生活；相反地，其内部保持

---

〔45〕 Machiavelli, *Discorsi sopra la prima deca di Tito Livio* (Milan, 1960), Bk I, ch. 58.
〔46〕 同上，Bk I, ch. 45。
〔47〕 Machiavelli, *Istorie Fiorentine*, Bk III, ch. 5, pp. 419-20.

着平等，对行省内的富人和贵族非常仇视。[48]

　　在把政治与公民平等联系在一起时，马基雅维里遵从了当时共和主义政治语言的惯例，并恢复了西塞罗和李维建议的作为共和国必要之基础的一个原则。在共和主义语汇中，公民平等主要是指公民在法律面前一律平等。在《论责任》中，西塞罗将公民平等的拉丁语同义词——法律平等（aequum ius）——描述为定位公民关系的原则，即人人都应在平等的基础上（aequo et pari iure）[49]不卑不亢地对待他的公民同胞。在李维那里，法律平等则是解释早期罗马共和国社会冲突的一个标准。围绕法律平等而产生的冲突，源于不喜欢和普通公民一样被迫遵从法律的人，与那些希望法律能够普遍适用、不容许任何人高于法律的人之间的对立情绪。有一个典型的例子，在高傲者塔奎尼乌斯（Tarquinius the Proud）统治时期，年轻的贵族们拥有无限特权，他们无法忍受共和国强加的公民平等（aequato iure omnium）。[50]他们抱怨说，人人都享有自由，那就是对我们的奴役。法治之下容不得特许与特

---

〔48〕Machiavelli, *Discorsi*, Bk I, ch.55; Leslie J. Walker 的译本翻译如下："那些日耳曼城镇的政治生活能保存下来而未曾腐败，第二个原因是它们决不允许任何公民效法绅士的方式生活。相反，它们那里维持了真正的平等，而对住在当地的领主与绅士极端敌视"，*The Discoursed of Niccolò Machiavelli*。在《论小洛伦佐去世后的佛罗伦萨政务》中，马基雅维里将美第奇家族的巨大权力与佛罗伦萨拥有"文明"的可能性进行了对比："在美第奇家族统治时期，当时由于他们与其他市民一起长大接受教育，他们的统治具有家庭的亲密性，由此他们受到市民的爱戴；而现在，他们获得了具大的权力，不再有当时的亲密，他们也就失去了市民的爱戴。"见 *Arte della Guerra e scritti politici minori*, ed. S. Bertelli (Milan, 1951), p. 263, 另见 pp. 267-8 论明显存在社会不平等的地方不可能建立共和政府。

〔49〕Cicero, *De officiis*, Bk I, ch. 34, 124.

〔50〕Levy, *Ab urbe condita*, Bk II, ch. 3.

权。一旦君主可能私授恩宠并划分友敌，法律就将变成聋子（lex rem surdam, inexorabilem esse），虽不纵容但也不会反对那些违法者。财大气粗的人总是会对公民平等感到不快，并试图凌驾于法律之上。[51] 政治生活要繁荣，好的统治者必须关注维护公民平等。

除了公民平等，共和主义作家和他们的人文主义信徒还坚持认为，平等还有另一个同样重要的维度：同等的自由，即在德行基础上担任最高官职的平等机会。李维在他的历史著作中将平民与元老院之间发生的绝大多数争端都归结为执政官任职机会上的冲突。李维一直想向读者传播这样一种政治道德，即最高官职应向最有德行的公民开放，而不考虑社会地位或出身。如果同等的自由得不到维护，城邦就无法实现自由与伟大。在第四卷中有一个因同等的自由引发冲突的例子。在这里，李维谈到了平民要求恢复异族通婚、任命平民执政官的呼声。平民代言人说，阻止异族通婚、禁止选举平民执政官，使我们有被流放在自己城邦里的感觉，实事上是将城邦一分为二了（duasque ex una civitate faciatis）。[52] 我们只想别人承认，虽然我们不如别人富有，但我们也是公民。如果你们像平等的自由权所规定的那样，接受我们的要求并允许有德行的公民担任执政官，即使他们是平民，城邦也将再次成为一个完整的城邦。[53]

人文主义者的著作中有一个流行的看法，即城邦要保持稳定与繁荣，就要由出类拔萃的公民担任最高官职，他们会因为自身的德行脱颖而出。马基雅维里重申了这一传统观点：良好的政治秩序要求最有智慧、最受人尊敬的人担任最高执政官。他在《论

---

[51] Machiavelli, *Discorsi*, Bk I, ch. 2.

[52] Livy, *Ab urbe condita*, Bk IV, ch. 4.

[53] 同上，Bk IV, ch. 5。

小洛伦佐去世后的佛罗伦萨政务》中建议对佛罗伦萨进行宪政改革时强调了这一点。他争辩说，为使最有智慧、最受人尊敬的人能担任这些职务，需要对这个城邦的主要机构执政团和团契政府进行改革；如果不进行改革，有能力代表国家最高权力的出类拔萃的公民就只能局限于纯粹的个人身份，或只能在不太重要的公共机构中任职，而这种情况与政治秩序的所有原则都格格不入：

> 若执政团和团契政府保持原样，那么将政治权力交给佛罗伦萨国家最优秀的人则是不可能的：按照这种提名的方式，那些德高望重的人是基本不可能获得政府职位的，更合适的方法是或将国家的政治权力降到更低级的，非制度性的地位，或将其委托给普通公民。但这是与所有种类的政治组织形式相悖的做法。[54]

马基雅维里的说法毫不含糊：要想保全政治生活，最高执政官职位必须向出类拔萃的公民开放。他再次列举了罗马共和国的事例：在那里，公民德行受到奖赏，贫穷并没有成为担任最高执政官的障碍。[55]良好的城邦有自己的等级制度，这种政治生活不会惧怕某些公民的高升或高贵。问题在于如何获得官职与声望。如果是通过"隐蔽手段"获得声望，[56]这对政治生活将是致命的。相反，如果声望是通过"公开的手段"获得，如明智的建议或良好的行为，则将为城邦生活带来最大利益，必定会被承认为担任执

156

---

〔54〕 Machiavelli, *Discursus florentinarum rerum*, p. 269.
〔55〕 例见 *Discorsi*, Bk III, ch. 25："贫穷并不会成为你政治道路上的障碍，它不会阻碍你获得荣誉。人们可以在任何人家中找到德行。"
〔56〕 同上，Bk III, ch. 28。

政官的最正当理由。

　　如我们所见，在当时的意识形态背景下，politicus（政治）这个词不仅表示严格意义上的城邦政制，而且表示具体的城邦集体生活、风俗习惯以及公民的情感。政治生活要求市民乐于将城邦利益置于个人的特殊利益之上。换句话说，政治生活要求，无论是执政官还是普通公民，都要习惯于公民德行。在一个公民都以个人特殊利益为先的腐败城邦中，政治生活是不可能存在的。

　　不管是源于亚里士多德抑或罗马，腐败与政治生活之间的鲜明对照，在人文主义者的作品中都可以随手拈来。在这方面，马基雅维里遵循了政治语汇的通行惯例。在叙述了因城邦保持德行而导致曼利奥·卡皮托利诺野心勃勃的计划以失败告终的插曲后，他得出结论说：

　　　　这里有两点应予重视。其一，在腐化堕落的城邦里追求荣耀，必定会采用不同于政治生活仍然有秩序的城邦中使用的方法。其二，（其实与第一条相差无几）即行为方式要考虑时代因素，尤其是大事当前之时，更要因时制宜。[57]

　　据说，自从城邦德行塑造出公民的风俗习惯之后，罗马一直就过着"政治"生活。像他那些共和主义导师们一样，马基雅维里也认为政治并不仅仅涉及宪政的形式结构；政治的主要目的是塑造和培育公民的情感。马基雅维里完全赞同古典的看法，也是在一种我们不太熟悉的意义上用politico（政治）一词表示共同体的实际生活。

————————
[57] *Discorsi*, Bk III, ch. 8.

　　萨卢塔蒂坚持认为，政治就是要让公民择善而从（vult politca civem bonum）。[58] 马基雅维里重复了同样的观点：一个城邦要想过政治生活，就需要有良好的公民。在这方面，政治有一个重要盟友，这就是宗教。假如共和国的公民因抱有坚定的宗教信仰而受到高度尊敬，这一定是个良好且团结（buona e unita）的共和国。[59] 相反，在指出皇帝们统治下罗马走向腐败时，马基雅维里 *157* 就提到"朱庇特神殿被自己的公民亲手摧毁，古代的庙宇被废弃，宗教礼仪日趋败坏，通奸盛行满城"。[60] 谈到奥比奇和里奇两大家族彼此争斗时代的佛罗伦萨，他强调指出了公民中间已不复存在友谊和团结，这也是因为宗教和对上帝的敬畏荡然无存所致。[61] 在马基雅维里看来，宗教是城邦之伟大最可靠的基础之一。如果运用恰当，宗教可以赐予人们勇气和意志，以最大的决心与城邦之敌进行战斗。此外，宗教还有助于培养良好公民与良好风尚。正如他自己所说：

　　　　我们可以看到，熟悉罗马历史的人都知道，宗教指挥军队，引导平民大会，使人们保持向善，使君王自惭形秽。[62]

　　在马基雅维里的语汇中，政治还与现实生活和城邦的精神气

---

〔58〕Coluccio Salutati, *De nobilitate legum et medicinae*, ch. 20.

〔59〕*Discorsi*, Bk I, ch. 2.

〔60〕*Discorsi*, Bk I, ch. 10.

〔61〕*Istorie Fiorentine*, Bk III, ch. 5.

〔62〕*Discorsi*, Bk I, ch. 11, 但另见 chs. 12-15。*Arte della guerra* 特别强调了宗教对于军事成就的重要意义："在古代，宗教和士兵入伍时的誓言能够有力地维持士兵的服从。因为士兵对于他们所犯的每一个错误，不仅担心来自人的惩罚，也担心来自神的惩罚"，见 *Arte della Guerra e scritti politici minori*, p. 441。

质有关，其中最主要的就是宗教。[63]他对宗教的政治效用的看法
是确定不疑、明确而又功利性的。马基雅维里强调精神气质与宗
教是政治生活的重要组成部分，这是表明了一个重要看法，他再
次把同时代人的注意力引向了古代政治智慧（prudentia civilis）的
戒律之一。

　　我们已经知道，除了强调城邦美德，政治语汇中另一个通行
的惯例，就是建议将保持和谐作为政治生活的必要基础之一。在
这方面，马基雅维里与人文主义者以及西塞罗的传统分道扬镳了。
昆廷·斯金纳对此已有令人信服的论证，[64]这里我只是想证明，对
传统忠告的修正，同时就意味着重新阐述传统的政治生活。古典
的忠告是，为享受政治生活，我们必须尽最大努力保持和平与和
谐，而马基雅维里则强调说，我们必须学会通过处理社会冲突来
保全政治生活。

　　马基雅维里在《论李维前十书》第一卷著名的第 6 章中，对
这一问题进行了详尽的讨论。他探讨了这样一个问题，即"如果
当初罗马建立了这种统治形式，是不是就可以消除平民与元老院
之间的敌对局面"。马基雅维里分别以罗马模式和威尼斯或斯巴达
模式为例，以他独特的推理风格，对两种可能的答案进行了比较。
罗马拥有庞大的人口并被投入了战争，结果，虽然罗马成就了一
个伟大的帝国，但平民也有了无数机会发动叛乱。威尼斯并未把

〔63〕 在 1506 年 10 月 3 日的公使函中，马基雅维里报告了一个博洛尼亚雄辩家
　　　与教皇的谈话，教皇不仅强调了城市的政治生活，还强调了城市的宗教虔
　　　诚："最后，人们在那个城市的共同生活，基于对宗教和法律的尊重"，
　　　Machiavelli, *Legazioni e commissarie*, ed. S. Bertelli (Milan, 1964), vol. II,
　　　p. 1007。
〔64〕 Q. Skinner, *The Foundation of Modern Political Thought*, 2 vols. (Cambridge,
　　　1978), vol.1, pp. 113-15.

平民投入战争，而斯巴达始终保持着小规模的人口，不允许外国人进入城邦。两个共和国都维持了和平局面，但也都不可能进行扩张。当它们试图扩张领土时，则无不以失败告终并土崩瓦解。如果理性地思考这一问题，上上策也许更贴近威尼斯或斯巴达模式而不是罗马模式。理智肯定会建议说，要设计城邦体制，这样才能有效组织防御，以遏阻那些一心要征服它的人。同时，为了避免邻国产生被征服的恐惧，城邦应声明不会进行扩张。马基雅维里评论说，如果能够保持这种平衡，城邦就能享受到真正的政治生活与真正的和谐："毫无疑问，我相信，以这种方式保持现状的平衡，城邦就会有真正的政治生活和真正的安宁。"[65]但是，如果这样一个城邦急于扩张，也许就无法为这个任务做好准备，最终会在失败中走向崩溃。即使这个城邦有幸永远都无须进行扩张，无所事事也将使其变得软弱无力，或者成为宗派分裂的温床。在此情况下，结果也将是自由的丧失。马基雅维里这个推理路线的结论是众所周知的："我认为，必须遵从罗马的，而非其他共和国的秩序。"城邦的体制设计必须采取这样的方式：允许居民的数量不断增加，并给承担战争重负的平民留出参与制度生活的空间。城邦要保持自由和在必要时进行扩张的能力，就应将罗马式体制可能带来的争论与冲突视为不可避免的麻烦。

　　人们可能会说，马基雅维里推荐罗马模式，实际上是牺牲政治生活的实质以追求伟大。他清楚地看到，从长远来说，追求伟大对于城邦的自由是致命的。罗马本身的历史就是最有说服力的例证。由于巨大的领土扩张，罗马不得不长期远距离屯兵驻军，*·159*

---

[65] *Discorsi*, Bk I, ch. 6："我毫不怀疑，如能保持这种平衡，这样的城邦就会有真正的政治生活与真实的安宁。"

相应地也延宕了军事命令。事实证明这也是造成自由丧失的原因之一。[66] 除了任职期限的延长与军事命令的延宕以外，罗马的自由最终瓦解的另一个主要原因，就是围绕《公地法律》（*Agrarian Laws*）在平民与元老院之间发生了极度恶性的冲突。罗马向来就是个骚动不宁的共和国，但《公地法律》的提案却推动着这种敌对态势，使其远远超出了文明生活的限度（"这激起了平民大会与元老院之间的仇恨，带来了战争与流血，超出了任何意义上的文明生活限度"）。[67] 马基雅维里评论说，如果城邦能更安宁一些，征服的脚步再慢一些，罗马的自由将会存在得更长久一些。我们在《金驴记》中可以读到，扩张的野心总是在毁灭国家，但令人大惑不解的是，虽然人人都同意这一观点，却无人对此采取行动："这欲望毁灭国家；然而更惊人的是，每个人都认识到这个错误，却没有人避免它。"[68]

至此，合乎逻辑的结论大概就是强烈建议不要设计有扩张意图的体制，并开创"城邦真正的政治生活和真实的安宁"。但正如我们所知，这并不是马基雅维里的忠告。人们可能会怀疑他是否真的没有抛弃古典的政治生活观，或至少是在冒着瓦解政治生活的风险来追求伟大。

政治上根本就没有万无一失的解决办法。任何行动过程都会有风险，无论对于何种问题，最佳解决方案也都会带来不同层次上的新问题。[69] 马基雅维里并不是认为我们应该使追求伟大

---

[66] *Discorsi*, Bk III, ch. 24.

[67] *Discorsi*, Bk III, ch. 37.

[68] Machiavelli, *Dell' asino d'oro*, pp. 46-7, in Machiavelli, *Il teatro e gli scritti letterari*, ed. F. Gaeta (Milan, 1965), p. 287.

[69] *Discorsi*, Bk I, ch.6.

优先于保全政治生活，而是说，在必要的时候，我们必须有能力进行战斗以捍卫我们的政治生活。扩张与战争（尽管扩张未必就意味着战争）[70]不可优先于城邦的自由与良好秩序。马基雅维里再三强调的是，城邦必须做好为保护自由而战的准备，为了实现和平，公民和统治者都应投身战争，但不应为了进行战争而破坏和平。为保护自由，城邦必须热爱和平并通晓如何进行战争："热爱和平，并且知道如何进行战争（amare la pace e saper fare la Guerra）。"[71]如果一个有能力作战并在必要时进行扩张的城邦需要付出的代价是公民的冲突，那么城邦就必须做好准备应对这种冲突。马基雅维里推荐的是骚乱但强大的罗马共和国，而不是和平但脆弱的威尼斯和斯巴达共和国，但他并没有否定共和政治理想这一建立自由、正义城邦的艺术。他只是向同时代人指出，政治定会面临处理城邦生活中存在的内部失序的额外任务。马基雅维里并未改变政治的目标，对他来说，这个目标仍然是政治生活。他只是试图说明，政治生活未必就等于是公民的和谐。马基雅维里要表达的信息是，政治的目的一如既往，但我们必须看到不可

160

---

〔70〕 可以像古代托斯卡纳人那样通过城邦的联盟或同盟，不战而实现领土扩张。共和国可能采取的扩张方式有三，其中罗马方式最受马基雅维里赞赏，即组成联盟并控制领导权，从而掌握全部权力。最糟糕的扩张方式就是斯巴达和雅典（还有佛罗伦萨）方式，即征服其他邦国，而不是结成联盟。然而，鉴于罗马模式可能太难以实施，推荐的政策（马基雅维里明确针对佛罗伦萨）就是模仿古代的托斯卡纳人。即便他们无法建立和罗马一样的帝国，但他们有资格享有最崇高的荣耀，因为他们所取得的权力完全可以确保安全的生活，尽享良好风尚："因为即使无法……建成一个罗马式的帝国，他们也可以在意大利按他们的举止表现获得权力。这个权力曾在长时间内，与巨大的荣誉、军队的权力，以及对习俗与宗教的赞颂一道，是非常稳定的"，见 *Discorsi*, Bk II, ch. 4。另见 *Discorsi*, Bk II, ch. 19，以及 1513 年 8 月 25 日致韦托利的信，收于 *Lettere*, ed. F. Gaeta (Milan, 1981), p. 294。

〔71〕 Machiavelli, *Dell'arte della Guerra*, p. 342.

避免的挑战，并且要明白这将是极其艰巨的任务。

用马基雅维里的语言来说，政治仍旧是城邦的艺术。但城邦所立足的世界必定是不安全的，自由只有通过德行与冲突才能保持不坠。政治必须统领城邦中着眼于公共利益而培育出来的所有其他艺术。[72]只有共和政治才能建成这样的城邦：在那里，德行受到尊重与奖励，贫困不被歧视，军人的英勇气概受到尊敬，公民互助互爱，热心公益而不是私利。努力得到这样一个城邦，就会创造一些条件使人们比生活在腐败的城邦中更幸福。马基雅维里以最雄辩的语言再现了对这种城邦的经典赞颂："这种城邦的统治者所栽下的树形成的树荫，要比我们现在所在的树荫更使人高兴和愉快。"[73]

如果说政治是城邦的艺术，我们就已经为《君主论》之谜找到了一个答案。有些学者强调指出，在《君主论》中，马基雅维里根本没有使用过 politico（政治）或其同义词。[74]对一部褒贬不一，但却堪称新政治科学之基石的著作而言，这多少有些令人惊讶。但如果到目前为止我的追溯既往是正确的，那么《君主论》中不见带有"政治"词根的用语也就根本不足为怪了。这种政治语汇适用于对城邦的讨论；但既然《君主论》并非讨论城邦，马基雅维里也就没有理由使用这套语汇，如果用了反而不当。《君主

161

〔72〕 Machiavelli, *Dell'arte della Guerra*, p. 325, 'Proemio'。

〔73〕 同上，pp. 332-3。

〔74〕 Dolf Sternberger 的《马基雅维里的政治"原则"与观念》对此做了充分论证。Sternberger 写道，《君主论》"全书没有出现过一次'政治'、'政治的'和'政治上的'等用语"，*Machiavellis "Principe" und der Begriff des politishen* (Wiesbaden, 1974), pp. 35。另见 John H. Whitfield, *Discourses on Machiavelli* (Cambridge, 1969), pp. 163-79, N. Rubinstein, 'The history of the word "politicus"', pp. 53-54。

论》一开卷，马基雅维里就尽可能明确地强调说，这部专论的主题是君主国以及如何统治与保全君主国：

> 关于共和国的问题我将略而不谈，我也在别处已有详论。我想专门关注一下君主国，并且按照上文安排的顺序，探讨一下如何才能对这些君主国进行统治并使之保持不坠。[75]

君主统治，不论是世袭的还是新建的，在任何意义上说都不能等同于城邦，[76]保持君主统治的艺术与建立或保持政治生活的艺术不可相提并论。马基雅维里在《君主论》中没有使用politico（政治）或其同义词，正是因为他不是在书写他所理解的政治。

在与一个君主的地位、一个统治集团或领土权有关的问题上，马基雅维里都避免使用politico（政治）这个词。他仅限于把这个词用于城邦范围之内。就此而论，他是在致力于保全政治即城邦的艺术这一传统含义。同时我们也已看到，他给古典语汇带来了一个重大变化，因为他强调说，我们必须放弃享受"真正的政治生活"（vero vivere politico）——也就是自由与安宁的城邦生活——的希望，我们必须正视在骚动不安的城邦中保全政治生活的艰巨任务。把政治限于传统领域的同时，马基雅维里还试图让读者充分意识到那些希望建立并保全良好城邦的真正的政治家所面临的挑战性任务。

---

〔75〕 Machiavelli, *Il Principe*, 收 于 *Il Principe e i Discorsi*, ed. S. Bertelli (Milan, 1960), pp. 15-16. 在 1513 年 12 月 10 日致韦托利的信中马基雅维里指出，《君主论》的主题是"什么是君主制，哪些是君主制的不同种类，如何获得，如何维持，以及因为何种原因走向失败"，见 *Lettere*, p. 304。

〔76〕 要利用公民社会词汇，君主统治必须展示出其特性，如在第九章《公民君主国》中讨论的"公民君主国"："一个平民得到同胞帮助而不是依靠凶狂作恶或不法暴力成为君主，我称这种国家为公民君主国……"

政治人（THE *POLITICUS* VIR）

马基雅维里自信胜任一门特殊的艺术或专长，而且训练有素，这就是治国术（arte dello stato）。[77]对马基雅维里而言，治国术才是他的真正使命，是唯一让他倾心和迷恋的艺术。[78]他的朋友们也认为他在治国术方面具有非凡的天赋。关于教皇针对法国国王与威尼斯之间的新联盟应当采取的最佳策略，韦托利曾经征询马基雅维里的看法，并由此强调说，虽然马基雅维里去职已有两年之久，但他肯定并未忘记这门艺术。[79]

治国术是城邦艺术的重要组成部分。及时预见危险并采取对策的能力，洞悉邻国真实意图的能力，是治国术的两个基本要素，对于保全城邦具有根本的重要性。[80]但"治国术"也能用于毁灭一个城邦和剥夺城邦的自由。马基雅维里在《君主论》中展示了他的"治国术"学问，[81]并详细论述了如何征服习惯于自由生活的城邦。[82]

在谈论"治国术"时，马基雅维里是从一个君主/国王的"地位"（status，杰出等级）或者他所统治的领土意义上使用"国"

---

[77] 1513 年 12 月 10 日，佛罗伦萨，马基雅维里致韦托利的信，收于 Machiavelli, *Lettere*, p. 305。

[78] "即使能与你们谈话，我也只能在你们的脑子里塞满小小的城堡，因为命运使我既不会纺织羊毛和丝绸，也不会赚取财产，我必须谈论政治，也必须接受不谈这个问题只能闭嘴的命运"，1513 年 4 月 9 日，佛罗伦萨，马基雅维里致韦托利的信，出处同上，pp. 239-40。

[79] 1514 年 12 月 3 日，罗马，韦托利致马基雅维里的信，出处同上，p. 349。

[80] 关于把治国技能作为一种根据深思熟虑的理解去讨论并决定公共事务的能力，可见 F. Guicciardini, *Discorso di Logrogno*, 收于 F. Guicciardini, *Opere*, p. 276。

[81] "当人们读完《君主论》，就会明白我这用于学习政治的十五年没有荒废于睡觉和娱乐"；1513 年 12 月 10 日致韦托利的信，见 *Lettere*, p. 305。

[82] *Il Principe*, ch. V ('Quomodo administrandae sunt civitates vel principatus, qui antequam occuparentur, suis legibus vivebant') 。

（stato）这个词的。他在答复鲁昂枢机主教时表示，如果说意大利人不懂战争，法国人就是不懂政治。[83] 马基雅维里的意思是，法国人不懂得遵守什么样的基本规则以维持对一个像意大利这样的外省的统治（"像统治一个外省一样统治一个国家"）。[84] 当时马基雅维里被作为"治国术"权威应邀就国家间领土扩张的冲突问题提供建议。[85] 在声称通晓"治国术"时，马基雅维里显然是指保有以及在可能的情况下提高个人地位的那种禀赋。[86] 但"治国术"与城邦术不尽相同，因为"国"（stato）并非城邦或政治生活的同义词。[87]

163

----

〔83〕 "当鲁昂枢机主教对我说意大利人不懂战争时，我回答他道：那么法国人不懂政治"，*Il Principe*, ch. III。

〔84〕 同上，ch. III。

〔85〕 例见 1513 年 4 月 29 日致韦托利的信，*Lettere*, pp. 250-8。

〔86〕 例见 1513 年 12 月 10 日致韦托利的信。马基雅维里在信中强调说，他的"治国术"经验与才能将使美第奇大大受益，出处同上，p. 305。在 1514 年 12 月 10 日致韦托利的另一封信中，马基雅维里应其友之邀展示了他的"治国术"见识，一开始就明白说道，目前最重要的是教皇保全教皇国地位的可能性"希望像从前一样维护教会的名誉"，见 p. 351。

〔87〕 stato 的词义历来就是大量学术文献讨论的主题。与 F. Ercole (*La politica di Machiavelli*, Rome, 1926, pp. 123-42) 的观点不同，Fredi Chiappelli 指出，在马基雅维里真正的政治著作《君主论》中，除了少数例外，stato 一概指的是生活在一块领土上的民族组成的政治组织，与政府或政权的具体形式无关，此即国家的现代抽象概念 (*Studi sul linguaggio di Machiavelli*, Florence, 1952, pp. 59-68）但 J. H. Hexter 提出了一个相反的观点，他认为，《君主论》并不包含这样的国家概念，即超越了构成或统治国家的个人的抽象政治实体 ["'Il Principe" and "lo state"'，载 *Studies in the Renaissance*, 4 (1957), pp. 113-38]。我的观点是：我们所说的"stato"的意义，马基雅维里是用"公社生活"（vivere commune）和"政治生活"（vivere politico），而不是"stato"来表达的。然而，即便"stato"这个词是现代概念中的"the state"，它也仍然不能等同于"vivere politico"的概念。"vivere politico"是一种杜绝了僭主与专制统治的特殊政治组织形式。相反，任何形式的政治组织都是一个"state"，正如我们在《君主论》第四章中清楚看到的，马基雅维里谈到了"土耳其王国"（lo stato del Turco），一个专制国家，还谈到了"法兰西王国"（lo stato di Francia），一个有节制的王国，另外还有（第五章）"长期在自己的法律之下自由生活的国家"（gli stati che [⋯] sono consueti a vivere con le loro legge e in liberta），即共和国。

如果我们将目光从政治的目标或对象转向政治的载体，即政治人，可能就会更有效地讨论整个这一问题。要了解马基雅维里对政治人的古典惯例所持的立场，我们应尽力再现 15、16 世纪知识背景下的政治人形象，然后我们就能比较容易回答这样一个问题：在马基雅维里眼里，谁是真正的政治人。

除了赞颂政治素养，13—14 世纪的政治作家们也在同样大力颂扬那些成功建立并保全了城邦的政治人（politicus vir 或 rector civitatis）。对政治人的颂扬是一个基本的西塞罗话题。除了《论责任》以外，被引用最多的文本就是《西庇阿之梦》——中世纪人文主义政治德行（virtutes politicae）传统的实际源头。[88] 这个由马克罗比乌斯*重刊而流行的文本包含着对杰出的政治人（rectores civitates）的热烈颂扬，其中，异教徒的价值观被吸收进了基督教的语言。在《西庇阿之梦》的一个著名段落中，西塞罗声称，一切为祖国（patria）利益献身的伟大人物都可以在天堂中找到自己的位置，在那里享受永恒的幸福。马克罗比乌斯对这一段的解释是，上帝最喜欢的就是城邦，因此，西塞罗说的完全正确，即杰出的政治人将直接回到众生所来自的天堂。通过制定法律、确保正义，政治人带领他们的同胞过着一种有德行的生活，这也是通向真正的幸福的路。马克罗比乌斯的结论是，真正的政治家完全有资格享受永恒的幸福。

164　　正如拉蒂尼评论亚里士多德的《伦理学》时所说，好的城邦

---

〔88〕 见 J. P. Canning, *The Political Thought of Baldus de Ubaldis*, pp. 160-1。

　* 马克罗比乌斯（Ambrosius Theodosius Macrobius），活动时期约为公元 400 年前后。拉丁语法学家、哲学家，生平不详，可能担任过罗马帝国公职。最重要的著作为《农神节说》，是已知古代宴饮论辩之作的最后一篇（最早者当属柏拉图的《会饮篇》）。另著有对西塞罗《论共和国》一书中《西庇阿之梦》的评注两卷，为新柏拉图主义著作。——译注

统治者可以使公民保持操守并敏于践行善举，故理应获得巨大荣誉。他的成功足以使他保持对民众的法治。[89]

要成为杰出的政治家并有资格享受永恒的荣耀，统治城邦的政治家（rectores civitates）必须是有德行的好人，用维泰博的约翰的话说，即"在正义与平等中"。[90]政治家必须是智慧的，必须热爱正义，不应诡计多端。任何有违正义的行为都不可能是正当的，任何情况下都不能抛弃正义。正如维泰博的约翰引述西塞罗所说，"在任何时刻，正义都不可游移不定"。[91]古典共和主义文献还提出了一个好的政治人必须具备的所有其他美德：他必须热爱真理、足智多谋、宽宏大量，但不能华而不实、爱慕虚荣；他不能贪婪或刚愎；他必须控制自己的激情，始终如一、温和节制；他必须能言善辩但不可饶舌。

亚里士多德的作品也为现代初期的语言重新定义并获得古典政治人的概念提供了重要素材。如果人民和地点的明确面貌已定，那么真正的政治人就和好的立法者一样，知道什么是一个城邦应该采取的最好体制。建立政体是政治人最好的杰作。然而，与建立一个新城邦相比，匡正一个业已存在的城邦同样值得颂扬，或者说，是个同样困难的任务。两项任务都只有真正的政治人才能

---

[89] "Lo buono et nobile reggitore della città fa buoni e nobili cittadini che osservano la lege, e fanno l'opera ch'ella comanda...", *Il tesoro di M. Brunetto Latino Fiorentino, precettore del Divino poeta Dante, nel quale si tratta di tutte le cose che a mortali appartengono* (Venice, 1533), p. 125. 另见 A Sorbelli, 'I teorici del reggimento comunale', *Bullettino dell'istituto storico italiano per il medio evo*, 59 (1944), pp. 31-136。

[90] John of Viterbo, *Liber de regimine civitatum*, ed. G. Salvemini in *Bibliotheca juridical medii aevi*, 3 vols. (Bologna, 1901), III, p. 220.

[91] 同上。

完成，用穆尔贝克译本中的话说，就是"真正的政治家"；[92] 布鲁尼的版本是"真正的城邦人（公民）"。[93]

真正的政治人不可能以专制方式强行不义或实施统治。如果拿不准一个政治人是否可以不义，这显然是荒诞不经的。[94] 总的来说，政治人需要具备的德行和普通公民必须具备的德行毫无二致——如果他们还想拥有一个良好城邦的话。但是，政治人必须异常小心谨慎并能预见危险，"首先，灾难并不为每个人所知，但为政治人（所知）"，[95] "正如灾难开始诞生之时，并非任何人都能对其有所直觉，但城邦人可以"。[96]

用人文主义者的语言来说，柏拉图作品中的政治家（politikos）也具有政治人（civilis vir）的特征。马斯利奥·菲奇诺在为《政治家》所作的"概要"中重申了这一古典观念，即单个人的统治最有益于和平，能够在人的城邦中再造上帝对宇宙的统治。[97] 但是，好的国王如同好的牧羊人或船长，必须照料他所统治的人民，而不是追求一己私利。因此，真正的国王就是公民中的一员，他的杰出乃是由于他的正义和审慎：

> 一个这样的统治者和看护人，他（即柏拉图）将之更多地称为政治人而非国王，意在指出其人性，并且，如果可能的话，温和的人性。因此，他看起来就像其他公民中的普通

---

[92] *Aristoteles politicorum libri octo* (tr. Moerbecke), Bk VI, 1.

[93] 同上 (tr. Bruni), Bk IV, 1。

[94] 同上，Bk VII, 2。

[95] 同上 (tr. Moerbecke), Bk VIII, 8。

[96] 同上 (tr. Bruni), Bk VIII, 8。

[97] Marsilio Ficino, *In librum Platonis de regno, vel civilem. Epitome*，收于 Marsilio Ficino, *Opera* (Turin, 1959) (1576 年巴塞尔版本的重印), vol. II, p. 1295。

一员，但更加审慎，更加正义，有更多的义务，而没有任何其他的过人之处。[98]

尽管人文主义者所说的政治人具备了希腊政治家的大部分特征，但他显然是罗马的遗产，他的资格就在于完全具备一切美德并为共和国服务。正如弗朗西斯科·帕特里奇雄辩地说明的那样，"如果想简明定义政治人，那么政治人应该是一个对共和国有用的好人"。[99]

水手有义务将船只领进安全港，政治人则必须领着共和国走向确定的目标，即公民的自由与美好生活。为了履行自己的职责，政治人必须节制、坚定、审慎和公正。他必须具备善良人（bonus vir）的所有这些美德，能够成功地对共和国进行统治。这四种美德恰如四姐妹，任何一种美德没有其他美德的帮助都是不完美的。没有审慎，刚毅（fortitudo）会变成蛮勇；没有正义，审慎会变成狡诈（calliditas）或阴险（malitia）；没有刚毅，节制会变成怠惰；没有节制，正义会变成残忍。如果统治者能将这四种品德完美地集于一身，城邦就会免于骚乱和失序，直到永远。[100]

具备这些品德，政治人就能成为保持城邦秩序与和平的真正的"管理者与仲裁人"。政治人必须是一位仲裁者，通过制裁与说服，至关重要的是，通过确定城邦每一组成部分的适当位置，塑造一种和谐的体系，约束人们的激情。西塞罗在《论责任》中写道，中庸就是有能力在言行之中使一切都适得其所。城邦由不同的群体构成，它们有着不同的，甚至彼此冲突的倾向与情感。政

166

———————

〔98〕 Marsilio Ficino, *In librum Platonis de regno, vel civilem. Epitome*，收于 Marsilio Ficino, *Opera* (Turin, 1959) (1576 年巴塞尔版本的重印) , vol. II, p. 1295。

〔99〕 F. Patrizi, *De institutione reipublicae libri IX*, Bk V, ch. 2 (Paris, 1585) .

〔100〕同上。

治理智的杰出成就，正是在于通过确定各个组成部分的适当位置，去协调这个复杂多变且存在冲突的系统。

西塞罗式的中庸学说成了人文主义的政治文献不断言说的话题。譬如，雷奥纳多·布鲁尼在《佛罗伦萨城邦颂》的结语中将城邦的卓越之处总结为制度安排中庸适度，从而使每一组成部分都适得其所。

> 如此，正如琴弦间的和谐一般，当琴弦被拉紧时，由不同的音调产生出悦耳的声音……同样，非常智慧的城邦会在所有方面都采取正确的措施……在这个城邦中，没有任何不和谐，不恰当，荒唐或不准确的地方：一切都在其正确的位置，不仅被完好地定义，更是与周围一切处于恰当的关联中：任务，职位，审判，以及社会阶层，都被很好地分配和明确地区分了。[101]

在15世纪末、16世纪初的知识背景下，政治人的传统形象被明确固定了下来：一个决不放弃通向美德之路、为城邦公共利益献身的好人（bonus vir, uomo buono）。他是管理者与仲裁人。他使共和国保持着正确方向，让城邦的每一组成部分都能适得其所。如果城邦腐化堕落，政治人的任务将会更加艰巨；为了匡复政治生活，他必须在城邦中变法改制。他首先要有进行演说、游说及审慎行事的能力。但城邦必须改革时，政治人还必须像优秀建筑师一样设计新的政治机构。人类所能取得的成就莫过于城邦的保全

---

[101] Leonardo Bruni, *Laudatio Florentinae Urbis*, in H. Baron, *From Petrarch to Leonardo Bruni. Studies in Humanistic and Political Literature* (Chicago, 1968), p. 259.

与改革，这是尘世的至善，政治人理应因此而享有不朽的荣耀。

马基雅维里开始他的思想历程时，可能就是借助于人文主义者从古典共和主义源泉中得出的这种政治人形象。为了充分理解马基雅维里对于古典政治观的立场，我现在要讨论他是如何看待政治人（civilis vir）这一传统观念的。

好人与中庸之道

《论李维前十书》一开卷，马基雅维里便推出了他的主人公：共和国与王国的缔造者，而不是那些残暴的统治者；西庇阿而非恺撒、阿格西劳斯、提莫莱昂；叙拉古的狄翁而非斯巴达的纳比斯和狄奥尼修斯；依法统治的共和国君主与皇帝而非卡利古拉、尼禄或维特利乌斯。他将好君主（principi buoni），甚至仅仅是好人（I buoni），与卑鄙腐败的专制者进行了对照。[102]他在第二卷《序言》中写道，一个由杰出人物建立了政治生活的城邦，会由于他的德行而持之以恒并繁荣昌盛。[103]

只有建立了城邦的政治生活，保全或改革了城邦的杰出人物，才配得上真正的荣耀。马基雅维里在《论佛罗伦萨政务》中写道，上帝最青睐的莫过于为祖国利益而依法对王国或共和国进行改革的那些人的作为：

> 我相信，由祖国赋予的荣誉，是人们能够获得的最大荣

_167_

---

〔102〕*Discorsi*, Bk I, ch. 10.
〔103〕*Discorsi*, Bk II, 'Proemio'.

誉：我认为，最大的好事，最为上帝所赞赏的，是为祖国做出的贡献。除此之外，没有人像那些通过制定法律与体制重塑共和国与王国的人一样，因他们的作为获得赞颂；这些人是在那些被称为神的人们之后，最受到歌颂的。[104]

至关重要的是，共和国、王国的创立者和保全了城邦秩序的杰出政治人，是一些仲裁人和管理者。古代的伟大立法者设计的城邦政治体制展示了他们的杰出天赋，使得城邦的所有组成部分都能各得其所。莱克格斯让国王、贵族与平民都能适得其所，"所采用的统治形式因他的巨大声望与城邦的安宁而延续了800余年"。[105]相反，梭伦只为平民找到了位置却罔顾城邦的其他部分，因而未能建立一个真正中庸的体制。结果，40年后，雅典民主落入了专制者庇西特拉图斯手中。中庸体制的最佳范例是罗马共和国。然而，只是当平民通过护民官并与元老院和执政官代表的贵族一起在城邦的制度生活中获得了自己的位置，罗马共和国才实现了完美的体制。正是因为这种中庸的德行，罗马共和国才成为了"完美的共和国"。

任何希望保全自由的城邦都必须有自己的仲裁人。在《论佛罗伦萨政务》中，马基雅维里给枢机主教朱利奥·德·美第奇的基本建议就是改革佛罗伦萨的体制，让生活在城邦中的三类人都能各得其所：

> 共和国的统治者们必须在所有的城邦中，将人依据品质与能力分为三类：第一等的，中间的，末等的。[106]

---

[104] *Discursus florentinarum rerum post mortem*, p. 275.

[105] *Discorsi*, Bk I, ch. 2.

[106] *Discursus florentinarum rerum post mortem*, p. 268.

如果未能做到这一点，城邦将永无宁日并最终走向衰败。不管这是因为平民无人代表，[107]还是因为平民希望将贵族逐出城邦政府，[108]其结果都将是长期摇摆于专制统治和平民的放纵之间，两者都会危及城邦的自由，都应受到极大谴责。[109]纲纪败坏的城邦恢复元气的唯一机会，就是等待出现一位"智慧、善良而强有力的公民"，推行制度改革并订立法度，以节制贵族与平民的欲望，[110]从而恢复自由。

希望救城邦于腐败或者保全城邦良好政治秩序的这个好人，不仅要能变法改制，还必须能说会道。他不仅必须是个出色的建筑师，还必须是个出色的演说家，能够说服士兵、打消他们的恐惧、鼓起他们的勇气、增强他们的决心、责备他们，让他们充满希望，尽一切可能扑灭或煽动人们的激情。作为城邦的代表，在与外国统治者交往时，在大委员会向人民发表演说时，在与元老们或自己的顾问磋商讨论时，他都必须措辞恰当。

城邦之中汇集了各种各样的激情，因为住在那里的是实在的人类。他们有爱，有恨，有恐惧，有希望，有野心，有抱负，他们希望得到认可，得到尊重，得到回报。有些人在追求支配权，更多的人只想为自己与亲人寻求安全。政治艺术关注的就是不稳定的人类激情以及活生生的共同体精神气质。[111]为了约束并培教人类激情以便能够借此建立自由而有序的城邦，具有政治素养的人必须学会使用法律与语言这两种工具。这些明智而强有力的好

---

〔107〕*Discursus florentinarum rerum post mortem*, p. 262.
〔108〕*Istorie Fiorentine*, Bk III, ch. 1.
〔109〕同上，Bk IV, ch. 1。
〔110〕同上。
〔111〕相反，S. Wolin 强调指出，马基雅维里是"利益政治这个大传统"的先驱者与奠基人之一。见 *Politics and Vision*, p. 236。

人，"善良而审慎"，"善良而仁慈"，他们的身影可见于《佛罗伦萨史》《论李维前十书》《战争艺术》和《君主论》的诸多篇什，如果我们也读到了这些"规劝"的话，就可以看到它们展示了这种共和国公民——为全体公民最大利益而在城邦变法改制的好人——的全部特征。

马基雅维里从未否定给政治生活带来了益处的好人这种传统的政治人形象。正如在罗马的共和主义作家及其人文主义信徒笔下一样，马基雅维里笔下的主人公也是好人，而不是皇帝或君主，哪怕他们是伟大的征服者和军事统帅：恺撒与庞培获得了名声，但并未获得荣耀。要获得荣耀，只是伟大的统帅还不够，还必须是一个运用自身的天赋保全共和国的自由的好人，而不是和恺撒、庞培一样去摧毁自由。他们的名声或许可以经久不衰，但决不可能与西庇阿和马塞卢斯的荣耀相提并论：

> 我还提到，庞培和恺撒，以及最后一次迦太基战争后在罗马的几乎所有寡头，都赢得了英勇的名声，然而却不是好名声；那些生活在他们之前的，既赢得了英勇，也赢得了好名声。〔112〕

如果——我认为是必须——严肃地看待马基雅维里多次提到的好人（uomo buono），我们会更容易理解《君主论》中总是被用来证

---

〔112〕*Arte della Guerra*, p. 337: "因此我说，恺撒、庞培和第二次布匿战争之后活下来的几乎所有罗马将军，都是作为能人而不是作为良好公民出了名，但生活在那之前的人们则是凭借公民精神与技能赢得了荣耀。"（Neal Wood 英译，米兰，1961 年）。另见 Victor A. Santi, '"Fama" e "laude" distinte da "gloria" in Machiavelli', *Forum Italicum*, 12 (1978), p. 206-15。

明马基雅维里否定了共和主义政治观的那些内容究竟是什么意思。

马基雅维里在《君主论》著名的第十五章写道，一个在任何情况下都要积德行善的人，他在众多不善之人中间必定会一败涂地。因此，"为了保住自己的地位，君主必须学会用权而不仁，但要明白何时当仁、何时不仁"。[113] 马基雅维里说君主必须学会"不仁"（non buono），似乎是为了挑明政治人就是好人这一古典解释所固有的困境，而他的同时代人并未认识到这种困境，同时，他们也未能做好意识形态准备去有效解决追求这个政治哲学目标时的具体问题。

必须学会如何不仁，不仅与关心保住自己国家的君主有关。共和国的政治领导人可能也不难发现自己要被迫毁约、不义和欺骗。皮耶罗·索德里尼因未能放弃忍耐和谦恭的本性而一败涂地，佛罗伦萨共和国也随之灭亡。[114] 马基雅维里认为，决不违背盟约或承诺，这个原则是懦弱的表现，而不是像人文主义者按照正统所鼓吹的那样是佛罗伦萨自由（Florentina libertas）意识形态的美德。[115]

不仅是新君主，包括力图在腐败的城邦匡复政治生活的文明人，同样需要采取非常手段。对已被证明无力遏制腐败的有缺陷的制度进行改革，既可以雷厉风行，也可以循序渐进。但马基雅维里认为，这两种方式都不太可能成功。即便有幸出现了某些深思熟虑之人看到旧制度行将过时并将导致城邦的腐败，他也无

170

---

〔113〕*Il Principe*, p. 65.

〔114〕*Discorsi*, Bk III, ch. 9.

〔115〕譬如雷奥纳多·布鲁尼写道，"从一个君主身上能够看到（的品质），是他认为无论如何都不能为了利益而毁坏约定、忠诚、誓约与承诺"，*Laudatio Floretinae urbis*, in H. Baron, *From Petrarch to Leonardo Bruni*, p. 253.

法说服公民同胞认识到改革的必要性，因为习惯于某种生活方式的人们并不愿意根据推测去改变它。任何计划立即进行改革的人都必定会诉诸非常手段，比如暴力和军事行动，以便成为城邦的君主并掌握成功匡复政治生活所必需的绝对权力。马基雅维里在《论李维前十书》中清楚地说明了一种旨在匡正腐败城邦的政治所面临的两难困境：

> 但是，要在一国之中重建政治生活，必须先要有一个好人，而凭借暴力手段成为共和国君主的，想必就是一个恶人。因此，鲜有好人愿意使用卑鄙手段成为君主，即便他有着良好目的；同时，也鲜有恶人在攫取王位之后会打算行善，尽管他有过利用以卑鄙手段攫取的权力去行善的念头。[116]

要实现古典共和主义作家们始终认为是真正的好人所追求的最值得珍重的目标，好人就必须变成恶人（cattivo）。尽管告诉了人们实现共和主义政治的任务是多么艰难，马基雅维里却并不认为应该抛弃这个值得珍重的目标。相反，他建议把匡正腐败城邦的自由与政治体制作为一个人不遗余力追求的最崇高目标。如果一个人真的希望获得永恒的荣耀，他就应该祈求上帝让他生活在腐败的城邦之中，让他有机会进行改革。[117]

马基雅维里写作《论李维前十书》的目的是激发青年人去效仿古代人的美德，遵循共和主义政治的定律——即良好城邦的艺术。对于一个受制于当时的罪恶环境，无法践行一种真正的政治

---

〔116〕*Discorsi*, Bk I, ch. 18.
〔117〕同上，Bk I, ch. 10。

所包含的各项原则的好人而言，这是所能找到的最后一招了：

> 一个好人的责任就是向别人指出怎么才叫行善，尽管由
> 于时运不济可能会不容你行善，但最后，在具备了能力的众
> 人之中，总会有一个更受上天垂爱者能够完成它。[118]

　　这里，他是在谈论自己，并且宣明了他要努力实现的目标。
他向未来几代人传达的信息是：如果你渴望永恒的荣耀，就必须 *171*
效法共和政治的主人公们献身于建立和保全政治生活。然而，他
没有像马克罗比乌斯与帕尔米耶里那样，向人们允诺死后可以直
接升入天堂、享受永恒的幸福。他知道，他们要去的地方更有可
能是地狱。渴望献身于崇高政治目标的后来人必须明白，《西庇阿
之梦》仅仅只是一个梦。

　　尽管马基雅维里敬佩那些善用治国术的君主与统帅，但他从
未将他们视为政治的真正主人公。[119] 他一再和那些精于治国术的
人调情，但他真正深爱的却是那些掌握了构建政治生活的艺术的
人。没有任何其他目标真正值得好人为之献身，即便这需要他去
作恶。

　　马基雅维里并没有否定共和主义政治观，也没有否定政治人。
毋宁说他是重新加工了城邦哲学的语汇，使之在新的政治背景下

---

〔118〕同上，Bk II,"前言"。
〔119〕例见 1515 年 1 月 31 日他致韦托利的信："如果我是一个新君主，我一定会
　　　仿效瓦伦蒂诺公爵的做法。他认识到了这种必要性，任命 Messer Rimirro 为
　　　罗马尼阿的总督。这一决定使民众因惧怕他的权威、喜爱他的权力、给他以
　　　信任而团结起来。人们随着他即将履新而对他产生了巨大热爱，而这种热爱
　　　恰是源于那个决定。"见 The Letters of Machiavelli, ed. A. Gilbert (New York,
　　　1961), p. 186.

发挥作用。城市共和国时代见证了城邦艺术的时来运转；在这个
新的君主统治时代，治国术即将取代作为城邦艺术的那种政治语
言，政治家也将取代政治人。要想看到良好的自由城邦取代君主
统治的可能性，则端赖同样有能力——如果必需的话——运用治
国术的真正的政治人出现在舞台上。马基雅维里的目的就是要培
养这样的伟大政治人。他相信，只有那时，自由的城邦才有可能
再现于世。

第八章　马基雅维里的共和国之战争理论
与实践

麦克尔·马莱特

"君主必须强根固本，否则必亡，而一切国家，无论新旧或半新半旧，其根本之所在，就是良好的法律和良好的军队。军队不良则法律不良，有良好的军队则必有良好的法律。"[1] 很抱歉以这段广为人知的引文开始，我想强调的是两个基本问题。马基雅维里论述军务而出名既不是凭着《战争艺术》，甚至也不是凭着那部谈论战争的短篇文集，军务处于他的整个思想的核心，基于那些专门的著作，但也同样基于《君主论》和《论李维前十书》。事实上，人们已经在他的实践理念和思想理念之间做出了区分，前者涉及的是以往的战争（这在《佛罗伦萨史》中随处可见）和未来的可能性（比如《战争艺术》），后者涉及的则是战争在政治与建国中的作用，而且远更广泛地充溢在他的全部著述中。[2]

---

〔1〕　Machiavelli, *Il Principe*, ch. XII.

〔2〕　最有影响的对马基雅维里军事理念的综合性研究，见 M. Hobohm, *Machiavellis Renaissance der Kriegskunst* (Berlin, 1913)；F. L. Taylor, *The Art of War in Italy, 1494-1529* (Westport, CT, 1973)（首次出版：剑桥，1921），pp. 167-78; F. Chabod, 'Del "Principe" de Niccolò Machiavelli'，载 *Scritti su Machiavelli* (Turin, 1964), pp. 74-9（首次发表于 1925 年；英译文收于 *Machiavelli and the Renaissance*, London, 1958, pp. 85-93）；P. Pieri, *Guerra e politica negli scrittori italiani* (Milan, 1955); F. Gilbert, 'Machiavelli and the renaissance of the art of war'，收于 *Makers of Modern Strategy*, ed. E. M. Earle (Princeton, 1952), pp. 3-25; S. Anglo, *Machiavelli: A Dissection* (London, 1971), pp. 116-42。

　　费德里科·沙博写道，马基雅维里的"政治思想属于文艺复兴时代，而在军事问题上却属于 13 世纪"，这实际上是指他的实践活动，皮耶罗·皮耶里在集中论述作为国民军组织者和新式步兵倡导者的马基雅维里时也作如是观。[3] 这里指的就是那些实际上招来了极大异议乃至冷嘲热讽的实践活动——从马基雅维里徒劳地训练乔万尼·德·美第奇的 Black Bands 这样的著名逸事，到 *174* 现在流行的重新评价他对雇佣兵夸大其词的谴责。[4] 他在《战争艺术》中过分依赖不恰当的古典范例以及滥用被曲解的古典范例的情况所在多有。众所周知，此书虽然很快便广为流传，但实际上对专业战争思想的发展几乎没有任何影响。[5] 马基雅维里从未参与过重大战事，也从没有率领一支大军投身作战。

　　然而，关于战争的思想理念却不可能被轻易忽略。马基雅维里比他的所有同时代人都更加明确一贯地表达了以下种种要旨：良好的法律，良好的军队，注意重建平民与军队的联系，让军事与战争重新成为政治与公民生活的重心，进行军事训练以激发公民的爱国主义美德。国家只有强大才能生存，实力就意味着良好的军事制度和坚定的决策。凡此种种，既要依赖于君主，也要依

---

〔3〕　F. Chabod, *Machiavelli and the Renaissance*, p. 103n; N. Machiavelli, *Arte della guerra*, ed. P. Pieri (Rome, 1937) 序言；P. Pieri, *Il Rinascimento e la crisi militare italiana* (Turin, 1952), pp. 436-8, 525-35。

〔4〕　M. Bandello, *Le Novelle*, I, nov. 43。上引作品都讨论了马基雅维里的夸大之词以及 "不流血的战争"。但请另见 W. Block, *Die Condottieri: Studien über die sogenannten unblütigen Schlachten*, Historische Studien, 110 (Berlin, 1913)；H. Delbrück, *Geschichte Geschichte der Kriegskunst*, IV (Berlin, 1920), p. 21; P. Pieri, *Il Rinascimento, passim*; M. E. Mallett, *Mercenaries and their Masters; Warfare in Renaissance Italy* (London, 1974), pp. 195-9 [意大利文版本，Signori e Mercenari (Bologna, 1984)]。

〔5〕　见上引 P. Pieri 的版本；另见 Machiavelli, *L'Arte della Guerra e scritti politici minori*, ed. S. Bertelli (Milan, 1961), pp. 309-20。

赖于民众。雇佣兵的大错在于，他们的存在消磨了公民的阳刚之气，为此，公民只剩下了自嘲的份儿。国家，不论是王国还是共和国，都只能依靠自己的军队（le armi proprie）。这就是马基雅维里解决佛罗伦萨军事问题的概念框架。《君主论》并没有谈到它应该是君主的私人军队，公民中的武士阶层，精选的民兵还是大规模征兵。佛罗伦萨的实际做法是出现了一支为特定目的而仓促组建又缺乏训练的国民军。由于这一方案的相对失败，马基雅维里作为军事理论家的名声更是每况愈下。本文的目的就是重新探讨"自己的军队"这一特殊问题，以及马基雅维里的实际做法为何如此令人不满。

　　国民军重新兴起的理论背景已是众所周知，这里不想再回顾马基雅维里之前与这个话题有关的人文主义文献。[6] 从佩特拉克到帕特里奇的人文主义者都曾面临一个困境，即自由的意大利城邦的自身防御都在依靠并不可靠的雇佣军，这是一个三重困境：第一，共和国应当生活在和平之中并远离战争，这个信念仍然很有影响。第二，对雇佣军的担忧与人们普遍渴望实际的军事成就与荣耀（雇佣军根本不可能激发这种渴望）之间的冲突。第三，*175* 如果排斥雇佣军，那么组织不良、内部分裂的城邦就要面临一个实际问题，即寻找可靠的替代力量。因此，要想探究马基雅维里的理念来自何处，仅把目光局限于这一特定的理论争议是不会太有成效的。

　　事实上，到 15 世纪，解决这一困境的各种方案正在浮现出来。绝大多数意大利城邦都开始建立常备军制度并接受这方面的

---

[6]　关于最全面叙述这项争论的英语文献，见 C. C. Bayley, *War and Society in Renaissance Florence* (Toronto, 1961)，尤其是 pp. 178-240。

财政资助，以加强对军事资源的控制。不管这些军队是直接由城邦雇佣并由城邦任命的常任统帅指挥的重骑兵（lanze spezzate）、公爵家兵（famiglia ducale）、其他形式的君主常备卫队，还是驻扎在边境地区、拥有封地和订立长期合同的雇佣军，他们绝大多数都不再是人文主义者嘲笑的临时雇佣军了。意大利历史上的"雇佣军时期"——就这个词的真正意义而言——在 15 世纪初实际上已经结束了。但佛罗伦萨是一个例外。[7] 要了解马基雅维里为何专注于战争、城防和"自己的军队"，就必须准确把握 15 世纪佛罗伦萨的军事问题。

在 15 世纪，常备军事组织的建立，意味着新制度和新的控制方法逐渐形成；意味着出现了有效的征兵与监督机制和能够减缓常备军与当地民众之间紧张关系的膳宿与后勤供给程序，出现了专司军务的技术官僚和行政管理人员，至关重要的是出现了能使军队得到适当报偿的财政资源。在这些机制的发展过程中，佛罗伦萨的步伐却非常缓慢，在这个世纪的大部分时间里都被视为意大利主要列强中实力最弱者。和平时期它不愿在防务上花费，部分原因是佛罗伦萨人宁肯抑制税收，以免经济发展缺少资本，部分是因为偿还积欠的战争债务要耗用巨额收入。最高层对军事事务的控制并没有连续性；和平时期仅由一个级别较低、声望不高，且坚决立足于佛罗伦萨本土的委员会官员负责维持一支小规模的常备军。和平时期，官员雇佣的代理人极少，军队极少被检阅，几乎没有军饷。遇有战事则会选举成立一个强有力的"战时十人团"并迅速完成动员。当佛罗伦萨不得不与少数现有的雇佣兵签订大量合同、迅速组建军队的时候，压力之下谈成的条件也就无

----

〔7〕 Mallett, *Mercenaries*，散见于书中各处。

可避免地更不利于雇主。那些准备通过这种零碎方式为佛罗伦萨 *176*
效力的人，或者是因为对现有雇主不满，或者是些名副其实轻诺
寡信的无耻之徒，或者是未被雇佣而且几乎是不适宜雇佣的人。
他们知道，战争一结束，合同也就终止，他们会估计到，那时他
们可能将欠下成千上万弗罗林的债务。这些情况都无法带来忠诚
和有效的服务。[8] 佛罗伦萨在意大利各城邦中显得独一无二：根
据短期合同为军队提供免费膳宿，却没有建立切实可行的制度为
不幸承担了重负的乡村房东提供补偿。米兰与威尼斯都建立了为
军队膳宿支付费用的体制，并从所有乡村地区征收马匹税的特别
税，以向军队提供额外报酬，使它们能够承担这笔费用。这种制
度效果甚好，使军队有了长期的膳宿之地而又不会过度恶化军人
与乡民之间的关系。[9] 马基雅维里谴责说这是拙劣军事制度的典
型范例，但事实上这是佛罗伦萨所特有的。佛罗伦萨极少有人精
于管理实质上是间歇性的军队组织；这一工作在战争时期则由临
时委员会和第二国务秘书负责。有趣的是，15 世纪后半期有两个
佛罗伦萨人精于此道，即奥菲罗·达·里卡弗和斯福查·贝蒂尼，
但他们却主要为意大利其他城邦效力。[10]

　　佛罗伦萨愿意花钱的一个防务领域是修建要塞。也许因为这

---

[8] M. E. Mallett, 'Preparations for war in Florence and Venice in the late fifteenth century', 见 *Florence and Venice: Comparisons and Relations, I* (Florence, 1979), pp. 149-64; 同一作者，'The military organization of Florence and Venice in the fifteenth century', 见 *16 Settimana di studio dell'Istituto Francesco Datini: Gli aspetti economici della Guerra in Europa* (Prato, 1984)。

[9] M. E. Mallett and J. R. Hale, *The Military organization of a Renaissance State: Venice c. 1400-1617* (Cambridge, 1984), pp. 128-36. 有关佛罗伦萨人和米兰人的做法，见 Lorenzo de' Medici, *Lettere*, V, ed. Michael Mallett (Florence, 1990), pp. 491-494。

[10] 关于此二人的情况，见 Lorenzo de' Medici, *Lettere*, I-VI, Florence, 1976-90, ad indices。

种投资看起来更安全，运转费用也低得多；另外，托斯卡纳的地
形当然也非常适于修筑要塞。但更为重要的是，对佛罗伦萨人热
衷于此的解释，同时也是马基雅维里讨论的一个主题，就是要塞
的双重作用：既可抵御外来之敌，亦可防范内部敌人。横跨一座
臣服城市城墙的堡垒，既可支配和控制该城，又可增强对城外来
犯者的抵御能力。佛罗伦萨领土扩张的一个重要组成部分就是修
建这种堡垒，但要塞的这种双重功能导致了马基雅维里论述这个
问题时的语焉不详，并最终导致他否定要塞是共和国的有效防御
手段。他在《君主论》中承认防御坚固的城市非常安全，但仍建
议说，君主最好还是依赖臣民的忠诚与善意。在《论李维前十书》
中，要塞潜在的镇压作用吸引了他的关注，但我们同时也看到了
这样的观点：铜墙铁壁会削弱公民自卫的决心与能力。由于佛罗
伦萨偏爱修筑要塞，这种古典的与人文主义的争论在马基雅维里
那里又获得了新的重要性。[11]

凡此种种，就是马基雅维里专注于战争问题的军事背景。这
里不适于比较佛罗伦萨与意大利其他城邦的情势而扩大讨论范围，
也不是进一步探讨佛罗伦萨军事发展落后之原因的时候。不过在
马基雅维里看来，虽然佛罗伦萨军事上的羸弱形象在意大利被认
为是给他人的军队发放薪水的冤大头，但佛罗伦萨必定曾是异常
强大的城邦。那个世纪末发生的事件只是突显了存在的问题：
1494 年，萨尔扎纳的新要塞和萨尔扎纳人乖乖地向法国人投降，

---

[11]　J. R. Hale, 'To fortify or not to fortify? Machiavelli's contribution to a Renaissance
debate', 见 *Essays in honour of John Humphreys Whitfield*, H. C. Davis et al., eds.
(London, 1975), pp. 99-119, 重新发表于 J. R. Hale, *Renaissance War Studies*
(London, 1983), pp. 189-210。关于马基雅维里的讨论，见 *Il Principe*, ch. X and
XX, *I Discorsi*, II, 24.

比萨的堡垒则根本未能阻止比萨人的叛乱。无论雇佣军还是法国的援军都未能收复比萨。1501年，当恺撒·博吉亚高傲地踏过托斯卡纳时，佛罗伦萨所能做的只是无助的抵抗。不难理解马基雅维里在寻求这些问题的解决办法时所怀有的感情与夸张倾向。

这个背景中还有最后一点需要提及，虽然它并非特别与军事问题有关。马基雅维里所谓的共和国已不再是真正意义上的城邦。佛罗伦萨在14世纪末到15世纪初的扩张，在利益、行政管理、潜在的开发与防务上创造了一个全新的领域，这需要佛罗伦萨人逐步去消化。马基雅维里的政治思想随处可见对国家正在超越佛罗伦萨的城墙这一事实进行有意无意的调适，尽管他使用的仍然多是传统城邦共和主义的语言。毫无疑问，只有根据这些变化了的环境条件，才能理解以武力建立并保卫帝国的热忱。

现在让我们回到最初的问题，即利用"自己的军队"修备国防；意大利其他城邦的做法并不令马基雅维里满意，因为，虽然他们的军队纪律越来越严明，从一定意义上来说也越来越高效，但它们未能实现马基雅维里所追求的公民士气的普遍提高和集体美德。这只能产生于某种征兵形式，即大量武装国民——实际上是一支国民军，甚至是常备国防军。

15世纪的大部分时间里，国民军在意大利的战争中作用都很有限。职业骑兵与步兵的专业水平与技能不断提高，使未经训练、草草武装起来的国民军几无用武之地。在保卫家园的时候，身强力壮的国民军成员还能起到辅助作用，但仅此而已，根本不可能指望国民军部队远离家乡，也根本不可能指望他们长期作战。但作为先遣部队和工兵，国民军却发挥着越来越重要的作用。尽管马基雅维里持不同看法，但15世纪的战争中，野战工事和各式各类的工程作业已是随处可见，大批农民被征召入伍在沼泽地里修

178

筑以英里计的防御坑道、修建炮台、加固营地与道路。虽然此类活动在伦巴第也许比在托斯坎纳更常见，但每一支佛罗伦萨军队都伴有为这些目的而征召的当地兵员。[12]

　　然而，到15世纪下半叶，由查理七世在1440年代组建，被称为法国弓箭手（francs-archer），受过一定训练的精锐国民军在意大利引起了关注并被模仿。1477年，威尼斯人实施了一项计划。他们从威尼托地区征召了1.5万—2万人的精锐民兵，由职业步兵总管进行训练，用于阻止土耳其人对弗留利地区周而复始的侵犯。他们以威尼斯共和国的士兵（provisionati di San Marco）著称，被豁免了赋税，在训练与服役期间还有报酬。之后30年间，在威尼托和某些君主国中，这种兵员都被定期重新编入现役，重点是在乡村里训练手枪手并贮存适量的武器。[13]

　　但是，所有这些努力基本上只是对职业军队的补充。马基雅维里痛苦地指出，当法国军队真正投入战争时，法国弓箭手就被甩在了身后，取而代之的是瑞士雇佣兵。[14] 1509年的阿尼亚德洛之战中，威尼斯军队中只有一小部分是国民军。在这场战役中，他们不得不雇佣大量的职业步兵来支持国民军。

　　因此，到15世纪末，有关挑选并加以合理强化训练的国民军步兵问题的讨论与实验已是热闹非凡。当时步兵力量以及维持职业军队的费用都在急速膨胀，对此也有了一些根据劳动力的经济损益而提出的实际解决办法。它们既没有显示出对古典观念的最

---

〔12〕 Bayley, *War and Society*, pp. 219-40; Mallett, *Mercenaries*, pp. 182-4, 226-7.

〔13〕 关于法国弓箭手，见 A. Spont, 'La milice des francs-archers'，载 *Revue des Questions Historiques*, 61 (1897)；关于威尼斯的国民军，见 Mallett and Hale, *The military organization of a Renaissance State*, pp. 78-80。

〔14〕 Machiavelli, *Il Principe*, ch. XIII.

终采纳，也不是独特的共和主义举措。没有人会依靠这些新式国民军作为国防支柱，恺撒·博吉亚更不会。博吉亚打发了雇佣军之后在 1503 年 1 月逃出罗马尼阿时所利用的那支军队，就是由效忠于这位公爵个人的重骑兵和职业西班牙、罗马尼阿步兵组成的，这让马基雅维里非常高兴。当然，罗马尼阿步兵是他的臣民，而且他很幸运——他在自己国内有一个职业步兵的主要征召地拉莫内（Val di Lamone），而他充分利用了这一优势。[15]

179

最后我们还是要回到目睹了所有这些事件但在 1505—1506 年碰上了比萨告急这一迫切问题的马基雅维里。他终于说服执政团在 1506 年创立国民军的法令（Ordinanza），可能是一个伟大试验的开端，一种武装共和国的新方法，但更重要的是，它是解决比萨具体问题的一次尝试。通过人员的自然缩减，这个做法获得了成功，但这个新式组织的缺陷也显而易见：即便在服役期间，兵员的报酬也是一拖再拖；他们全都是从城郊征召来的，因为佛罗伦萨人不愿服兵役，而且把城市的公民武装起来很可能带来危险；他们的装备是已经过时的瑞士装备，所有人都没有火枪；为避免有影响的人物拥兵自重，军官都是轮换任职；统帅他们的则是一个外国人，先是声名狼藉的堂·米开罗托，接着是雅科布·萨维里。所有这些都对这支堪称国防军雏形的军事力量产生了不良影响。[16]国家要在更大程度上依靠自身的军事力量，就不能走业余国民军这条路。

---

[15] J. Larner, 'Cesare Borgia, Machiavelli, and the Romagnol militia', *Studi Romagnoli*, 17 (1966).

[16] *Arte della guerra*, ed. Bertelli, pp. 79-89; Bayley, *War and Society*, pp. 240-67; C. Dionisotti, 'Machiavelli, Cesare Borgia e Don Michelotto', *Rivista storica italiana*, 79 (1967).

当然，马基雅维里的国民军并非 13 世纪国民军的翻版，它要保卫的国家也不是 13 世纪的城邦。然而，它的基础却是某些时代错置的假设；围绕它产生的争论，它所受到的束缚——佛罗伦萨人对武装臣民的偏见、对宗派和个人手中掌握武器的恐惧等，都是使它严重受挫的原因。也许我们能够得出的结论是，马基雅维里的基本观念就是错误的。按照他的想法，良好的法律应当先于良好的军队；只有在一个各种制度公平合理、能够激发马基雅维里所企盼的那种爱国主义的安定国家里，才有可能出现这种理想的军事方案。

然而，最后也可以得出一个较为积极的结论。常备军事力量的增长会伴之以——实际上也需要——统治触角的延伸。军队的招募、膳宿、后勤、训练和纪律，都不可避免地意味着官僚、巡视员、发饷人和统帅走进乡村。关于国民军的争论与实验本身肯定对佛罗伦萨产生了这种影响。佛罗伦萨人逐渐意识到了更大的国家在许多方面的含义，而不只是购买地产，国民军"运动"肯定更强化了这一趋势。它打算用处理国民军事务的九人法官团（Nove della Ordinanza e della Milizia）取代基本上足不出户的处理雇佣兵事务的七人法官团（Ufficiali della Condotta），前者必须到城市以外发挥作用。这将带来国家权力和利益的实质性扩张。但那是马基雅维里在另一场合的命题了。

第九章 马基雅维里《佛罗伦萨史》中的 内部失和

吉塞拉·波克

一

《佛罗伦萨史》作于1520—1525年，涵盖了从罗马共和国衰落到15世纪结束这一时期。马基雅维里在导言*中对书写这段历史时所遵循的"秩序与方法"（ordini e modi）做了说明。一方面，他赞扬了"两位杰出历史学家"雷奥纳多·布鲁尼和博吉奥·布拉奇奥里尼对"佛罗伦萨人向外国君主和人民发动战争的描述"，同时又批评他们忽略了他认为是这个城市历史特殊而重要的部分，即"内部失和、国内纷争及其后果"，或如他稍后所写，"城市内部的仇恨与分裂"。《佛罗伦萨史》不仅和《君主论》一样，记载"伟大人物的行为"，还记载那些看起来"微不足道"或"不值得"详述，成为历史记忆一部分的行为。[1] 这种佛罗伦萨历史观对马

---

* 本文作者一再提到马基雅维里《佛罗伦萨史》的"导言"，但中译本并无此章，仅在"中译本序言"中提到第一卷、第二卷"这两卷可以看作全书的导言"（李活译，商务印书馆，1982年）。——译注

[1] Machiavelli, *Istorie Fiorentine*, 'Proemio', p. 632; *Il Principe*, 'Dedica', p. 257. 马基雅维里的作品援引自 *Tutte le Opere*, ed. M. Martelli (Florence, 1971)。对 *Istorie Fiorentine* 的评注，见 V. Fiorini 的版本（1894年），再版于佛罗伦萨，1978年。马基雅维里的译文主要是本于 M. P. Gilmore 编《佛罗伦萨史》（纽约，1970年）和 M. Walker 编《论李维前十书》（伦敦，1950年）。其他均为我的译文。关于马基雅维里批判利用雷奥纳多·布鲁尼和博吉奥·布拉奇奥里

基雅维里影响似乎很大，以致他改变了原计划。起初，他想从老科西莫结束流放、返回佛罗伦萨建立政权的 1434 年开始，这样做大概是因为，交给他这项任务的是美第奇家族的一个成员，枢机主教朱利奥，即未来的教皇克莱门七世。正是因为他对了解内部失和产生的兴趣，促使他回溯了这个城市的起源。[2] 他在导言中还概述了《佛罗伦萨史》的内容和他的修史观：

> 如果说有共和国曾发生过值得注意的分裂，那么佛罗伦萨的分裂就是最值得注意的：因为，大多数引起我们某种关注的共和国，都只是分裂过一次，事实上，通过分裂，它们有的繁荣起来，有的则毁于一旦。但佛罗伦萨却不止一次，而是多次。众所周知，在罗马，在国王们被赶走之后，贵族与平民之间的失和就开始出现，并一直延续到罗马共和国灭亡。同样的情况在雅典和当时兴盛的其他共和国中也出现过。但在佛罗伦萨，分裂首先出现在贵族内部，接着就是贵族与人民，最后是人民与平民；常见的情况是，这些派别之一在占了上风之后便一分为二。就像我们了解其历史的任何城邦中出现的情形一样，伴随这些分裂的便是屡见不鲜的死亡、流放和家破人亡。

马基雅维里在这里展示了一幅令人沮丧的佛罗伦萨历史画面，

[接上页] 尼的佛罗伦萨历史著作的情况，见 A. M. Cabrini, *Per una valutazione delle 'Istorie Fiorentine' del Machiavelli. Note sulle fonti del Secondo Libro* (Florence, 1985)。

[2] *Istorie Fiorentine*, pp. 632-3; R. Ridolfi, *Vita di Niccolò Machiavelli*, 7th (Florence, 1978), pp. 284-90, 305-42.

而就在一个世纪之前，布鲁尼不仅书写了这个城市让人自豪的历史，甚至写了一部颂歌（Laudatio）；布鲁尼和其他许多人都将佛罗伦萨与罗马和雅典共和国相提并论。[3] 在导言中马基雅维里也暗示了这种对比，但却是特指罗马共和国中"贵族与平民的不和"。几年前他在《论李维前十书》中就研究了这一现象，也是在导言中把"公民之间出现的内部争端"置于中心地位。在此背景下，《论李维前十书》的这一基本论断——即第一卷第四章标题所示"平民与元老院失和促成了罗马共和国的自由与强大"——得到了深入的分析。在随后几章中，马基雅维里对历次分裂的细致斟酌，加上他的积极评价，展示了政治领域固有的冲突性；不但未把内部失和描述为破坏性因素，反而将其视为自由共和国的发酵剂与黏合剂；并提出公共利益就是贵族与平民之间妥协与平衡的结果。[4]

但在后来的《佛罗伦萨史》中，他似乎又放弃了对内部冲突的积极评价。他使用的各种词汇表明，他对以下这些现象的消极性没

[3] Leonardo Bruni, *Laudatio Florentinae Urbis*, ed. H. Baron in *From Petrarch to Leonardo Bruni* (Chicago, 1968), pp. 217-63; H. Baron, *The Crisis of the Early Italian Renaissance*, 2nd edn (2 vols, Princeton, NJ, 1966), pp. 54-80; N. Rubinstein, *Machiavelli e le origini di Firenze*, *Rivista storica italiana*, 79 (1967), pp. 925-9; R. Fubini, 'Osservazioni sugli "Historiarum Florentini populi libri XII" di Leonardo Bruni', in *Studi di storia medievale e moderna per E. Sestan* (Florence, 1980), vol. I, pp. 403-48; A. Moulakis 'Leonardo Bruni's constitution of Florence', *Rinascimento*, 26 (1986), pp. 141-90.

[4] *Discorsi*, I, 'Proemio', p. 76; *Discorsi*, I/4-6, pp. 82-7; G. Sasso, 'Machiavelli e i detrattori antichi e nuovi di Roma. Per l'interpretazione di Discorsi I, 4' in *Atti dell' Accademia Nazionale dei Lincei. Memorie, Classe di scienze morali, storiche e filologiche*, ser. VIII, vol. XXII, fasc 3, pp. 319-418; G. Sasso, *Niccolò Machiavelli* (Bologna, 1980), pp. 446-78, 487; G. Cadoni, 'Machiavelli teorico de conflitti sociali', *Storia e politica*, 17 (1978), pp. 197-220; G. Procacci, 'Machiavelli rivoluzionario', in Machiavelli, *Opere scelte*, ed. G. F. Berardi (Rome, 1969), pp. XV-XXXV.

有丝毫怀疑：（内部）失和（discordia［civile］）、分裂（divisione）、仇恨（odio）、憎恶（inimicizie）、不和（disunione）、无序（disordine）、歧见（disparere）、派别（parti）、派系（sètte），有时还会用到宗派（fazioni）和争讼（contenzioni）。另一方面，对于井然有序的城市，他使用的词汇包括团结（unione）、友谊（amicizia）、平静（quiete）、和平（pace）、稳定（stabilità）、爱（amore），甚至还有对祖国的热爱（amore della partia）。在导言中作者强调说，对"该城出现仇恨与分裂的原因"进行历史研究，可以给那些治理共和国的公民就如何实现"团结"提供一个有益的教训。

　　《论李维前十书》对内部冲突的评价，摈弃了政治思想的这一传统——始终把失和谴责为无良政府及腐败的原因和结果，[5]但《佛罗伦萨史》似乎又利用并重新确认了这一传统。从乔万尼·维拉尼、马尔乔内·迪·科珀·斯特凡、皮耶罗·米内尔贝蒂和乔万尼·卡瓦尔坎蒂，到皮耶罗·帕伦蒂、巴托罗缪·塞雷塔尼和弗朗西斯科·圭恰迪尼，对分裂的描述、悲叹和批评也一直是佛罗伦萨修史传统的固有成分。[6]而且，这一主题也是佛罗伦萨政府政治语言的一个组成部分。尤其是在关键时刻，对团结的思考，对失和的讨论，对实现和谐、公共利益、爱与团结的必要性与方法的探求，

----

〔5〕　Q. Skinner, *The Foundations of Modern Political Thought* (2 vols, Cambridge, 1978), vol. I, 尤见 pp. 181-235。

〔6〕　例见 G. A. Brucker, *Florentine Politics and Society 1343-1378* (Princeton, 1962), pp. 131-2; D. J. Wilcox, *The Development of Florentine Humanist Historiography in the 15th Century* (Princeton, NJ, 1970), pp. 115-43; N. Rubinstein, 'Politics and constitution in Florence at the end of the 15th century', 载 *Italian Renaissance Studies*, ed. E. F. Jacob (London, 1960), pp. 148-83, 170; M. Phillips, 'Machiavelli, Guicciardini, and the tradition of vernacular historiography in Florence', 载 *American Historical review*, 84 (1979), p. 102; L. Green, *Chronicle into History. An Essay on the Interpretation of History in Florentine Fourteenth-century Chronicles* (Cambridge, 1972), pp. 39-43, 95-102, 106-7。

都会得到促进。有些时候，法律会被用于对付政治团体——不管是公开的还是秘密的、组织严密的抑或松散的：我们今天所说的政党（party），在那些时代的佛罗伦萨被称作朋党、同伙、帮派或派系。[7]

我想就这一背景讨论马基雅维里对内部失和的思考。虽然这一问题在有关马基雅维里的一般作品中都占有重要位置，但很少有作者系统地审视这个问题本身，他们一般只是集中关注《论李维前十书》的上述篇什。本章将从《佛罗伦萨史》，因而也是马基雅维里一生的最后阶段入手展开研究。这也许有助于说明马基雅维里共和主义的性质，因为它的核心就是马基雅维里对社会与政治冲突的思考。

这也可能有助于回答某些有关马基雅维里政治和历史思想的悬疑问题。第一，《论李维前十书》对冲突的积极评价与《佛罗伦萨历史》的消极评价之间有无自相矛盾之处？《佛罗伦萨史》的作者是否放弃了那个宁静、团结、和谐、有着稳定秩序及社会和平的乌托邦？是否放弃了他在《论李维前十书》中强烈质疑的威尼斯共和国事实上或者所谓的没有内部冲突的神话？对于权力的功能与关系——这并不完全是权力欲，[8]而且还是权力动态学的问题——这位《佛罗伦萨史》的作者是否抛弃了他那入木三分、令人不安、毫无道德原则的"马基雅维里式"的分析？换言之，在《佛罗伦萨史》中还能看到《君主论》和《论李维前十书》的影子吗？

第二，许多现代学者都将马基雅维里——尤其是在《论李维前十书》中——对失和与派别的积极评价，视为现代政党获得积极评

184

〔7〕 N. Rubinstein, 'Politics and constitution in Florence', p. 168, 'Machiavelli e le origini de Firenze', pp. 957-8.

〔8〕 G. Ritter, *Die Dämonie der Macht* (Munich, 1948, 1ˢᵗ edn 1940)；另见 F. Meinecke, *Die deutsche Katastrophe* (Wiesbaden, 1946), pp. 79-86 ('Der Massenmachiavellismus')；E. Faul, *Der moderne Machiavellismus* (Cologne, 1961)。

价或正当性的重要先兆。[9]但这种观点是有争议的，质疑的根据是，佛罗伦萨历史上相互冲突的党派可能并不是现代政党的真正先驱，或者，可以从不同的角度去看待马基雅维里的思想。譬如卢梭就是以不同的方式看待后一个问题的。他在《社会契约论》中谴责派系（sociétés partielles）——现代政党的雏形[10]——与公意背道而驰，他在论证自己的观点时引用的正是马基雅维里《佛罗伦萨史》中关于"分歧"的段落。[11]确实，七星文库（Pléiade）版《社会契约论》的评论家们批评卢梭误解了马基雅维里，并认为马基雅维里很可能会积极评价派系。[12]作为马基雅维里政治思想的文献，《佛罗伦萨史》对于解决这一问题发挥了什么作用？

第三，如我们所见，马基雅维里提到了内部冲突的某些主角：贵族（nobili）、人民（popolo）和平民（plebe）。甚至在几个世纪之后，他所探讨的问题仍然在一些主要的佛罗伦萨历史学家——譬如加埃塔诺·萨尔维米尼和尼古拉·奥托卡尔——之间产生了分歧，这个问题就是：公社各组成部分之间的失和应被视为我们今天称为"阶级"的集团之间的冲突，还是不同家族、宗族、

〔9〕 E. Faul, 'Verfemung, Duldung und Anerkennung der Parteiwesens', *Politische Vierteljahresschrift*, 5 (1964), pp. 68-9; S. Bertelli, 'Embrioni di partiti politici alle soglie dell'età moderna' in *Per Federico Chabod (1901-1960) . Atti del seminario internazionale*, S. Bertellied, vol. I: *Lo stato eil potere nel Rinascimento*, Annali della Facoltà di Scienze Politiche (Perugia, 1980-1), pp. 17-35; G. Silvano, *'Vivere civile' e 'Governo misto' a Firenze nel primo Cinquecento* (Bologna, 1985), pp. 107-3; Rubinstein, 'Politics and constitution in Florence', pp. 166-83.

〔10〕 R. von Albertini, 'Parteiorganisation und Parteibegriff in Frankreich 1785-1940', *Historische Zeitschrift*, 193 (1961), p. 534.

〔11〕 J. J. Rousseau, *Contrat social*, in *Oeuvres complètes* (Paris, 1964), vol. III, ed. R. Derathé, p. 372 ('Il importe donc pour avoir bien l' énoncé de la volonté générale qu'il n'y ait pas de société partielle dans l'Etat'), 那里有注释引用了《佛罗伦萨史》第七卷第一章的段落。

〔12〕 同上，p. 1458，注4。

被庇护人集团或庇护人系统之间的冲突？[13] 作为历史思考与解释 *185*
的文献，《佛罗伦萨史》提供了什么样的答案？

《佛罗伦萨史》的基本特点就是重构并解释历史，试图从这样
一部史学著作中引申出作者的政治观点，会遇到一些特殊的方法
论问题。一个作者越是单纯用历史叙述来表达和证实自己的政治
观点与价值观，他就越是容易（冒着时代错置的风险）将现在等
同于过去并（冒险使用非历史的程序）将理论投射于历史。反之，
如果像常见的那样只是为了辨识马基雅维里的政治观点去读《佛
罗伦萨史》，那就会推定他是个拙劣的历史学家，不能或不愿以原
始资料，而是以先入之见和政治偏好为指南——实际上这就是在
把马基雅维里当作历史学家时的一个普遍看法，说他践踏了历史，
而历史对他来说只不过是"政治学的婢女"。[14] 然而，有些史学

〔13〕 G. Salvemini, *Magnati e popolani in Firenze dal 1280 al 1295* (Florence, 1899); N. Ottokar, *Il Commune di Firenze alla fine del Dugento* (Florence, 1926; repr. 1962)；关于这种语境下"阶级"（class）一词的用法，见 Cadoni 敏感的评论 'Machiavelli teorico', p. 198，注 4。Faul 在 'Verfemung' 一文中看到了与阶级斗争密切相关的"政党"的兴起。更多近期有关上述历史问题的论述，例见 N. Rubinstein, 'Oligarchy and democracy in 15th century Florence' in *Florence and Venice: Comparisons and Relations* (Florence, 1980), vol. I, pp. 99-115; L. Martines ed., *Violence and Civil Disorder in Italian Cities, 1200-1500* (Berkeley, CA, 1972) ; D. Kent, *The Rise of the Medici. Faction in Florence 1426-1434* (Oxford, 1978) ; J. N. Stephens, *The Fall of the Florentine Republic, 1512-1530* (Oxford, 1983) ; H. C. Butters, *Governors and Government in Early Sixteenth-century Florence, 1502-1519* (Oxford, 1985)。

〔14〕 E. Fueter, *Geschichte der modernen Historiographie* (Munich and Berlin, 1911), *Storia della storiografia moderna* (Milan and Naples, 1970), p. 66 (意大利文译本，p. 86); 对 *Machiavelli storico* 的类似负面评价（尤其相对今天的历史著作而言），可见 R. Romano, *La storiografia italiana oggi* (Rome, 1978), p. 22; E. W. Cochrane, *Historians and Historiography in the Italian Renaissance* (Chicago, 1981), pp. 265-70; Felix Gilbert, 'Machiavelli's Istorie Fiorentine', 收 于 M. P. Gilmore ed. *Studies on Machiavelli* (Florence, 1972), p. 99; F. Gilbert, *Machiavelli and Guicciardini, Politics and History in Sixteenth-century Florence* (Princeton, NJ, 1965)。对于这种解释的批评性观点，见 A. Garosci, *Le Istorie Fiorentine del Machiavelli* (Turin, 1973), p. 190。

家却称赞他是真正的历史学家，认为《佛罗伦萨史》是史学史的分水岭，因为他并未仿照他的主要资源——早先的佛罗伦萨编年史——按照编年顺序把分量轻重不等的一系列事件简单排列起来，而是从佛罗伦萨历史的实质动因与动力的角度取舍安排资料与事件，而且还因为，他是站在"不偏不倚"的立场上展开叙述的。[15]

186   如何评价历史学家马基雅维里以及如何将其与政治家马基雅维里联系在一起，至今仍在史学界存在分歧并推动了至关重要的新研究。19世纪初有了一个发现，即马基雅维里用作主要资源的是卡

---

[15] 这是格维努斯的观点，他在这方面将马基雅维里与修昔底德进行了比较 [Gervinus, *Geschichte der florentinischen Historiographie* (Frankfurt, 1871; 1st edn 1833)]。对《佛罗伦萨史》给予比较积极的评价并将马基雅维里视为杰出历史学家的其他作者包括，G. Gaeta 为马基雅维里《佛罗伦萨史》（米兰，1962年）撰写的"序言"，pp. 45-62，以及 'Machiavelli storico'，载 R. Aron et al., *Machiavelli nel 5 centenario della nascita* (Bologna, 1973), pp. 139-51; Garosci, *Le Istorie Fiorentine del Machiavelli*; G. M. Anselmi, *Ricerche sul Machiavelli storico* (Pisa, 1979) ; Carlo Dionisotti, 'Machiavelli storico'，载 C. Dionisotti, *Machiavellerie* (Turin, 1980), pp. 365-409; N. Rubinstein, 'Machiavelli storico', *Annali della Scuola Normale di Pisa, Classe di lettere e filosofia*, ser 3, 17/3, pp. 695-733. 关于评价马基雅维里必须依据的他那个时代的修史状况，另见 H. Baron, 'Das Erwachen des historischen Denkens im Humanismus des Quattrocento'，载 *Historische Zeitschrift*, 147 (1932), p. 5-20; E. Garin, 'La storia nel pensiero del Rinascimento，收于 E. Garin, *Medioevo e Rinascimento* (Bari, 1964), pp. 179-95; A. Buck, *Das Geschichtsdenken der Renaissance* (Krefeld, 1957); M. P. Gilmore, 'The Renaissance conception of the lessons of history'，收于他的 *Humanists and Jurists* (Cambridge, MA), pp. 1-37。F. Gilbert, 'The Renaissance interest in history'，收于 *Art, Science and History in the Renaissance*, ed. Singleton (Baltimore, 1967), pp. 373-87; M. B. Becker, 'Towards a Renaissance historiography in Florence'，收于 *Renaissance, Studies in Honor of Hans Baron*, A. Molho and John A. Tedeschi, eds. (Florence, 1971), pp. 141-71; D. Hay, *Annalists and Historians: Western Historiography from the Eighth to the Eighteenth Centuries* (London, 1977); M. Phillips, *Francesco Guicciardini: The Historian's Craft* (Toronto, 1977); R. Black, 'The new laws of history'，载 *Renaissance Studies* (1987), pp. 126-56。

瓦尔坎蒂，之后又发现了许多其他资源。[16]这些研究证实，马基雅维里的政治观点就隐含在他的历史叙述之中（正如政治观点可能隐含在其他历史叙述中一样），并且只有细心比较他使用的资源才能总结出来。《佛罗伦萨史》的任何一个篇什，如果不审视它是否以及如何采自这些资源之一，或者是否属于马基雅维里的原创，都不能用来证明作者暗示或明示的政治观点。但本文并非要进行这种审视。

格维努斯所说的"不偏不倚"，指的是马基雅维里和现代早期的其他意大利历史学家一样，在展示各种事件及活动时采取了与其中的主角不同，有时甚至完全相反的视角，而他自己也绝不总是明确告诉我们他本人的看法。这在那些虚构的个人与群体演说中表现得最为明显，由此可以看到作者对它们的原因和动机以及事件内在逻辑的解释——这是遵循并更新了从修昔底德一直延续到 17 世纪的史学传统。[17]《佛罗伦萨史》中的这些演说时常被拿来证明作者的政治观点，但这种做法始终未能充分考虑到它们的史学功能。用它们重构马基雅维里的政治思想，并不需要把它们一笔勾销，而是需要把它们放在历史叙述以及演说的全部结果这两个背景之中。

187

———————

[16] 例见 B. Richardson, 'Notes on Machiavelli's sources and his treatment of the rhetorical tradition'，载 Italian Studies, 26 (1971), 24-28; Anselmi, Ricerche sul Machiavelli storico, pp. 115-59; Cabrini, Per una valutazione delle 'Istorie Fiorentine'; Rab Hatfield, 'A source for Machiavelli's account of the regime of Piero de' Medici'，收于 Gimore, ed. Studies on Machiavelli, pp. 319-33。

[17] Struever, The Language of History in the Renaissance，尤见第 72—73、125—143 页；Anselmi, Ricerche sul Machiavelli storico, pp. 182-6; R. Aguirre, 'Machiavelli's use of fictive speeches in the Istorie Fiorentine'，此系未发表的博士论文，俄勒冈大学，1978 年；G. Bock, 'Machiavelli als Geschichtsschreiber'，载 Quellen und Forschungen aus italienischen Archiven und Bibliotheken, 66 (1986), pp. 178-84。

关于内部失和的主题有一个例子，即 1340 年代的雅典公爵、佛罗伦萨总督加尔蒂耶里·德·布里安的演说。马基雅维里把他描写成了一个以煽动和暴力手段摧毁了公民自由的专制者，并为他的专制统治进行辩护说，"只有那些分裂的城邦才会受奴役，而统一的城邦都是自由的"。[18]在马基雅维里笔下，这段话被描述为"所有真相中最深远，最本质的"（la plus profonde et la plus essentielle de vérités），表明他的自由概念指的是"消灭所有城邦内部反对的根源"（écraser tout germe de dissension civile）。[19]但是，这一解释并未考虑到公爵的这句话是对前面同样重要的，一群（"热爱自己的国家和自由的"）共和主义公民演说的回复：他们反对公爵的专制，强调并威胁"唯一持久的政府就是建立在人民意志基础上的政府"。[20]笔者个人看来，这似乎可以证明，更贴近马基雅维里观点的是公民们的演说，而不是单纯把传统的自由语言用于维护专制的公爵的演说。[21]从史学叙事的角度来看，我们遇到了一个前后矛盾：两个针锋相对的演说，代表了两种完全相反的观点，判断则留给读者自己去做——至少在一定程度上如此。当然，专制者能够使用自由语言为自己服务也并非没有任何意义。根据马基雅维里的政治思想，可以说这两个演说准确地体

---

〔18〕 *Istorie Fiorentine*, II/35, p. 683.

〔19〕 M. Marietti, 'Machiavel historiographe des Medicis' in *Les Ecrivains et le pouvoir en Italie a l'epoque de la Renaissance*, ed. A. Rochan, vol. II, no. 3, 2ed series (Paris, 1974), p. 147.

〔20〕 *Istorie Fiorentine*, II/34, p. 682 ('quello dominio è solo durabile che è voluntary'). 两个演说均无出处 (Villani); 见 *Machiavelli, Istorie Fiorentine*, ed. V. Fiorini (1894/1978), pp. 237-8, 240。

〔21〕 *Machiavelli, Istorie Fiorentine*, ed. V. Fiorini (1894/1978), p. 240. 而且，公爵只有一次间接演说，公民们则是直接演说。另见 Garosci, *Le Istorie Fiorentine del Machiavelli*, pp. 210-12。

现了他对内部失和（即本章的主题，不应简化成这些对立的观点之一）的复杂态度和评价上的前后矛盾。

《佛罗伦萨史》的某些篇什不仅隐晦地，而且还明确地表达了他的政治思考，但并未直接诉诸原始资料和虚构方法，除"导言"之外，八卷的每一卷第一章都是引入主题（引言），有时是对前一卷的总结；其中第三、第四和第七卷的引言部分都涉及内部失和，随后的论述都是以此为基础。然而，尽管更具理论风格，却不可能把它们与历史叙述分割开来。它们的特点就是对历史叙事的概括与解释，而不纯粹是怀有先入之见的政治理论，这一特点最近已被如下事实所证明：第一卷至第六卷的引言都作于这几卷的叙述完成之后。[22]因此，对它们进行研究也就意味着从马基雅维里的历史思考中探寻他的政治思考，从他的政治思考中探寻他的历史思考。

188

二

第三卷在编年上属于14世纪下半叶，起着承上启下的作用，该卷的引言沙博赞之为对意大利城市演变与问题的精彩解析。[23]"普通民众与贵族之间自然存在严重敌意"，这是因为"后者想发号施令而前者拒不服从"。这两种截然相反的态度就是倾向（umori）及其差异，它们是"出现在城市中的万恶"之因。这一具有人类学特征的观点，在马基雅维里的作品中随处可见：他

〔22〕 Levi, 'Due nuovi frammenti degli abbozzi autografi delle *Istorie Fiorentine* del Machiavelli', *Bibliofilia*, 69 (1967), pp. 309-23.

〔23〕 F. Chabod, *Scritti su Machiavelli* (Turin, 1964), pp. 72-3.

认为，人们——有时是两种（贵族与人民），有时是三种（贵族、人民与平民）——有着不同的倾向（umori）、机缘（sorte）或品质（qualità），他们之间存有敌意是自然而然的，这种敌意存在于每一个城邦，不可避免，无法消除，可以理解，甚至是合理合法的。[24] 在这种人类学基础上，作者继续对罗马与佛罗伦萨共和国进行比较。他以一个对比开始：既导致了罗马的内讧，也导致了佛罗伦萨内乱的那种"特质差异"。然而，在马基雅维里作品的其他地方，同样的原因可能会产生不同的效果。虽然罪恶仍是罪恶，但它可能会产生积极效果。[25] 敌意之罪恶带来的效果在罗马是积极的，在佛罗伦萨却是消极的：在这里，两个共和国不再被相提并论，而是变成了优劣对比，这种对比触犯了一个人文主义传统——把佛罗伦萨与辉煌夺目的罗马共和国相提并论而颂扬佛罗伦萨。在马基雅维里看来，在处理不和的时候，罗马人与佛罗伦萨人的方式大相径庭："罗马贵族与人民之间最初的争吵是通过讨论来解决的，而在佛罗伦萨则是通过战斗；罗马是靠法律来结束争吵，而在佛罗伦萨，却是结束于众多公民的流放和死亡；在罗马，争吵增强了军事德行，佛罗伦萨的争吵却彻底毁了这种德行。"三种不同后果又带来了第四种，而且引人注目，因为它打破了辉煌的罗马与惨淡的佛罗伦萨这种过分简单化的对比："在罗

189

[24] *Istorie Fiorentine*, III/1, pp. 690-1；另见 *Istorie Fiorentine*, II/12, p. 666; II/34, p. 681; II/42, p. 689; *Il Principe*, IX, p. 271; *Discorsi*, I/5, p. 83; *Discursus*, p. 27。关于"倾向"（umori），另见 Sasso, *Niccolò Machiavelli*, pp. 446-7, 460-5。

[25] *Istorie Fiorentine*, III/1, pp. 690-1；另见 *Il Principe*, VIII, pp. 270-1。圭恰迪尼激烈批评了这一观点："无论如何都不是平民与元老院之间的分裂塑造了伟大的罗马……赞颂分裂就好像因为一个病人得到了有效的治疗而赞颂他身上的疾病一样"［Considerazione sui Discorsi del Machiavelli, 收于 *Opere* (Turin, 1970), vol. I, pp. 615-16］。见 Q. Skinner, *The Foundations*, vol. I, pp. 181-2。

马，争吵将公民的平等状态变成了极大的不平等状态；而在佛罗伦萨，却使不平等变成了引人注目的平等状态。"[26]

马基雅维里一举逆转了对罗马与佛罗伦萨进行比较的条件，因为平等概念在他的思想中像在佛罗伦萨共和主义传统中一样有着显然是积极的联系。他在《论李维前十书》中宣称，平等是一个真正的共和国的前提条件，他作于 1520 年左右的《论小洛伦佐去世后的佛罗伦萨政务》就坚持了这一论断，在这里又提出了体制内的"平等"：由于恢复了 1512 年被废除的大委员会，从而扩大了政府的社会基础，每一种"特质"的人在政府中都有"一席之地"。[27]马基雅维里所说的平等，不是经济平等，也非社会平等，而是法律与政治上的平等，即法律面前的平等，获得公职的机会平等。用《论李维前十书》的话说，不是"财产的平等"或"财富的平等"，而是"等级的平等"或"荣誉的平等"。[28]在《佛罗伦萨史》第二卷中，他描述了佛罗伦萨人民与贵族之间为支持

---

[26] *Istorie Fiorentine*, III/1, p. 690: "Quelle [nimicizie] di Roma da una ugualita di cittadini in una disaguaglianza grandissima quella città condussono, quelle di Firenze da una disaguaglianza ad una mirabile ugualità l'hanno ridutta."

[27] *Discorsi*, I/55, pp. 136-9; *Discursus*, pp. 25-9；关于大委员会，见 N. Rubinstein, 'I primi anni del Consiglio Maggiore di Firenze'，载 *Archivio storico italiano*, 112 (1954), pp. 151-94; 'Politics and constitution in Florence'; 'Florentine constitutionalism'; 'Oligarchy and cemocracy'；关于"平等"的理想，见 Q. Skinner, *The Foundations*, vol. I, pp. 166, 170, 236-8, 259; N. Rubinstein, 'Florentine constitutionalism', 'Machiavelli e le origini di Firenze', p. 958; Cadoni, 'Machiavelli teorico', p. 199; Carlo Dionisotti, 'Machiavelli letterato'，收于 Dionisotti, *Machiavellerie*, p. 213; Sasso, *Niccolò Machiavelli*, pp. 471-4, 490-1, 521-6. 关于《论文》，尤见 G. Guidi, 'Niccolò Machiavelli e I progetti di riforme costituzionali a Firenze nel 1522'，载 *Il Pensiero Politico*, 2 (1969), pp. 580-90, 以及 'La teoria delle "tre ambizioni" mel pensiero politico del primo '500'，载 *Il Pensiero Politico*, 5 (1972), pp. 241-59; R. von Albertini, *Das florentinische Staatsbewusstsein im Ubergang von der Republik zum Prinzipat* (Berne, 1955), pp. 46, 84-5; Sasso, *Niccolò Machiavelli*, pp. 524-6, 610-15; Silvano, *Vivere civile*, pp. 91-109。

[28] *Discorsi*, I/6, p. 85; I/37, pp. 118-20; Sasso, *Niccolò Machiavelli*, pp. 484-5.

与反对平等而发生的争斗和封建旧贵族特权的废除，更具体地把平等定义为废除他们的司法与军事权力。此外，他不仅描述了这些特权如何被废除，还描述了如何把贵族彻底地从政府、公职、城市中清理出去。如果贵族想要担任公职，他甚至必须被认可为人民。反之，被宣布为贵族则意味着不能出任公职。[29]

190　　　在第三卷引言中，马基雅维里颂扬了平等之后，随即就猛烈批判了这一做法。这次他仍然是比较了罗马与佛罗伦萨，再次肯定了它在罗马的积极意义和在佛罗伦萨的消极意义。他说明了像"特质的差异"那种自然而普遍的事实如何会在不同的城市中产生不同的效果。两个城市中参与斗争的"派别"有着"不同的目的"和"不同的意图"，接着他又进行了一系列新的对比："罗马人民想与贵族共享最高荣誉，而佛罗伦萨人民的奋斗目标是拥有不让贵族参与的政府"；罗马人民的愿望"比较合乎情理"，佛罗伦萨人民的愿望则"不义而且僭妄"。因而，罗马贵族"未诉诸武力"便向人民的要求做出了让步，而在佛罗伦萨，"贵族则准备更有效地进行自卫"，从而"酿成了流血事件和大量放逐"。在罗马，冲突之后的法律及改革是为了维护"公共利益"，而在佛罗伦萨则是"偏袒胜利者"。在罗马，人民中人进入政府使他们变得与贵族相仿并接受了贵族的美德，包括军事才干；在佛罗伦萨却带来了相反的结果，以致贵族为了再次进入政府而不得不装作人民中人，"不仅要模仿人民的行为举止、观点看法和生活方式，而且看上去要做得很像"——这是一个令人想到《君主论》的说法。[30] 由此，佛罗伦萨"变得越来越卑下"。

---

〔29〕*Istorie Fiorentine*, II/11-14, pp. 665-7；II/42, pp. 689-90；III/2-4, pp. 691-2；III/19, pp. 706-7.

〔30〕*Istorie Fiorentine*, III/1, pp. 690-1；见 *Il Principe*, XVIII, p. 284。

对佛罗伦萨的冲突发出的谴责达到高潮时，作者再次笔锋陡转，逆向比较了这两个城市。马基雅维里断续写道："当美德成了高傲，罗马便蜕化到一个没有君主就无法控制的状态；而佛罗伦萨则达到了一个无论采取什么统治形式，只要有一个睿智的立法者就可以毫不费力地进行改革的阶段。"〔31〕很明显，学者们也没有争议，最后一句不仅指前面的第二卷，更主要的是指刚刚提到的作于同一时期的《论佛罗伦萨政务》，而且根据马基雅维里向佛罗伦萨政府非正式领导人、委托撰写《佛罗伦萨史》和《论佛罗伦萨政务》的朱利奥·德·美第奇提出的建议来看，这应被理解为呼吁引入共和秩序。〔32〕

但不太清楚的是对罗马与佛罗伦萨逆向比较的意义。马基雅维里似乎落入了明显的自相矛盾，因为他最终还是认为，那种文明的、更可取的失和造成了罗马的衰落及恺撒的崛起，因而有害于罗马；而佛罗伦萨那种不文明的、危险的失和却有益于共和秩序。这似乎明显是一种矛盾。或许是他开始对先前的观点进行修正，认为一方面美化了罗马远更粗野、残酷的历史，另一方面却夸大了佛罗伦萨的堕落？出版于1894年的，唯一一部重要的《佛罗伦萨史》评注的作者韦托利·菲奥里尼，因无法解释这种自相矛盾，只能宣称"实际上不必寻找前面所说的与两个新发现之间的逻辑联系；相反，应将后者视为与其余内容毫无关联的附言"。换句话说：作为

191

---

〔31〕 *Istorie Fiorentine*, III/1, pp. 690-1; 在 *Istorie Fiorentine*, III/5, p. 694, 共和派公民发表的演说中表达了同样的思想："在整个意大利范围内，这座城市由正义引导，所以可以自治……尤其，我们的这个共和国能……不仅仅维持统一，并且也能够通过改革，建立起良好的风俗和文明的生活方式，只要你们，尊敬的殿下，能够下定决心。"

〔32〕 N. Rubinstein, 'Machiavelli e le origini di Firenze', p. 958; Marietti, 'Machiavelli historiographe', p. 109.

毫无意义的补充，还不如不写。[33] 这个解释难以令人信服，特别是考虑到马基雅维里的语言和反应一向尖锐，尤其是在进行反驳、讽刺与挑衅时。然而，在我们可以看到类似矛盾的《论李维前十书》第一卷第三十七章，却能够发现另外一种解释。

这一章谈的并不是罗马共和国的功业与荣耀，而是失败与最后的灭亡。马基雅维里认为，罗马衰落的原因是贵族与人民的失和达到了激化的程度，而这种失和先前正是被他视为自由与实力的原因。为了说明这一点，他先于这个历史论点进行了仍然是人类学性质的一般思考。人们互相争斗是出于需要，如果不是出于需要，那就是出于野心，因为大自然创造人类就是采取了这样的方式："尽管所有事物都是欲望的目标，但不是所有东西都可获取。因此，获取能力总是满足不了欲望，结果人类总是欲壑难填，现状总是无法让他们满意。"因此，罗马平民已不满足于通过保民官实现政治影响，他们希望分享的不仅有"荣耀"，还有"财产与财富"。这种情况发生在格拉古兄弟时代围绕公地法律进行的斗争过程中，并"对共和国造成了破坏"，这些法律对土地所有权进行了限制，并要求把被征服的土地分给平民。这个原因并不是唯一的——或者并没有太多地——由于斗争的方法（即"展示了既没有节制也不尊重文明习俗"的暴力）使政治斗争转变成经济斗争（事实上，马基雅维里认为格拉古兄弟的动机比他们的审慎更值得称赞）、"内部失和"转变成"内战"的原因。马基雅维里着重指出了这些事件过程中的几个因素：贵族的权力借助共和国的扩张而增强并被用于对付平民；不仅使用政治和体制的手段，还使用

192

―――――――

〔33〕 Fiorini, in Machiavelli, *Istorie Fiorentine*, p. 271. 据我所知，没有人提出过其他解释，但 Sasso, *Niccolò Machiavelli*, p. 508, 注 69 指出了《佛罗伦萨史》第三卷第一章与《论李维前十书》第一卷第三十七章的联系。

了私人手段；双方都出现了个人领袖（capi）——苏拉代表贵族，马略代表平民；最后，代表平民的恺撒打败庞培，统领双方，获得了胜利，从而成为"罗马的第一个专制者，之后这座城市再也未能恢复自由"。[34]

马基雅维里似乎对自己引言中的人类学解释——内部失和既是罗马自由的原因，也是罗马毁灭的原因——并不十分满意，因此他又增加了一个结语，强调第一卷第四章"似乎与这一结论不合"。但他又坚称，"我不会因此而改变观点"。[35]他认为他所处的历史环境已经发生了变化，并提出了其中三点：第一，贵族的野心太大，为了避免城邦的毁灭，必须对其加以遏制；如果平民不这么做，奴役可能会来得更早——这似乎是为了平衡他在引言中将错误归咎于平民。第二，他再次强调了暴力与财富争斗之间的关系：人类关注财富远甚于关注荣誉，因此，"一涉及财产"（come si venne alla roba），罗马贵族便成了顽固不化的守财奴，平民则是诉诸暴力。第三，他认为格拉古兄弟为冲突推波助澜的政策是错误的，这加剧而不是遏制了他们想要打击的罪恶。就这一问题，他又提到了前面一章中佛罗伦萨历史上的相似一幕：如果不是那些意识到老科西莫日隆的声望会对共和国造成威胁的人激烈反对并试图把他废黜以消除危险，他可能还不会成为共和国的君主。他们打算将他放逐，结果

---

〔34〕 *Discorsi*, I/37, p. 120，这个人类学的思考是："因为自然创造了人类，人类可以渴望任何事物，但不可拥有所有……"（p. 119）另见 Sasso, *Niccolò Machiavelli*, pp. 487-94, 530-4.

〔35〕 *Discorsi*, I/37, p. 120（在另一点中我们已经谈到过，元老院与平民的斗争确实使罗马保持了自由，因为从这场斗争中诞生了有利于自由的法律；因此，这部农业法的历史可以被视作是与这种理论相冲突的。总之，现在我要向你们解释我不改变观点的原因。）与圭恰迪尼的批评（见注〔25〕）相反，马基雅维里似乎在强调这个矛盾。

193 造成了伤害，使他的"党"更加有力并帮助他掌握了大权。[36] 至于马基雅维里对这个矛盾的反思，他似乎是在表示，不应在他的思想中，而应在历史事件和历史本身的过程中去寻找答案。

《论李维前十书》中的类似情况表明，《佛罗伦萨史》中出现的这种矛盾，既非错误也非多余，而是有意为之且至关重要。在这两部作品中，马基雅维里的政治和历史关切使他不能一味颂扬罗马共和国并单纯把它作为仿效的对象；[37] 他还要指出它不应重蹈的覆辙。此外，《佛罗伦萨史》第三卷一开篇就谈到它的衰败，看来也有着特别重要的作用。这些篇什专门用来比较罗马与佛罗伦萨并非偶然。[38] 马基雅维里为什么要专门以它引出本书？原因是显而易见的：在第三卷中，继第二卷中人民与贵族之间的斗争以及贵族的垮台，他又介绍了平民与人民之间的斗争，同时这一过程也标志着从荣誉和职位斗争向财产与财富斗争的转变。这就是1378年的佛罗伦萨梳毛工起义，它使该城在风雨飘摇中煎熬了三个月之久。引言中的这个矛盾就是谈的佛罗伦萨历史的矛盾过程。

马基雅维里用在梳毛工起义上的笔墨比同一时间段的任何其他事件都多。他把它说成是公社分裂的巅峰时刻，并对佛罗伦萨的历史产生了深远影响。[39] 它的亮点几乎可与他在《论李维前十

---

[36] *Discorsi*, I/37, p. 120（正如我们之前已经充分谈到过的，能获得的仅是因那混乱而导致的飞速堕落；但如果我们能够使其减速，或这不幸将推迟到来，或［这不幸］将慢慢地独自平息）；见 *Discorsi*, I/33, p. 115; *Istorie Fiorentine*, IV/27, pp. 731-3（尼科洛·达·乌扎诺建议不要对老科西莫使用暴力或者进行流放）。

[37] Sasso, *Niccolò Machiavelli*, pp. 487-91, 530-4.

[38] 导言以及 IV/1, p. 715; V/4, p. 740-1 都曾简要提到了古代历史。

[39] *Istorie Fiorentine*, III/18, p. 706："贵族与小资产阶级的区分，有其历史的原因和严重的后果，因为在很多情况下我们都必须谈论到这个区分，所以我们称他们为贵族和平民。"另见 IV/2 和 IV/3, p. 716; *Istorie Fiorentine*, IV/9-10, p. 720-1; IV/28, p. 734。

书》中描述的围绕公地法律展开的斗争相映成趣：从政治斗争转向经济斗争，从内部失和转向内战，诉诸私人手段，双方都出现了个人领袖，平民与小民获得了短暂胜利，那些在传统共和制度以外得到支持的大人物——美第奇家族成员——逐渐掌握了实权。

但无论如何，马基雅维里对梳毛工起义的历史叙述，绝不仅仅是对罗马类似事件的模仿，而是根据其自身的动态发展，以他曾经研究过的古代作家的那种态度看待它："我完全与他们同声相应"（Tucto mi transferisco in loro）。[40] 他之前的绝大多数历史学家，包括他的那些资源人物，以及直到 19 世纪都在模仿他的绝大多数历史学家，一般都认为此次起义及失和的原因或是受到了恶棍的教唆，或是对公民罪恶的惩罚，或是无法预测的命运，或是不道德的个人行为，或是某些贵族对民众的操纵，或是无行使公职能力者提出的应予以指责的要求（比如梳毛工的情况）。[41] 马基雅维里也许是第一个不从道德而是从政治角度，尤其是从梳毛工自身的物质条件和理性利益角度看待这些原因的历史学家。因此，他得出了一个现代史学一直无法超越的结论。

马基雅维里认为，"小民对富裕公民和行会领袖一直怀恨在心，因为他们感到没有得到应有的报酬"。在组织——行会——体制秩序的框架内，这种对更高工资的追求已经达到了某种关键程度。因为小民与平民并没有组织起"自己的行会"，而是属于由他们的雇主控制的行会，"他们认为没有得到他们有权得到的正

［40］ 1513 年 12 月的信，第 1160 页。

［41］ Eugenio Garin, 'Echi del Tumulto dei Ciompi nella cultura del Rinascimento', 见 *Il Tumulto dei Ciompi. Un momento di storia Fiorentina ed europea* (Florence, 1981), pp. 59-93; Ernesto Sestan, 'Echi sul Tumulto dei Ciompi nella cronistica e nella storiografia', 同前书，pp. 125-60; L. Green, *Chronicle into History*, pp. 90-102; D. J. Wilcox, *Development*, pp. 51-3, 149-51。

义"。[42]最初，他们是通过建立新行会来追求他们的目标，即争取获准担任地方执政官、使平民享受公平待遇，但接着他们就使用了暴力。在马基雅维里的叙述中，是一个匿名梳毛工向人群发表演说而引起了政治方法的这种转变。这个演说和其他演说一样在作者的原始资料中也没有样板。它在马基雅维里的散文和解释中是个著名篇什。有些人，包括卡尔·马克思，认为它是受到了萨卢斯特笔下喀提林发表的演说的启发。但是，在内部失和的背景之下，梳毛工演说与喀提林的演说不同，它不是秘密的贵族阴谋，而是大众公开反叛的一部分，其焦点是权力与暴力的政治关系，会让人更多地想起马基雅维里的《君主论》。[43]

195

这位梳毛工是以分析这样一些关系作为开场白的：诚然，"拿起武器、焚烧劫掠公民的房子"是罪恶，但却是必要的罪恶，因为，对于已经犯下的罪恶，就免不了用"加倍的罪恶"去惩罚。

〔42〕 *Istorie Fiorentine*, III/12, p. 700. 另见 V. Hunecke, 'Il Tumulto dei Ciompi-600 Jahre danach', *Quellen und Forschungen aus italienischen Archiven und Bibliotheken*, 58 (1978), pp. 360-410, 'The conference on the Tumulto dei Ciompi held in Florence, 16-19 September 1979', *Journal of Italian History*, 2 (1979), pp. 281-92; J. M. Najemy, 'Arti and Ordini in Machiavelli's *Istorie Fiorentine*', in *Essays presented to Myron P. Gilmoer*, ed. By S. Bertelli and G. Ramakus, vol. I, *Florence*, 1978, pp. 161-91, '"Audiant omnes artes"; corporate origins of the Ciompi revolution', in *Il Tumulto dei Ciompi*, pp. 59-93。A. Bonadeo, *Corruption, Conflict, and Power in the Works and Times of Niccolò Machiavelli* (Berkeley, CA, 1973)，在论述内部冲突的一章中并不包含梳毛工起义。

〔43〕 *Istorie Fiorentine*, III/13, pp. 700-2. 关于马克思所做的比较，见 N. Badaloni, 'Natura e società in Machiavelli', 载 *Studi Storici*, 10 (1969), pp. 675-708, 700; Ragionieri, 'Biografie di Marx e di Engels', 载 *Critica marxista*, 5 (1969), p. 146; O. Tommasini 对此提出了批评，见 *La vita e gli scritti di Niccolò Machiavelli*, vol. II (Rome, 1911), p. 524. 有关马基雅维里本人对于并不代表内部失和而是政变的喀提林的评述，见 *Discorsi*, I/10, p. 92; III/6, pp. 209-10; von Hentig, *Studien zur Psychologie des Staatsstreichs und der Staatsgründung* (Berlin, 1924)；关于两者的区别，例见 *Istorie Fiorentine*, III/1, pp. 817-18。

富人的财富应该被剥夺，因为它是得自欺骗和暴力，而"忠实的仆人却永远都是仆人，好人永远都受穷；奴役之下只有不忠和胆大妄为，贫穷所能产生的只有贪婪与奸诈"。演说的核心内容是对平等的论证，不仅是政治平等，还有经济平等："他们自夸血统比我们古老，不要受他们的欺骗。因为所有人都同出一源，都同样古老，大自然使人人都彼此相像。脱掉衣服，你会发现我们都是一模一样。让我们穿上他们的衣服，他们穿上我们的衣服，我们一定也会显得高贵，而他们同样会显得卑贱。因为正是贫穷与财富使我们不平等！"

在整个第三卷的语境中，包括引言、历史叙述和三个主要演说，马基雅维里似乎是从以下角度评判这次起义的。为荣誉的平等而斗争转向为财富的平等而斗争未必就不正当，而且无论如何都是可以理解的，从人的本性来看则是理性的；但它也使斗争方式从体制手段转向了作者所谴责的暴力手段。[44] 然而，和《论李维前十书》第一卷第三十七章的结语一样，他没有谴责这是犯罪，也没有将其归结为人类本性，而是说此乃历史的发展与变迁使然（"不要把旧秩序归因于人类本性，而应归因于时间。因为时间会改变，如果建立了更好的制度，你们也许能指望城市有更好的未来"）。[45] 他谴责他们，是因为他们毁灭了共和国。梳毛工演说是这一卷三个主要演说中唯一未提及"派别"的演说，这并非偶然。

按照他的判断，另两个动机对于内部失和的问题也很重要。

[44] 第三卷中的三个主要演说概括了这些动机：*Istorie Fiorentine*, III/5, pp. 692-5; III/11, pp. 699-700; III/13, pp. 700-2. 作者也明确评判了它们的内容："这些说辞，因为它们是真实的"（p. 700）；"这些论证也许导致了不幸"（p. 702）。

[45] *Istorie Fiorentine*, III/5, pp. 694-5.

叛乱者不仅想参与政府、瓜分财富，还想把他们的敌人赶走。用梳毛工的话说，"现在，不仅要把自己从他们那里解放出来，还要高居他们之上，让他们后悔，让他们害怕你甚于你害怕他们"。在马基雅维里的眼中，他们试图成为"国家的君主"（principe dello stato），而且还得逞于一时。在《佛罗伦萨史》中，国君经常用来指称集团而非个人。[46] 其次，这次叛乱不仅是失和与分裂的一种表现，起义者还系统地采取了分裂政策，包括与部分贵族（譬如萨尔维斯特罗·德·美第奇）结成联盟。[47] 正是在这里，马基雅维里发现了美第奇家族登上统治地位的由来——他是有此发现的第一人——因为 1382 年以后寡头统治的复辟所产生的国家，"最初阶段对公民的残酷与压迫程度绝不逊于平民政权"。[48] 老科西莫在 1434 年正是利用了人们的这种不满。

这是第四卷的主题，其引言部分再次讨论了失和与分裂。有些城邦虽然形式上是共和国，但并非"井然有序"。"政府与国家"（governi e stati）的频繁变幻并非"像许多人认为的那样"是在自由与奴役之间摇摆，而是在奴役与放纵之间摇摆，前者是贵族统治，后者是人民统治。在这两种情况下，自由都不过是徒有其名，因为法律与执政官都不受尊重，只有通过个人领袖才能维持最低程度的稳定（两者都必须依靠某个人的德行和运气来维持，如果此人死亡或由于政治上的麻烦而变得没有价值，也就一事无成了）。显然，这是指佛罗伦萨，指此前和此后各卷所描述的冲突。于是，马基雅维里像前面已经两度做过的那样强调了一种可能性，

---

〔46〕 *Istorie Fiorentine*, III/13, pp. 701-2; III/21, p. 709; III/22, p. 709 ('tutta la parte che era principe') . II/26, p. 675 把卢卡称为 "principe di se stessa"。

〔47〕 *Istorie Fiorentine*, III/13, p. 701; III/18, p. 706; IV/2, p. 716.

〔48〕 *Istorie Fiorentine*, III/21, p. 709.

尽管这种可能性既不确定，也很少见——出现"一位睿智、善良而强有力的公民"建章立制，以遏制贵族与人民彼此对立的"特质"，防止其发生危害，同时确保稳定与连续性，这样就使最初的立法者成为多余。[49]这种观点有双重功能：一方面，宣告了乔万尼·比奇与科西莫·德·美第奇未来的角色；另一方面，再次向委托编著《佛罗伦萨史》的朱利奥·德·美第奇建议——马基雅维里在同一时期的《论佛罗伦萨政务》中已经向他发出呼吁——建立一种日后即便没有美第奇领导也照样能够运转的共和秩序。事实上，在1520年代初，在朱利奥去世之后，美第奇家族几乎就销声匿迹了。[50]

　　第三卷的引言则从一个全新的角度对失和进行了论述。马基雅维里在这里提出了一个他以前从未涉及的概念：派系（sètte），即不是类似于阶级那样的各种水平倾向之间，而是诸如家族（case）、宗族、被庇护人集团以及庇护人系统那样的纵向集团之间的分歧。他的愤怒更多地发泄到了这些集团及其冲突而不是阶级失和上。他写道，认为一个共和国的存在就等于目标的完全一致，那既是一种欺骗，也是一个希望。但他在两种类型的分歧之间做出了区别，下面就是后来被卢梭引用以支持他对"派系"发出谴责的那个段落：

197

　　　　有些分歧会伤害共和国，而另一些则会使共和国受益。

〔49〕 *Istorie Fiorentine*, IV/I, pp. 715-16. 另见 *Istorie Fiorentine*, III/I, p. 691; III/5, pp. 614-15; IV/10, pp. 720-1。

〔50〕 *Istorie Fiorentine*, IV/3, pp. 716-17; IV/14, 16, pp. 722-4; IV/26, p. 731; *Discursus*, p. 30; *Minuta di provvisione per la Riforma dello Stato di Firenze l'anno 1522*, p. 23.

> 有伤害的分裂总是伴有派别和党争，而有益的分裂则没有派
> 别和党争。因此，既然共和国的创始者无法预防内部失和，
> 他至少应该注意防止派别的滋生。[51]

派系与马基雅维里在第三卷引言中描述的阶级不尽相同。后者是自然而然、无法避免的，如果以文明的方式加以制约，甚至会带来平等与公共利益；而前者只是权力斗争，可以避免也应该避免。获取政治权力的方式有两种：一是通过宪政制度内的公开手段（vie publiche），一是通过撇开甚至对抗制度的隐蔽方法（modi privati）——即施以财富、慷慨或保护以招募"党徒"支持施主及其宗派谋求私利而非公共利益。先前马基雅维里已经谴责了以暴力手段夺取权力，现在又进而谴责通过私人财富获取权力，显然，这也是在谴责科西莫·德·美第奇的政策。马基雅维里在佛罗伦萨的历史中不仅看到了消极的冲突形式——第三卷引言已经指出了这一点，而且发现最终是消极的冲突占了上风。由此，他得出的全面结论是：

> 佛罗伦萨的内部敌意总是伴有派系之争，因此一向就是
> 有害的。只有在反对派继续存在的时候，赢家才会保持团结。
> 一旦输家的势力解体，统治的派别也就不再受到恐惧和内部
> 纪律的约束，会再次四分五裂。

这段引言中提到的"共和国的创始者"似乎又是指朱利奥·德·美第奇。马基雅维里在《论佛罗伦萨政务》中以类似的语言向他建

---

[51] *Istorie Fiorentine*, VII/1, pp. 792-3；见上文注[11]。

言，"大权在握的人不能形成派系，否则将毁灭整个国家"。[52]

在八卷依次给出的概括性引言中，"派系"一词只在第三卷引言中出现过，而在历史叙述中却早就出现了。第一卷包括了从野蛮人入侵至 1434 年的亚平宁半岛历史，这个词指的是宗教派别；第二卷论述了佛罗伦萨起源至 1348 年的大瘟疫，该词极少出现，通常用派别（parte）来指代公社的分裂——比如归尔甫派和吉卜林派——以及各社会阶层；在第三卷中，派系则居于重要地位，指的是有权有势的敌对家族，以及归尔甫派和吉卜林派之间旧时的分裂再次出现。在梳毛工叛乱前夕，我们看到了针对派系的第一次严厉谴责。一位匿名公民在演说中要求执政团进行改革以铲除"那些助长派系气焰的制度"，创造"真正自由的文明生活"。第四卷几乎没有使用这个词，只是泛泛提到乔万尼·比奇是派系的激烈反对者，而彼此竞争的家族与寡头集团通常被称为派别，比如美第奇家族、阿尔比奇、归尔甫派等。第五卷和第六卷讲述的是佛罗伦萨及其他意大利城邦之间的关系。在这两卷中，派系是指马基雅维里时常批判的雇佣军。[53]第七卷一开始就在引言中讨论了派系，但并未使用该词，而是使用了分歧、派别、内部失和、宗派和内部争讼。第八卷亦复如此。

第七卷的引言和历史叙述部分对派系一词进行了较为理论性的定义。从这个词的用法来看，马基雅维里显然完全将其视为消极词语，但他只是试图把它与第三卷引言从理论上加以说明的正当"自然"的集团区别开来。看来，卢梭在《社会契约

198

---

[52] *Istorie Fiorentine*, VII/1-2, pp. 792-4; VII/6, pp. 796-7; IV/26-7, pp. 731-3; *Discursus*, p. 24.

[53] *Istorie Fiorentine*, I/5, p. 637; III/3, p. 691-2; III/5, pp. 692-5 (famiglie fatali); *Istorie Fiorentine*, IV/11, p. 721; V/2, p. 739 (sette di armi) ; VI/23, p. 780.

论》中引用有关两种分歧的区别时并未误解马基雅维里。卢梭还对公民中的两种利益"分歧"做出了区分：一种是不排除甚至带来"公意"或"公益"的，另一种则是以"派系"形式取代或超越"公意"。显然，后者与马基雅维里所说的派系相对应。马基雅维里的思想作为对现代政党合法性的预感，在语言学层面，他使用派别一词时既指合法的"倾向"，也指不合法的"派系"，但他明确谴责了那些以结成朋党为基础的、类似于院外活动集团的群体。在政治层面，他在《论李维前十书》和《佛罗伦萨史》中呼吁消除纵向对抗，接受并宽容以社会差异而不是宗族为基础的横向分歧。[54]

马基雅维里在第三、第四、第七卷引言中试图做出细心区别以对两种不同的失和进行分类和分离，但在他所叙述的历史事件中，两种失和的动态重叠与相互作用，却抵消或者损害了他的尝试。他发现了两种主要的动力。只要是受到了压迫，两类集团都会保持团结，一旦掌权，则都会立刻四分五裂。其次，派系经常会在内部冲突中为达到自己的目的而利用某一社会阶级及其冲突，反之亦然。在第二卷中，归尔甫派和吉卜林派之间的分裂既是家族冲突，同时也利用并代表着贵族与人民之间的冲突。马基雅维里在第三卷中概括了这种相互作用：

> 归尔甫派由旧贵族家族和大部分最有权有势的平民组

---

[54] 因此，马基雅维里认为归尔甫派最为清晰地体现了"派系"的含义。他的态度绝非"断然抛弃中世纪传统"（Faul, *Verfemung*, pp. 67-8 ）；但他对倾向（umori）的看法却是真实的。另见 Bertelli, 'Embrioni di partiti politici', pp. 34-5。关于"宽容"概念，见 *Discorsi*, I/6, pp. 86-7："我认为，我们必须忍受参议院与人民间的敌意，这敌意有效阻止了佛罗伦萨膨胀为大罗马帝国。"

成，以拉普·迪·卡斯蒂格里昂奇奥、皮耶罗·德吉利·奥比奇和卡洛·斯特罗奇先生为领袖。另一方则是下层平民，其领袖是"八人战时委员会"以及焦尔焦·斯卡利、托马索·斯特罗奇先生，站在他们一边的还有里奇家族、阿尔贝蒂和美第奇家族。与通常一样，其余的群众都站到了不满现状派一边。[55]

阶级（或其中各部分）与家族（或其中各部分）之间的这种分分合合，使他在第四卷用尼科洛·达·乌扎诺 1433 年建议反美第奇派不要屠杀梳毛工时说过的话概括了一种类似的局面："你们将我们这一派称为贵族党，把反对派称为平民党"，但这不符合事实，因为：

> 许多家族甚至家庭都一分为二。人们出于对兄弟甚至亲属的嫉妒与他们站在一起反对我们。我提醒你一些最重要的例子，其他的你可以自己去想。在马索·德吉利·奥比齐的儿子当中，卢卡出于对里纳尔多的嫉妒而离开他们的党；在圭恰迪尼家族中，在路易吉的儿子当中，皮耶罗与乔万尼针锋相对并支持我们的敌人；托马索和尼科洛·索德里尼出于对他们叔父弗朗西斯科的憎恨转而公开反对我们。因此，考虑到两派的特征，我不知道还有什么理由把我们一派称为贵族党。[56]

---

〔55〕 *Istorie Fiorentine*, III/8, p. 696. 倾向（umori）与派系（sètte）的这种相互作用的另一个事例，见 *Istorie Fiorentine*, II/12, p. 666。

〔56〕 *Istorie Fiorentine*, IV/27, p. 732. 这篇演说马基雅维里取材于卡瓦尔坎蒂，但完全改写了原文，见 Cavalcanti, *Istorie Fiorentine*, ed., G. Di Pino (Milan, 1944), pp. 143-4。另见上文注〔39〕提到的内容。

　　另一方面，"美第奇党"的崛起既是与寡头政治集团中反美第奇派斗争的结果，又是与憎恨寡头政治集团的下层阶级结盟的结果。毫无疑问，无论在《佛罗伦萨史》还是在《论佛罗伦萨政务》中，马基雅维里都相信并批判梳毛工逐渐破坏了共和国，把它变为了一个君主国。最初，美第奇家族还能利用内部失和为自己谋利（"在佛罗伦萨，内部失和总是会加强梳毛工的势力"）。1460年代之后，美第奇"国家"成功扑灭了公开的公众冲突，梳毛工不再是"平等权威"，而是变成了这个城市的"唯一权威"。美第奇变成了祖国的君主，"梳毛工国家"则"更像是君主国而非共和国"。[57]但毫无疑问，这两部文献也表明，马基雅维里同样批评了梳毛工派的反对派，因为他们也企图达到同样的目的——君主一词经常用在他们身上，马基雅维里看到，他们的寡头统治霸权同样会戕害共和国。[58]马基雅维里对派系与较容易接受的内部失和之间的重叠，以及对佛罗伦萨历史上派系横行的看法，正如有人指出的，可能主要是因为他认识到"派系侵入

200

---

〔57〕 *Istorie Fiorentine*, VII/5, pp. 795-6; VIII/1, p. 817; *Discursus*, pp. 24-5. 另见 J. M. Najemy, 'Machiavelli and the Medici: the lessons of Florentine history', 载 *Renaissance Quarterly*, 35 (1982), pp. 551-76。

〔58〕 *Istorie Fiorentine*, III/9, p. 697; III/18, p. 706; III/21, p. 709; III/22, p. 709; IV/27, pp. 732-4; VII/12, p. 801; *Discursus*, pp. 24-6. 马基雅维里认为，反美第奇派采取的政策与美第奇家族在财政上的慷慨大方背道而驰，但对共和国造成的戕害却丝毫不逊：尤其是为了战争目的而向下层阶级强征赋税。相比之下，美第奇家族的税收政策却较为仁慈。(*Istorie Fiorentine*, IV/4-10, pp. 717-21; IV/14-15, pp. 722-4; VII/17, p. 829) 在 *Istorie Fiorentine*, IV/14 中，马基雅维里从人性和平等的角度出发，提出了与《论李维前十书》第一卷第三十七章相同的观点（见注〔34〕）："然而，因为人们从不满足，他们在拥有了一样东西之后，仍渴望另一样。同样，人民也不满足于新法的分量，要求通过查阅地籍册，让权贵阶级补交过去少付的税收。"(p. 723) 马基雅维里在若干重要段落中似乎强调了《论佛罗伦萨政务》卷 I 第三十七章和有关梳毛工起义的重要段落"主旨"(le sustanze)。

政治舞台的真正原因，是人民和贵族之间日益加深的冲突无法调和"。[59]

这项历史的发展——或者毋宁说马基雅维里对它的研究——也许正可以说明为什么"派系"这一概念虽在内部失和对共和国的损益问题上是他全部判断的核心，尤其是在他晚年的时候（《论李维前十书》是以完全不同的方式讨论"派系"的），但他只是在《佛罗伦萨史》第七卷引言中才提出了有关派系的理论思考，之前各章或导言中均未提及。[60]事实上，贵族与人民之间的公开冲突在 15 世纪已转入政治舞台的幕后，直到 1494 年采行大委员会时才又卷土重来。[61]马基雅维里自身的政治经验就是在世纪末的这种复旧中塑造成形的，尽管那只是他在这些紧张局势中失败之后有失偏颇的表态。[62]这些经历可能使他不仅形成了对佛罗伦萨政治，而且还有他对佛罗伦萨历史的深刻洞察。在完成了《佛罗伦萨史》第一卷到第六卷之后，他为这六卷写了导言，并开始撰写第七卷，此时，他亲身参与的有关佛罗伦萨体制及改革的辩论已经达到了巅峰。他的《论佛罗伦萨政务》包含了历史叙述，《佛罗伦萨史》则包含了理论思考，它们不仅体现了更"民主"的改革趋势，同时还试图从理论和历史角度反省这种改革，尤其是"既无法保持自由，又不能忍受奴役的佛罗伦萨人"的改革所面临的 *201*

---

〔59〕 Cadoni, 'Machiavelli teorico', p. 220.

〔60〕 *Discorsi*, II/5, p. 154; III/1, p. 195.

〔61〕 N. Rubinstein 为本书的赐稿 'I primi anni' 和在 1987 年大会上的评论 'Oligarchy and Democracy', pp. 107-10; 另见 Samuel Cohn, 'The character of protest in mid-Quattrocento', 收于 *Il Tumulto dei Ciompi*, pp. 199-219, 尤其是 pp. 218-19。

〔62〕 见本书罗伯特·布莱克写的第四章; 另见 Ridolfi, *Vita*, p. 213。

问题与障碍。[63] 他使用了广为流传的佛罗伦萨政治语言传统的术语并加以分门别类，试图通过理论上的命名和政治上的宽容与规制来控制内部失和。[64]

虽然马基雅维里《论李维前十书》和《佛罗伦萨史》之间对内部失和的判断存在差异，但是并无自相矛盾，无须在一个分析并偏爱君主国及无良政治的马基雅维里和一个去职之后才信仰和谐、团结、宁静的共和国的马基雅维里之间进行取舍。恰恰因为他是一个——对城邦而言——坚定的共和主义者，[65] 他觉察到并分析了共和国存在的各种利益对立、残酷冲突、权力关系、专制以及不道德状态。但是，只有在共和秩序中，人的各种倾向之间的冲突才能够也必须得以表达；另一方面，正是这些失和在持续威胁着共和国，且事关共和国的存亡。

----

〔63〕 *Istorie Fiorentine*, II/36, p. 684；另见 *Istorie Fiorentine*, III. 5, p. 694。关于佛罗伦萨体制的辩论一直延续至 1522 年阴谋被镇压，尤见 Albertini, *Das florentinische Staatsbewusstsein*; Guidi, 'La teoria delle "tre ambizioni"'; Silvano, '*Vivere civile*'。马基雅维里在第七卷引言中对于派系（sètte）的强调，表明引言可能是作于 1522 年之后。非常感谢 N. Rubinstein 提醒我关注这一可能性。关于马基雅维里写作《佛罗伦萨史》前几卷的年代问题，见 Ridolfi, *Vita*，尤其是 pp. 315-20, 328 和 566; Levi, 'Due nuovi frammenti'; Felix Gibert, 'Machiavelli's *Istorie Fiorentine*: an essay in interpretation'，收于 Gilmore ed. *Studies on Machiavelli*, pp. 73-99; Carlo Dionisotti, 'Machiavelli storico'，收于 Dionisotti, *Machiavellerie*, pp. 265-409。

〔64〕 非常感谢 John Najemy 在 1987 年大会上强调了马基雅维里通过列举、分类以实现对政治过程进行控制所做的努力及其信念的重要性。

〔65〕 在《佛罗伦萨史》中，马基雅维里并没有，或至少没有通过任何明确的方式，像在《论李维前十书》（见该书第一卷第四章以及上文注〔54〕）中一样，将倾向的冲突视为扩张与帝国的动力，从而对它们做出有利的判断。因此，《佛罗伦萨史》的观点似乎并未能帮助回答这样一个问题：马基雅维里对内部失和的积极评价是次于他对扩张的评价还是相反？但可以看出，至少对于晚年的马基雅维里来说，内部失和的问题比扩张和帝国更为关键。

第三部分

马基雅维里与共和
主义的遗产

第十章　马基雅维里时代与荷兰起义：

新斯多葛主义与荷兰共和主义的兴起

马丁·范·基尔德伦

16 世纪上半叶，佛罗伦萨的政治理论家们遭遇了共和国动荡不安的局面，他们的共和国正在开始瓦解。作为接受过良好教育的人文主义者，他们坚持 15 世纪的佛罗伦萨政治传统，从美德与命运之间的斗争这个角度，在为共和国的稳定而斗争的问题上进行了理论思考，从而催生了一种独特的共和主义政治语言。据波科克的分析，以马基雅维里为主要代表作家之一的马基雅维里时代的共和主义语言，到美洲革命发生时已形成了大西洋共和主义传统（Atlantic republican tradition），对现代政治思想的发展产生了极其深远的影响。[1]

到 16 世纪下半叶，在我们现在称为"荷兰起义"的过程中，低地国家也都面临着共和国分崩离析的窘境。腓力二世的统治遭到了数十年的反对，1581 年他被总议会抛弃，以及荷兰共和国偶然间的建立，产生了一种影响广泛的政治文献体裁。本文是第一次尝试着对荷兰起义（1555—1590）与"马基雅维里时代"之间的关系进行研究，目的是扼要地重构起义期间新斯多葛主义以及共和主义观念模式的发展，找出它们与马基雅维里时代政治语言

---

〔1〕　J. G. A. Pocock, *The Machiavellian Moment. Florentine Political Thought and the Atlantic Republican Tradition* (Princeton, 1974) .

206　的联系。[2]

新斯多葛主义

1589 年，历史学与法学教授利普修斯在新建的莱顿大学出版了《政论六卷》一书（1594 年的英译本名为 *Six bookes of politickes or civil doctrine* ）。[3] 利普修斯想用他的《政论》来指导人们，尤其是指导君主们在统治过程中如何利用经典作家的规诫，如何"开辟文明生活（vita civilis）的道路、心无他骛地完成旅程"，而不被突如其来的命运所左右。[4]

---

[2]　波考克本人有两篇文章研究了马基雅维里时代、大西洋共和主义传统与 17、18 世纪荷兰的政治思想之间的关系。见 J. G. A. Pocock, 'The problem of political thought in the eighteenth century: patriorism and politeness（附 E. O. G. Haitsma Mulier 和 E. H. Kossmann 的评论）', *Theoretische Geschiedenis*, vol. 9, no. 1 (April, 1982), pp. 3-37; J. G. A. Pocock, 'Spinoxa and Harrington: An exercise in comparison', *Bijdragen en Mededelingen betreffende de Geschiedenis der Nederlanden*, vol. 102, no. 3 (1987), pp. 435-49. 他的见解最近引起的反应，见 E. H. Kossmann, 'Dutch Republicanism' in E. H. Kossmann, *Politieke theorie en geschiedenis; verspreide opstellen en voordrachten* (Amsterdam, 1987), pp. 211-34; E. O. G. Haitsma Mulier, 'The language of seventeenth-century republicanism in the United Provinces: Duth or European?', 收于 *The Languages of Political Theory in Early-modern Europe*, ed. Anthony Pagden (Cambridge, 1987), pp. 179-95。

[3]　1590 年荷兰文译本出版，名为 *Politica...Dat is: vande regeeringhe van landen ende steden in ses boecken begrepen. Waer inne een yeghelijck vorst, oft andere inde regeeringhe ghestelt zijnde, claerlijck mach sien, hoe dat hij die ghemeene sake behoor lijck sal moghen bedienen*（《政治……即：由 6 卷本组成的论国家与城邦之政府。在那里，每位君主，或政府中的其他人，都能清楚地知道自己如何才能正确地为全体国民服务》）。

[4]　Justus Lipsius (1594), *Six bookes of politickes or civile doctrine, written in Latine by Justus Lipsius: which doe especially concerne Principalitie* (London, *The English experience* 丛书再版, no. 287, Amsterdam/New York, 1970), p. 1.

利普修斯以完全符合那时的人文主义时尚的方式提出，只有在审慎与美德的引导之下，人们才能实现一种文明生活，"亦即带领人与人结成的社会，彼此互惠互利，休戚与共"。[5]

按照利普修斯的分析，政府乃是实现这种文明生活的关键。利普修斯援引塞内加和李维，把政府描述为"无数人赖以为生的那种蓬勃精神……将全体国民联结在一起的链条"。[6]政府是"喀尔刻*之棒，能驯服触到的人类和野兽，使其在变得凶猛、蛮横之前就感到敬畏并顺从"。[7]利普修斯毫不怀疑，在一切统治形式中，应以君主统治最为可取。他将君主制定义为"依据传统和法律而建立，旨在实现臣民利益的个人统治"。[8]在他看来，君主制不仅是"最古老的支配形式"，"最顺乎自然"，而且合乎理性。[9]

利普修斯的定义明确指出，君主的统治就是为了他的臣民的利益。君主制的最终目的是为公共利益（bonum publicum）服务。利普修斯引用西塞罗的观点说，"一国之统治者应将民众的生活幸福置于自身利益之上：如此，财富将会增加，物产将变得丰富，声名将会远扬，荣耀将会远播，诚实将受到尊敬，美德将变得庄严而神圣"。[10]利普修斯认为，要完成自己的任务并成就伟大，君

---

[5]　Justus Lipsius (1594), *Sixe bookes of politickes or civile doctrine, written in Latine by Justus Lipsius: which doe especially concerne Principalitie* (London, *The English experience* 丛书再版，no. 287, Amsterdam/New York, 1970), p. 1.

[6]　同上，pp. 16-17。

*　意大利语 Circe 音译，英文音译为"瑟丝"，希腊神话中太阳神赫利俄斯和海中仙女珀耳塞的女儿。她能用药物和咒语把人变成狼、狮子和猪。希腊英雄奥德修斯等途经埃厄岛时，她曾把奥德修斯的同伴变成猪。但奥德修斯受到神奇的摩利草的保护，迫使她恢复了他们的原形。——译注

[7]　同注[6]。

[8]　同上，p. 19。

[9]　Lipsius, *Sixe bookes*, p. 18.

[10]　同上，p. 23。

主行事时须要审慎，生活中更要坚守德行。至关重要的是，有德行的君主必须成为正义的太阳，"此为流芳百世的基础"，[11] 而且必须像月亮般仁和，"以宽大为怀，裁判时不可一味惩罚与复仇"。[12] 正义必须辅之以忠诚（fides），而且，由于君主"也只是人，虽然他统治着民众"，但必须以"谦恭"与仁慈相伴。

利普修斯在《政论》第一卷就提出，德行必须有审慎相随，尤其因为"德行就在于选择成事的手段，没有审慎我们就不可能得到，职是之故，没有审慎也就没有德行"。[13] 在《政治学》第三卷利普修斯又指出，一个君主最最需要的就是他所说的来自外部的建议（forraine prudence）。君主也不可能习得完备的知识，因此他需要良好的建议。具体而言，君主需要两种助手："以看法与言论"相辅佐的"顾问"，和"以行动及勤奋工作"相辅佐的"大臣"——比如"总督、市长、财政官和法官"。利普修斯详细描述了君主所需要的顾问和大臣的类型以及如何组织他们的工作。

在讨论君主本人"真正的审慎"时，利普修斯认为君主必须兼有文治武功。他在分析文治时对于异端提出了引起众多非议的主张。利普修斯宣称"单一宗教是团结之母，宗教混乱总会滋生不和"，[14] 并认为迫害、惩罚公开的异端就是文治。[15]

---

〔11〕 Lipsius, *Six bookes*, p. 28, 利普修斯援引了西塞罗的《论责任》。
〔12〕 同上，p. 31。
〔13〕 同上，p. 13。
〔14〕 同上，p. 62。
〔15〕 按照利普修斯的分析，"私下犯错"（erre in private）的人不应受到迫害："没有任何君主能够以钳制的方式统治人们的精神。上帝才是人类精神的君主"（p. 65）。通过说教与指导来应对异端是一种温和的方式。利普修斯呼吁对公开的异端进行镇压，使他与科恩海特发生了冲突。科恩海特在 "Proces van ketterdoden en dwang der conscientien" 中对他进行了愤怒的抨击，指责他是教皇至上论者，是马基雅维里分子。据 De Nave 的说法，利普修斯 1591 年决定离开莱顿主要就是因为这场冲突。最终他回到了卢万。见 Francine de

利普修斯分析文治时另一个引起非议的方面是他提出的"混合审慎"。他认为，在某些情况下，需要在审慎中加入"少许谎言"。他以雄辩的风格问到，是否"君主有时就不能学习、模仿一下狐狸，尤其在从来都与君主利益一致的善良和公益需要这么做时"？[16]在这里，利普修斯的最终标准是"全体国民的福祉"，就是说，他认为，为了公共利益，君主采取一些"轻微、中性"的欺骗手段也属于审慎行为。对于这些概念，利普修斯花了很大力气进行解释。

在文治之后，利普修斯又强调了武功的重要性。他在《政论》第六卷详细描绘了一支纪律严明、具有美德的常备军。他认为，这支军队的士兵应"挑选"自合格的臣民。外邦人不仅会"背信弃义""桀骜不驯"，而且缺少本国臣民那种与生俱来的对君主、对国家的热爱。

利普修斯分析了从臣民中挑选军人的方法与标准，并在《政论》中列举了若干范例，公民在这里被他置于突出地位。事实上，公民在《政论》中是个缺席的角色。但利普修斯在另外一本著作中讨论了公民在政治生活中的作用，这就是出版于 1584 年的名著《论坚贞》(De Constantia)。

出版于 1595 年的英译本《论坚贞两卷》，旨在给公共的恶说句安慰话。用奥伊斯特莱赫的话说，《论坚贞》是"一部以人文主义为基础的道德哲学著作，规定了个人在国家、社会和政治生活

［接上页］Nave, 'De polemiek tussen Justus Lipsius en Dirck Volckertsz. Coornhert (1590): Hoofdoorzaak van vertrek uit Leiden (1591) '，载 De Gulden Passer, 48 (1970), pp. 1-39。比较中庸的看法，见 M. E. H. N. Mout, 'In het schip: Justus Lipsius en de Nederlandse Opstand tot 1591'，收于 Bestuurders en geleerden, eds. M. E. H. N. Mout and I. Schoffer (Amsterdam/Dieren, 1985), pp. 55-64，他明确认为，利普修斯离开莱顿还因为他对联省共和国的政治发展进程不满。

〔16〕Lipsius, Sixe bookes, p. 113.

中的行为"。[17]它告诫读者要不屈不挠地度过艰难时刻，并将这种忍耐定义为"真诚且不可动摇的精神力量，不会使人因外界环境或偶然的境遇而得意忘形或垂头丧气"。[18]这个语境中的力量指的就是利普修斯所谓的"根植于内心深处的坚定，它源于判断和正确的理智而不是谬见"。[19]人们应该在理智的引导下，忍耐命运的磨难，不要悲伤慨叹。正如利普修斯所强调的，这种态度并不等于失败主义的态度，而是根据理智的要求进行计算的结果，他是要教会人们在恰当的时刻采取行动或默许认同。

《论坚贞》警告人们不要太过热爱祖国。它提醒读者说，祖先们出于私利才建立了祖国（Patria），因为他们意识到这将给自己带来利益。公民热爱并保卫国家，甚至为之献身，这并没有错，但却不应为国家而悲伤。因为，归根结底，只有天国才是人类唯一真正的祖国。尘世的祖国服从的是盛衰兴亡的规律，神意不可违。于是，正如奥伊斯特莱赫所说，"公民必须永远履行的职责只有一个：在政治生活的荣辱起伏中，必须保持坚定，遵循理智的要求，约束天生的本能"。[20]

《政论》论述内战的最后一卷就是在反思这些观念。利普修斯认为，内战是"真正的灾难"，没有什么比内战更"不幸"、更"可耻"了，并敦促君主阻止内战的发生。因此他告诫公民，即使在专制统治下，也永远不要挑起或参与内战："要抱着改进的希望忍受现状。"[21]

209

---

[17] Gerhard Oestreich, *Neostoicism and the Early Modern State* (Cambridge, 1982), p. 13.

[18] J. Lipsius, *Twee boecken van de Stantvasticheyt* (Leiden, 1584), p. 21. 见 Oestreich, *Neostoicism*, p. 19。

[19] 同上。

[20] 同上，p. 29。

[21] Lipsius, *Six bookes*, p. 202.

利普修斯是第一位公开承认马基雅维里作为政治分析家的价值的荷兰政治思想家，[22] 并希望自己的《政论》能与马基雅维里的著作相媲美。两人都认为政治艺术的本质就是研究美德如何征服命运并实现文明生活；他们的论述都坚定地遵循了政治学研究的人文主义传统；作为训练有素的人文主义者，两人都使用了该传统的语言及"组织分类"。因此，他们对君主统治的分析都体现了"为君主鉴"的人文主义传统。君主被视为"有德行之人"（vir virtutis），他必须以德行和审慎与反复无常的命运做斗争，从而实现荣耀和伟大。通过对仁慈、节制与审慎等古典美德的人文主义分析，马基雅维里和利普修斯一丝不苟地概括了君主所应具备的各项品质。

然而同时，在一些关键问题上，马基雅维里和利普修斯都摒弃了"为君主鉴"的人文主义传统。首先——利普修斯在这里显然是对马基雅维里亦步亦趋[23]——他们都认为，如果公共利益面临威胁，传统上发挥支配作用的正义与诚实的美德也将受到伤害。其次，与人文主义的先驱们相比，两人对权力政治的现实有着更敏锐的认识。因此，他们都强调建立一支强大而纪律严明的军队的重要性。马基雅维里的建议是组建一支纪律严明的国民军，利普修斯则主张成立一支纪律严明的常备军，士兵主要从臣民中挑选。

---

〔22〕 其他人都是私下里承认，例如，荷兰起义时期的另一位重要政治思想家阿尔巴达的哈该，1571 年写给阿伊塔的赫克托尔（Hector of Aytta）的信中推荐了马基雅维里的作品。见 K. van. Berkel, 'Aggaeus of Albada en de crisis in de Opstand (1579-1587)', *Bijdragen en mededelingen betreffende de Geschiedenis der Nederlanden* (BMGN), 96 (1981), no. 1, p. 5. 关于马基雅维里的作品在荷兰共和国被接受的情况，我参考了也在讨论利普修斯的希兹玛·米勒的研究（本书第十二章）。

〔23〕 另见 Francine de Nave, 'Peilingen naar de oorspronkelijkheid van Justus Lipsius politiek denken', 载 *Tijdschrift voor rechtsgeschiedenis*, 38 (1970), p. 474。

　　然而，尽管马基雅维里和利普修斯使用了同样的政治语言，对于"为君主鉴"的人文主义传统也有着极为相似的创新，但他们的政治理论仍存在着根本区别。利普修斯绝非马基雅维里那样的"（共和主义）自由哲学家"。[24]相反，他的《政论》根本就没有涉及自由的概念。正如奥伊斯特莱赫特别指出的，在新斯多葛主义兴起的过程中，利普修斯是主要领导者之一。奥伊斯特莱赫认为，新斯多葛主义的学说实质上是"要求自律并扩大统治者的责任，对军队、官员乃至全体人民进行劳动、节俭、尽职以及服从的道德教育"。[25]因而，奥伊斯特莱赫认为，新斯多葛主义，尤其是利普修斯，为现代国家提供了哲学和道德基础："因为利普修斯在政治领域对于人和世界的看法，证明了必须使国家及其统治工具、君主专制统治、对臣民的纪律约束以及强大的军事防御实现理性化。"[26]奥伊斯特莱赫甚至宣称，利普修斯的新斯多葛主义思想首次勾勒出了"现代官僚制的特性与职责"的蓝图。[27]

　　但是，与现代官僚制不同，《政论》第三卷所说的"顾问"与"大臣"似乎并不代表一种相对自主的统治工具，一种独立于政府管理者的理性化权力结构。相反，他们在很大程度上仍只是君主的私人顾问，由君主任命，用以增进其审慎程度。利普修斯所说的统治工具似乎仍只是君主的祖传财产，从这个意义上说，将利普修斯视为现代国家的贤哲还为时过早。

　　但这并不能改变这样一个事实，即新斯多葛主义主张建立君主

---

〔24〕 该术语出自昆廷·斯金纳。见 Quentin Skinner, *Machiavelli* (Oxford, 1981), ch. 3, p. 48ff。

〔25〕 Oestreich, *Neostoicism*, p. 7.

〔26〕 同上，p. 30。

〔27〕 同上，p. 45。

统治与马基雅维里主张建立共和国有着明显的区别。马基雅维里认
为存在彼此对立的公民团体不可避免，因而呼吁建立一种均衡的共
和主义统治结构，为所有团体积极有效地参与其中创造空间；[28]而
利普修斯却对一切内部失和都恨之入骨。他的论点关键在于，他认
为，只有统一、有德行的君主统治才能带来文明生活。在他的分析
中，公民美德就是顺从君主，耐心完成任务。[29]简言之，马基雅维
里是"自由的哲学家"，利普修斯则是"坚贞与服从的哲学家"。

共和主义

新斯多葛主义是文艺复兴时期人文主义的典型产物。昆廷·斯
金纳强调说，就整体而言，"文艺复兴时期的道德与政治思想语汇"
就是源于"罗马的斯多葛主义"。[30]然而，奥伊斯特莱赫认为，作
为一种前后一贯的道德与政治哲学，新斯多葛主义在荷兰尤为发
达，而且他毫不犹豫地使用了"荷兰运动"一词。[31]在奥伊斯特莱   *211*
赫看来，作为一种政治哲学，新斯多葛主义有着极强的实践性。新
斯多葛主义的理论家们试图为当时迫在眉睫的政治问题找到答案。
于是，在反抗西班牙的战争中，利普修斯建立一支纪律严明的常备
军的设想被拿骚的莫里斯采用，结果大获成功。但同时，利普修斯
却回避了其他一些非常实际的紧迫政治问题。他既没有明确评论反

---

〔28〕 见吉塞拉·波克对马基雅维里关于内部失和思想的分析（本卷第九章）。
〔29〕 参阅 Oestreich, *Neostoicism*, p. 35。
〔30〕 Quentin Skinner, *The Foundations of Modern Political Thought*, vol. I: *The Renaissance* (Cambridge, 1978), p. 14.
〔31〕 参阅 Oestreich, *Neostoicism*, Part 1 各处。例如与蒙田的著作相比，奥伊斯特莱赫的热情就稍嫌过火了。

抗腓力二世统治和总议会抛弃这位西班牙国王正确与否，也没有明确讨论 1580 年代及以后的荷兰各省需要何种政府。在荷兰现实政治中占有举足轻重地位的各省议会和总议会，根本就没有进入利普修斯的政治分析。[32] 从这个角度来说，利普修斯的《政论》（或许有意）在一定程度上游离于荷兰政治辩论主流之外——自由的概念在这场辩论中极为重要。[33] 从反抗腓力二世政府的政策，尤其是迫害新教异教徒的宗教政策开始，保卫祖国的自由就成了政治文献的主要议题。安特卫普的前法律顾问、威瑟姆贝克的雅克（Jacques of Wesembeeke），在《荷恩伯爵之辩》（*Defence of the Count of Hoorne*）中强调了自由在荷兰一向是如何被珍视的。他认为，荷兰各省繁荣的基础正是自由。借用 1560 年代另一部政治作品中的话来说，"商业"、"制造业"和"谈判"，都是"自由"的孪生姐妹，而"自由"本身则是荷兰的女儿。[34]

然而，正如威瑟姆贝克的雅克以及其他作家指出的，中央政府的政策正在摧毁荷兰的自由与繁荣。这将导致"以自由（和借助于自由而自然形成的贸易、商业和大量人力物力）为本的整个国家的彻底毁灭"。[35] 人们普遍认为，反抗的主要目的"就是要保卫祖国的自由、摆脱奴役、改革所有弊端与秩序——它们得力于宗教和国王的权威控

212

---

[32] 实际上，利普修斯在这方面保持沉默对他的观点可能具有重要意义。利普修斯与当时重要的政治家保持着联系，芒特在与他的私交中发现，他支持在荷兰建立一种更加集权化的君主统治，他认为 1580 年代省的政府模式是一种灾难。见 Mout, 'In het schip' 各处。

[33] 以下是我对荷兰起义时期政治思想非常扼要的重述，摘自我的博士论文 'The political thought of the Dutch Revolt (1555-1590) ', European University Institute, Florence, 1988。该论文的修订本即将由剑桥大学出版社出版。

[34] *Complainte de la désolé Terre du Pais Bas* (1568), p. 3.

[35] J. of Wesembeeke, *De beschriivinge van den geschiedenissen in der Religien saken toeghedragen in den Nederlanden* (1567), p. 39.

制了各省及整个国家。总而言之，要打破与自由格格不入的一切，不管它们是打着宗教、国王的权威还是其他什么旗号"。[36]这段引文出自 1579 年出版的《关于盛大和平真正含义的讨论》(*Disours contenant le vray entendement de la Pacification de Gand*)，说明在这一概念中，祖国的自由与国民个人的自由有着紧密的联系。其基本观点就是，国中的自由一旦丧失，国民将成为"世间最悲惨的奴隶"。[37]

在那些为反抗腓力二世统治进行辩护的政治作品中，像格兰维利（Granvelle）和阿尔瓦（Alva）这样的作恶者都被指责为破坏了荷兰各省的特权、自由权以及豁免权，而这些特权都被视为自由的化身。例如，在 1574 年，一份针对腓力的总督雷克森斯的"真正警告"（True warning）声称，"祖先们因维护那些值得赞美的习俗和法律而理应备受颂扬。从现在起，如果我们想要自由、不做奴隶，如果我们想要正义的统治而不是暴力与专制统治，我们每个人都要维护这些习俗和法律"。[38]

这些特权是国家的基本法则，腓力二世曾根据勃艮第尼德兰的传统，宣誓要坚持并保护这些特权，而且在这位最高领主与其臣民的正式契约上加盖了印鉴，契约的条款他也早已接受。荷兰、泽兰等省在 1573 年提出，誓言正是"国王的权力与权威和居民的忠诚与顺从唯一正确的基础"。[39]君主与人民之间的契约条款则由这些特权予以保证。

---

〔36〕 *Discours contenant le vray entendement de la Pacification de Gand* (1579), p. 23. 另见 p. 95。

〔37〕 Wesembeeke, *De beschriivinge*, p. 38.

〔38〕 *Waerachtighe waerschowinge teghens de absolute gratie ende generael pardon by Don Loys de Requesens* (Dordt, 1574).

〔39〕 *Sendbrief in forme van supplicatie aen die Conincklicke Maiesteyt van Spaengien* (Delft, 1573), p. Aiij.

布拉班特初巡礼*常为人们特别提及。布拉班特的主要特权自 1535 年开始在该省每一位公爵的就职典礼上都会得到确认,并据以在相当大的程度上安排布拉班特的权力分配。这次初巡礼的一个重要方面就是包含了一条不服从条款,规定臣民有权不服从侵反该省特权的君主,直到他改弦更张为止。

威瑟姆贝克的雅克最先指出,这些特权规定,在重大事件上,尤其在事关"国家福祉与安定"、国家的"自由"以及居民的"救助、人身与货物"时,君主必须获得省议会的同意与批准。[40]这一观念最终成了荷兰政治秩序的基本原则。1571 年出版的《辩护》(*Defence and True Declaration*)勇敢地宣称,"自古以来,君主始终都要受总议会权力的制约,要由议会选举,获得议会的批准,没有议会的许可与授权,国王不可发布任何号令,这明显是由布拉班特的特权以及弗兰德斯的习俗决定和确立的,国王们今后也绝没有权力那样做"。[41]正如荷兰与泽兰议会在 1573 年正式提出的那样,各议会"以城镇和整个共同体"的名义接受国王,[42]它们的主要任务就是守护国家的自由。

---

* Joyous Entry of Brabant, 初巡礼原为法语 Joyeuse Entreé,本意为"愉快的首次旅行",系欧洲中世纪至法国大革命之前君主第一次巡视其治下各地的礼仪性活动,传统上多以向下属颁赠或确认特许权利为主要内容,最著名的一次就是本文所说"布拉班特初巡礼",是布拉班特公爵约翰三世之女及继承人约翰娜于 1356 年元月对布拉班特公国的特许权利状的确认活动。约翰娜的丈夫是文策斯劳斯,卢森堡公爵,神圣罗马帝国皇帝查理四世之弟。约翰娜此次初巡完全是出于布拉班特人对文策斯劳斯的担心,因为他们唯恐这个外国人将对该公国传统上的特权不予承认。——译注

[40] J. of Wesembeeke, *Bewijs van den ontschult van Philip van Montmorency*, graaf van Hoorne (1568), p. 151.

[41] *A Defence and True Declaration of the things lately done in the lowe cuontrey whereby may easily be seen to whom all the beginning and cause of the late troubles and calamities is to be imposed* (London, 1572), p. E7. *The Defence and True Declaration* 是 Libellus Supplex Imperatoriae 的英译本,出版于 1570 年。

[42] *Copie eens sendtbriefs der Ridderschap, Edelen ende Steden van Holland* (Dordrecht, 1573), p. Aiij.

1573 年，荷兰与泽兰议会敦促总议会说，"你们是国家的议会，也就是说，是国家的自由及特权的维护者与保护者；捍卫并坚持这些特权是上帝和全体人民赋予你们的义不容辞的职责"。[43]

君主必须完全依靠联省议会，它是"代表全体民众的最高首脑"。[44]君主不过是"国家权力、法律和规范的仆人与教师"，根据那些特权维护正义。[45]

从这个角度来说，联省议会不仅是自由的卫士，而且构成了荷兰政治秩序中的决策主体。

几年后，一些小手册便提出了意识形态要求，把联省议会说成是荷兰政治秩序中的主导力量。1579 年的一部《简论》再次提出，"联省议会从来就拥有如此之多的权力和尊严，没有它们的许可，公爵和国王们就不能对主权事务进行变更，不能征收赋税、铸造新币、缔结和约或宣战。这种以及其他许多权利和独有权利显然都是来自它们的特权和国家的法律与体制"。[46]一言以蔽之，《简论》认为，联省议会"在与主权有关的一切事务上拥有决策权"。[47]

1587 年，在涉及总督莱斯特伯爵 * 地位的严重政治危机期间，荷兰联省议会明确提出了主权问题。豪达的法律顾问弗朗索 *214*

---

〔43〕 *Copie eens sendtbriefs*, p. Aiij.

〔44〕 *Certeine letters wherein is set forth a Discourse* (1576), p. 62. 此书最早的荷兰语文本出版于 1574 年。

〔45〕 *Vertoog ende openinghe om een geode, salighe ende generale vrede te maken in dese Nederlanden* (1576), p. A5.

〔46〕 *Brief discourse sur la negotiation de la paix* (1579), p. B.

〔47〕 同上，p. Bij。

* 　Earls of Leiceter，英国封爵贵族，最著名的有孟福尔、达德利、西德尼等贵族。此处系指罗伯特·达德利（Robert Dudley，1532/33—1588），英格兰女王伊丽莎白一世的宠臣，主张对外反对西班牙、对外反对罗马天主教，为新教徒领袖。1585 年奉派率军赴尼德兰联省共和国支援反西班牙起义，因指挥无能，政治上也遭失败，1587 年被召回国。1588 年猝死家中。——译注瓦·弗朗克在其著名的《短论》中毫不含糊地宣称，联省议会的权威是"我们共同的国家赖以存在的基石，损害议会的利益必将损害公共利益（ghemeene saecke）"，[48]他提出"在一切事务上，国家的主权都属于联省议会"。[49]

弗朗克明确强调了城镇的重要性。他指出，联省议会的权威不仅来自于那些碰巧参与其中的民众。它们只是受它们所代表的"委托人"[50]——贵族和城镇——的委托才构成了议会。贵族与城镇是省的两个等级。弗朗克将荷兰的城镇描述为高度独立的政治实体，受城市行政官员的"绝对"统治，不容君主的干涉。

弗朗克表示，这种统治模式在荷兰、泽兰以及西弗里斯兰等省有着悠久而繁荣的历史。他声称，没有议会的建议与认可，荷兰与泽兰的伯爵从未做出过重大政治决策。伯爵没有任何权力，完全依附于专门负责维护国家权力、自由与特权的议会。弗朗克宣称，正是由于伯爵与议会之间的"团结、友爱与理解"，这种统治模式才给荷兰和泽兰带来了荣耀、繁盛与长达800年之久的自由，使我们不受外来的压迫。不管从历史上来看这种说法多么错误，但这并非绝无仅有的现象。威廉·维尔希登在《论与西班牙缔约的必要性》中警告他的同胞说，不要相信腓力二世政府，尤其是总督帕尔玛（Parma）的让步姿态。在维尔希登看来，帕尔玛总督只是在运用马基雅维里《君主论》中的说

---

[48] *Corte verthoninghe van het recht byden Ridderschap van Hollandt ende Westvrieslandt van allen ouden tijden in den voorschreven Lande gebruyckt, tot behoudenisse vande vryheden, gherechticheden, Privilegien ende Loffelicke ghebruycken vanden selven Lande* (Rotterdam, 1587), p. Biiij.

[49] 同上。

[50] 同上，p. Bij。

教。[51] 维尔希登敦促同胞们要维护"从祖先那里继承下来的举世罕见的自由"。[52] 要保持和睦，要采取措施保护"这种使我们，没错，在长达 1500 年中从未受到外藩奴役的自由"。[53]

　　这成了一种政治教义，成了所谓"巴达维亚神话"[54] 的重要组成部分，即声称联省共和国，尤其是荷兰的自由，是荷兰人古代时候直接的祖先巴达维亚人创造的，并自此繁盛不息直至今日。在这方面的巅峰之作当属格劳秀斯的《论古代巴达维亚共和国》无疑。格劳秀斯想要证明的是，监护巴达维亚人及荷兰人公共利益的权力一直都掌握在联省议会手中："议会的权力是共和国的基础，平等正义的手段，制约王权的缰绳。"[55] 因而，联省议会历来都得到了军事统帅、国王和伯爵的尊重与服从。它们守护着牢不可破的神圣特权，使荷兰的自由渡过了重重险阻而不坠。格劳秀斯着重介绍了自由的荷兰共和国与实际上是贵族统治形式的悠久历史。共和国一直都由"在议会中代表荷兰两个等级的贵人

---

〔51〕 W. Verheyden, *Nootelijcke consideration die alle geode liefhbbers des Vaderlandts behooren rijpelijck te overweghen opten voorgeslaghen Tractate van Peys met den Spaengiaerden* (1587), fol. B.

〔52〕 同上，fol. B3。

〔53〕 同上,, fol. C3。在这个小册子的法语版本中，维尔希登说，这种自由从恺撒时代（"depuis le temps de Iule Caesar"）就存在了。参阅 *Considérations necessaries sur un traicté avec l'espagnol* (1587), fol. B3。

〔54〕 有关巴达维亚神话的历史，见 I. Schöffer, 'The Batavian myth during the sixteenth and seventeenth centuries', 载 *Britain and the Netherlands* 第五卷：*Some Political Mythologies*, J. S. Bromley and E. H. Kossmann eds. (The Hague, 1975), pp. 78-101。Schöffer 指出，有关巴达维亚自由的思想在 15 世纪末就开始出现。16 世纪的人文主义给巴达维亚神话注入了新的动力，这主要是由于塔西佗《日耳曼尼亚志》被重新发现。16 世纪 80 年代出现了大量有关巴达维亚历史的研究。因此，在荷兰起义期间，这已经成为流行话题。例如，在经过 Lugdunum Batavorum 洗礼的拉丁莱顿地区，莱顿大学因塔西佗研究而迅速走红。

〔55〕 H. Grotius, *Tractaet vande Oudtheyt vande Batavische nu Hollandsghe Republique* (The Hague, 1610), p. ij.

（Ottimati）"管理。[56]格劳秀斯宣称，"1700 多年以来，巴达维亚人，即现在的荷兰人，采取的一直都是这种统治形式，最高权力从来都由联省议会掌控"。[57]议会始终都在竭力保护巴达维亚人深深珍爱着的自由。早在罗马帝国统治时期，他们就被尊称为"自由之父"，[58]因为自由、自治的民族愿意竭尽全力维护自由。

1610 年格劳秀斯发表了一篇有关荷兰共和国的论文。这部名副其实的人文主义作品以多种方式概括了一种观念模式，即荷兰的政治秩序是建立在自由、特权和至高无上的联省议会基础上的。这种观念模式是从 1560 年代以来出现的大量政治论文逐步发展起来的，它们最初都是为了证明反抗腓力二世的正当性，后来便试图回答联省共和国政治进程中所面临的紧迫问题。

在一定意义上说，尽管这种理论并非无懈可击、一以贯之，*216* 但这种观念模式却代表了一种"自由的哲学"。从一开始，自由就被视为卓越的政治价值、"尼德兰女儿"、繁荣与正义之源。对腓力二世的反抗实际上被认为就是保卫这种自由，因为它受到了腓力二世政府权力贪欲和专制野心的威胁。事实上，祖先们深思熟虑创造政治秩序本身就是为了保卫自由，为了实现这一目标而采用了一整套由基本法律、特权及各省议会共同组成的、堪称宪政框架的手段。这些特权就是自由的保障。要成为国家的领主，君主必须严肃发誓维护这些特权。它们约束着君主的权力，其中就

---

[56] H. Grotius, *Tractaet vande Oudtheyt vande Batavische nu Hollandsghe Republique* (The Hague, 1610), p. 2.

[57] 同上，pp. 46-47。格劳秀斯解释说，在共和国之中还存在着君主统治的成分。然而，巴达维亚的军事统帅、荷兰的伯爵以及现在的总督从来都不掌握主要权力。

[58] 同上，p. 19。按照格劳秀斯的说法，巴达维亚人后来之所以被称为弗里斯兰人（Frisians），就是因为这个词与"自由"极其接近。见 p. 22。

包括联省议会代表人民认可——或如有些人说的选举——君主的条件。议会属于代议机构，权力归委托人所有，就荷兰来说，即指贵族，尤其是城镇。建立各省议会的目的是为了限制、约束君主，参与重要的政治决策。此外，作为各省的最高权力机构，它们的主要职责便是保护特权。它们是自由的主要守护人。

然而，在这种荷兰政治秩序的观念中，议会并非自由的唯一守护者。荷兰议会本身就认为，对于保护国家的"自由、贸易与福祉"，"每个人都应该根据自己的职业与能力，勤勉监督"。[59]正如某些论文所说，公民有保护自由的责任。发表于 1582 年的论文《论政治教育》明白无误地提出了这一观点。《论政治教育》频频引用西塞罗的观点指出，为祖国服务、为自由而战是一个合格爱国者的首要职责。该文坚称，"为了自由，也为了保持自由，就应当无所畏惧，宁死不做奴隶"。[60]

在这一点上，该文试图把荷兰起义期间发展起来的自由哲学与马基雅维里的共和主义自由哲学相提并论。马基雅维里同样将自由珍视为卓越的政治价值、成就伟大的关键。

马基雅维里指出，只有自己管理自己，一个共同体才能实现自由。自治是自由的应有之义。马基雅维里强调，自治是社会成员实现个人自由的前提。只有能够根据自身的意愿管理自己，共同体成员才可能脱离政治奴役，自由追求自己的目标。鉴于无法保证居于统治地位的君主的利益刚好与整个共同体的利益一致，因而马基雅维里断言，共和政府是最佳模式。正如斯金纳指出的那样，"这

217

---

[59] *Sendtbrieven byde Ridderschappe, Edelen ende steden van Holland, Representeerende den Staten vanden selven Lande, laetsgheschreven ende ghesonden aenden Byrhgermeesteren...van Amsterdam* (Delft, 1577)．

[60] *Politicq Onderwijs* (Mechelen, 1582), p. B．

个结论，即只有在自治的共和主义共同体中个人自由才可能充分实现，体现了所有古典共和主义公民学说的精髓"。[61]马基雅维里提出了他那个时代的突出问题，即如何保持自由、自治的共和国历久弥新，因此他强调了德行的极端重要性。共和国就是波考克所说的一种"德行结构"，指的是"在这种结构中，每个公民能够把公共利益置于自身利益之上，乃是别人也把公共利益置于自身利益之上的前提，这样，每个人的德行就会把每个他人从命运安排给他的时间维度（Time-Dimension）的腐败成分中解救出来"。[62]

马基雅维里的答案是复杂的。他的一个重要论点是，基本法律的制定要在一定程度上迫使公民个人将公共利益置于自身利益之上，因此就需要一种混合体制，把三种纯粹的亚里士多德式政府形式融为一个"混合政府"，"既能克服这些纯粹形式的不稳定性，又能结合进它们的效力"。[63]马基雅维里还强调了警戒的重要性。他力主在一支有德行的民兵基础上建立一支强大的国防军，事实上他得出了更进一步的结论："在国外谋求支配权"是"在国内实现自由的前提"。[64]

荷兰起义过程中发展起来的那种自由观，在某些方面与马基雅维里的自由哲学可谓并行不悖。两者都认为自由必先自治，保全共和国的自由是个人自由的前提，为了保全共和国的自由，应当制定恰当的法律，建立适当的机构，拥有有德行的公民与政治

---

〔61〕 Quentin Skinner, 'The idea of negativ liberty: philosophical and historical perspectives', in *Philosophy in History*, eds. Richard Rorty, J. B. Schneedwind and Quentin Skinner (Cambridge, 1984), pp. 207-8.

〔62〕 Pocock, *The Machiavellian Moment*, p. 184. 另见 Skinner, *Machiavelli*，尤其是 pp. 53-7。

〔63〕 同上，p. 65。

〔64〕 同上，p. 73。

领导人，而且，两者都支持"混合"政府形式。[65]

　　除了这些共同点以外也能看到一些重大差异。首先，尽管两种自由哲学都认为整个共同体的自由是共同体成员个人自由的前提，但他们对个人自由的看法却截然不同。马基雅维里认为，个人自由的实质就是人们可以自由地"按照自己的意愿结婚、扶养家庭而不用担心自身荣誉或福祉"，并且可以自由地"拥有私人财产"。[66]荷兰人的观念同样将个人自由视为自由享受"肉体与财物"之乐，但在荷兰起义中发展起来的这种个人自由观，其核心却是这样一种观念：良心自由才是个人自由的精髓。正如一位佚名作家在1579年提出的，"人人都知道人类自由首先就在于灵魂；灵魂是人的主体，有了灵魂人才成其为人。灵魂自由就是良心的自由，包括个人有权信仰宗教，让良心引导自己前行，任何人都无权禁止或加以阻挠"。[67]

　　荷兰的革命者们曾就良心自由的确切含义和范围展开过辩论。1579年的乌德勒支同盟在良心自由的辩论中表明了可以说是最起码的立场，这是新共和国的"宪法性"文件之一，即确保宗教自由，任何人都不得因宗教信仰而受到审讯或迫害。其他人——科恩海特无疑是主要角色——则认为，良心自由就是指言论自由与公开礼拜的自由。于是双方展开了激烈的辩论。这反映了在16世纪宗教改革的发展过程影响下，个人自由概念发生了深刻的变化。

――――――

[65]　正如我在别处已经提出的：除非共和国保持一种自由状态，否则其居民将丧失个人自由；为了保全共和国的自由，良好的法律、适当的机构和公民美德就是不可或缺的，如果这就是共和主义自由哲学的精髓和固有特点，那就可以说，荷兰起义时期发展起来的关于荷兰政治秩序的自由哲学，其性质主要是共和主义的。

[66]　Quentin Skinner, 'Machiavelli on the maintenance of liberty', *Politics*, 18 (1983), p. 4.

[67]　*Een geode vermaninghe* (1579), p. 13.

就宗教问题而言，信其所信并自由表达信仰这样的个人自由如今却成了问题，这种自由观在马基雅维里时代佛罗伦萨人的观念中是完全陌生的。

　　荷兰人与马基雅维里自由观的第二个重要区别是，与马基雅维里不同，荷兰共和主义者将三位一体的自由、特权与议会视为政治秩序基础的观点，并非源自马基雅维里时代的共和主义语言。虽然频繁地引用共和理论的经典作家，但荷兰起义的政治思想家们并没有从美德与命运之间的斗争角度去看待为保全旧时的自由与旧政治秩序而进行的斗争，因为那是他们表示要反抗和抛弃的方式。佛罗伦萨的政治思想似乎并未对荷兰起义的理论家们产生积极的吸引力。与众多理论家颂扬的威尼斯不同，佛罗伦萨的命运正是荷兰竭力想避免的。荷兰人说到马基雅维里时一般就是指他是《君主论》的作者，与腓力二世的总督、1587 年重新征服尼德兰南部诸省的法尔内塞一样，是意大利君主们的罗盘，教他们撒谎、欺骗和蔑视正义。[68] 事实上，把所谓腓力二世的马基雅维里主义视为激起荷兰起义的根本原因，这种看法并不罕见。

结　语

　　初看上去，荷兰起义时期的政治思想与马基雅维里时代的共

---

〔68〕 Willem Verheyden, *Bootelijcke consideratien*, fol. B. 在法文版中，维尔希登是这么说的："马基雅维里作为意大利人的顾问、向导与镜子，教导一个君主应该要根据不同的风向来改变（处事方式）。他说，君主要看起来仁慈、真诚、充满怜悯之情，或根据需要展现出残酷、不忠和暴虐这完全相反的一面。对他而言，比起真正做一个品德高尚的君主，更重要的是貌似品德高尚"，Verheyden, *Considerations necessarires*, fol. B.

和理论之间的关系饶有趣味，而且有些令人意外。

一方面，新斯多葛主义与佛罗伦萨共和理论出自于同一个古典传统。在很大程度上，两者有着同样的认识论基础。在使用的"语言"、概念系统与组织分类上，新斯多葛主义与共和理论也如出一辙。然而，新斯多葛主义的主张是，唯有在有德行君主的一体统治为标志的政治秩序中才能实现"文明生活"，这与共和主义显然大相径庭。

另一方面，在荷兰起义时期发展起来的共和主义则认为，荷兰政治秩序的基础是自由、特权与至高无上的议会。这一概念尽管包含了明确的共和观念模式，但并不是从马基雅维里时代共和理论的政治语言发展而来的。它没有采用佛罗伦萨共和理论的概念系统与组织分类，也没有从美德与命运的斗争角度看待为建立共和国而进行的斗争。

马基雅维里时代的共和理论本身似乎并非荷兰起义时期政治作家们的重要灵感来源。但马基雅维里时代的共和主义与荷兰起义时期的共和主义还是有一些共同的重要灵感来源。要追溯 16 世纪荷兰共和主义的起源当然十分困难，但这并不意味着在这一问题上便无话可说。

至关重要的是应当指出，荷兰众多印刷厂印行了大量的经典著作，其中以安特卫普的普朗坦*事务所最为引人注目。这些经典著作还被译成了本地语言。比如，荷兰起义时期的著名哲学家

---

*　普朗坦（Christophe Plantijn，1520—1589），法国印刷商，创办过一家大型印刷厂，其最大业绩是订正《新旧约全书》原文，在西班牙国王腓力二世支持下，不顾教士的反对，于 1569—1572 年出版了安特卫普《多语种圣经合参》8 卷。1583 年他在莱顿定居，为荷兰各州新建的大学印书。去世后其业务由家人继续经营，1876 年安特卫普市买下了普朗坦的厂房和设备，建立了普朗坦—莫雷图斯博物馆。——译注

220 科恩海特就翻译了许多作品，其中包括波伊提乌斯的《哲学的慰藉》、荷马的《奥德赛》和西塞罗的《论责任》。这一时期荷兰的政治思想家经常援引经典作家的观点，尤以西塞罗和萨卢斯特最为常见。因此可以说，荷兰起义时期的共和主义部分源于经典著作在尼德兰的流传，一定程度上也是荷兰人文主义的产物。

其次，荷兰的共和主义自由观与斯金纳所说的发轫于14世纪、以帕杜阿的马西利乌斯和萨索费拉托的巴尔托鲁为代表的"学院派的自由辩护"之间有着惊人的相似之处。[69]正如斯金纳指出的那样，马西利乌斯与巴尔托鲁运用共和语言，将自由描述为政治独立与自治。他们将内部失和视为自由面临的主要危险。他们声称，要确保人们能将宗派利益抛诸脑后，公民能将整个共同体的利益视同自身利益，就需要一个有效的综合体制框架。其主要原则是人民（一个整体而非个体的简单总和）应始终作为政治体中的最高权威。如果人民把权力授予了一个"统治集团"，就要从根本上保证能牢牢地控制该"统治集团"。为了实现这一目标，经院主义的自由理论家设计了诸多体制安排：统治者由选举产生，他在执行法律（这是他的基本任务）时只有最低限度的酌处权，并且要在执政官和统治集团中构建一个复杂的监察网络。

后来又有一些作家重申并详细阐发了这一分析，其中包括马里奥·萨洛莫尼奥（Mario Salomonio），他论述罗马贵族主权的专著完成于1514年，出版于1544年。

"学院派的自由辩护"基本上以制度设计为基础，在这方面，荷兰起义的理论家可能就是以此为样板。马西利乌斯、巴尔托鲁和萨洛莫尼奥等人在尼德兰可谓众所周知，在那些法律研究

---

[69] 见 Quentin Skinner, *The Foundations*, pp. 53-66。

者当中更是如此。这里有一个突出的事例，就是阿尔巴达的哈该
（Aggaeus of Albada）的 1579 年科隆和谈法令注解本，该注解本出
版于 1581 年。在谈判期间担任总议会发言人的阿尔巴达不仅援引
了巴尔托鲁，而且他的人民主权论的观点，在很大程度上就是以
他详尽援引的萨洛莫尼奥的著作为依据的。[70]

　　在波考克的分析中，巴尔托鲁与马西利乌斯两人的作品被称为
典型的"法律语言"。现代欧洲早期的其他主要政治语言，至少在
他看来，都与共和语言存在着广泛差异。"共和语汇……清楚地表
达了积极的自由观"，认为"人这种动物的政治是这样构成的：只
有在文明生活中积极实践，他的本性才能得以完善"，[71]"对自由的
法律描述"则基本是"消极"的："它对自由与统治、自由与权威、
个体与主权以及私与公都做出了区分。"[72]波考克忽略了学院派自由
观中的共和主义因素，认为在法律语言中，公民权的精髓在于拥有
权利，而在共和语言中，公民权的精髓在于参与。

　　因此，认为建立在自由、特权与至高无上的议会基础上的荷
兰政治秩序在政治的"法律语言"史上自有其地位，这样的结论
既是可能的，也是富有诱惑力的。然而，如果说这个结论还有些
效力，那就应当补充一句，即荷兰起义时期的政治作家对"法律
语言"的用法绝不适于清晰表述共和主义观念。

　　毫无疑问，像在学院派的理论中一样，荷兰起义时期的理论

[70] Aggaeus of Albada, *Acten vanden Vredehandel geschiet te Colen* (Leiden, 1581), pp. 101, 105, 161-2. 另一个事例请见 *Politicq Onderwijs*，其作者特别援引西塞罗与巴尔托鲁来证明自己的论点。

[71] J. G. A. Pocock, 'Virtues, rights and manners. A model for historians of political thought', in J. G. A. Pocock, *Virtue, Commerce and Industry* (Cambridge, 1985), pp. 40-1.

[72] 同上，p. 40。

家们认为，保卫自由实质上就是由议会发挥主导作用，立足于由
基本法律、特权与监督体系共同组成的宪政框架。此外，荷兰起
义的理论家们不仅强调了权利的重要性，还根据各省议会的主权
地位发展出一种主权理论，并最终与人民主权论融合在了一起。

　　同时，对起义时期共和观念发展过程的重述可以表明，将自
由、特权与至高无上的议会视为荷兰政治秩序的基础，就包含着
共和主义的自治观。起义时期对特权的要求不仅仅是对一种受到
侵犯的宪政权利的要求。当然，这些特权，比如初巡礼和1477年
的特许权利，绝非现代意义上的宪章。大多数特权，随着它们的
积累而开始作为"灰色宪章"发挥作用。[73]特权通常都是城市、
行会、神职人员、贵族等从中世纪末期的公爵、伯爵和其他领主
手中获取，甚至敲诈得到的。至关重要的是，特权主要涉及当时
的问题，反映了有关各方的权力关系。特权的运用绝非简单的法
222　律问题，而主要依靠权力关系的变化。

　　同时，特权也有着重大的意识形态影响。初巡礼和特许权利
都是在中央政府无力抵制各省要求时受到敲诈的结果。它们限制
了中央政府的权力，反映了各省，尤其是起主导作用的各城市的
政治观点。14、15世纪的勃艮第尼德兰，各大城市的公民意识不
断增强。[74]正如布洛克曼斯所强调的，[75]各大城市，尤其是布拉

〔73〕 W. P. Blockmans, 'La signification "constitutionelle" des privileges de Marie de
Bourgogne (1477) ', in *1477. Le privilège général et les privilèges regionaux de
Marie de Bourgogne pour les Pays-Bas* in the series Ancien Pays et Assemblées
d'Etats, vol. LXXX (Kortijk-Heule, 1985) .

〔74〕 关于14世纪的布拉班特在这方面的情况，见 P. Avonds, *Brabant tijdens de
regering van Hertog Jan III (1312-1356)* ; *De grote politieke krisissen* (Brussels, 1984)。

〔75〕 见 W. P. Blockmans, 'Alternatives to monarchical centralization: the great tradition
of Revolt in Flanders and Brabant', 收于 *Republiken und Republikanismus im
Europa der frühen Neuzeit*, H. G. Koenigsberger, ed. (Munich, 1988), pp. 145-154.

班特和佛兰德地区的大城市，一直都在寻求建立一种政治秩序：中央政府弱而有效，并由渴望像自治城邦共和国那样行事的城市居于支配地位。特权便是实现这一目标的手段之一。因此可以说，1477 年的特权体现了一种"由大城市支配的联邦国家观"。[76]

换句话说，特权不只事关权利，还事关参与。荷兰起义的理论家们追求特权，并非只是要求保护权利，他们还要求参与决策过程，特别是对各省议会来说，1587 年那部《短论》所称的它们的"委托人"，毫无疑问就是城市。简言之，如果说荷兰起义时期的政治作家使用的是"法律语言"，那对他们而言，这种语言完全适于表达共和主张。[77]

因此，他们清晰表达了一种在勃艮第尼德兰有着悠久而强大传统的共和主义态度。毫无疑问，布洛克曼斯所说的"伟大的起义传统"，也是荷兰起义时期政治思想与政治实践的一个主要灵感来源。因此，到 1570 年代，当激进的归正宗新教徒试图在布拉班特和佛兰德建立一种新的政治秩序时，他们遵循的正是这一传统模式："以各大城市在各自领地内的霸权为基础的城邦制，这也是他们在 14、15 世纪革命此起彼伏的时期所塑造的模式。"[78]

也许对于当时人来说，这种结论不可能令人过于吃惊。事实上，早在动荡不安的 1566 年，一生大部分时间都在安特卫普度过的佛罗伦萨人洛德维科·圭恰迪尼就在著名的《荷兰地理志》（*Descrittione di tutti I Paesi Bassi*）中将该市描述为波里比亚式的

223

---

[76] Blockmans, 'La singification', p. 516. 因此，大城市都会支持合作。它们并非要彻底摧毁中央政府，而是希望把中央政府变成联邦制结构中一个高效率的组成部分。

[77] 当然，就像斯金纳所指出的，在马西利乌斯和巴尔托鲁看来，事实就是如此。见 Skinner, *The Foundations*, pp. 53-66。

[78] Blockmans, 'Alternatives', p. 154.

完美共和国，堪与斯巴达共和国相提并论：

安特卫普的领主和君主是布拉班特公爵，神圣罗马帝国总督。但安特卫普拥有许多从古代一直延续下来的重要特权，她几乎是以自由城市及共和国的方式统治自己、管理自己。的确，在我看来，完善的监督使得这种管理方式与杰出的哲学家、历史学家波里比亚所描绘的真正、幸福的共和国相差无几。因为他希望该市成为君主制、贵族制与民主制这三种类型的混合体。在这里，君主拥有帝国，贵人拥有权威，人民则拥有权力和武器。[79]

〔79〕 Lodovico Guicciardini, *Descrittione di tutti i Paesi Bassi* (Antwerp, 1566), p. 132. 洛德维科是弗朗西斯科·圭恰迪尼的侄子。

第十一章

弥尔顿的共和主义与天国的专制

布莱尔·沃顿

　　何谓 17 世纪英格兰的共和主义？这个术语一直很少被承认，更常见的则是一直被滥用。但一直存在着一个需要有个名称的运动。我指的共和主义，就是与现代欧洲早期的文艺复兴时期与巴洛克时期君主制的兴起相对立的思想抗议运动，它在明确表达这种对立时广泛利用了中世纪以前古典时期的政治著述与政治实践。这就是在塑造其语汇时马基雅维里的贡献超过了任何其他文艺复兴时期作家的共和主义。到 1600 年时，意大利的共和主义已经丧失了活力，尽管它的余音仍在威尼斯缭绕，尽管威尼斯的体制在欧洲各地仍被称赞为现代版的罗马共和国。到 17 世纪，在英格兰，马基雅维里的思想得到了最大程度的发展与认同，共和主义再次复兴。在接下来的一个世纪中，在 17 世纪英格兰共和主义的基础上，不仅出现了博林布鲁克圈子、吉本以及早期议会激进派作品中那样的英格兰政治与历史反思的主题，而且还促进了苏格兰、欧洲大陆甚至美洲的启蒙运动。[1]

　　在 1640 年代的内战之前，共和主义从未以说教或者明确的

----

〔1〕　即将出版的《剑桥政治思想史》(*Cambridge History of Political Thought 1450-1750*)(J. H. Burns 编) 有我的一章，其中对 17 世纪英国共和主义的讨论要比本文更为充分。读者如果想就本文前半部分关于共和主义的论述寻找文献支持的话，可以参阅该章。

方式公开亮相。在伊丽莎白统治时期或者斯图亚特王朝初期的英格兰，极少有人想过应该对古代体制的规则进行根本变革。习以为常的顺从，对反叛的恐惧，外部的威胁，这些牵制因素都强化了对古代体制的坚持，并将可供选择的其他体制理论局限于抽象思辨和富于想象力的文献之中。在菲利普·西德尼爵士的《阿卡迪亚》（约 1580 年）中，也只是在巴西琉斯（Basilius）去世的时候——这明显是在预示伊丽莎白女王之死——才有了一些"街谈巷议"，希望"国家发生变化，不再受君主的统治"，采用斯巴达或雅典的模式。此外，西德尼还建议其兄罗伯特研究威尼斯的"良法佳俗"，并提醒他说"我们很难和人家同日而语，因为他们的政府与我们的完全不同"。[2]西德尼了解他眼中的马基雅维里，但下一代知识分子却更了解自己眼中的马基雅维里。然而，这位佛罗伦萨人的吸引力并不在于明确的共和主义因素。连同文艺复兴时期宫廷的腐败权术、奢华炫耀与淫靡之风引起的厌恶，还可以看到——往往是同一些作家——对治国术的迷恋，这使马基雅维里的《君主论》与《论李维前十书》产生了同样的影响，使黑衣塔西佗与红衣塔西佗成了对头。

这种张力并没有打乱约翰·弥尔顿的信念，他引用《论李维前十书》而不是《君主论》，他厌恶"专制格言"和"国家的理由"，[3]在他看来，塔西佗完全"可能是专制者最大的敌人"。[4]毕竟，弥

---

〔2〕　*The Countess of Pembroke's Arcadia*, ed. Jean Robertson (Oxford, 1973), pp. 320-1; *The Works of Sir Philip Sidney*, ed. Albert Feuillerat (4 vols., Cambridge, 1912-26), iii. 127.

〔3〕　*Complete Prose Works of John Milton*, ed. D. M. Wolfe et al. (8 vols., New Haven, 1953-82), i. 573, ii. 375, 本文圆括号内提到的弥尔顿散文作品均指该版本。但译文中的弥尔顿引文是指 *The Works of John Milton*, ed. F. A. Patterson et al. (18 vols., Cloumbia, 1931-4), 后面简称为 Columbia Milton, 原出处在当页标明。

〔4〕　*Columbia Milton*, vii, 317-19.

尔顿的作品属于后来的一代人。英格兰用一场政治革命产生了一种表面上的党派共和主义。1649 年革命爆发了。弑君并非共和理论的结果。共和理论家大都只想赶走某一位国王而不是废黜王权。他们砍掉查理国王的头颅，却不知道下一步该怎么办。在这种困境中，他们找不到可行的替代办法以废除君主制。推动了共和主义思考的不是弑君的胜利，而是他们的失败。随后那个空位期的临时政权难以为继则表明，必须更深入地探索这样一些原则，即有可能根据这些原则找到持久的办法取代斯图亚特王朝。由于国内体制失败的刺激，也由于陆海军在海外的成就，共和主义得到了强劲发展。克伦威尔的共和国在与爱尔兰、苏格兰和荷兰的战争中创下的功绩，与前半个世纪王权统治下英格兰软弱的外交表现形成了鲜明对比，这使人们心怀敬畏地将其与希腊罗马共和国的业绩相提并论。

　　1650 年代是 17 世纪英格兰共和主义三个阶段中的第一个，也是成就最为辉煌的阶段：是那个世纪最初的共和主义理论家詹姆士·哈林顿《大洋国》的 10 年，是马钱蒙特·尼达姆为官方报纸《政治信使报》撰写共和主义社论的 10 年，是阿尔杰农·西德尼和亨利·内维尔影响当时弥尔顿供职的残余国会的 10 年。然而，西德尼和内维尔的主要著作——前者的《论政府》和后者的《柏拉图再生》以及马基雅维里著作的翻译——却都是完成于 17 世纪晚期。这些作品的构思都属于第二阶段，即专制主义和一次教皇继位构成的威胁引起的 1673—1683 年危机时期。最后一个阶段是 1690 年代，当时罗伯特·莫尔斯沃思、沃尔特·莫伊尔、约翰·特伦查德以及弥尔顿传记作者约翰·托兰德等人的作品中充满了对于唯利是图的国会和常备军的担忧。贯穿于这三代人的共和理论的发展变化并没有太多的连续性，甚至齐拉·芬克、卡罗林·罗宾斯、菲力克斯·拉布和约翰·波考克等人的作品中清晰阐

227

明的一套观念在被反复运用时也是如此。

　　弥尔顿在 1650 年代的共和主义作家中处于何种地位？我们不应将他们视为一个封闭的圈子。17 世纪的共和主义者们经常以那种抑制了持续合作的特立独行的思想和精神独立为自豪，其中尤以弥尔顿最为典型。但即便如此，我们知道，弥尔顿一直是马钱蒙特·尼达姆的"至交"和"密友"，是他倡导古典自由、为 1650 年代政体辩护的同道。[5] 尼达姆与弥尔顿的朋友兼同事安德鲁·马维尔过从甚密，马维尔又是詹姆士·哈林顿的"至交"，而在 1648 年之前，弥尔顿与詹姆士·哈林顿可能也有密切交往。[6] 不管弥尔顿与这些人的关系疏密如何，但从共和主义角度理解健康与病态政府之间的对比，却没有人比他更雄辩有力：他 1660 年初写道，

　　　　在"一个自由的共和国"中，最伟大的人就是那些耗费自己的资产永远做公众的仆人与苦工的人，……他们并不高居于同胞之上，过着严肃的家庭生活，和其他人一样在街上漫步，可以自由、冒昧、友好地同他们谈话，而不用对他们表示崇拜。然而，一个国王却必须受到半人半神似的崇拜，而他的宫廷放荡又傲慢，用挥霍与奢侈、假面舞会与狂欢诱使我们一流的绅士腐化堕落，……而且无休止地……在永远是卑躬屈膝的臣民中四处炫耀。（*Complete Prose Works*, vii. 425-6）

─────────

[5]　*The Early Lives of Milton*, ed. Helen Darbishire (London, 1932), pp. 44, 47.

[6]　B. Worden, 'Andrew Marvell, Oliver Cromwell, and the Horatian Ode', 载 *Politics of Discourse*, K. Sharpe and S. Zwicker eds. (Berkeley and Los Angeles, 1987), pp. 147-80。在亨利·劳斯 1648 年的《诗篇选粹》中，一首署名 "J. Harington" 的诗和弥尔顿的诗出现在同一页上（同上，n. 38）。当然，"J. Harington" 未必就是我们所说的詹姆士·哈林顿，但哈林顿也曾满怀诗意地打算翻译出版维吉尔的作品。两位作者同时出现在同一页上并不能证明他们之间的友谊，但也可能是一种友谊的象征，一如马维尔和尼达姆在 1649 年时的情况（同上，pp. 159ff）。

　　然而，在这种义正词严的背后，我们却找不到系统的共和理论。但我们不能据此就把弥尔顿排除在共和主义者的行列之外，因为共和主义从来就不是一个自给自足的纲领，它是以分散而非集中的形式发挥了最大的政治与想象的影响，用波考克的话说，它是"一种语言而非一种纲领"。然而，即便如此，似乎仍有理由质疑弥尔顿能否被称为共和主义者。显然，他支持弑君行为，他宣称"希腊人和罗马人"会把它称为"光荣勇敢的行为"（iii. 212; vii. 420）。但是，这一观点也使他有别于我们所认为的绝大多数其他古典共和主义作家。当弥尔顿欢呼这是神意赐给克伦威尔军队的"正义和胜利"时（iii. 194），其他共和主义者却谴责弑君是暴力政变，既没有政治上的同意，也不符合文明德行。在大多数人都严厉谴责克伦威尔是篡位者时，弥尔顿又一次几乎孤立于共和主义者之外，表示支持奥利弗·克伦威尔半君主制的护国公制并为其效力。只是在护国公制失败之后，弥尔顿才简短明确地表达了对王权，甚至对"威尼斯公爵一样愚蠢狂妄"的敌视态度（vii. 447）。早些时候他曾再三解释说，他的攻击目标不是国王而是僭主。他在1654年曾发问，"如果我抨击僭主，那该如何对待国王？……我认为，国王与僭主的区别犹如好人与坏人的区别一样大"。[7]归根结底，在弥尔顿的学问和伦理重点中，政治思想的地位到底有多高？他在1614年时曾宣称，"虔诚与正义是我们的根本；它们不会卑躬屈膝，也不会因为贵族制、民主制或君主制而变色"（i. 605-6）。难道不是因为哈林顿坚持共和形式才导致他与弥尔顿的关系在1659—1660年破裂的吗？弥尔顿难道不是和克伦威尔一样，将政治形式视为是可以牺牲的，只是达到神圣改革和

228

─────────

〔7〕　*Columbia Milton*, viii. 25.

良心自由等更高目标的手段吗？

然而，这些异议更多的是源于对 17 世纪共和主义性质的误解，而不是弥尔顿与他的共和主义同时代人在思想上的距离。弥尔顿绝不是唯一对王权与僭主做出区别的共和主义者。阿尔杰农·西德尼就宣称"没有什么比无礼地谈论国王更不合我的心意"。毕竟，共和主义者从亚里士多德和波里比亚那里了解到，一个健康、持久的国家就是将三种统治原则——个人统治、少数人统治和多数人统治——加以混合或平衡并有相应政治形式的国家。他们把"混合"、"有限"及"受制约"的君主制与"君主专制"和世袭君主制的罪恶进行了对比，通常情况下，只要前者是建立在同意的基础上，他们就会承认其效力。然而，从弥尔顿区别对待斯图亚特家族的"土耳其式专制"和被斯图亚特歪曲了的"受制约的君主制"来看，他仍属于共和主义的主流（iii. 453）。但是，我们不应过于迅速地被这些区别感动。共和主义作家们的理智并不像他们的情感那样容易承认"单个的人"的宪政作用。实际上，共和主义者（包括弥尔顿）更多时候会忘记他们在王权与专制之间做出的区别。在理论上，他们（也包括弥尔顿）赞成亚里士多德所说的理想国王，即正义与理智的化身；尽管弥尔顿和他的同事们一样尊崇亚里士多德所说的统治者，但他在寻找这样的统治者时却发现，他们——比如马可·奥勒留、阿格里科拉和阿尔弗烈德*——实在是寥寥无几。与阿尔杰农·西德尼一样，他认为在 17 世纪的英格兰出现有德行的

---

　*　马可·奥勒留（Marcus Aurerius，121—180），古罗马皇帝，哲学家，新斯多葛主义哲学主要代表。阿格里科拉（Gnaeus Julius Agricola，40—93），罗马将军，以征服不列颠而闻名，曾任不列颠总督，后解甲归隐，拒绝担任亚细亚总督之职。阿尔弗烈德（Alfred，849—899），英格兰撒克逊人的韦塞克斯王国国王，使英格兰免于丹麦人的征服。治国有方并支持学术发展，甚至自修拉丁文并翻译古典著作。——译注

王权是最不可能的，指望它的出现来解决英格兰的困境和指望斯巴达与雅典的模式一样不切实际，而在阿尔杰农的伟大叔父所著《阿卡迪亚》中，斯巴达与雅典模式乃是一种"想象多于实际的事物"。弥尔顿与阿尔杰农·西德尼都依据亚里士多德和西塞罗提出的普遍正义原则认为，从理论上说，一个最有建树的人有权进行统治。1654 年，他正是根据这些原则为克伦威尔统治的正当性进行了辩护（*Columbia Milton*, viii. 223）。然而，除此之外，弥尔顿——又和西德尼一样——并没有热切希望这个原则被用于实践，反而强调了它的不切实际性，或者用于批评比较当代的统治者及实践（*Complete Prose Works*, iii. 204-5, 460, 486; iv. 366, 427; vii. 377）。

共和主义或许只是一个高傲孤独的作家诸多思想与想象的成分之一，但其所占的比例也许大于弥尔顿的批评者们所认识到的程度。甚至他的思想在我们看来似乎最特立独行的时候，共和主义也仍然是引人注目的成分。如果对他来说政治始终从属于更大的伦理关切，那么对 17 世纪英格兰的其他共和主义作家来说也同样如此。不管那些作家能够从马基雅维里那里学到多少东西，他们都没有这位佛罗伦萨人让政治独立于道德的意识。当弥尔顿再三坚称国家的改革要从灵魂、从家庭的改革开始时，他的政治思想显得最有特色：比如他在 1654 年警告说，如果英格兰人拜倒在奢侈的诱惑之下而偏离改革之路，那么"（内战期间）你能想象到的只有在外国、在战争中才会出现的专制者，将会出现在国内、出现在你的家中"。[8] 不可否认，这一信念以更为强烈的形式反映了他同时代的共和主义者众所周知的亚里士多德的假设，即法律与意志的公开冲突反映了每个人内心摇摆于理智的自由与激情的

---

〔8〕 *Columbia Milton*, viii. 241.

奴役之间的斗争。如果这场战斗获胜，就是说，如果政治偶像崇
拜能被根除，那么是否承认一个"单个的人"的问题就只是细枝
末节了。

对于共和主义来说，甚至连弥尔顿的宗教思想也没有初看起
来那么古怪了。[9]他信仰的阿米尼乌斯派教义——《失乐园》中
证明上帝指给人们道路的"伟大论点"，强调人的救赎要依赖于
自由运用自己的理智与选择——属于对加尔文主义正统的反动，
而这个正统却是 17 世纪共和主义者共有的特征。可以说，他的
索齐尼主义，他大胆的反三位一体论，他的宗教宽容信念，他的
反教权主义，以及他坚信神职人员应该因英国人崇拜国王时表
现出来的"精神沮丧与卑下"而受到谴责，也都同样如此（viii.
344）。有时，历史学家会将共和主义对传统神学发起的挑战视为
一种世俗化的力量。把世俗主义标签贴到弥尔顿身上当然不妥。
然而，弥尔顿与其他共和主义者对神职人员的指责，不是因为他
们推销宗教，而是因为他们使宗教堕落。对于共和主义者（包括
弥尔顿）来说，政治是至高无上的宗教活动，国家只是"上帝在
尘世的仆人"，建立完美的国家是人类的神性本能。这是一个让
哈林顿感到特别亲切的主题，他的政治思想与弥尔顿同属于启示
论范畴。

在共和主义精神以及弥尔顿的思想中，公民美德与宗教美
德的关系都很密切。弥尔顿和他的共和主义同道一样，同时也和
清教徒及马基雅维里信徒一样，强调要节俭、勤劳、节制、"守
贫"，强调了自由与放纵的基本区别以及奢侈与懒惰之恶。如果我

---

〔9〕　关于弥尔顿的信仰与共和主义主流的信仰在这方面的相似之处，以及本文所
　　　说的其他相似之处，请参阅我在上面注〔1〕中提到的那一章。

们注意到 1641—1642 年他对宗教长老会产生的短暂却深刻的吸引力，实际上我们就会发现他在专注于一种与公民和教会都有关系的"纪律"。纪律不仅是"虔诚"，也是"美德"的"养育者与监护人"。因为

> 能够通过判断而认识国家与国民、城市与军营的人……都会承认，一切文明社会的兴衰……无不是围绕着纪律之轴循环往复。(i. 751, 841)

大多数激进的清教徒都把他们的同道看作"圣徒"。我认为，弥尔顿从未以这种方式使用该词。相反，与其他共和主义者一样，他把自己钦佩的英国人称为"公民"。[10]他说福音的事业是"理性、果敢、绝对自由的"(vi. 548)：同样，他也常常把这个短语用于政治事业。他也许渴望政教分离，但他并不认为宗教与政治是可分的。他知道，公民自由与宗教自由的目标"紧密结合不可分离"(i. 923)；"专制"和"伪宗教"下面则是"盘根错节"的"黑茎"(iii. 509, 570)；"把国王当作偶像来崇拜"说明人民"不仅有宗教崇拜还有文明崇拜"的倾向(iii. 343)。他在 1660 年声称，没有任何政府比"自由的国家更接近基督的戒律"(vii. 366)。福音书频频谈到了"自由，一个为君主制及其主教们害怕、憎恨却为自由的国家喜爱和弘扬的词"(vii. 458)。

研究弥尔顿的宗教与政治激进主义有一个可靠的规则：我们不应从他已发表的作品，而应从他未发表的作品开始，因为在那

231

---

[10] *Complete Prose Works*, i. 812（参阅注〔1〕, ii. 286; vii. 306; viii. 447. *Columbia Milton*, ix. 177; xii. 61; xviii. 164）。弥尔顿把"圣徒"用于政治时，通常都是讽刺性的，*Complete Prose Works*, i. 851; iii. 343, 367。

里，他可以更自由地表达自己的思想。正如弥尔顿在宗教上离经叛道的真正指南是他未发表的《论基督教义》一样，他在政治上离经叛道的线索则包含在他的私人作品集之中。共和主义者——包括弥尔顿——出版作品是为了对事件产生影响。他们对论据和重点的选择受到游说需要的影响。更多的时候，这些需要都限制了弥尔顿激进主义的广度。他在 1641—1642 年要求废除主教制，呼吁国会更多地支持宗教激进观念而不是政治上的激进观念，他要力促国王解散劳德的教会（Laudian Church）而不是反对国王。1649—1650 年，他为只是措辞审慎且含糊不清地宣称反对君主制却不急于推动共和主义探索的残余国会张目。1654 年他又为颠覆了 1649—1653 年那种"自由状态"并恢复了一种半君主制的克伦威尔张目。要评价弥尔顿共和主义的程度，我们不应从那些临时写就的小册子，而应从他并未发表的札记入手。令人惊讶的是，他的政治思想的研究者却很少有人这么做。[11]诚然，弥尔顿只是很简要地评论他在阅读过程中抄录的段落，而且一个作家未必会赞同他着重提到的别人作品中的每一个观点。即便如此，他所摘选的篇章与评论一直都很激进，虽然无法就此对他的信仰做出结论，但至少可以表明他所专注的方向。

　　札记表明了弥尔顿是如何阅读的，以及它是如何从内心深处让弥尔顿的精神远离了他所处的时代与空间、摆脱了他的同时代人政治辩论的思维局限的。被他引用过的那些神父、历史学家

---

〔11〕 Christopher Hill（例见 *Milton and the English Revolution*, London, 1977）急于证实弥尔顿的激进主义，并说明检察制度显然限制了弥尔顿已出版作品中的激进主义。Hill 的说法从逻辑上应该——但实际上并非——从弥尔顿的札记中寻找依据，因为札记的确说明了弥尔顿的激进主义，但那里表现出来的激进主义，其源泉却并非 Hill 寻找的那些因素。

和思想家，可能都会被他摘选的篇章所呈现的颠覆性以及他从他们作品中得出的结论所震惊。如果他的编辑们所确定的年代日期准确无误的话，则说明这种激进主义很早就已经发展起来了。1637—1638 年他在阅读苏尔皮修斯·塞维鲁斯时曾着重提到，"国王们的名字对于自由的人民来说始终是可憎的"。[12] 1639—1642 年，当清教徒国会领袖们力争把弥赛亚宗教抱负纳入古老体制的传统政治语汇时，弥尔顿就超前预感到了加冕礼誓言的约束力以及反抗专制的合法性，并引用马基雅维里的话指出，"共和国比君主制更可取"。1642 年以后弥尔顿的小册子显然都是在思考这些当时事件的相关性，它们虽然表面上忠于国王，把国王的麻烦归咎于国王的主教们而非国王本人，但他谴责这些主教"把君主制简化成了专制"。[13] 后来，1649 年，弥尔顿公开回顾说，在 1630 年代——那时诗人退居到他的学术基地霍顿（Horton）——的个人统治下，"除了宫廷的封臣，所有的人都反对（国王）和他的专制统治"（iii. 344）。不管这一说法有多么夸张，但可以肯定的是，它部分反映了弥尔顿的早期观点。无独有偶，1640 年，霍布斯就已经得出结论说，阅读亚里士多德的作品是为了说服人们相信反抗的正当性。[14] 此说可与约翰·奥布里的结论相映成趣，即弥尔顿"对

232

---

〔12〕 此札记已被翻译、编辑并列入 *Complete Prose Works*, vol. I。原文请见 *Columbia Milton*, xviii。

〔13〕 *Complete Prose Works*, i. 732；参阅 i. 572, 705, 769-70, 924, 925。事实上，1642 年弥尔顿曾在一个地方表示，英格兰从未遭受过专制统治（"如果真有这种事情，一个专制者［上帝把这种灾难从我们这里转嫁给了我们的敌人］早就抓住那根节杖了……"，同上，i. 852），但这种半开玩笑式的说法是一种古老的伎俩，是为了让人们关注它表现上否认的现象。比如，同样的诡计 Antoine Muret 在 1581 年也用过［见 Peter Bruke, 'Tacitism'，收于 Tacitus, T. A. Dorey ed. (London, 1969), p. 161］；另见 Algernon Sidney, *Discourses concerning Government* (London, 1772), p. 350。

〔14〕 Hobbes, *The Elements of Law*, pt. II, chs. 8, 9.

李维和罗马作家以及罗马共和国的伟大成就烂熟于心"产生了他的反君主制情感。

札记表明，在1651—1652年，马基雅维里对弥尔顿的影响最为深刻。这是一个令人振奋的年代，刚刚树立了自信的共和国开始推行侵略政策，以确保将苏格兰、爱尔兰和荷兰联省共和国纳入英格兰的版图。当时，弥尔顿的朋友马钱蒙特·尼达姆发表社论为它的努力欢呼，他希望借用马基雅维里的语言向英国人传授古代共和国的美德与政策。而此时，正如弥尔顿所说，英格兰的统治者似乎将"在西方建立另外一个罗马"（vii. 423）——这尤其是因为国会领袖亨利·范内爵士*，弥尔顿1652年为他所写的十四行诗就委婉地提到了马基雅维里。[15] 在1651—1652年的札记中，甚至在一些小册子里，凡是提到马基雅维里的地方，我们都可以窥见弥尔顿是那么关注马基雅维里的观点：世袭统治的邪恶，共和国推崇美德的更大意愿，武装反抗专制统治的合理性，公民权利实践过程中政治和军事参与的作用，节俭带来的军事利益，军事扩张在国内产生的后果，骚动的益处（参阅iii. 388, 564-5; iv. 390），以及体制更新的好处。

然而，即使在1650年代，弥尔顿的共和主义乐观精神也不是毫无理由的。他的作品从头到尾贯穿着一种怀疑态度，那不

---

* 　亨利·范内爵士（Sir John Vane, 1613—1662），英国清教徒，长期国会议员（1640—1653），曾任马萨诸塞总督（1636—1637），后任下院领袖，反对查理一世及克伦威尔的护国公制，王政复辟（1660）后被捕，两年后以叛国罪处死。——译注

[15] 　*The Poems of John Milton*, eds. J. Carey and A. Fowler (London, 1968), p. 328. 有关1650年代早期的共和主义抱负，见 B. Worden, 'Classical republicanism and the Puritan revolution', 收于 *History and Imagination*, H. Lloyd-Jones, V. Pearl and B. Worden eds. (London, 1981), pp. 190-1; 'The Commonwealth Kidney of Algerno Sideney', 载 *Journal of British Studies*, 24 (1985), 4。

是怀疑共和主义统治的益处，而是怀疑英国人是能否维持共和主义统治。这种怀疑有助于说明为什么同意的原则在弥尔顿的思想中不如在其他共和主义者那里突出，并且没怎么——但在逻辑上应该——使他相信一切正当权力均由人民赋予，人是通过行使"选择权"实现"理智"能力的（*Complete Prose Works*, ii. 527; *Paradise Lost*, III. 108）。这种怀疑是预警式的，"因为历史告诉我们，在腐败与退化的年代里，是不合时宜的自由把罗马本身带进了奴隶制"（v. 449）。这一段出自弥尔顿没有发表的另一作品，此作知之者不多，他的政治信仰研究者会兴趣盎然，即《英国史》（*History of Britain*）的"题外话"。《英国史》详细讲述了罗马占领不列颠群岛所带来的文明影响与随后的僧侣野蛮时代之间的鲜明对照。罗马人离开之后出现了确立本国自由的良机，而"这样一个千载难逢、解放自己的良机"为什么会丧失殆尽，一次失败就付出了一千多年不得政治健康与幸福的代价？弥尔顿说，现时代再次面临着这样一个迫切的问题：斯图亚特王朝的专制统治已被推翻，英国人能证明自己比过去更有资格建立一个"公平、完善的共和国"吗（v. 441）？

我们可以预料，弥尔顿对于自己同胞的习性感到最严重焦虑的不是道德或精神上的缺陷，而是缺乏政治教育。与 17 世纪的共和主义者一样，弥尔顿相信政治教育是国家政治健康的关键。英国人对往昔地中海民族智慧与美德的无知尤其让他感到沮丧。在《英国史》题外话中，他哀叹这个民族缺少具备"恰当技能以了解什么是一个人的冤屈不平所在并且知道如何聪明处理"的人。他认为，"要想了解体制之幸的精致比例"，就需要一种"英雄智慧"，这是那些目光短浅的政客力所不及的。

234   因为英国（说一个不常被人提到的事实）盛产身强力
壮、作战勇敢的人，自然而然就没有太多的人能够在和平时
期进行公正审慎的统治，大多数人只靠常识行事，不在乎以
谦恭、审慎和爱对待公众，而是以这块土地上的古怪方式更
看重金钱和虚荣……我们所需要的太阳，不仅能使果实，也
能使我们的智慧成熟起来；正如我们从海外引进了葡萄酒和
油画，我们还必须让知性成熟起来，从最好的年代的外国作
品和楷模中把诸多公民美德引入我们的精神：否则我们仍将
遭遇失败。(v. 449-51)

这里弥尔顿再次表达了焦虑。早在 1641 年他就警告国会，
"指引一个文明国家走向世俗的幸福时，并非每个博学者或智
者……发明或设计一套规章制度"就会成为莱克格斯或努马
（Numa）(i. 753)。1652 年他在一次私下评论中曾悲叹共和国
的大多数统治者思想僵化，"完全不懂公共政治事务"，到过国
外的不超过三四个人——其中包括弥尔顿和他的共和主义同道
阿尔杰农·西德尼和亨利·内维尔，他们在战前都曾游历过意
大利。

为了充分把握弥尔顿悲叹罗马人撤出不列颠之后英国人丧失
良机、呼吁采取地中海政治原则的意义，我们需要知道题外话作
于何时。弥尔顿用非常确切的说法表示，题外话所属的《英国史》
第一部分完成于 1649 年 1 月，即对国王执行死刑后的几个星期之
内。当时，新的统治者尚未决定政府形式，也没有宣布英格兰为
一个自由的共和国。但弥尔顿的说法遭到了广泛质疑，虽然也都
没有充分的理由。人们认为，他不可能写得这么快，他的记忆肯

定有误。[16]然而，这部作品的进度每天只需完成几页，而且是平铺直叙地以记事为主，完全在这位多产作家惯常的速度之内。如果文章是在他说的时间完成的，那就应视为他对查理一世被处死之后的形势的看法。在当时的危机中，国会领导人，那些目光短浅、缺乏古典政治审慎的人物，坚持现有议会形式，回避政体实验，于是产生了一个临时的残余国会。弥尔顿通过比较在弑君事件中看到了一个马基雅维里式的机会，一个"上佳的机会"：国家未来的幸福要依赖其打破僵化的旧制度、采纳地中海民族智慧的能力。然而，和罗马人撤退后一样，这个机会也丧失了。1650年，弥尔顿承认"时间将会认可我们的制度，但这并不是我们原

235

---

[16] *Complete Prose Works*, v. xxxvii-xli. 虽然 Austin Woolrych 教授提出的观点慎重而细致，但并未能使我相信题外话是在许多年之后才写的〔'The date of the digression in Milton's History of Britain', 收于 *For Veronica Wedgwood These*, R. Ollard and P. Tudor-Craig eds. (London, 1986), pp. 217-46〕；他认为在 1640 年代末期这个据认为是诗人写下了题外话的时候，弥尔顿不太可能经历题外话所反映的那种绝望，对此我也并不同意。那种认为弥尔顿写作《英国史》(*History of Britain*) 第一部分的时间应在 1649 年 1 月国王被处死到 5 月共和国建立之间的观点，在我看来——实际上也完全得到了承认——是从第三卷一开始弥尔顿说到了目前的"空位期"(interreign) 而推断出附加论据的。根据《牛津英语词典》给出的词义，"interreign"和"interregnum"并不总是指称现代意义上的两届政府之间的空当。它可以单指统治权崩溃后的那种事态，这个定义可以适用于 1642 年之后的任何时候。然而，在我所提出的《牛津英语词典》以外 17 世纪的事例中，该词的含义甚至更窄：例见 *Mercurius Politicus*, 8-15 March 1655, p. 5189. Michael Hawke, *The Right of Dominion and Property* (London, 1656), p. 154; *A Copy of a Letter written to an Officer of the Army* (London, 1656 or 1657), p. 34. 有关《英国史》和题外话的写作日期，我要非常感谢 Nicholas von Maltzahn 先生，他在一部即将由牛津大学出版社出版的有关《英国史》的论著中讨论了这一问题。同时还要感谢 Woolrych 教授极有洞见和建设性的批评，他对本文的初稿提出了极为有益的评论。但与 von Maltzahn 先生一样，他对本文表达的观点不负任何责任。

来想要的制度"。[17]他在 1660 年曾哀叹道，1649 年君主制瓦解
之后，

> 原本应该进一步设计共和形式并直接进行实践，人民
> 可能很快就会对其带来的良好秩序、安逸和利益感到欢欣鼓
> 舞；到那时为止，我们一直深陷于过去那种对骚动或突变的
> 恐惧之中，现在更是如此。我们太不重视及时建立新式而非
> 旧式的政府，这是我们的不幸。

　　即使在王政复辟前的几个月里，当其他人都意识到共和国就
要在他们眼前土崩瓦解的时候，弥尔顿则在乱局中看到了另一个
机遇："现在就是机遇，正是我们建立自由共和国，使其永立于这
块土地的时刻。"（vii. 430）

　　但梦想很快就破灭了。随着君主制的复辟，弥尔顿从一直
"用左撇子"写作散文转向了诗歌，并完成了《失乐园》。我们很
难想象，一个把 20 年的生命与创作力都献给政治事业、宣称从
荷马到布坎南（Buchanan）的"诗人从来都是专制者真正势不两
立的敌人"的作家，竟会突然失去对政治的兴趣。[18]众所周知，
《失乐园》中有关恶魔的文字写得最好。但人们是否意识到这些
文字多么具有共和主义特征？人们是否发现，特别是撒旦的共和
主义——它与第五卷极为丰富的文献资料相一致——多么接近于
1660 年的《建立自由共和国的简易办法》的语言（就我们所能了
解到的情况，弥尔顿的第五卷很可能就是在 1660 年之后的几个月

---

〔17〕 *Columbia Milton*, vii. 29.
〔18〕 同上，viii. 77-9。

内完成的）?[19] 撒旦的敌人是上帝，他"独揽天国的专制大权"（I. *236*
123）；"天国的大王""天国的无敌之王"等君主专制的特征被再
三强调（I. 637-40; II. 751, 992; IV. 41, 960, 973; VIII. 239）。在天
国的芳香气息和金色大道中间，在频繁提及的高塔之后，文艺复
兴文献中君主专制压迫的象征反复出现，明显是 17 世纪宫廷的特
征。首先是阿谀奉承。弥尔顿的小册子里随处可见自由与奴役的
对照——这不可避免地成了描述文艺复兴时期宫廷崛起的虚构作
品中常见的主题，但都远不如弥尔顿持之以恒。在他的散文作品
中，自由的人民都是"挺立的"，"高昂着头颅"，就像我们第一次
遇到的亚当和夏娃一样（《失乐园》，IV. 289）。[20] 与之形成强烈对
比的则是 1641 年小册子里"奴颜婢膝"的主教们（i. 522, 853），
而《偶像破坏者》里的英国人则暴露了他们"低声下气的卑贱"
心态，因为他们很乐于在查理一世的"肖像和记忆"前"俯首叩
拜"。"宫廷里的谄媚匍匐这种卑贱的需要"则是《简易办法》抨
击的靶子（vii. 428），在这本书里，弥尔顿嘲笑"俯首称臣的人永
远都会卑躬屈膝，不是神化就是崇拜赞美"国王（vii. 428）。正因
为如此，《失乐园》里的撒旦才警告堕落的天使不要"卑躬屈膝"，
因为天使们似乎准备"卑躬屈膝"地赞美征服了他们的上帝（I.
322-3）。撒旦问战败的天使为什么要"卑躬屈膝地哀求怜悯，向
天国的统治者致敬"（I. 111-2）？他们为什么要"跪地致谢""可
耻地跪拜"（V. 782）？撒旦以罗马人那种一以贯之，以他的"坚

---

[19] 当然，对于弥尔顿作品的时间或顺序我们并无把握。如果说第五卷的结论部
分有作者自传的影子，那肯定是他对于濒临失败的清教徒事业的坚信不疑。
第五卷和第六卷似乎是同时创作的。在弥尔顿已经写就第六卷开头、这位诗
人已经"落入罪恶岁月"时，王政复辟已成定局。
[20] *Complete Prose Works*, iii. 236, 237（参阅同上，ii. 559）; *Columbia Milton*, viii. 9.

定精神和高度的轻蔑"，对那些留在天国里、"职责便是为主人服务"、"胆怯退缩、不去战斗"的奴性的侍从天使，表示了完全是共和主义者的蔑视（IV. 943-5）。这位魔鬼首领认为，"自由和天国，对神圣的灵魂来说从来就是一体的；而现在，我看到的基本上都是仆从"（VI. 163-6）。放逐造反的天使至少给了他们一次"选择"的机会，马蒙（Mammon）如是说，而弥尔顿也时常这么教导他的同胞宁肯"在宽松的枷锁与卑贱的浮华面前选择艰辛的自由"（II. 255-7）。

与屡遭共和主义者诟病的文艺复兴时期新型君主制度一样，那位天国的君主在权力平衡方面也实现了一种根本转变。弥尔顿和他的大多数共和主义同道一样，对中世纪的王权怀着一种复杂的感情；同样，他显然也认为中世纪的王权要优于现代的君主制度。共和主义者总是拿 15 世纪末 16 世纪初遍布欧洲的现代君主制度与罗马帝国时期共和主义自由和元老院的独立最终消失相提并论。在这方面，弥尔顿也属于 17 世纪共和主义内部出现的贵族化怀旧潮流，他令人快意地回顾了中世纪英格兰"那些忠诚而勇敢的贵族们"竭尽全力"为了公共利益而向专制者发起的辉煌战争"，他们作为国王的同侪至少还享有与他"平等"的分量（*Complete Prose Works*, iii. 219, 343-4）。他们羸弱的后代已被现代早期的宫廷所腐化和驯服，这些宫廷已经把世袭继承看作固有的权利，而人民只是出于弥尔顿所说的"礼貌或权宜"的原因就把这种权利赠予了君主，至今依然如此（iii. 203）。[21]

---

[21] 弥尔顿并非总是如此贵族做派。尽管这里所引用的段落提到了许多伟大贵族的名字，但他认为中世纪的贵族阶级的规模远大于更为近代时期的有名无实的贵族。这种信念使他更接近于阿尔杰农·西德尼；*Complete Prose Works*, iv. 423; Worden, 'The Commonwealth Kidney of Algernon Sidney', p. 23。

天国与现代早期的英格兰和现代早期的欧洲经历了同样的腐败过程。撒旦提醒他的贵族同伴,在上帝冒险"攫取"并"建立"新权力之前,他们是"同样自由的"(《失乐园》,V. 792-7)。如今,上帝,"智力与我们一样的上帝却借用武力站在同侪之上"(I. 248-9)。改变天国权力平衡的政变突然爆发了。我们知道,上帝的君主制——在共和主义者看来与中世纪英国的君主制毫无二致——把它的权威归因于"同意或习俗"(I. 640)。现在,上帝变成了专制者,并把"新法律"、"新命令"和"新征服"强加于人(II. 239, V. 679-80, 691):这与文艺复兴时期的君主何其相似,他们的专制主义野心总是由于"创新"而遭到反对者的指控。当然,与文艺复兴时期的君主一样,上帝也谨慎地把他的新要求称为古老的权利。在天国的战争中,圣父与圣子决心"控制我们自古以来就有权控制的神或帝国"(V. 723-4)。不过撒旦明白上帝意欲"扩大他的帝国"(II. 315, 326-7)。上帝诉诸古代的做法抢占了一个原本属于撒旦的理由,正如在英格兰的斯图亚特王朝,国王的反对者们相信,对古代体制的认可乃是他们的政治所有权。与共和主义者认为中世纪贵族的独立已成为过去一样,在天国里,反叛的天使们也"知道我们以前从没有像现在这样,以前也从没有人和我们一样自生自灭"(V. 859-60)。这样的要求在上帝的军队面前是软弱无力的,他们驱逐了"过去一直住在天国里的土著和子孙,一个不留"(V. 790-1)。上帝不仅在天国建立起了帝国,它的地盘也在不断扩大。现在,他的霸权将要扩张到地狱,在那里他将拥有"任意专断的"权力(II. 334);同时还会扩张到尘世,上帝的治国术"长久以来"一直在秘密"谋划"尘世的创造,而尘世的居民,正如撒旦警告的那样,上帝将让他们恐惧死亡,让他们"敬畏","让他们愚昧无知"(IX. 138-9, 702-4)。

天国革命的决定性时刻是上帝推出了他的圣子，"我一切力量的继承者"，"天国的一切人等都要向他俯首称臣"的世袭统治者（V. 607-8, 720; 参阅 III. 321, 350）。在《复乐园》（I. 87-8）中，撒旦发现上帝"取得了天国的专制权，为了提升圣子的地位，他还有什么不会去做的？"在《失乐园》中，我们反复听到圣父把权力"转移"给他的圣子，而在撒旦的眼中，这些权力本不是上帝的（V. 854-5; VI. 678; X. 56）。与文艺复兴时期的君主一样，上帝（圣父）把他的王国视为自己的财产而不是臣民的托管物。圣子作为世袭统治者，也很快有了同样的倾向，他"独占了所有权力"，受到损害的是贵族天使，他们在"指定的国王的名字笼罩之下变得黯然无光"，而他将从他们那里要求得到"新的荣耀"（V. 775-80）。

弥尔顿的天国和弥尔顿的欧洲一样，政治权力的革命也伴随着政治理论的革命。"多少新奇的怪想法啊！"当上帝要求天使们必须服从他的圣子时，撒旦抗议说，"我们总算知道教义从何而来了"（V. 855-6）。17 世纪的共主义者也是这样抗议那些支持专制主义扩张的新奇"想法"和"教义"的，它们与弥尔顿在 1642 年抨击的腐败而奴化的专制"教义"（I. 851, 925）或者西德尼在罗伯特·菲尔默爵士的家长制中发现的"新""法律"和"新""戒律"[22]如出一辙。西德尼使用塔西佗的语言，将斯图亚特王朝描绘成提比略式的暴政。弥尔顿的天国有一个类似于提比略的人物。那里和提比略统治下的罗马、"后改革"时期的英格兰一样，仅仅发表言论就可能构成叛逆，因此撒旦中断了对天使们的叛乱煽动，因为"在这个地方多说不安全"（V. 682-3）。提比略式的暴政也传

---

[22] Sidney, *Discourses concerning Government*, pp. 53, 356.

播到了天国。在那里，夏娃偷吃禁果之后，只能徒劳地希望上帝的"密探"没有发现她的罪行（IX. 815）。

不过……不过这样说话的当然是一个堕落的夏娃。只是在我们第一代祖先的堕落及其随后的悔悟之间，才使他们对上帝的无上权威和撒旦的无上权威的看法产生了亲和力。撒旦的雄辩是堕落的雄辩。我们从一开始就知道，"把他逐出天国的"是"傲慢"（后来我们才知道那是"君主的傲慢"），是他"反抗上帝的宝座和君主国的勃勃野心"（I. 36-42; II. 428; IV. 40）。在这场天国的战争中，他对叛乱同伙的规劝——与弥尔顿本人反对尘世专制的观点十分相似——被愤怒的亚必迭（Abdiel）叫作"亵渎神明"，而亚必迭是弥尔顿最为同情的（虽然说不上有自传意味）的天使。"你要为上帝制定法律吗？"亚必迭问撒旦，"你要与他争论自由的问题吗？"亚必迭断言，"天国里的每个灵魂都要屈膝"，那是"公平的"（V. 809-24; 参阅 VI. 171ff）。在"理应且不可以忽视荣誉和崇敬"的天国里，忠实的天使们都会适当地向上帝顶礼膜拜（III. 736-8），一如堕落之前和悔悟之后的亚当和夏娃那样，在祈祷时自发、虔敬而得体地深深鞠躬（V. 144-5; XI. 249）。我们已经看到，撒旦警告叛乱同伙，弥尔顿在《简易办法》中警告他的同胞，不要"顶礼膜拜""匍匐致意"。但是，我们知道，亚当和夏娃在堕落之前"深深地鞠躬赞美"，在悔悟之后"顶礼膜拜"（V. 144; X. 1099-1100）。撒旦告诫说，上帝要让人类"敬畏"，已经证明是没有根据的，因为我们知道，当亚当带着"温顺的敬意"向拉斐尔（Raphael）"深深鞠躬"时并没有感到"敬畏"（V. 358-60）。同样，当撒旦抱怨上帝的"枷锁"时（V. 786, 882），已经悔悟的亚当和夏娃却认可了"套在我们脖子上的枷锁"（X. 1045-6），正如弥尔顿1640年代初期的小册子在谴责"主教与教皇的纪律枷锁"的同时却又欢迎"审慎的人性化纪律枷锁"（i. 704; ii. 230）。

在弥尔顿的作品中，"枷锁"、"纪律"、"敬畏"、"鞠躬"、"崇拜"和其他许多词语一样，都是同时带有明确的褒义和贬义。褒义属于已经走上了弥尔顿所说荆棘丛生的自由之路的人，而贬义则属于那些和撒旦一样仍然被欲望和激情奴役的人。真正自由的人，外在的恭敬、崇拜姿态与内心的高尚正直是一致的；而堕落的人，肉体的自卑只不过反映了精神上的自卑。弥尔顿形容撒旦的用语是"含糊其词"，但我们不能说弥尔顿对这些词语的双重用法也是"含糊其词"，因为弥尔顿的道德立场从来都没有模糊不清（V. 703; VI. 568）。然而，这种模棱两可——两面兼顾的特性——实质上是他的手法。"平等"和"服从"是另外两个既褒又贬的词，根据其反映的精神是健康还是堕落而定。另一个是名词"高塔"。它是尘世的专制、骄横和荒唐的象征，而在天国里（完全是撒旦的曲解）则是上帝最高权威的适当延伸——在第七卷（44, 51-2）中，当巴别塔突然要"遮挡天国之塔"时便形成了生动的对比。

在弥尔顿所有的两面之词中，引起争论最多的莫过于"顺从"或"屈从"了。在散文中，弥尔顿谴责国民被迫或懦弱地"屈从"于卑劣的国王。他大声疾呼，"法律从来都没有，将来也不会规定所有的人都顺从一个高于法律的人"。"身为自由之人，我们怎么能够莫名其妙地就放弃公民权利"，或"臣服于那些绝大多数情况下并不比他们所统治的人更睿智或更具美德的人"？[23] 愤怒的反问也是阿尔杰农·西德尼常用的手法：我们为什么要"屈服于他，一个和所有人一样有弱点、有感情、有缺陷的人的意志"？[24] 这

---

[23] *Columbia Milton*, vii. 215（参阅同上，vii. 211, 283）; *Complete Prose Works*, iii. 209, 486.

[24] Sidney, *Discourses concerning Government*, p. 107.

也是撒旦的策略，他问道："谁会想到屈服？"（I. 661）他向他的
叛军发问，"你们会低下头颅，屈从地跪下你们的双膝吗"？（V.
787-8）由于"决不顺从或服从的勇气"（I. 108），撒旦无法从反
叛之路上回头，因为"除了屈服别无选择"，这是他"对羞耻的
恐惧"和"轻蔑"所不能容忍的（IV. 79-85, 96）。然而，亚当在
堕落之前和悔悟之后对造物主的归顺却得到了诗人的赞同。亚当
"卑下地靠近"拉斐尔向他致意（V. 359），告诉他在看到创造的荣
耀后如何"怀着敬畏与崇拜""恭顺地俯首在地"（VIII. 314-16）。
亚当曾在激情驱动之下反抗上帝的正义，在反抗平息之后，他
"服从"了上帝的"绝对命令"所给予的"正义"惩罚（X. 768-9;
XI. 311-14, 372, 526）。

　　甚至连撒旦的共和主义或者亚里士多德靠"功德"统治的主
张，以及他"受损害的功德意识"也转而和他作对（I. 98）。众所
周知，他的"功德"使他"臭名昭著"（II. 5-6），而圣子，虽然他
的权威似乎完全是继承而来，却是靠"功德的权利"，靠"功德而
不是继承权"进行统治，"最有资格做继承人"（VI. 43, 707-8, 888;
《失乐园》I. 166）。真正通过分配正义之美德进行统治的亚里士多
德式的国王是圣子，而不是撒旦。正如亚必迭所说，"当统治者最
有美德，超过他所统治的人们"时，就不存在"奴役"（VI. 175-
80）。撒旦的共和主义完全是欺骗。他曾希望"看起来是""自由
的赞助者"（IV. 957-9），但他的"大言高论"却一向是有"美德
的外表而无美德的实质"（I. 528-9）。撒旦体现出的品格正是他装
模作样进行鄙视的。天使加百利（Gabriel）嘲笑他，问他："谁
曾像你一样讨好、奉承、卑躬屈膝地崇拜？是天国里可怕的君主
吗？"（IV. 958-60）因为撒旦——正如卡洛林宫廷里的"宫廷寄
生虫"（*Complete Prose Works*, i. 670; iii. 204）一样——是个"阿

240

谀奉承的寄生虫"（《失乐园》，IX. 526；《复乐园》，I. 452）。上帝
把他创造成"正直的"，但他却剥去了那层"假象"（IV. 835-7）。
尽管撒旦使用了专制与平等的语言煽动天使们反叛，但那种"托
词"对他来说"太平庸"了，因为他的真正目的是成为"荣耀的
唯我独尊者"，他不是要与上帝平起平坐，而是要成为上帝的"主
人"（VI. 421; IX. 125, 135）。

　　弥尔顿为什么煞费苦心地把共和主义植入《失乐园》之后又
不遗余力地揭露撒旦的共和主义的虚伪性？或许，恰当的现代答
案是，这种暴露不够充分或难以让人信服：撒旦反对天国专制的
言论充满溢美之辞。自从威廉·燕卜逊踏入温彻斯特学院，认为
他在教室里遇到的上帝"非常邪恶"，[25]《旧约》的神性未能使上
帝适应 20 世纪自由主义不可知论的道德要求，这一直就是弥尔
顿的读者面临的问题。但是弥尔顿的上帝与燕卜逊的上帝不同：
241 他的上帝体现的是一种神学体系，诗中进行了大量的论述，但燕
卜逊对此却视而不见。弥尔顿绝不像燕卜逊认为的那样赞成加尔
文主义，相反，诗人却是竭力地反对，反对一种将上帝视为罪恶
之始作俑者，把上帝变成专制者的宿命论——这是撒旦和燕卜逊
的观点。弥尔顿坚持阿米尼乌斯主义，他确信人类的救赎要靠自
由、理性地行使他们的选择权，在《失乐园》的那些篇什中都得
到了清晰的阐述，正如教皇抱怨的那样，"圣父上帝变成了经院神
学家"。[26]"伟大论点"在这里得到了清楚的表达，这正是诗的庆
典。后代人们在解读《失乐园》的时候，都不约而同地只看到加
尔文主义和阿米尼乌斯主义救赎体系的相似，却忽视了两者的区

―――――

〔25〕 W. Empson, *Milton's God* (London, 1961), p. 10.
〔26〕 Pope, 'First Epistle to the Second Book of Horace', I. 102.《失乐园》III. 95ff 极为
　　　详细地谈到了经院神学家。

别，这很可能就是诗的局限性所在，在某种意义上说也是它保持永不过时的一道障碍，只有熟知它在 17 世纪的神学地位的读者才能明确地感受到它在思想上的连贯性。[27] 但承认这一点是一回事，而不了解这一点、坚持认为弥尔顿是恶魔的同党却是另外一回事。不了解这一点，弥尔顿也就一无是处，而撒旦的共和主义主张被准确宣布却又被暗中挖了墙脚，这需要我们更多地信任诗人的智慧。

读者在弥尔顿的撒旦身上发现了两个人物的影子：克伦威尔与弥尔顿本人。显然是在 1657 年左右，诗人决定放弃散文重返诗作。这很可能与他对护国公制不再心存幻想有关：它未能获得神圣改革的实质且君主制气派日甚一日。他在 1659 年回顾克伦威尔的统治时，把它说成了"一个短暂却丢脸的黑夜"。[28] 尽管没有充分证据能够说明弥尔顿本人对克伦威尔的敌视态度发展到了什么程度，但诗人肯定开始同意其他共和主义者的观点，即这位护国公为了自己的野心而牺牲了革命。但不管弥尔顿是否特指克伦威尔，也不管撒旦的诅咒——"专制者必须哀求"（IV. 393-4）——是否指的护国公本人，护国公制的"丢脸"不仅是个人背叛的结果，也是清教革命更深层的隐忧造成的。作为"第一个在圣洁的外表下编造谎言"的人（IV. 121-2），撒旦属于清教徒中

〔27〕 经院神学在教皇面前完全失去了力量，因为有关宿命论的争论曾经让弥尔顿那一代人激动不已，但后代人对此却极少关注。William Denton 1681 年在抄袭《论出版自由》——它预示了《失乐园》的阿米尼乌斯主义观点——时巧妙地剔除了该书中的阿米尼乌斯主义本质：见 G. G. Sensabaugh, *That Grand Whig Milton*（Stanford, 1952，再版于 1967 年）第 63 页引文。

〔28〕 *Complete Prose Works*, vii. 247. 对这个短语的含义的说明，见 Austin Woolrych, 'Milton and Cromwell: "A short but scandalous night of interruption"', 收于 *Achievements of the Left Hand*, M. Lieb and J. T. Shawcrosseds, eds. (Massachusetts, 1974), pp. 185-218。

242 的伪君子，正如克伦威尔在共和主义者眼中是最突出、最有破坏性的清教徒伪君子范例一样。在护国公制时期，清教徒神学家们焦虑地发现，许多人现在"只是利用宗教"，因为圆颅党人掌权使得"敬神……成为仕途升迁最便利的捷径"。[29] 这些神学家发现，"虚伪"使得"更加信誓旦旦的敬神的表白""在这些日子里大行其道，人们学会了顾此而言彼、说一套做一套"。[30] 清教徒们将那种阴谋诡计的胜利视为撒旦的胜利，因为他们知道，在最后的时刻，在清教革命似乎即将开始的时刻，会出现许多"假冒的先知（撒旦的使臣）"："时刻即将到来，现在，撒旦运用再普通不过的方式把自己装扮成一位光明天使"，这位天使将努力"用美好的方式展现神圣，用卓越的手段显示虔诚……以欺骗蒙上帝挑选者……因此，一副貌似基督徒的外表掩藏着的可能是反基督的本质"。[31]

　　1659—1660 年的种种事件突然检验了蒙上帝挑选者的完善性，但发现它并不够格，共和主义者与激进的清教徒先是被政治复苏的幻想蒙骗，接着就发现他们的事业毁于一旦。在这期间，激进政治的语言——弥尔顿在《简易办法》中称之为"相当过时的事业的……语言"（VII. 462）——使用越来越不着边际的措辞描述人的真正动机和行为，变得越来越自以为是，越来越陈腐。由于清教徒为权力向保皇党的反动做出了让步而争吵不休，于是他们最终意识到，他们的罪过与分裂是斯图亚特王朝复辟的唯一

［29］ George Griffith 为 William Strong, *Heavenly Treasure* (London, 1656) 所作的序言。参阅 *The Life of George Trosse* (London, 1714), pp. 81-5.

［30］ John Beadle, *The Journal or Diary of a Thankful Christian* (London, 1656), p. 33.

［31］ Matthew Caffyn, *The Deceived and Deceiving Quakers Discovered* (London, 1656), 序言。

原因。

　　1650 年代末的失败，首先是护国公制未能满足改革的愿望——弥尔顿曾支持改革并为之写作，随后则是革命以屈辱的失败而告终，这在圆颅党人中间引发了一系列自我检讨。不管他们之间的互相指责多么严厉，但他们，至少比较诚实的那部分人，也都感到必须要进行自我反省。弥尔顿的撒旦形象就是在清教徒进行反省的这个时期创造的，我们可以肯定地说也反映了这一时期的某些情况。尽管，毫无疑问，弥尔顿笔下的撒旦在一定程度上是克伦威尔或者清教徒的伪善形象，但他身上更多的是作者的影子。总体来说，撒旦"含糊其辞的语言"并不是克伦威尔或清教徒的语言，而是弥尔顿的语言：与他在《简易办法》（1660 年初）中敦促同胞抛弃政治崇拜的诱惑、坚持困难却是真正的自由之路的那些话如出一辙。为什么弥尔顿要让撒旦说那些话？当然，我们可以说在创造撒旦这个人物的过程中，诗人肯定会利用头脑中适合戏剧目的的素材，而共和主义的语汇完全适合于这个目的。我们可以说，没有邪恶就没有戏剧，把邪恶写进作品的作家必须能够认同邪恶。但如果从某种意义上说，弥尔顿认同撒旦，那他显然对这个人物并不满意。著名评论家约翰逊博士（Dr Johnson）称弥尔顿"憎恨所有要他服从的人"，在许多心存疑虑的读者中间引起了共鸣。当诗人把自己的政治语言塑造进邪恶人物的性格之中时，他是怀着怎样的感情？

　　弥尔顿是一个只给我们描绘他肯定的、从不描绘他怀疑的，只宣扬他的一贯性、从不透露他的思想变化，只批评别人、从不批评自己的作者。他的自我教育和自我纠正从来都是私下的。如果他意识到错误，比如他在 1640 年代初放弃长老派教义，1650 年代抛弃护国公制，我们只能自己来探索这种前后矛盾性。虽然前

243

后不一致，但也有自我教育。〔32〕在弥尔顿写作《失乐园》的那些年里，即 1657—1663 年，他的自我教育可能是十分深刻的。

　　弥尔顿笔下的撒旦之伪善与清教徒眼中"将自己装扮成一位光明天使"的撒旦之伪善，有着极为重要的区别。《失乐园》里的撒旦把自己装扮成一位共和主义天使而不是基督教的天使。诗人要揭露的是撒旦政治语汇的虚伪，而不是宗教语汇的虚伪。撒旦是想把世俗的政治语言拿到天国里运用。正如弥尔顿在《论基督教义》中所说，基督的王国"比任何其他王国都更优越"，基督"主要运用内敛的法律和精神力量进行统治"。〔33〕这种区别和优越正是弥尔顿长久以来一直向往的。他在札记中说明了对上帝的"崇拜"和国王们必须赢得的"心甘情愿的服务"之间存在的区别。〔34〕在《论英国教会的教规改革》中，他把"尘世的专制者"与天国"温和的君主"进行了对比（i. 616）；在《偶像破坏者》中，他希望英国人民学会"反对国王"正是为了使基督成为"我们唯一的领袖和最高统治者"（iii. 236）。在王权问题上，尘世君主的托词与圣子的真正权利的鲜明对照，则是弥尔顿《为英国人民声辩》中的主题，在那里，亚里士多德的主张，即"不比其他所有人远更优秀的人就不配做国王"，被用来证明只有基督"有资格在尘世拥有与神权相似的权力"。〔35〕然而，在小册子里，把尘世政治与天国政治混为一谈的是保皇党人而不是清教徒。保皇党人把他们的国王视为神明。撒旦犯的错误更大：他只能把上帝想象为保皇党人的国王。弥尔顿没有犯这个错误。但他是否对世俗政治的

〔32〕 Woolrych 的 'Milton and Cromwell' 一文令人钦佩地正视了弥尔顿的前后不一致。
〔33〕 *Columbia Milton*, XV. 297-9.
〔34〕 同上，xviii. 173。
〔35〕 同上，vii. 127, 279。

语言有太多的要求？他的主要诗作耗费了 20 年的时间，把 20 年时间献给了这些"左撇子"作品，而这些作品对他同胞们的性格、对种种事件的进程几乎毫无影响，这是否值得？

1657—1663 年，轮到清教徒自己面对弥尔顿曾传授给保皇党人的教训了：尘世的政治与永恒的真理之间的差距无法度量。我认为，在那些年里，弥尔顿并非只是重操旧业，把散文换成诗文：他从政治转移到了信仰。他把这一过程中的痛苦与磨砺都隐藏了起来。他在护国公制崩溃和王政复辟之间又重拾小册子写作，证明这一过程并非没有中断过。然而，在《简易办法》发出迫切呼吁时，政治语言已经开始让位于宗教语言了。弥尔顿以往反思同胞的道德弱点时就曾肯定地说，"有一些人"——即使只有"很少几个人"——仍然保持着美德，那就可以传播给其他人（*Complete Prose Works*, i. 944, 974; iii. 344; v. 174, 403）。那"很少几个人"拥有与众不同的政治智慧与美德。然而，在《简易办法》中，这"很少几个人"又获得了另一个名称：他们变成了"幸存者"（vii. 363）——在这个场合以及在王政复辟时期的清教文献中，该词都是指的精神美德而非政治美德。《失乐园》中设想的"很少但合格的观众"很可能是不从国教者而非共和主义者（VII. 31；参阅 XII. 480-1 和《复乐园》III. 59）。

在王政复辟时期，正如弥尔顿所担心的，英国人选择了"一个退回埃及的船长"（*Complete Prose Works*, vii. 463）。1640 年代初期的神佑预期、改革的雄心壮志以及令人毛骨悚然的弑君英雄主义，带来的只有苦涩与灾难性的失败，到 1660 年代则跟来了迫害与镇压。在动荡不安中，失败的清教徒不得不对革命的神佑含义、革命在神性历史结构中的地位重新进行深刻的评价。在初期阶段，用《论出版自由》里的话说，"上帝命令在他的教会中开始

一个新的伟大时期，甚至对改革本身进行改革：当时，除了向他
的仆人——按照他一贯的做法，首先是向英国人——发出启示以
外，还能做什么呢？"（ii. 553）对一个坚信自己神圣职责和民族
使命的诗人而言，弥尔顿的小册子写作似乎是一项迫切而且非做
不可的任务。但在 1640 年代向英国人发出启示的上帝，在 1660
年代时似乎与《力士参孙》中的上帝一样，对他选中的人们"藏
起了面孔"。要想对他的目的做出令人信服的解释，就必须耐心地
服从他的目的。

　　我认为，《失乐园》体现了这种认识。一位贵格会教徒促使他
245　完成了长诗《复乐园》，此时，他已完全脱离了政治。现在，这个
尘世显然不是基督的王国了：清教徒在自己掌权的年代根本就没有
提到这个文本。在有关清教革命的散文中，弥尔顿再三敦促清教徒
领袖把同胞从专制统治下"解救"出来。他一次又一次地赞美推翻
了查理一世统治的"解救者"，还有其他年代、其他国家那些击败
专制统治的"解救者"。[36] 然而，《复乐园》中的基督却拒绝继续
应邀把他的人民从罗马人的"奴役枷锁"下"解放""解救"出来
（《复乐园》，II. 48；III. 175，374，404；IV. 44，102，131）。这位
圣子知道，唯一真正的自由要在内心里寻找："智慧的勇敢者要追
求自由，却自己身陷囹圄而堕落。内心的奴役能否使身体自由？"
（IV. 143-5）这是撒旦无从了解的，至于弥尔顿，尽管经常如是说，
但现在也开始具备了比较坚忍的精神。如果说政治反抗的语言已经
不合时宜，那么共和主义也已经不合时宜。在《失乐园》里，撒
旦已经模仿"雅典或自由罗马的一些著名演说家"的样子欺骗了夏

---

[36] *Complete Prose Works*, i. 615, 706, 729, 925; ii. 539, 606; iii. 191, 346, 442, 511,
580, 581; v. 174, 200, 449; vii. 275, 424. *Columbia Milton*, vii. 65; viii. 3, 5, 245.

娃（IX. 670-1）。现在，在《复乐园》里，为了施以最后的诱惑，撒旦保留了"伟大荣耀的罗马"和"雅典——它在希腊人的心目中乃是艺术与雄辩术的发源地"——的幻想，只是基督告诉他，从异教徒，从"希腊和罗马的所有演说术"中是学不会政治美德的（IV. 45, 240, 353, 360）。弥尔顿在弑君事件之后建议用地中海民族的政治智慧来治疗祖国的病症，期盼他的英国同胞"在西方建立另一个罗马"，我们离那个弥尔顿多么遥远啊！

第十二章　一个有争议的共和主义者：

17、18 世纪荷兰人眼中的马基雅维里

埃科·希兹玛·米勒

近些年来出现了许多专注于马基雅维里及其作品之命运的研究。它们审视了那些不时对他的观点做出的激烈反应，阐明了他在国家行使权力问题上的现实主义观点被吸收进现代早期欧洲政治思想的缓慢过程。几乎每个国家都逐渐受到了这个过程应有的影响，一如菲力克斯·拉布论述英格兰的佳作所示。[1]然而，长期以来，人们对马基雅维里理论的兴趣，基本上集中在所谓国家理由（raison d'état）的文献上。尤其多亏波考克的工作，我们现在能够知道马基雅维里作为一个共和主义者在欧美的影响是多么重要而深远。[2]但值得注意的是，至少直到最近，任何地方对马基雅维里的名声——不管是作为撒旦还是共和主义者——的调查，都没有考虑到荷兰共和国的情况。

我们必须自问，为什么会出现这种情况？难道作为 17 世纪和 18 世纪欧洲最重要的共和国之一的荷兰有意回避对马基雅维里的讨论？也许是荷兰学者经常强调的荷兰的国家特征，甚而这个

谨向 Arthur Mitzman 在本文英译过程中给予的帮助致谢。

〔1〕　F. Raab, *The English Face of Machiavelli. A Changing Interpretation 1500-1700* (London, 1965).

〔2〕　J. G. A. Pocock, *The Machiavellian Moment. Florentine Political Thought and the Atlantic Republican Tradition* (Princeton, NJ, 1975).

国家信仰的卡尔文教派的正统特性，阻碍了人们公开发表观点？当然，在荷兰的历史研究中，马基雅维里也时常出现，但一般只是进到这个议题时才会粗略提及。[3]因此，即使是荷兰人也无法解答这个问题。现在的情况是，马基雅维里在荷兰的面孔至今还没有被描绘出来。在这里，我先概述一下荷兰共和国对作为政治思想家的马基雅维里的看法，然后将重点放在他对于荷兰共和主义的影响，并简要讨论荷兰与欧洲对马基雅维里的反应之间的关系。

　　荷兰 17 世纪最伟大的历史学家皮耶特·科内里森·霍夫特，在 1632 年一得到马基雅维里的《佛罗伦萨史》就表达了自己的心满意足之情："我一直渴望的这位国务秘书的《历史》终于得到了。我经常到处搜寻却毫无结果，现在总算把这件偷偷摸摸的工作完成了。"[4]就马基雅维里的作品和名声在当时的情况而言，这些话可以说具有非常重大的意义。一方面，我们看到马基雅维里背负了骂名，结果是要获得他的作品非常困难；另一方面，一个像霍夫特这样年轻时曾在意大利游历、接受过良好教育、宽容温和的人，则认为必须要研究马基雅维里的历史和思想，因而渴望获得他的作品。

----

[3]　据我所知，低地国家专门针对马基雅维里进行的仅有的研究，对于我们的目的并无太大助益：V. Brants, '"Le Prince" de Machiavel dans les anciens Pays-Bas', 收于 *Mélanges d'histoire offerts à Charles Moeller à l'occasion de son jubilé de so années de professorat à l'université de Louvain* (2 vols., Louvain and Paris, 1914), II, pp. 87-99。有关对马基雅维里的评价，另见 J. D. M. Cornelissen 的作品，例如他的 'De trouw der katholicken tegenover "ketters"' (1930)，收于 Cornelissen, *De eendracht van het land. Cultuurhistorische studies over Nederland in de zestiende en zeventiende eeuw* (Amsterdam, 1987), pp. 271-83; P. H. J. M. Geurts, *Overzicht van Nederlandsche politieke geschriften tot in de eerste helft van de 17e eeuw* (Maastricht, 1942)，以及 P. A. M. Geurts, *De Nederlandse opstand in pamfletten 1566-1584* (Utrecht, 1978; first end 1956)。

[4]　*De briefwisseling van Pieter Corneliszoon Hooft*, H. W. van Tricht ed. (3 vols., Culemborg, 1976-9), II, p. 274, 未注明日期（1631 年 12 月 19 日之后不久）。他称其为 "dien lidsaert"。

我们不知道马基雅维里在尼德兰是怎么被公众所知的，但可以肯定的是，出生于根特的查理五世曾读过他的《君主论》。另外，在当时荷兰的学术中心卢万，1550 年代，有一群西班牙人也在研究马基雅维里的作品。在论述政府的著作中，他们试图把宗教思考与行政实践联系在一起。在这方面，马基雅维里对他们产生了引导作用。因此，福克斯·穆尔西洛和弗里奥·塞里奥尔同样主张对当时的宗教问题进行改革也就不足为奇了。遗憾的是，关于他们在大学里与当地人的接触，我们一直无从知晓。同时，最早对马基雅维里言论的预警，就促使教会人士发出了公开谴责。结果是形成了一股翻来覆去表示敌意的论说潮。[5]

不久，新教徒也谴责了马基雅维里的去道德说教。在宗教战争中双方都指责对方是马基雅维里主义。荷兰起义后的小册子论战中又出现了同样的情况。起义者认为和平似乎遥不可及，因为遵从教皇与马基雅维里箴言的西班牙人不会遵守条约，对他们而言信仰不应由异端来捍卫（haereticis non est servanda fides）。西班牙人，尤其是阿尔巴公爵，都是马基雅维里分子。这位公爵甚至在象征着专制统治的安特卫普城堡为自己竖起一尊雕像。在回应腓力二世的指责时，奥兰治的威廉强调说，这位国王实施的是马

_249_

---

〔5〕 总体情况请见 Q. Skinner, *The Foundations of Modern Political Thought* (2 vols., Cambridge, 1978), I, pp. 250ff；另见 Raab, *The English Face of Machiavelli*, pp. 30ff, 那里谈到了英国人最初的反应；G. Procacci, *Studi sulla fortuna del Machiavelli* (Rome, 1963), pp. 211ff. 有关 16 世纪尼德兰的情况，见 Brants, '"Le Prince"' 和 R. W. Turman, 'Spanish responses to Machiavelli in the mid-16th century Netherlands'（未刊稿，欧洲大学学院，佛罗伦萨，1983）和他的 Sebastian Fox Morcillo's *De regni regisque institutione* (Antwep, 1556): humanist approaches to empiricism, in *Acta conventus Neo-Latini Sanctandreani. Proceedings of the fifth International Congress of Neo-Latin Studies*, I. D. McFarlane ed. (Binghamton, NY, 1986), pp. 283-91, 尤见 p. 287。

基雅维里式的专制。在这些论辩中，我们经常会听到他有关狮子和狐狸的名言。无怪乎对立阵营会反过来说：奥兰治的亲王才是马基雅维里分子。鉴于他曾放弃罗马天主教会转而信奉新教，他们指责他利用宗教充当他政治企图的外衣。[6]

荷兰共和国建立之后，马基雅维里继续被用作一切政治恶行和去道德政治行为的象征。人们普遍认为，马基雅维里的君主仅仅追求名声和富丽堂皇的外表。执政者莫里斯亲王的顾问、数学家西蒙·斯蒂文在那个世纪末评论说，统治者永远都不应该混淆美德与罪恶。莱顿大学的历史学教授丹尼尔·海因修斯悲痛地表示，在政治学领域，有些人已经转向马基雅维里——这个人虽有敏锐的洞察力，但却远逊于亚里士多德那无与伦比的智慧。海因修斯生活在荷兰科学的正统发祥地，但却置身于荷兰共和国的边缘地带，格罗宁根省的一个北部城市（因酗酒而被解职），他警告说不要让那些在托斯卡纳学院学会了阴谋诡计的人获得政府职位。他尖刻地宣称，真诚已经消失，最明智的行为就是学着做一个变色龙。[7]

宗教界的另一端也表达了对马基雅维里的批判态度。因为稳健的抗议派信念而离开莱顿前往阿姆斯特丹并成为雅典学院

---

〔6〕 Geurts, Pamfletten, pp. 179, 269, 272；另见笔者的 'Willem van Oranje in de historiografie van de zeventiende eeuw'，收于 Willem van Oranje in de historie 1584-1984。Vier eeuwen beeldvorming en geschiedschrijving, E. O. G. Haitsma Mulier and A. E. M. Janssen eds. (Utrecht, 1984), pp. 32-62。G. Wells, 'The unlikely Machiavellian: William of Orange and the princely virtues', 收于 Politics and Culture in Early Modern Europe. Essays in Honor of H. G. Koenigsberger, Ph. Mack and M. C. Jacob eds. (Cambridge, 1987), pp. 85-94。

〔7〕 关于 Stevin，见 Geurts, Overzicht, p. 139。D. Heinsius, 'Oratio VII de civili sapientia'，收于 Orationes (Lugduni Batavorum, 1615), pp. 132-156。B. Alting, De politycke kuyper onses tydts; ofte sin-rijck tractate, handelende, (door invoeringe eenes sprekenden vaders) van het ambacht (Groningen, 1710; first edn 1647), p. 20 及各处。

（Athenaeum Illustre）教授的卡斯帕尔·巴尔雷乌斯，甚至专门写了一整篇演说词辩驳马基雅维里的《君主论》。完成于 1633 年的这篇演说词包含了该领域的所有传统要素。尽管巴尔雷乌斯称赞了马基雅维里的敏锐洞察力（也许只是惯用语句，因为海因修斯也用了同样的描述），但他认为这位佛罗伦萨人的作品是有害无益的，因为"美德"和"审慎"在他那里都失去了原意。马基雅维里的主张是骗人的，他把虔诚而有德行的君主变成了"身着王袍的狐狸"，最糟糕的是"宗教在他看来只是为他自己和国家的最高利益服务的商品"。这位悲观忧郁的教授反复强调君主听从马基雅维里的建议有多么危险——马基雅维里认为，在条约失去用处时，作为一个现实主义者便可不再遵守，但要维持表面上的全部真诚。在巴尔雷乌斯看来，这种行为方式显然与尘世一样古老，在圭恰迪尼那里就可以得知，从马其顿的腓力、阿拉贡的斐迪南到路易十一，无不是权力政治的热心信徒。他甚至引用了马基雅维里的《论李维前十书》，这位佛罗伦萨人在书中说，人民从君主那里学会了邪恶。巴尔雷乌斯雄辩地问道，如果真是这样，那为什么不在他们眼前塑造一位诚实真挚的君主形象呢？最后，他还反驳了那些声称马基雅维里只是为了揭露君主卑鄙面目的人：马基雅维里"不是历史作家，而是一个导师，他把诚实与虚伪的语言混为一谈，只是为了不被人看出他的狡猾和不敬神"。我们将返回这一事实：有些人对此的评价却要积极得多。[8]

———————

[8] C. Barlaeus, *Dissertatio de bono principe, adversus Nic. Machiavelli Florentini scriptoris suasorias...* (Amsterdam, 1633) . 我使用的荷兰文译本 'Een reddening of dissertatie, noopende een goet, rechtschapen en vroom prins...' 收于 *Oratien* (Amsterdam, 1662), pp. 48-89, 引自 p. 51 和 p. 84. *Discorsi*, III, p. 29. 有关 Barlaeus 的生活与患病情况，见 F. F. Block, *Caspar Barlaeus. From the Correspondence of a Melancholi* (Assen/Amsterdam, 1976) 。

250

一位格罗宁根的教授重复了巴尔雷乌斯研究马基雅维里《君主论》所使用的方法，这位教授 1664 年写了一篇纲领性演说词《虔诚的政治人》。他在另一个场合曾愤怒地宣称，在所有的政治作家中，只有马基雅维里认为国家能够从宗派斗争中获益。[9] 尽管此时直到 18 世纪末的年代里，自由讨论和利用马基雅维里所受到的禁忌——正如我们将会看到的——开始破除，但斯库基乌斯和其他一些人仍在反复谴责马基雅维里就宗教和国家使用权力问题提出的观念。结果，就有一位匿名作者认为他是异教徒波利比奥斯的信徒，因为他的宗教观是个神圣骗局。另一位则声称马基雅维里曾建议荷兰共和国的摄政不要支持官方宗教，而要接纳许多给共和国带来了恶劣后果的其他信条。第三位是一位非常正统的作者，他引用了一句格言说：第一个马基雅维里分子就是魔鬼本人。[10] 在这些年里，有人在马基雅维里的作品中发现了给荷兰共和国带来了威胁的路易十五扩张主义政策的根源。胡格诺教派的多产政论家让·勒克莱尔在阿姆斯特丹生活了 40 多年，他在作于世纪之交的《随笔》 *251* （*Parrhasiana*）中谈及对理想的政治社会的看法时就非常清楚地表达了这一观点。在他的洛克式社会中，法律是最高统治者，人们享受自己的劳动果实。他对专制主义的不断发展表示悲痛，当然，他痛斥马基雅维里的影响力实际上是指向路易十五的暴虐专制。[11]

----

[9]　见 Geurts, *Overzicht*, p. 137。M. Schoockius, *Politicus pius* (Groningae, 1664) 和 *De seditionibus, seu discordiis domesticis libri tres* (Groningae, 1664) 序言。

[10]　*Vrye politijke stellingen en consideration van staat, gedaen na der ware Christenens Even gelijke vryheits gronden...* (Amsterdam, 1665), p. 25n; P. Valkenier, *'t Verwerd Europe...* (Amsterdam, 1675), pp. 6, 227; S. de Vries, *De geheele weereld (...) Kronijck der kronijcken* (Amsterdam, 1686), Voor-beright.

[11]　*De Fransche Machiavel, of honderts Fransch-politique staetsregelen...* (Utrecht, 1675), J. le Clerc, *Parrhasiana...* (Amsterdam, 1699), I, pp. 212-16.

　　至少据我们所知，在 18 世纪荷兰共和国的政治文献中，马基雅维里出现的频率并不高。然而，有一个老生常谈却是一仍旧贯，即马基雅维里是个教导君主以无德方式进行统治的人。这些说法有时会遭到出人意料的抗议，因为我们可以看到，大多数对他的作品感兴趣的作家，关注的都是他的特定方面的言论，以供他们在就共和国制度的历史和现状展开辩论时使用。对照一下两部马基雅维里作品的荷兰语译本，我们可以发现旧观点和比较宽容的新态度之间存在的区别。第一部可以追溯到 1615 年，再版于 1625 年和 1652 年，前半部分是《论李维前十书》，后半部分是《君主论》。第二部出版于 1703—1705 年，还收入了《佛罗伦萨史》。值得一提的是，这两部书都是在荷兰最高官员——联省执政者——的地位受到挑战时出版的。遗憾的是，我们对译者一无所知，虽然他们在译作的前言里都对翻译这些作品的动机进行了部分说明。在 1615 年，要翻译这些作品，还必须借口说在国家事务上，马基雅维里要比柏拉图和亚里士多德更有经验。再者，既然人们对于辩证法、医学和神学都褒贬不一，为什么不去读一下这位在善恶两个方面都那么出类拔萃的佛罗伦萨国务秘书？之后，有人写了一首诗，劝告荷兰人不要随着这个佛罗伦萨人的笛声翩翩起舞。1704 年，单独出版的《论李维前十书》则附有一个说明，把所有对作者的指责都归咎于天主教僧侣的偏见。译者并不想再起争端，而只是声称，相反，马基雅维里敬畏上帝，热爱国家内部的和睦、秩序、正义和纪律，他的目的只是要人们摆脱懒惰逸乐。正是马基雅维里展示了杰出人物在"真正的共和国事务"中的活动。[12]

----

〔12〕 *De discoursen van Nicolaes Machiavel Florentijn...*, Tr. A. van Zuylen van Nievelt (n.p., 1615), 1625, Leiden, 1652; *De historische en politique werken van Nicolaas Machiavel*, Tu. Daniel Ghys (3 vols., The Hague, 1703-5), IV.

之所以会有这种不断增强的自信，是因为在 18 世纪初的荷
兰共和国，人们开始用更为积极的态度对待马基雅维里，特别是 *252*
当他被视为共和主义者的时候。到此为止，我只说了事情的一个
方面。在荷兰，马基雅维里的作品不仅以各种语言出版了众多
版本，同时也与欧洲其他地区一样被学者的政治论文所利用。为
了应对实际的政治现实，讨论他曾有力探讨过的那些问题也就不
可避免。因此，传统的亚里士多德主义者的抵制和宗教正统派的
厌恶也就不再那么强有力且不那么让人信服了。马基雅维里的作
品有时会被公开引用，有时则被暗中涉及。前一种情况有一个著
名的例子，就是利普修斯 1589 年写出的《政论六卷》。在这部
论述政府与国家的著作中，他指名道姓说马基雅维里是个富有洞
察力的智者，但立刻又警告说，他的君主没有走正道。不过利普
修斯认为，审慎有时会与欺骗混在一起，这与马基雅维里不谋而
合。尽管他们自己都感到了新斯多葛主义的影响和解读塔西佗的
作用，但在利普修斯的马基雅维里式建议背后隐含的却是对和谐
与和平的关注。最让他声名狼藉的是他认为统治者必须利用宗教
以保证统一，甚至君主杀死反叛的异教徒也是正确的。利普修斯
最激烈的批评者科恩海特是个宗教自由的坚定倡导者，他毫不
犹豫地写下了许多人所持的想法："那些马基雅维里分子"（ille
machiavellisat）。[13]

利普修斯是在动荡不安的荷兰起义时期写作的，对他来说，

---

[13] G. Oestreich, *Neostoicism and the Early Modern State* (Cambridge, 1982),
pp. 39-56; M. E. H. N. Mout, 'Ideales Muster oder erfundene Eigenart.
Republikanische Theorien während des niederlandischen Aufstands' in *Republiken
un Republikanishmus im Europa der Frühen Neuzeit*, H. G. Koenigsberger and E.
Muller-Luckner eds. (Munich, 1988), pp. 169-94.

世袭君主制显然就是最好的政体。当时和后来的许多人都同意他
的观点。有一些人并不是那么直言不讳，而是更喜欢通过罗马的
历史学家塔西佗不指名地详细探讨马基雅维里。历史学家霍夫特、
格劳秀斯和（例如莱顿大学的）其他一些人，都把他们的政治观
察与历史事例结合在一起。[14] 所有这些情况中，最令人吃惊的事
实是，正如其他人所指出的，在 17 世纪上半叶的新共和国中，几
乎所有的政治理论都在专门讨论君主政体及其制度。这是人们认
为必须继续抨击马基雅维里《君主论》的主要原因之一。[15]

253

　　在诞生了荷兰共和国的荷兰起义时期，并没有出现真正的共
和主义理论。在 1581 年总议会断绝与腓力二世的关系之后，政治
作家们都极不情愿地承认它们已经超出了合法性的界限。他们主
要想证明所发生的一切有什么是可以接受的。不断变化的政治环
境还使他们更加不愿意进行高度的抽象思考。因此，许多年间他
们更加关注的都是合法性以及对当前局势的分析，而不是考虑共
和国如何才能理想地运转。[16] 因此，在《论古代巴达维亚共和国》

----

〔14〕 见笔者的 'Grotius, Hooft and the writing of history in the Dutch Republic'，收
　　　 于 Clio's mirror. Historiography in Britain and the Netherlands. Britain and
　　　 the Netherlands VIII, Papers Delivered to the Eighth Anglo-Dutch Historical
　　　 Conference, A. C. Duke and C. A. Tamse eds. (Zutphen, 1985), pp. 55-72, 那里给
　　　 出了一些荷兰的事例。总的情况见 E-L. Etter, Tacitus in der Geistesgeschichte
　　　 des 16. und 17. Jahunderts (Basle/Sttugart, 1966)。

〔15〕 E. H. Kossmann, Politieke theorie in bet zeventiende-eeuwse Nederland
　　　 (Amsterdam, 1960) 和他的 'The development of Dutch political theory in the
　　　 seventeenth century'，收于 Britain and the Netherlands I, J. S. Bromley and E. H.
　　　 Kossmann eds. (London, 1960), pp. 91-110。

〔16〕 见 E. H. Kossmann, A. F. Mellink eds., Texts Concerning the Revolt of the
　　　 Netherlands (Cambridge, 1974) 导言及各处；另见 Mout, 'Ideales Muster', p.
　　　 183。我并不完全赞同 M. van Gelderen 在 'A political theory of the Dutch revolt
　　　 and the "Vindiciae contra tyrannos"' (载 Il Pensiero Politico, 19, 1986) 第 163—
　　　 181 页得出的结论，他认为当时荷兰的支持者抱有革命性的共和主义目的。

中，格劳秀斯提出了新共和国的起源可以追溯至巴达维亚时代的说法，从而论证了共和国的历史正当性。他认为，从那时起就从未发生过重大变化。但是，如何使用共和语汇对新局势的反常特征进行解释呢？七个小省份，每个省都有自己的最高统治机构；由贵族和城市代表组成的联合省；奥兰治王室派来的执政（经常是同一个人掌管不止一个省）；一个权力受到限制但却总是试图扩大权力的君主；由于各省都有主权，当海牙的总议会必须做出决策时，便是无休止的争吵和反复的磋商；一个能提供联省一半的财政收入却很少将自己与其他七省视为一体的荷兰省（Holland）。在这种情况下，人们如何能从马基雅维里那里获得灵感？

人们曾试图厘清执政与国家机构其他成分之间含混不清、有时还会趋于紧张的关系。随着观察到一个共和国大大优于君主制，逐渐形成了对官员和机构之间关系的普遍看法，此外还可以在现存制度之上添加亚里士多德式的混合型国家模式。这样一来，就有可能把它们"转化"为合乎理想假定的三重分界。另一个方法就是与过去——比如罗马或斯巴达——以及现在的其他共和国进行对比。像在别处一样，被称为威尼斯神话的威尼斯共和国的理想化历史和制度形象，也对这个制度和行政都需要更准确定义的国家产生了强烈影响。显而易见，古典共和主义出现在荷兰共和国，其中就有马基雅维里的一份作用。这些观念的一位早期倡导者，是来自弗拉讷克省弗里西亚市的保卢斯·布修思教授。他阅读并引用了马基雅维里的作品，但是仅限于《君主论》，而且采取了反对态度。[17]

---

〔17〕 P. Busius, *Illustrium disquisitionum politicorum liber...* (Franekerae, 1613), IV, XV, XXXII.

　　然而，从以上概述就可能推断出这样的预感，即《论李维前十书》和《佛罗伦萨史》很快就将发行量大增。马基雅维里第一部被译成荷兰语的作品是《论李维前十书》（随后是《君主论》），出版之前还详细解释了理由。在巴尔雷乌斯 1633 年的一次演说中，对于马基雅维里作品的态度显然是矛盾的。我已经谈到，他在演说中引用了《论李维前十书》中的一篇来批评马基雅维里的其他建议。1650 年之后，不管是在荷兰省还是共和国的其他地区，都没有再任命执政，直到 1672 年遭到四个邻国攻击，才以奥兰治的威廉三世的名义恢复了该制度。此后，这一职位是否为共和国体制不可或缺的组成部分，便成了政治理论和历史探索的中心议题。有趣的是，在这一问题上观点针锋相对的两派却都不约而同地引用马基雅维里的这两部作品。支持执政的人引用了马基雅维里论述古代共和国的观点，以及温和的混合型政府的重要性的观点。他们还像马基雅维里那样警告说，如果体制突然发生变化，共和国将会衰败。因此，是马基雅维里给他们提供了一个良机以强调奥兰治亲王的作用所具有的那种传统重要性。[18]

　　与此同时，在荷兰共和国，德·拉·考特兄弟和斯宾诺莎的作品——其中就包括以马基雅维里的观点为基础——第一次毫不含糊地提出了共和主义主张。他们毫不掩饰对马基雅维里的崇拜之情。这位伟大的哲学家称赞马基雅维里的睿智和尖锐，我们不会忘记，无论是马基雅维里的朋友还是敌人都采纳了这一说法。约翰·德·拉·考特（卒于 1660 年）和皮耶特·德·拉·考特是一位

---

[18] 例见 *Apologie tegens de algemeene, en onbepaelde vryheyd, voor de oude Hollandsche regeeringe...* (Middelburg, 1669), pp. 11, 96; *Consideratien ende redenen, daer by de nootsaeckelijkheyt vande stadthouderlijcke regering in desen state en republique wordt* (Hague, 1677), pp. 4, 16。

南部荷兰移民的儿子。皮耶特是莱顿的一位纺织品商，并出版过一些经济学著作。他们的作品都由皮耶特负责出版，发行量极大，反响也极大。《政治论》（*Politike Discoursen*，1662）要特别归功于马基雅维里。从标题开始，整部作品都是马基雅维里的观点：从对政府、战争和防御的主张，到教会与国家的关系，再到伦理道德。书中很多部分都是引用马基雅维里《君主论》中的原话，而且没有为利用这部著作进行辩解，相反，在前言部分还极力推荐向意大利各共和国的政治作家们学习，并直接提到了马基雅维里。与《论李维前十书》一样，这部作品也分成若干卷，并且每章都有一个类似格言的标题，用简短的历史事例，通过对过去与现在国家事务的对比，说明共和国应该如何运转。马基雅维里的世界在塔西佗和博卡利尼的经验支持下，被详尽整合为一种与现实主义的、悲观的国家理由联系在一起的共和主义政治观。[19]

1660年，《论政治平衡》（*Politike Weegschaal*）出版，后来皮耶特分别于1661年和1662年对该书进行了扩充修订。在书中，马基雅维里的影响更是强化了威尼斯神话。德·拉·考特兄弟尤其希望他们的理论能够在荷兰或荷兰的城市中得到运用。"大众"的国家形态、制度形态、轮流任职和轮流执政，都是他们推荐的古典共和主义的组成部分。他们把对人的看法（直接源自对笛卡儿

255

---

[19] 关于此段及下面几段的详细情况，请见笔者的 'The language of seventeenth-century republicanism in the United Provinces; Dutch or European?'，收于 *The Languages of Political Theory in Early-modern Europe*, A. Pagden ed. (Cambridge, 1987), pp. 179-195。可参考笔者的 *The Myth of Venice and Dutch Republican Thought in the Seventeenth Century* (Assen, 1980)。另见 E. H. Kossmann, 'Dutch republicanism'，收于 *L'età dei lumi: studi storici sul settecento europeo in onore di Franco V enturi* (2 vols., Naples, 1985), I, pp. 455-86，重印于他的 *Politieke theorie en geschiedenis. Verspreide opstellen en voordrachten* (Amsterdam, 1987), pp. 211-33。

哲学的理解并带有新斯多葛派的意味）与国家形态联系在一起。他们宣称，人类总会受感情的制约，理性很少能占支配地位。只有创造一个平衡的状态，感情才能得到理性控制。这种状态只有在一个以契约为根本的国家才能实现。两兄弟的契约主义源自霍布斯，但与霍布斯的主张不同的是，他们特别强调要保证国家每一个公民行使个人权利的可能性。在君主制和贵族统治下，一个或多个人的感情很可能会占据统治地位，相反，在"大众"国家，人的感情彼此可以保持平衡。因此，他们宣称这才是最好的国家。

他们为"大众"国家的辩护以马基雅维里的《君主论》为基础。与马基雅维里一样，他们并没有把一种政治角色赋予一个国家的全部人口，而是仅限于公民："人民"有政治发言权，但平民没有。同时，为了加强当时未设执政的各省的地位，他们又反对马基雅维里竭力拥护的混合国家观。他们认为，一个城市或国家所有公民的主权集合体必须拥有尽可能大的权力。德·拉·考特兄弟的目标并非要建立一个所有居民都参与的国家，而是一个"人民"与摄政之间没有明显界线的国家。后来再版《论政治平衡》时，皮耶特在自己的框架中增添了贵族统治要素，从而淡化了"大众"国家。也许，正如他对马基雅维里的推崇一样，英国的影响也发挥了作用。他认为，接受济贫或受他人役使的人，都没有资格拥有公民权。在他看来，这样的人不太可能进行独立判断。

在审视了威尼斯和热那亚的情况之后，德·拉·考特兄弟得出结论认为，理想的共和国应该人口众多，并通过工商业的发展而繁盛，它不应该像曾经的罗马共和国以及马基雅维里所建议的那样进行扩张（尽管他们接受了马基雅维里组建一支公民军队的观念）。在这个热爱和平的理想国里，有一个向新成员开放的总务委员会，每年都要有超过 200 人进行轮换。他们可以和威尼斯一样，通过秘密投票进行决策，防止形成集团以至威胁到个人自治、自由参与的"美德"。所有成员都只能重复当选一次，从而保持轮换原则。马基雅维里描述的立宪"独裁"权力将控制最高委员会。参议员（Zindicatori）和大臣（Fiscalen）将负责政府机构的正常运转，因为他们的职务也是轮流担任，不存在滥用职权的危险。

在 1660 年代中期完成的《神学政治论》中，在至死（1677 年）都没有完成的《政治论》中，斯宾诺莎都把德·拉·考特兄弟的作品归为一种有关人类精神健康、层次极高的哲学体系。因此，要撇开他的形而上学而只谈他的政治著作并不容易。但是，我们知道，斯宾诺莎对当时的政治事件十分关注。受霍布斯国家起源思想的启发，他将这一观念作为出发点：无论什么样的政府，要拥有真正的权力，就必须得到尽可能多的公民支持。出于这个原因，他和德·拉·考特兄弟一样否定了混合型国家。他采纳马基雅维里的观点，认为在一个国家里，法律维护的自由要由人民来保证。与德·拉·考特兄弟一样，他把所有"奴仆"（包括妇女）都排除在公民行列之外，他认为这些人没有足够的财力和在社会上自立的能力。在他的贵族统治中，统治精英新成员的常规准入也要决定于相同的标准。因此，在斯宾诺莎看来，贵族是个能力而非血统问题，在这一点上他与德·拉·考特兄弟又是不谋而合。

他的体制主张远比《论政治平衡》中的主张更深刻。古典共和主义的术语及持久关切都一目了然。斯宾诺莎也对政党的形成忧心忡忡。因此，在贵族统治的国家，贵族与其他民众之间的比例关系要由一年一度的人口调查来确定。为保证个人的自治，让理智战胜感情，一切选举程序都要按照威尼斯的做法。斯宾诺莎并不像德·拉·考特兄弟那样敌视君主制，但在他的理想共和国里

257

自然也没有国家首脑。然而，他的论文中出现了马基雅维里提出的安排国家制度的伟大立法者。为了使委员会正常运转，职务正常轮换，斯宾诺莎也引入了我们现在熟悉的、马基雅维里认为是不可或缺的立宪"独裁官"。"市政官"（Syndici）委员会的规模由贵族人数确定，肩负类似威尼斯十人委员会和负责监督所有立法起草工作的总督（Doge）的部分职能。

如果我们注意到斯宾诺莎和德·拉·考特兄弟利用马基雅维里作品的独特方式，他们的共和主义（这里只做简单概括，重点放在它与马基雅维里的联系上）所具有的独特特征就会变得清晰起来。我们不知道马基雅维里何以对他们有如此大的吸引力。他们强烈认为没有执政也无碍大局，并对执政约翰·德·维特的强有力地位吹毛求疵，这使他们把目光投向了同时代的英格兰。詹姆士·哈林顿写作《大洋国》时受到了马基雅维里的启发，而这些荷兰人的著作也与此相似。但是，不同的生活环境使得荷兰政治思想家或多或少地孤立于欧洲古典共和主义的主流之外。这股共和主义思潮是与他们自身的政治传统诸要素融为一体的。另一方面，如果我们看一下在 1665 年宣扬"大众"国家、不要混合型政府这种观念的唯一的当代荷兰人，就会发现他的著作与其他人相去甚远。这位匿名作者或许与激进宗教团体有关，他提到马基雅维里是他的源泉，但每次提及马基雅维里都会辩白一番，而且该论文渲染了一个宗教背景，那里的人们都被说成是自由卫士。[20]

然而，这种共和主义并没有引起反响，1672 年的宣战扑灭了它所包含的精神。荷兰共和国再也不可能通过德·拉·考特兄

[20] 见 *Vrye politijke stellingen...*（注〔10〕）及各处。G. O. van de Klashorst, H. W. Blom, E. O. G. Haitsma Mulier, *Bibliography of Dutch Seventeenth-century Political Thought: An Annotated Inventory* (Amsterdam/ Maarssen, 1986) 中的概述。

弟和斯宾诺莎所倡导的改革来打破摄政的寡头统治了。他们的现实主义和愤世嫉俗的言论使他们的名字令人困惑，更不用说他们的作品了。[21] 与在英美的发展进程不同，马基雅维里的古典共和主义在 18 世纪的荷兰并没有真正的继承人。来自泽兰省的摄政列文·德·波弗尔的共和主义观念，可以使人看出荷兰人对待马基雅维里的态度已归于正常。他的《论文明社会的自由》（*Verhandeling van de vryheit in den burgerstaet*）是在 1737 年他死后匿名发表的，从 1702 年到此时，至少荷兰和泽兰两省就一直没有执政。在此时期，统治这个国家的是摄政，他们把自己的家族关系网发展成了一个局外人无法渗透的封闭性寡头政治集团。[22]

　　德·波弗尔把一个以商业和文化活动为基础的理想共和国视为当然，以此为现状进行辩护。在这个共和国，公民通过积极参与统治机构而体现出他们的"德行"。在真正有德行者和真正的野心家两个极端之间是一个不活跃的中间群体，但为了正确的事业，必须赢取他们的支持。然后，一种自由将会居于支配地位，在法律和理性的界限之内自动保障安全。在德·波弗尔看来，不是纯粹的贵族统治，甚至不是民主制，而是两者的混合形态才能体现这种理想的统治形式。他认为幸运的是，这种混合形态已经存在于荷兰联省之中。另外他还认为，任何行政长官的职位都不能像威尼斯和热那亚一样由一个家庭世袭占有。这样，摄政就能保护他的寡头统治集团免受可能卷土重来的执政的威胁，而这个人的

258

---

〔21〕　关于德·拉·考特兄弟的声誉，请见 I. W. Wildenberg, 'Appreciaties van de gebroeders De la Court ten tijde van de Republiek', *Tijdschrift voor Geschiedenis*, 98 (1985), pp. 540-56 和他的 *Johan en Pieter de la Court (1622-1660 and 1618-1685)。Bibliografie en receptiegeschiedenis* (Amsterdam/ Maarssen, 1986)，附有英文摘要。

〔22〕　L. F. De Beaufort, *Verhandeling van de vryheit in den burgerstaet* (Leiden/ Middelburg, 1737) .

出现将和恺撒大帝一样标志着共和国的终结。实际上，德·波弗尔列举的许多自由最终消亡的事例都取材于罗马历史。所有这些都能令人想起马基雅维里曾经发出的警告和古典共和主义。然而，凡此种种都不过是怀旧而已。[23]

德·波弗尔从未提起过考特兄弟。与他们不同，无论是对于制度机制（不管是否源自意大利）还是改革——可以理解的是——德·波弗尔都不抱信心。他对马基雅维里的态度也是非常犹豫不决。另一方面，他又抱着对《论李维前十书》首鼠两端的认可态度进行写作，说它"不时留给我们一些妙言佳句"，特别是在抱有政治野心的个人给共和国带来的危险以及阻止他们掌权的方法问题上。他的佛罗伦萨史也提出了许多如何满足他们野心的范例。而荷兰贵族却很悲观，他们不像马基雅维里那样对法律的力量抱有信心。人们会有这样的印象，即德·波弗尔逐渐对他自己认为可能是鲁莽的行为感到惊恐了。他一再发出警告说，马基雅维里有关君主应该如何用权的言论是有害的、非基督教的，他说，那就是今天的国王们通常采取的方式，他在该书结尾时作了冗长的评论，断言只有保全官方的归正宗宗教，荷兰共和国才能挽救自由。[24]

若干年后的 1741 年，当腓特烈大帝《反马基雅维里》的荷兰

---

[23] 关于德·波弗尔，见 I. L. Leeb, *The Ideological Origins of the Batavian Revolution. History and Politics in the Dutch Republic 1747-1800* (Hague, 1973), pp. 54ff; Kossmann, 'Dutch republicanism', p. 223; W. R. E. Velema, 'God, de deugd en de oude constitutie. Politieke talen in de eerste helft van de achttiende eeuw', *Bijdragen en mededelingen berteffende de geschiedenis der Nederlanden*, 102 (1987), pp. 476-97。

[24] 引自 *Verhandeling*, p. 439。他引用了《论李维前十书》第一卷第五十章和第五十二章反对马基雅维里，*Verhandeling*, pp. 172, 203, 234。另见他的 *Het leven van Willem de I* (3 vols., Leiden/Middelburg, 1737), lxii; III, p. 476。

语译本问世时，一位匿名荷兰作家也写了一本书，题为《共和主义的马基雅维里》，为这位佛罗伦萨人进行了辩护。但是，就其对马基雅维里关注的重点来说，这部作品明显倚重那本出版已十年的德语小册子。然而，通过对比我们可以发现，荷兰语译本有大量的篡改。毫无疑问，《共和主义的马基雅维里》也是强调共和政府的优越性，并借此挽救马基雅维里的名声。特别是《反马基雅维里》的共同作者之一伏尔泰，因抨击马基雅维里而受到了谴责。随后对自由的赞颂则通过详尽的推理含蓄地表示了支持这个国家执政缺位的现状。因此，作者表示，从过去的经验和政治科学角度来看，只有在共和国，艺术和科学才能繁荣昌盛。但是他明确提到了关于"争吵"（querelle）的辩论，并坚持认为，在他看来，寻找共和主义的范例不应仅限于伟大的经典作家。

因此，马基雅维里《君主论》的重要性就在于，它揭示了君主的阴谋诡计而且鞭辟入里，因为它与《论李维前十书》形成了鲜明对照，后者"以一种无与伦比的方式描绘了一个自由的政体"。这位佛罗伦萨人遭到了不公正的指控，几乎成了尘世的万恶之源。他为什么会被称为法国反君主专制理论的思想先驱（auctor intellectualis）？还有一个事实是，霍布斯误解了他的意图，使他的著作在很大程度上被等同于这位英国绅士、专制王权辩护士的著作了。于是，《共和主义的马基雅维里》很大一部分内容都在叙述反马基雅维里主义的历史，目的在于反驳所有这些指控。但是最后必须强调两点。首先，它竭力否定了马基雅维里是个没有宗教信仰的人这种说法。这些内容并不见于《反马基雅维里》。同时，它满意地展示了马基雅维里对罗马天主教会的抨击，这是典型地专注于荷兰历史上的宗教常数。引人注目的是，大概除了接受共和国的贵族特征以外，它没有对荷兰共和国制度框架的任何

260

细节得出结论。在这里，马基雅维里成了一位纯而又纯的共和主义者。[25]

我们已经注意到，除了这两部作品，在 18 世纪荷兰的政治论说中，马基雅维里并没有作为一个权威被引用，甚至都很少被提到。偶尔看到有提及的地方也明显是在煞费苦心回避那些真正危险的篇什。当然，其中一个原因是，政治思想领域新启蒙作家的渗透和被接受是个比较缓慢的过程。我们已经看到，在 1747 年以前，对他的著作的共和主义解释和为寡头统治集团进行辩护有关。奥地利王位继承战争中，荷兰共和国的严峻局势使奥兰治亲王作为执政得以卷土重来，像在 1672 年一样控制了全部七个省。关于执政在荷兰体制中的地位问题，引起了持续不断的小册子之战，但是一般都闭口不提马基雅维里。欧洲其他现存共和国的命运，使它们既不能作为有用的范例也不能激发共和主义的休戚与共之情了。[26] 在 1750 年代围绕考特兄弟、斯宾诺莎和威廉三世的对头约翰·德·维特等当代大人物发生的纷纷攘攘的争论，都没有提到过马基雅维里。奥兰治王室的支持者和执政的反对者分别对这个

[25] *Anti-Machiavel, of oordeelkundig onderzoek, van den vorst, van Machiavel geschreeven door een' voornaam' monarch in 't Fransch uitgegeven door den Heer Voltaire...* (Amsterdam, 1741) . *Machiavel republicain, tegens den Anti-Machiavel verdedigt. Waer achter bygevoegt is Machiavel boekdrukker* (Utrecht, 1741) . 之前还有 I. F. Christius, *De Nicolao Machiavello libri tres...* (Lipsiae, 1731)，见 Velema, God, de deugd ed de oude constitutie, pp. 595-6。关于马基雅维里宗教信仰的插入文字在第 57—61 和 81 页及其后。反罗马天主教的论述出现在第 230 和 233 页。他否定了阿尔杰农·西德尼《论政府》（1698）中提出的混合国家，法文译本曾有引用，第 79—80 页，注释 d。

[26] 见笔者的 'Genova e Amsterdam 1746-1748: il caso del repubblicanesimo nel Settecento'，收于 *Atti del II congresso internazionale di studi storici rapporti Genova-Mediterraneo-Altantico mell'età moderna*, R. Belvederi ed. (Genoa, 1986), pp. 195-210。

时代象征进行了指控和辩护。这次小册子论战的历史场景正是荷兰人表达他们共和国制度观的典型方式。[27]

　　1770年代和1780年代，经济问题和内部分歧动摇了共和国的根基，这时的论文集中关注的是衰败的现象。它们讨论了如今正在受到英国竞争威胁的荷兰共和国旧时的商业荣耀，把它作为应予重新恢复的理想。最初，由摄政和公民发起的改革只是赞同体制的复旧，但却逐渐演变成一场针对贵族家族寡头统治的斗争。当选的人民代表被要求以非正式集会承担他们的任务，即对摄政提出建议并进行控制。亲英的执政现在成了反奥兰治家族的亲法反对派的攻击目标。他们在自己的纲领中被称为爱国者，用多少带有民主色彩的方式表达自己的意见，最后，他们要求建立一个没有执政的共和国。这一时期考特兄弟的作品并没有受到青睐，反倒是马基雅维里的著作——其赤裸裸的现实主义与考特兄弟十分相近——却更受欢迎。[28]但是，对马基雅维里的引用仍然有限，而且与更受欢迎的英法启蒙运动作家相比，马基雅维里始终处在次要地位。此外，启蒙运动的伟大预期只是在一定程度上与马基雅维里这位共和主义者相容，接受《君主论》则是更加困难的事情。

　　1785年，亲奥兰治家族的莱顿大学历史教授亚德里安·克鲁伊特，为荷兰各省的主权进行了辩护，反对建立大众政府，他认为这是主权的第一要义。为了避免做出专制主义的解释，他警告说决不要把功利等同于正义：这样，他又开始推崇霍布斯和马基雅维里。克鲁伊特现在希望向人们说明，这种定义明确的主权许多世纪以来是如何从荷兰宫廷走向各省的。在现行体制（包括执

261

〔27〕　关于这场"德·维特之战"，见 P. Geyl, *De Witten-oorlog. Een pennestrijd in 1757* (Amsterdam, 1953)。

〔28〕　Wildenberg, *Johan en Pieter de la Court*, p. 50.

政）下，各省即代表人民，任何人都无权质疑它的最高权威。这种说法否认了格劳秀斯的传统观点，即各省的主权是从远古时期延续下来的。[29] 奇怪的是，一位匿名作家同年在一份爱国周刊上抨击了克鲁伊特的观点。此人曾在另一篇文章中公开谴责马基雅维里的《君主论》。他写道，当然，人们可以把这部作品当成一个警告，但他认为不言而喻的是，一切正直、有宗教信仰的人都会认为它的内容令人不齿。随后，他又很不友善地引用了马基雅维里的一段话，让世人注意启蒙时代意大利君主的诡计现在已经波及全世界。七期之后，这同一位作家又提出，他现在已经充分揭露了执政统治的危险性，并称自己很惊讶地发现克鲁伊特竟利用马基雅维里来指责大众主权。他写道，克鲁伊特的演说并不是抨击君主的谋略，虽然逻辑上可能是。相反，竭力为人民权利辩护、反对君主的英国理论家普赖斯和普里斯特利却成了这种不公正抨击的对象。这些作家在贵族阶层的确广受欢迎。例如，他们与为国民军辩护的弗莱彻一起，为爱国者领袖范德尔·卡佩伦的著述提供了启示。这里我们必须再次强调，在所有这些情况下，马基雅维里的观念都是以惯常方式被运用的。《君主论》被视为无情利用权力的象征，并没有被细致地用于荷兰的具体情况。[30]

可以说，《论李维前十书》也是一样。这些年间它被引用的某

---

〔29〕 A. Kluit, *De souvereiniteit der Staaten van Holland, verdedigd tegen de hedendaagsche leere der volksregering...* (Groningen, 1785), p. 61, 普鲁士军队扑灭了爱国者运动之后，以他的署名再版于 1788 年。另见 Leeb, *Ideological Origins*, pp. 198ff.

〔30〕 见 L. J. B., 载 *De Post van den Neder-Rhijn*, 5 (1785), pp. 505-72。Kluit 的演说 1787 年发表于 *Academische redevoering, over het misbruik van' t algemeen staatsrecht, of over de nadeelen en onheilen, die uit het misbruik in de beoefeninge voor alle burgermaatschappijen te wachten zijn* (Leiden, 1787)。

些情况表明，马基雅维里也被用来支持建立一个秩序良好的共和国。后来在拿破仑时代的荷兰居于十分重要位置的作家希默尔彭宁克，赋予了他的人民一种主权地位，但仅限于法律框架内，是作为给予被统治者的回报。他以这种心态反复分析了美国宪法的条款。他也认为马基雅维里"非常尖锐"——我们还应记得这是 17 世纪初曾被使用过的描述。[31] 正如法国大革命期间的情况一样，马基雅维里在荷兰共和国显然也经历了一定程度上的复活。1793 年（执政重新掌权之后，巴达维亚共和国建立前两年），另一位爱国者、后来积极参与政治活动的威斯利乌斯，公开提出了如何在现实中定义民主的观念。他认为，政治平等是不可缺少的，没有什么政治特权集团一定要被赋予权力。此外，政府理应为人民的福祉推进宗教事业、促进道德风尚。在作品中的历史叙述部分，马基雅维里被尊为先行者。威斯利乌斯颂扬了意大利思想家和哲学家们能够不依附于罗马教会。他写道：

> 他的著作为政治学做出了巨大贡献，每一页都印证了他的深刻思想，永远都值得智者的不懈关注。他第一个指出了公民社会——如果堪称"秩序良好"的话——所应依赖的基础。他的阅读面之广泛令人难以置信，他的政治评论体现了一种高贵的精神，如果说他向君主们指出的教训一旦被认真借鉴就肯定会变得令人憎恶的话，那么他对自由的热爱却堪与古代罗马人媲美。

---

[31] R. J. Schimmelpenninck, *Dissertatio de imperio populari rite temperato* (Lugduni Batavorum, 1784), pp. 38, 44, 47, 67. 参阅《论李维前十书》第一卷，第四、三十一和五十八章。

这时的马基雅维里本人已被视为一个历史人物，一个曾改变了政治学性质的人物。一方面，他的著作如今已经融入历史进程之中，并且被人评说的角度也比以前更加客观；另一方面，对古代罗马样板的向往也使威斯利乌斯更愿意把他视为古典共和主义者。[32]

263

至此，我们追溯了马基雅维里在荷兰两个多世纪历史上的踪迹。我想证明的是，要接受他的著作并非易事。犹豫、辩护和谴责都到了登峰造极的程度。但是，荷兰共和国的历史和命运与宗教事业的密切联系使得这一点无可避免。在欧洲的任何地区，面对马基雅维里的著作都会提出这样的问题：是否应当继续坚持政治思想的道德与宗教性质。在这方面，荷兰作家对马基雅维里的不懈谴责大概是荷兰共和国的典型现象。有待讨论的第二点是马基雅维里与荷兰共和主义之间的关系。近来，有一种极具说服力的观点认为，根本不存在独特的荷兰共和主义思想传统，就是说，不存在一种荷兰范式。这是对荷兰共和主义作为一个整体融入——波考克的巨著所定义的——大西洋共和主义传统遇到的困难进行了详细讨论之后形成的观点。[33]全面考察了马基雅维里在荷兰共和国的境遇之后，我也只能得出这样的结论。

荷兰的共和主义高度折中，是大一统的对立面。由于这一事实，考特兄弟、斯宾诺莎等人在某种意义上说是偏离了对马基雅维里的标准看法，完全可以视为一个奇迹。他们不受任何羁绊地

---

[32] 威斯利乌斯的著作在 1793 年就已完成，但直到 19 世纪才得以出版，*Proeve Ver de verschillende regeringsvormen in derzelver betrekking tot het maatschappelijk geluk* (Leiden, 1813), p. 57; *De staatkundige verlichting der Nederlanderen in een wijsgeerig-historisch tafereel geschetst (een geschrift van den jare 1793)* (Brussel, 1828, 2nd edn), 引自第 114 页。

[33] Kossmann, 'Dutch republicanism', pp. 224ff.

将马基雅维里视为灵感之源。这也正是他们能够进入欧洲共和主义范畴的原因。不过总体而言，很明显，多数时候马基雅维里都受到了极大的冷遇。要想知道他是否发挥了一种更深刻的影响是不可能的。但看起来也未必。荷兰知识分子的注意力都集中于自己的共和国制度史。对他们而言，这个历史就是取得政治经验的学校。甚至到了 18 世纪末，在关于机构的正确权限或对特权的解释上，历史辩论也仍与政治密切相关。当然，自然法和司法解释自有其地位，但仅在这个范围内它们才是有用的。在 17 世纪，马基雅维里一直都是仍然生气勃勃的古典传统的组成部分，考特兄弟和斯宾诺莎就属于这个传统，尽管他们进行了抵制并且做出了根本性的创新。在接下来的一个世纪中，在共同体和国家问题上，荷兰共和主义者们开始越来越多地接受其他权威。马基雅维里则退居幕后。

第十三章　孟德斯鸠与新共和主义

朱迪丝·施克拉

　　孟德斯鸠在 18 世纪下半叶做出了马基雅维里在他那个世纪做的事情：确定了一套用以讨论共和主义的术语。不言而喻，这是一种极为不同的共和主义，倒不是因为孟德斯鸠对马基雅维里学识的怀疑，而是因为他们的目标不同。[1] 可以肯定地说，与所有共和主义者一样，他们至少有一个共同的论辩对象——都敌视罗马天主教会。但即便如此，他们敌视的原因也各不相同。马基雅维里反对教皇干涉意大利政治，反感基督教缺乏尚武精神；孟德斯鸠憎恨教会则是因为它的无情迫害、不宽容、阻碍科学进步、迷信和偏见。因此，在他看来，提出异端学说并不是一种有吸引力的选择，而且，与其说他不需要神学的虔诚，毋宁说他不需要政治上的虔诚。因此，罗马共和主义的这一方面对他来说并不重要，对马基雅维里来说无疑也是如此。

　　两位作家的政敌也各不相同，虽然共和主义可能会一视同仁地对他们进行指摘。马基雅维里蔑视的是意大利城邦那些小统治者的无能，孟德斯鸠批判的则是路易十四造就的君主专制。他最担心的不是政治软弱，而是已经在西班牙迅速建立，甚至法国也

----

[1]　*Dossier de L'Esprit des Lois, Montesquieu. Oeuvres complètes*, ed. Roger Caillois (Paris, 1951), vol. II, p. 996.

可能会被其征服的专制政体。这形成了他的共和主义的重要特征。确实，宗教改革后的大多数共和主义思想体系都是在反抗君主制的过程中找到灵感与结构的，而不是直接继承佛罗伦萨的传统。但是，孟德斯鸠要提出一套完全不同的主张，反对君主统治秩序的政治风尚。在支撑古代政体的意识形态中，有一种可以称为奥古斯都之谜。当然，这是奥古斯都本人使用的，最终为塞内加在《论宽恕》中所用。它只是把古罗马的美德移植到新的统治者和宫廷那里。他和继任者们继续标榜自己与远古时期的罗马诸王大不相同，并且摆出了共和国救星的姿态。当然，路易十四君主制的赞颂者与我们这个世纪两次世界大战之间膨胀起来的法西斯主义意识形态多有相似之处。在奥古斯都式托词的 17 世纪翻版中，好君主不仅要具备无私爱国主义的所有伟大坚忍与共和美德，为公共利益而放弃所有个人私欲，严厉压制公共抱负以外的所有野心，对所有人都不偏不倚，等等，而且侍臣也要表现出共和主义美德，只无私地为他服务，就像他为国家服务一样，因为他现在就代表共和国。这就是年轻人接受的古典教育的一部分，是公共舞台上上演的最华美乐章。在高乃依的《西拿》中，奥古斯都不仅放弃了正当的复仇，而且对此感到厌烦，因为他现在就等于罗马。在拉辛的《贝蕾妮丝》中，提图斯放弃了一位他热恋的女人，因为她是一个女王，罗马的共和主义道德不允许与女王结婚，这恰恰是过于君主制了。尼禄不幸的导师在《布里塔尼居斯》中则试图说服年轻的皇帝在他专制、万能的统治下恢复共和主义制度与道德。孟德斯鸠决意要批判这种君主制，而他的首要任务就是暴露这种意识形态实质上的欺骗性，使它权威扫地。为此，他必须证明共和主义美德只有在真正大众的非君主制共和政体下才能实现，且政治美德从来就不是任何君主制的有效意识形态，它的"原

266

则"，即能动的政治精神气质，是个人荣耀而非美德。[2]事实上这就是《论法的精神》的主题之一。再者，即便在纯学术史的基础上，他也会向我们证明共和国这种政体在现代没有位置，它只是过去的东西。在那个时代，共和国曾经令人赞美，但现在只是科学的历史研究和好奇心的对象，却不可以效法。与马基雅维里不同，他从未梦想过用一种新的罗马共和秩序来取代君主制，当然，这是一个很大的区别。尽管最后孟德斯鸠对古代共和国的特征进行了两种不同的评价，但他的结论从未动摇过，即它们对现存欧洲的政治世界而言都是非常遥远的事情了。古今的区别不胜枚举，但都可以一言以蔽之：规模。现代的国家都很大，文化芜杂，而古代的共和国都很小，由共同的公民精神气质统治。如果某个共和国企图进行扩张，它只会失去自己的灵魂，和当年的罗马一样归于堕落。这就意味着，如果共和主义的历史不至于变得无足轻重，就必须进行富有想象力的再创造，或者明确代之以新的扩张性共和主义，以适应现代的政治世界。卢梭响应了第一种思想可能性，而《联邦党人文集》的作者们追求的则是第二种。二者都深受孟德斯鸠的影响。

267

孟德斯鸠最早发表的经典古代史著作《罗马盛衰原因论》一开篇就告诉我们，在现代世界的意义上说，罗马甚至连一座城市都算不上。那里的私人住所都毫不起眼，因为它是一个为公共活动提供公共建筑的地方。[3]《论法的精神》提醒我们，随着指南针的发明——他注意到了这一发明的标志性意义，欧洲发生了翻天

---

〔2〕 *De L'Esprit Des Lois*, Bk III, chs. 5-7.（这里我就不指明具体的篇章了，因为各种学术版本很多，而且内容也都十分简短。）

〔3〕 *Oeuvres*, vol. II, p. 69.

覆地的变化,与以往存在过的任何事物都不相同。[4]新的发展方向、新的交通方式、新的发现、新的财富以及最为重要的新的权力,使得欧洲与以往任何时候都不一样。孟德斯鸠认为危险在于,它会诱使君主们像当年的罗马帝国一样去征服世界。他们不可能统治整个世界,但他们统治世界的努力将毁灭整个欧洲。[5]每个欧洲国家都梦想着建立一个帝国,而孟德斯鸠则决心要打消它们的这种念头。罗马帝国可以作为一个可怕的例子,作为帝国前身的共和国则努力不被描绘成光彩荣耀的模样。我们永远不要忘记罗马人根深蒂固的好战性格。罗马从未停止过战争,征服是它唯一的激情。[6]这样,他把故事直接带到了苦涩的结局,那就是东罗马帝国的覆灭。马基雅维里虽然也提到了后来的事件,但他写到布匿战争就适可而止了。孟德斯鸠的目的是要揭示真相,因而他一直写到帝国的最后衰落与覆灭。同时他的自然主义历史观与马基雅维里也不相同,使他能够置共和国英雄般的历史、伟大的军事和政治英雄于脑后。他笔下的历史中,除了在城市建立之初,英雄人物都不起眼。以后他们几乎都无足轻重。即使不是恺撒,其他某个将军也会把共和国置于死地。[7]因此,命运根本没有发挥什么作用,因为没有谁要求它为伟大领袖的失败做出解释,如同在马基雅维里那里一样。历史充满了深层次的决定性原因和直接的推动力。了解它们是为了解释过去。[8]

在其他方面,孟德斯鸠的罗马史则较为传统。尚武美德因

---

[4] *Esprit*, Bk XXI, ch. 21.
[5] *Romains*, pp. 193-4; *Espri*, Bk IX, ch. 8.
[6] *Romains*, pp. 70-4, 80, 122.
[7] 同上,pp. 70, 124-32。
[8] 同上,p. 173。

其公民的品质而备受赞赏，同时也没有否认罗马共和国是一个自由的大众国家。人民不会犯错。是领袖腐化了人民，而不是人民腐化领袖，因此，我们不应认为共和制度以民众为基础有什么不对。[9]然而，军事胜利本身就注定会带来腐败，征服则导致财富的涌入、贪婪的滋生，奢侈和柔弱也会接踵而至。但这些问题本身并不是造成衰败的最严重的原因，毋宁说，导致共和国覆灭的真实原因是地方军事统帅以及他们竞争对手的独立性。关键在于，随着军事上的胜利，对已知世界的征服，给城邦带来了德行的军事活力也扼杀了城邦的精神与自由。罗马注定要走向文明的自杀，因为罗马首先是一个扩张主义的军事国家。简言之，这是个性的悲剧，而不是命运的悲剧。[10]

《论法的精神》对共和政治的分析就不那么刺耳，并且更加传统。甚至波利比奥斯的循环论证也被复活了，尽管它实际上并不是孟德斯鸠唯一的政治衰落理论。无论如何，这部著作更多的是为了科学目的而非辩论，主要问题在于找出什么因素导致了各种政体的存续或灭亡，并构建一种全面的比较法则理论。于是，共和国的积极特征，尤其是它们的平等得到了强调。热爱平等是一种美德，但同时也不可避免地会带来可怕的无政府危险。《论法的精神》对最民主的城邦雅典的叙述特别引人注目，因为孟德斯鸠把所有的商业美德都赋予了雅典的公民以及普通的共和主义爱国者。节俭、审慎、诚实及小心，这些都是商业美德，民主的共和国尤其需要这些美德。[11]雅典的失败是军事上的问题，因为雅典的公民生活太过舒适，以致不愿为战争付出牺牲。原则上说，小

---

[9]　*Romains*, p. 139.

[10]　同上，pp. 116-20, 151。

[11]　*Esprit*, Bk V, ch. 6; Bk XXI, ch. 7.

共和国的联盟应该能够带来更多的安全，孟德斯鸠认为，事实却令人气馁。[12] 与尚武的共和国相似，平等的共和国需要有高度的教育、小型化的社会、不可冒犯的传统、风俗和个人习惯，所有这些都是为了实现共和目标。监察官们必须强化公民彼此形成的非正式约束，如果小规模成了军事上的不利条件，共和国总是可以结盟的。然而，有德行的平等主义共和国的需求势不可当，孟德斯鸠认为它们十分脆弱，很容易滑入其他形式。贵族共和国需要统治阶级的中庸与智慧，这有他眼前的威尼斯为例，孟德斯鸠认为这种共和国成功的机会也不大。在这种共和主义画面中，最显眼的莫过于对平等的重视以及认为这些政体都难以持久的预感。孟德斯鸠从来都只把这些政体视为一种无可挽回的历史记忆、历史研究的目标。[13] 它们只是比较的对象，而非模仿的榜样。这里根本不存在怀旧之情。我们应该记得，《论法的精神》著名的第十一章不只写了英格兰，还有对英格兰和罗马的比较，而且指出了罗马没有英格兰那样的自我纠错能力和公正。[14] 因为，罗马并没有独立的司法以保证每个公民的生命都弥足珍贵和十分谨慎地审理死刑案件。人民、元老院和执政官，三者都有司法职能，这使得三权分立及其基础、一种完全独立的司法成为不可能之事。只有英格兰建立了真正独立的司法体系，能够保证个人安全和公民的政治自由。罗马人能够享有的只有后者。简言之，古典共和国不仅一去不复返，就连它许多值得称道的品质也不再值得惋惜。欧洲现在的楷模是英格兰，一种商业性的、全面非军事化的代议制民主，"以君主制面目出现的民主制"，通过立法而不是道德风

269

---

〔12〕 *Esprit*, Bk IX, ch. 1-3.

〔13〕 同上，Bk II, ch.2; Bk III, ch. 3; Bk V, chs. 2-7; Bk VIII, chs. 2-4, 16。

〔14〕 另请见 *Romains*, p. 116。

尚进行统治。

在北美的十三个殖民地，这个主旋律被演奏到了炉火纯青的境界。一个现代自由国家像英格兰那样运转，靠的不是美德而是利益，不是一成不变的习俗，而是自觉制定的法律。这种统治形式比任何其他形式都更稳定、更少压迫性，尽管它不同于教化的作用。至关重要的是，它给出了一个幅员广大却不会成为征服性帝国权力的共和国的前景。到 1787 年，所有派别都在引用孟德斯鸠，这是任何作者都望尘莫及的。[15]这是他为自己辩护的时期，因为许多法国读者并不欣赏他的学说。实际上，有些读者认为他的新政治学完全是一种思想障碍，这不是因为不正确，绝不是这个问题，而是因为他的学说似乎要从有关的现代政治论说中清除共和主义。民主派读者很可能对他是否有效地使平等与美德成为过时的政治观念感到疑惑。卢梭肯定是担心的，他不得不终其一生与这位他最为尊敬、引述最多的现代作家做斗争。这可以解释《爱弥儿》第五卷为什么会有这样令人费解的怪论，即只有"杰出的孟德斯鸠"才能创造出有关政治权利问题的"大而无当的科学"，而且"他满足于探讨现政府的积极权利"。[16]简言之，他选择去讨论的是已经发生的事情，而不是应该发生的事情，或准确地说，不是卢梭认为"应该"发生的事情。关于欧洲共和主义的前景，他与孟德斯鸠并无异见，他扮作热那亚公民的角色并没有持续多久，终于在愤怒的《山地来信》中提醒那个城邦的公民：他们不是斯巴达人，更不是雅典人，而只是一群卑微、自私的商

[15] Donald S. Lutz, 'The relative influence of European writers on late eighteenth-century American political thought', *American Political Science Review*, 78 (1984), pp. 189-98.

[16] J.-J. Rousseau, *Oeuvres complètes* (Paris, 1969), vol. IV, p. 836.

人和工匠。[17]科西嘉——幸而它欠发达——成了欧洲偏僻角落里未受文明腐化的最后的微弱希望，但这并不足以辩驳孟德斯鸠对现代世界的分析。相反，它只能证明欧洲与共和主义理想之间的差距有多大。[18]因此，对卢梭来说，问题在于找到一条途径把共和政体的平等主义精神气质带回现代政治理论，即使不能用于实践。

270

在某些方面，孟德斯鸠在古代与现代政治之间设置的鸿沟也正合卢梭之需。这使他可以通过对比理想化的古代共和主义而对现代性发出谴责。只有当他希望建立一种真正平等主义的社会模式时，孟德斯鸠才成为一种危险的存在。然而，卢梭能够在这位前辈的基础上另辟蹊径，为了自己的目的而利用他。这是从三个方面做到的：第一，利用孟德斯鸠设想的平等主义共和国对作为一个整体的现代社会进行批判反思；第二，证明古老的共和国，尤其是斯巴达，是公正社会唯一切当的楷模；第三，把共和主义推而广之，作为一种预防性的心理疗法，救治不平等以及一切社会遭遇带来的痛苦。因此，也就无怪乎卢梭会无保留地钦佩马基雅维里，也许还希望能够恢复他那种相对简单的姿态。[19]

要想明了共和主义的这三种用途，只需阅读卢梭的三部著作：《论科学与艺术》，他发表的第一篇论文；为《百科全书》撰写的"政治经济学"，从某些方面来说可算是《社会契约论》的初稿；最后就是《爱弥儿》。在《论科学与艺术》中，古代共和国被视为斯巴达和罗马的结合体，一种文化，即孟德斯鸠所谓的

---

〔17〕 *Oeuvres*, III, p. 881.

〔18〕 *Du Contrat Social*, Bk II, ch. 10.

〔19〕 'Le Prince de Machiavel est le livre des républicains', *Contrat Social*, Bk III, ch. 6. *Oeuvres*, III, p. 409, 是此类评论的典型代表。

民族精神。身心健康的共和主义公民快乐地忍受着艰难困苦。美德，"崇高的纯朴精神科学"蓬勃发展，正因为没有艺术、科学和怀疑。加图摆脱了希腊思想的束缚，斯巴达人受到的教育只有战争中的勇气、宗教、身体强健以及遏制贪欲。美德首先是反智的。必须如此，因为人类天赋的差异从来就是"罪恶的不平等"之源，它曾经毁灭了欧洲社会。在快乐的无知中，拥有这种美德的罗马人征服了世界。他们被迫进行的远征在现代社会不可能重复，因为生活在现代社会中的都是快乐的奴隶，他们的艺术掩盖了他们的锁链，他们生活在造成了分裂的不平等之中，虚荣、好奇和怀疑困扰着他们，既削弱了他们的道德感，也破坏了他们的肉体健康。[20]这清楚地回答了艺术和科学能否使我们得到改进的问题，但这种批判的摧毁力如此巨大，令人无法再去想象现代欧洲还能恢复元气。健康的共和主义美德与极端腐败的现代罪恶之间的差距，其后果之严重，已经找不到可行的途径让古代共和国再现政治上的重要意义，只能将其作为并不锐利的道德攻击手段。同时，这也让人捉摸不透卢梭对孟德斯鸠的看法，因为卢梭赞扬了孟德斯鸠在古典共和主义中发现的最为可疑的一切，尤其是征服精神，但这种赞扬仍然仅限于孟德斯鸠的历史范式。

在《政治经济学》中，我们发现为共和国所作的终极道德辩护就是在共和国之内"人不会自相矛盾"，因为法律使个人的愿望与社会的公平目标统一起来。[21]在一个真正的共和国，个人完全融入了公众之中。实际上，所有性爱活力都被献给了共和国，因为公民们不仅服从法律，他们还热爱法律。没有集团，因为集团

〔20〕 *Oeuvres*, III, pp. 6-30.
〔21〕 *Discours sur l'économie politique, Oeuvres*, III, pp. 241-78 各处。

会转移对国家的热爱与忠诚。对年轻人的教育不是由家庭负责，而是由那些在为共和国服务的过程中已经证明了自己价值的退休行政官员和士兵。孩子们"不作为国家的组成部分就感受不到自己的存在"。但只有在一个公平的社会，当法律能够保护公民的生命、财产和自由时，这种情况才可能出现。而且，他们的自由是建立在物质和政治平等基础之上的。政府管理法律，使法律符合"普遍意志"——这个词源自孟德斯鸠，但被赋予了新的含义。孟德斯鸠认为，英国的下议院代表了普遍意志，但卢梭并不这么认为，他认为代议制是对共和主义自由的讽刺。[22]结果是全社会明智的一致同意占了优势，社会平等的精神与现实则由一种累进税制加以维护。这里的共和国更像斯巴达而不是罗马，征服政策存在的危险被再三强调，共和政治的全部目的就是建立一个富有内聚力、公民差不多彼此相熟的小共同体。如果说这里存在竞争，也只是身心健康意义上的体育竞争，因为人们会努力争取公众的赞许，这要依赖于展示公共品质而非个人品质。共和国行政官员的主要任务只有一个，那就是通过法律和教育来维护平等。人们会自发遵守他们所热爱的法律。法律本身就是公平社会的"奇迹"，因为法律对公民一视同仁，实际上也会保证对他们一视同仁。正如他在《社会契约论》中所说，没有平等，自由就无法获胜，因为无论在哪种不平等的关系中，都不可避免地会出现一个人依附于其他人的情况。而这种依附"同样都会削弱国家实体的力量"。[23]不管国家实体内的自由是什么，都不是在孟德斯鸠理想 *272* 化的英格兰盛行的那种个人主义。

---

〔22〕 *Contrat Social*, III, ch. 15.

〔23〕 *Contrat Social*, II, ch. 11, p. 390.

要想了解卢梭推崇的那种特殊的共和主义制度秩序的完整含义，我们必须看看《社会契约论》的最后一部分。这些篇什的矛头所向并不只是泛泛地针对现代实践，而是特别针对孟德斯鸠。因为代议制不是民主参与的替代物，卢梭不得不向人们证明一个大规模的人口也有可能直接管理国家。因此，他向我们展示，罗马人已经证明，20万公民也能够聚集一堂亲自立法。在《社会契约论》这一部分的概述中，在《爱弥儿》的《在路上》一节中，卢梭都声称，他要解决的问题之一就是民主的罗马共和国是不是一个大国。[24]事实上，他从未告诉我们，20万公民算不算大规模人口。显然，20万人是一个很大的群体，但按照18世纪的标准，明显只能算一个小国家，这将证明孟德斯鸠是正确的，这非常麻烦。如果共和国必须保持较小的规模才能作为政治平等主义政体发挥功能，那它们在现代的欧洲将无立足之地，如此一来，也就根本弄不清楚这是不是卢梭想让他的读者得出的结论了。无疑，他想把孟德斯鸠令人信服地勾画出来的罗马制度画面加以润饰。因此，在《社会契约论》的最后一部分，他首先否认了——正如孟德斯鸠认为的——团体投票在罗马对富人有利，但这对卢梭来说不是主要问题。问题的核心在于，只要保民官、监察官和其他执政官能保证罗马人的美德，他们的统治就比孟德斯鸠所认为的更直接、更完善。[25]最后是宗教问题，这是《社会契约论》中比任何其他章节都更多谈到当代欧洲的部分。因为公民宗教不仅能使公正的制度设计以及有德行的共和国得到完善，而且是异端邪说的现代替代物。[26]卢梭在给深感惊骇的伏尔泰的信中首次提出

---

〔24〕 *Emile, Oeuvres*, IV, p. 843.
〔25〕 *Contrat Social*, IV, chs. 4-7.
〔26〕 *Contrat Social*, IV, ch. 8.

了这一概念，我们可以肯定，孟德斯鸠对此会更加不快。[27]非常明显，对于一个后基督教社会来说，公民信仰就是一种宗教纲领，而不是简单的复旧异端。在对宗教的看法上，卢梭非常接近于马基雅维里，但不同的是，他能为迷失的异端和颓败的基督教设想一种现代的替身。消除我们内部分裂的最深层根源，其效果堪与共和主义的尚武精神相比。卢梭经常说，信仰决定了我们是何许人也，塑造了我们的是舆论。赋予欧洲一种公共忠诚的公民宗教，或许能够得到一个共和主义的未来。

特别是在新的莱克格斯—摩西式人物出现之前，共和主义不太可能会复兴。对于卢梭，对于他的普卢塔克模式而言，一切都要依靠伟大的、富有创造性的权威人物——从摩西到加尔文，再到他自己设想的"伟大立法者"。没有他们，这样的奇迹就不可能再现，人们也不会抱有太大希望。《论人类不平等的起源》痛心疾首地描述了我们在任何社会中都会遭受的心理创伤的深刻程度，以及我们在最原始的经验水平上所蒙受的从一开始就包围着我们的畸形状态，就是说，不平等以及它所带来的罪恶似乎都难以克服。即使在乡村社会中，人们只是在匆匆办理公共事务时才能彼此相见，健康仍是不可能的。面对这种灾难性的心理现实，共和政体只是一种可能的预防性心理疗法。它改变了我们的自然属性，让我们失去了所有的自然本能，只是对社会动荡做出反应。在罗马，一个人既不是盖尤斯（Gaius），也不是卢修斯（Lucius），他只是一个公民，斯巴达的母亲们为军事胜利而欢呼雀跃，虽然她们的儿子全都战死疆场。她们对于使文明的人性变得如此神经质

─────────

[27] *Lettre à Voltaire*, August, 1756. *Correspondance complète de Jean-Jacques Rousseau*, ed. R. A. Leigh (Geneva, 1967), vol. IV, pp. 37-50.

和疯狂的自然与文化之间可怕的内在较量并不会感到痛苦。公民并不是在"欲望与责任之间摇摆不定",而是彻底改变了自然属性。[28]根据卢梭本人的论证也无法对共和主义做出有效的辩护。我们的腐化堕落乃是深植于我们的灵魂之中,任何爱国狂热或文明的强化刺激都无法真正地触动它。如果非常亲近别人能够引起我们的爱慕(amour propre),我们就容易通过别人的眼睛审视自己、折磨自己,因为无论在哪个社会,我们的天然差异都会带来不平等,那么,共和主义就不可能救治所有联合体的痛苦,充其量只能是缓解。

在卢梭看来,这就是共和主义的用处。他不能像马基雅维里一样拿出一个当代的共和主义纲领,因为他无法,也不希望简单地抛弃孟德斯鸠将这种模式置于其中的历史限制。他所发现的是美德观念——平等主义的爱国主义——作为共和国精髓的极端重要性。这使他的平等学说有了最独有的特征,并以现代激进主义的语言给了它第二次生命。由此他开辟了运用平等学说的新篇章。首先,它成了反对现代性,尤其是反对怀疑论和现代理智性的武器。其次,它可以凸显一切社会生活——尤其是复杂分层的非平等社会——所固有的心理张力。而最重要的是,在他绝大多数直接与政治有关的论文中,可以反映出共和主义已成为现代欧洲一种强有力的新意识形态。它将实现民主和精神的再生。然而,我们不应过于草率地评定他的地位。我们应该记得,卢梭从未忽略普通的个人,因为共和国就是为他们而存在的。《社会契约论》告诉我们,良好社会的最佳检验标准就是看看人们有没有大家庭。如果有,就意味着人们感到了安全和满足。这就是卢梭的共和主

[28] *Emile*, Bk I, pp. 249-50; Bk II, p. 311.

义最终体现出来的大众化而非英雄化的特征，虽然他也求助于普卢塔克式的伟人神话。尽管存在种种分歧，虽然都是伟大人物，但对于孟德斯鸠的理论，卢梭更多的是接受而不是否定。当然，他给这些理论安排了一些出人意料的全新用途；那根本不是马基雅维里提出的用途，而是抱着平等的意志实现一种新型民主制的用途。

把马基雅维里的共和主义与法国大革命连在一起的桥梁并非茕茕孑立。另一座桥梁则通向了 1787 年的美国宪法。对于建立幅员辽阔的共和国的可能性，人们曾进行了激烈的辩论。之后，美国人发现，原来自己实际上正生活在一种自己尚未解释清楚的政治体制之中。于是，亚历山大·汉密尔顿和詹姆士·麦迪逊勇挑重任：他们假借普布利乌斯之名，完成了著名的《联邦党人文集》。然而，他们的首要任务是回应拟议中的宪法计划的批评者。许多倾向民主的美国人有着与卢梭同样的担忧。罗德岛纽波特市的一位记者甚至直接引用卢梭的话来证明英国所实行的代议制不是一种自由，而是一个骗局。[29] 其他那些没有太多独立见解的反联邦派则旁征博引孟德斯鸠的著作，声称辽阔的领域从来就无法建立共和国，政府与民众之间的距离太远，以致很快就会退化成一个明显的政治阶级，然后变成专制阶级。选区太大，只有富裕和精明的人才可能入选国会，他们肯定不会成为普遍意志的代言人。以工业贸易商为主导的北方文化完全不同于蓄奴而慵懒的种植园主为主导的南方文化。孟德斯鸠难道没有尽数自然气候所造成的差异吗？任何政府都不可能适应如此多样化人口的要求，必须有人支配、压迫另一部分人，在新英格兰和宾夕法尼亚很快就将出

---

[29] *A Newport Man*, Newport Mercury, 1788, *The Complete Anti-Federalist*, ed. Herbert J. Storing (Chigago, 1981), vol. IV, pp. 250-4.

现佐治亚国民军。最后，三权分立也不像孟德斯鸠要求的那么彻底，可靠的刑法和陪审审判也没有达到孟德斯鸠或他们为自由政府提出的标准。[30]我们知道，《人权法案》修正案中有一半事关刑事案件中被告方的权利，这一点已完全被采纳。但对我们来说，最重要的问题却是有关共和政府的。激进的宾夕法尼亚人显然认为，各州正是合乎经典模式的小型社会，平等主义美德只有在民主政治的安排下才能存续，因为在那里，人民主权可以通过相当直接的参与方式来体现，选举人与代表之间的距离也不遥远。需要说明的是，在宾夕法尼亚的反联邦派中——当然，其中有一些是贵格会教徒——并不存在好战的狂热倾向。

这些就是普布利乌斯需要回答的论点。然而，他决意不仅要消除反对者的恐惧感，更要证明新的宪法秩序不管从哪一个方面都比其他的共和主义统治——尤其是那些古典共和主义统治——更优越。它在本质上就优越，因为它能为公民提供稳定与自由，这是任何城邦都闻所未闻的。而且，这将是一种真正的共和国，它的规模不是劣势而是优势。它没有君主，没有世袭贵族，也没有混合政体，它完全是一个大众国家，建立在被统治者同意的基础之上。而且，众多公民间的分歧会产生一种体制，在这种体制下，任何政党都不可能把自己的意志强加给公众，最终像古代城邦那样以自杀的方式毁了共和国。[31]为此目的，普布利乌斯必须

---

[30] 请特别参阅专为新英格兰反联邦主义而著的 *Essays of John DeWitt* 和 *Letters of Agrippa*；专为宾夕法尼亚而著的 *Essay by Montezuma*，最重要的是 *The Address and Reasons of Dissent of the Minority of Convention of Pennsylvania to their Constituents, The Complete Anti-Federalist*, vol. IV, pp. 15-40, 68-116; vol. III, pp. 53-7, 145-67。

[31] 请特别参阅 *Federalist*, 10, 39, 51。因为 *The Federalist Papers* 期数太多，而且文章都很短，我只用数字表示引用。

尽可能把现代美国与古典时期的距离扩而大之。认为十三个州的任何一个类似于共和主义罗马或雅典的错觉应被立刻全部驱散。这些州的规模绝对比它们大得多。无论在何种情况下，古老的城邦都不值得去效仿。普布利乌斯对它们的喜爱远远赶不上孟德斯鸠。对他而言，它们的作用都是反面的，只能作为政治失败的范例。《联邦党人文集》对罗马表示完全认可的唯一一次是证明两个并行的税务当局与实现伟大的目标可以兼容。因此，州和联邦政府向同一公民征税的权力根本不会带来可怕的后果。[32]除此之外，论及古代制度时无不明确提出予以抛弃或努力避免。

对古代榜样的否定早早地从提示人们注意它们无休止的战争就开始了。与孟德斯鸠和大多数自由主义政治理论家不同，普布利乌斯并不认为商业国家特别爱好和平。他以雅典和迦太基为例，指出商业共和国都倾向于发动战争，并且没有充足的理由。战争永远都是一种选择。伯里克利把雅典拖入战争显然是为了取悦一位妓女。[33]根本无须对军事共和国的行为进行研究，因为它们与美国的公民精神气质毫不相干。[34]然而，古代的启示是显而易见的。除非各州接受拟议中的宪法并根据宪法联合起来，否则它们之间早晚都将发生战争。可以避免的古典灾难还不止这一种。古代共和国的内部分歧从来都会招致外国的入侵，导致那些被授予统治权力的人的背叛。[35]普布利乌斯写道："在阅读希腊和意大利那些小共和国的历史时，对于持续导致它们狂躁不安的那种相互倾轧，对于长期使它们在专制统治与无政府状态之间摇摆的连绵

───────────

〔32〕 *Federalist*, 34.
〔33〕 同上，第6期。
〔34〕 同上，第8期。
〔35〕 同上，第22期。

不绝的革命，人们不可能没有恐怖与厌恶之情。"假使这些国家能按照古代人闻所未闻的改进了的政治学原则，联合起来建立一个大规模的现代共和国，所有这一切都可以避免，因为古人对于这种充满活力而自由的、能够自我纠错的代议制联邦政府根本就一无所知。但是，如果这种体制被拒绝，各州也将变成"弱小、猜忌、冲突、混乱的共和国，成为无休止失和的肮脏温床和人人可怜鄙视的悲惨目标"。就像古典的共和国一样。真正的联邦共和国能够避免所有这些问题，因为它将有足够的资源镇压任何一个州发生的暴乱，并提供共同防御。[36]

看到普布利乌斯嘲笑古代共和国特有的失序，人们可能会以为他的最高政治目标就是统一，而这与他热情支持的自由难以相容。但事实并非如此。他认为美国的代议制政府将能够克服自由与统一之间的紧张关系。这一点又走在了古代共和国的前面，因为尽管雅典人知道什么是代议制，但他们并没有充分利用它，因而最终落入了个人专制者的摆布。[37]在政府的每一个部门，尤其是雅典的民众集会，全体公民直接参与的程度非常之高。"如果每个雅典公民都是苏格拉底，那每一次雅典人的集会都会成为一次暴动。"这种群体注定会受到非理智激情的控制，不可避免会被某些完全不受约束的领导人所操纵。[38]与这种不幸的局面相比，"没有盲目崇拜古代的制度""难道不是美国人的荣耀吗"？尽管他们会"适当考虑过去各个时代的意见"，但他们现在正致力于"大规模共和国的实验"，子孙后代都将感激这一创新。"这是美国的幸福，我们相信，也是全人类的幸福"，他们拒绝了过去，"在追求

---

〔36〕 *Federalist*, 9.
〔37〕 同上，第 63 期。
〔38〕 同上，第 55 期。

一种新的、更崇高的事业”。[39] 立法以满足自身需要并支持政治变
革，而不只是为了保存祖传的制度遗产，显然是普布利乌斯对古
典政治理论，甚至是对孟德斯鸠的警告的最大背离。首先，它改
变了那种认为共和国必须受古代习俗而不是创新立法约束的观念。
毕竟，普布利乌斯从成功的革命中吸取了经验，如果说他对人类
品质的信任并不坚定，那他对现代科学必定是坚信不疑的，尤其
是从孟德斯鸠那里学到的政治学。这门科学使他明白自由与美德
并不一定要彼此相连。《论法的精神》中第二次出场的英格兰人，
是一种自私自利、缺乏理性、道德败坏、不信仰任何宗教的形象。
但是他们愿意承担任何赋税并为自由献身。[40] 加上他对英国体制
优点的论述，那些自视为最后的真正英国人、孟德斯鸠的美国读
者现在可以明白，他们的世界与古代斯巴达等国家的世界已经多
么不同。不管从哪一个角度来说，他们必须培育的政治品质都不
依赖于满腹戒备的小城邦的教育力量。他们欣赏美德，但美德的
要求与卢梭的要求不同。尊重全体公民的财产与权利，愿意竭尽
所能为选举人服务，这就是对统治者的全部要求。人们不应该依
靠伟人的力量。甚至“开明政治家”也不多见，一种良好体制应
当建立在这种政治家缺位或者他们在政治上无足轻重的基础上。
重要的是要让有理性、有能力的代表担任公职，选举人越多，有
能力成为候选人的人也就越多。扩大了的共和国“更有利于为共
和国福祉选出恰当的卫士”。[41] 再者，只要选举是公众性的，共和
主义的本质就能得到保存，因为重要的不是规模或直接性，而是
仍由人民掌握的权力之源。能够实现人民永恒意志的绝不是君主

---

[39] *Federalist*, 14.
[40] *Esprit*, Bk XIX, ch. 27.
[41] *Federalist*, 10.

制或贵族统治，而是共和国，因为不管是各州抑或计划建立的联邦共和国，它们的制度都是为了保存自由与财产。[42]而且，大规模的新型共和国与古代的小型共和国不同，正是因为它既大又强，而且植根于全体美国人民——"权力的唯一合法基础"——的同意，它才能保护共和国免受地方宗派集团对自由与财产的威胁。[43]毕竟，普布利乌斯所捍卫的宪法是以这样的措辞开篇的："我们，人民"——这不是指的罗马平民，也不是英格兰的下议院或法国的第三等级，而是所有人。事实上，混合体制早在大陆会议上便胎死腹中，当时查尔斯·平克尼站起来说出了人人都知道的事实，即在美国没有任何可混合之物，富人与穷人的差别没有大到需要制度认可的程度。无论是波利比奥斯的罗马体制，还是后来同样是混合型的封建制度都与此无关。即便是对英格兰，也不值得像孟德斯鸠那样推崇有加。[44]

如果混合体制被抛弃，直接民主及其精神气质甚至更加无足轻重。扩大了的共和国的现代代议制政府是一个极大的进步，因为与古典民主制不同，它天生就能消除毁灭性的派别冲突。在一个扩大了的共和国，利益的分化或政治与宗教观点的不同不仅不会遭到镇压，这种多样性反会受到鼓励。宗教派别和更多有形资产的利益越是多样化，这些群体越是可能组成灵活变化的选举联盟，任何一方都不会有镇压其他派别的动机。[45]讨价还价取代了民众大会的骚乱，因为秩序与自由恰如在各个自由派别当中那样

---

〔42〕 *Federalist*, 36.

〔43〕 同上，第 49 期。

〔44〕 *The Records of the Federal Convention of 1787*, ed. Max Farrand (New Haven, 1966), vol. I, pp. 396-404.

〔45〕 *Federalist*, 10, 51.

已经先于政治而普遍融合进了社会之中。由于每个群体都有机会在某一时间成为多数中的一部分，而在另一些时候又会成为少数中的一部分，所以任何一方都不会去镇压反对者。人民的代表根据同样的规则行事。而且，他们能够冷静商讨，把民众从偶尔的愚蠢行为中拯救出来，同时继续与选举人保持足够密切的联系，以维持他们给予的信任。任何专制行为的诱惑肯定都会消失，因为他们知道立刻就要面对选举人，且最终会再次成为普通公民。随着联邦制的建立，孟德斯鸠所说的"中间力量"的需要也会得到满足，再加上三权分立，要想把权力集中于少数人手中就会变得毫无可能。实际上，联邦政府的三权分立规定远比孟德斯鸠视为楷模的英格兰更严格。司法不仅实现了它所需要的完全独立，而且权力制衡在心理上也达到了完美的平衡："用野心遏制野心。"诚然，共和国的立法机构必须处于支配地位，但在扩大了的共和国，利益的多样化也必须得到反映，"公民权利必须与宗教权利一样安全"，至少在原则上应得到充分保护。[46] 最后，作为一张王牌，普布利乌斯回顾了小共和国在军事上的无效率，这在真正运转起来的联邦中将被克服。这是古代的联盟根本无法做到的，它不过是表明了小型化所付出的代价，这对各州是一种严厉的警告。[47]

从古代城邦的普遍结构转向它们的具体制度，普布利乌斯发现它们同样经不住检验。罗马的行政机构如此软弱，以致在危险时刻就不得不求助于独裁官，这是一种危险的权宜之计。[48] 构成多头行政的执政官往往意见不一，如果他们不是像贵族那样因惧

279

---

〔46〕 *Federalist*, 51.
〔47〕 同上，第 17、18 期。
〔48〕 同上，第 69 期。

怕人民而联合起来，情况就更是如此。[49] 最后也最糟糕的是，古代的政治家并不真正知道如何装配一个体制。他们不得不去寻找惯于求助暴力和迷信的个人立法者为他们的共和国强加一种宪法。共同起草美国宪法的人们不管从哪个角度来说，在智力和道德上都有过之而无不及。他们设法把稳定与活力带进专为自由人民设计的有限共和政府。[50] 他们"放弃了朦胧的历史研究"，按照"理性与理智"成功地做到了这一点。[51] 除了提醒他们注意许多错误之外，古代没有教给他们任何东西。

　　这就是把孟德斯鸠与全新的共和主义思想连接起来的第二座桥梁。显然，普布利乌斯是用孟德斯鸠对共和政治的论述来达到自己的目的。他对古代共和国的贬损远甚于孟德斯鸠可能做到的程度，虽然后者经常谈到立法者，但他的头脑中从没有出现过设计一种未来政府模式的立宪会议观念。毕竟，克伦威尔失败的尝试是这种美国制度的唯一先驱。无论如何，缺乏美德而专注于确保"自由之福祉"的大规模共和国很大程度上要归功于他。如果说，卢梭能够把有德行的小型共和国从现代政治的袭击中拯救出来，那么普布利乌斯则是成功地使大规模共和国得到了尊重，并设计出一种既没有压迫，也不存在孟德斯鸠努力揭露并批驳的军国主义奥古斯都意识形态的政府模式。在这两种情况下，共和主义能够存在下去都要归功于他，尽管它在形式上大不同于文艺复兴时期的版本及其古典原型。

---

〔49〕 *Federalist*, 37, 38, 70.
〔50〕 同上，第 37、38 期。
〔51〕 同上，第 70 期。

第四部分

共和主义道德观

第十四章　共和国的精神气质与政治现实

维尔纳·迈赫菲尔

政治现实

　　修昔底德借伯里克利之口发表的著名演说——我们通常视为他的政治宣言——概括了城邦政制的基本特征，即后来亚里士多德所说的 politeiai（联邦）和西塞罗所说的 res publicae（共和国），它们在文艺复兴时期的共和主义中——尤其是在马基雅维里那里——得以存续和复兴，是本书关注的重点之一。"热爱自由"，"尊重法律"，"法律面前人人平等"，"经过（与被统治者）协议进行统治"，根据被统治者的同意进行统治，是欧洲政治文化诞生之初阿提卡民主的关键特征，与爱琴海彼岸的亚洲专制主义截然相反。原则上否定专制主义、否定通过奴役被统治者进行统治作为一种可能的国体，甚至在孟德斯鸠与专制主义的对立中也在继续发挥作用，而且不断再现于意大利文艺复兴时期的整个共和主义传统之中。

　　当我们着意重新描述这种共和传统的起源时（这种传统包括马基雅维里在内，但正如昆廷·斯金纳已经清晰揭示的那样，马基雅维里在和平［pax］与正义［iustitia］之间关系的问题上明确抛弃了这个传统），我们还要关注这种共和国观念的未来，事实上，推断可知，这种观念是马基雅维里在现代之初刺激了政治思想的结果。在这个时期结束之时，这种刺激因素导致了思想与政府两个方面的革命，它继续定义并推动着我们所处时代的政治思维。

事实是，在我们所谓的启蒙运动时期出现的这场"思想革命"，就是从那些明确自视为马基雅维里继承者的思想家开始的——卢梭在《社会契约论》中称马基雅维里的《君主论》为共和主义者的教科书，原因就在于此，这并非巧合。同样并非巧合的事实是，与那位受马基雅维里启发、把卢梭的共和主义改造为政治哲学的思想家相比，马基雅维里的共和国观念在我们这个时代的无论什么地方都没有引起那么大的思想共鸣。我指的当然就是伊曼纽尔·康德。再次并非巧合的是，康德在偏远的柯尼斯堡从事的研究仅仅包含了一个画面：卢梭的画面。

在康德的政治哲学中，我们可以发现本书中提出的所有问题。它们包括了从"和平""正义"这样的最终目标到"参与""代表"这样的共和国体制与精神气质的关键前提。它们还包括政治生活（vivere politico）和自由生活（vivere libero）之间的关系，或者马基雅维里本人所体现的对党派的热爱和对祖国的热爱之间的基本矛盾。

在卢梭那里，马基雅维里所揭示的政治现实与共和国精神气质之间的对比与矛盾，成了政治哲学的中心议题。在这方面，康德再次展示了无比的敏锐。马基雅维里用无与伦比的坦率与坚定描述了他那个时代的政治现实：

> 必须清楚地意识到，有两种不同的冲突：涉及法律的冲突与涉及暴力的冲突。前者合乎人性，后者合乎兽性。前者由于经常无法达到目标，因而必须求助于后者……故此，人必须像狐狸一样去发觉陷阱，像狮子那样恐吓狼群。

在为这个结论给出理由时，马基雅维里补充说：

> 实然的人与应然的人之间存在着根本差异，无论何人，如果只关心应该发生的事而忽略实际发生的事，给他带来的将是毁灭而非生存。在众多不需要道德的人当中以纯道德观点行事，一个人必亡无疑。

因此，问题不仅在于这种政治分析——即使对马基雅维里来说——如何与共和观念相结合，因为这仅仅意味着"与法律有关的冲突"（因此不是暴力冲突），问题还在于，新的共和观念能否与现实达成一种新的关系、能否保证一种不是从社会现实出发而确定的新的真值内容，因为它是以倾向与派系的天然差异（diversità naturale）及内部失和（discordia civile），而不是以和谐（harmonia）与和睦（concordia）作为出发点的。

首先，我们必须自问，在 3 个世纪之后，在今天的共和体制内，马基雅维里在现代之初描述的政治现实总的来说是否依然如故。毕竟，我们喜欢用一种奇异的概念颠倒将其称为"马基雅维里式的"并谈论政治上的马基雅维里主义。

我们不妨通过对具体政治现实的分析而不是抽象思辨寻找答案，就像康德在开明专制时代，在他的《论永久和平》一文附录第一部分所做的那样。他描述了许多实际政治的"老到箴言"，他认为这些全都是来自计谋和权宜之计，而且很可能是马基雅维里本人做出了非常系统的阐述。这些箴言都是拉丁文，但不应妨碍我们提出这样的问题：康德时代以后，在多大程度上还能把它们运用于今天的政治现实。

285

做了再说（Fac et excusa）：做你该做的，然后再找理由。这是康德在他的《论和平》一文中说明的第一个箴言，然后他说：

> 抓住有利时机为己获益……既成事实之后更容易恰当地找到理由，也更容易掩饰暴力……敢作敢为本身就会令人感到你对行为的正当性抱着内在的信念；上帝的最后奖励（bonus eventus）就是事后最好的辩护。

直到今天，这条屡试不爽的既成事实（fait accompli）政治诀窍仍在或大或小的规模上被人奉行。它将使任何对手丧失地位上的优势，只能被动地做出反应。精于此道者很容易看到。他们甚至不必先发制人就能设法引出正面或者负面反应，不管是在上流社会还是在日常生活中。

如果干了就否认（Si fecisti nega）：不管你干了什么，只要有损于你，就一概否认。直到今天，这一政治口号仍然适用于所有那些属于实际政治惯例的矢口否认——即便没人相信。

但并不完全如此，经验证明，它允许以牺牲别人为代价，采取一种极为"有益的"背信弃义策略，在既成事实之后，把罪因的任何声明都解释为令人遗憾的"误解"；把所有密室里的诡计都说成是别人毫无根据的"编造"。另外，正如我们随处都能看到的那样，那些长于把玩政治惯例的老手还会先采取同样"有益的"透露策略，然后再进行让人无法怀疑的否认。

分而治之（Divide et impera）：这是第三个众所周知的口号。从远古时代就已经出现，无论在大规模的政治抑或琐细的日常政治中，那些知道如何让政治竞争者彼此相斗、让政治反对派内讧不已的人无不通晓。

这一屡试不爽的模式不仅可被用于精心策划国家间的"权力

平衡"，永远都能为自己获得更大的利益，而且个人也可以运用：弱者可用以免受伤害，强者可用以把别人排除在利益共享之外。

这样，只要具备些许灵性和判断力，就永远不会在战斗（即重大决策）中失手。如果同时还能向所有重要的竞争者做出同样的承诺，无论如何让别人都拥有成功的机会，那就真正可以立于不败之地。

还有其他一些同样屡试不爽的政治口号，但只有在多数统治下才能体现出特有的价值。其中之一是："在胜负已决之前不要亮明立场"——这在今天的政治行话中仍然不绝于耳。

另一个口号同样在日常生活中行之有效：成败难以预料的决策，始终都要让若干人共同负责。这是成功生存下去的另一个秘方，因为成则功劳归己，败则由他人去搪塞。这与一条古老的法律格言格格不入：偷酒者必受罚。但有谁会在乎某个言简意赅的旧格言呢！

人们会无休止地玩耍新的旧的政治口号。在需要获得并保持多数，从而压制或必须排除这个多数中出现的竞争对手时，这些口号能比其他一切都更好地定义政治实践，不管这个多数是机构代表的多数、党派成员的多数、所谓草根阶层选举人的多数还是其他多数。

今天，先进的政治文明虽然已经有了更加温和的形式和更加精致的方法，但是，如果对政治现实的观察实质上揭示了与过去同样的特征，那也根本不足为奇。占上风的是假象而非真相：把事实细心地划分为简单、纯正、朴素的真理，正如阿登纳愤世嫉俗的名言所示。但是，就像官方来源的威利·勃兰特纪念卡罗·施密特的伟大演讲中所说，"冷酷也在支配政治"。他知道自己在说什么：必须反对由党派算计和党派利益造成的不断非人化并且不

286

断蔓延的政治冷淡。

故此，在政治上大谈道德也并非偶然。因为，这毕竟从古至今都是政治家形象的一部分：他在政治行动中总是以道德规范行事。然而，道德规范在政治现实中流行的情况非常罕见，甚至在今后屈指可数的真正提倡道德，是道德而不是我已提到的机会主义真正成为决定性因素的地方，也是如此。

这不是我牢骚满腹。我想指出的只是，这也是今天的政治现实。这意味着当年马基雅维里遇到的问题也同样会出现在我们眼前：面对这种令人警醒的政治现实，我们如何才能使法律和道德而不是暴力与诡计占据上风？共和体制的目标正在于此。所以，我们怎么能冒险声称共和国——即便是通过某些有待解释的陌生方式——的作为确实与道德有关？

共和国体制

我们所说的具有道德取向的行为，不再只是出于行为者利害观的单方面行为，而是还要考虑其他观点、其他人的利害，不管他们是个人还是作为一个整体的社会。

这种顾及他人利害的行为指南，是以一种自我指认的反思出现在我们面前的，包括两个基本的道德法则，我们称之为黄金规则（Golden Rule）与绝对命令（Categorical Imperative），通过这些方式使我们的行为以互惠甚至普惠的原则为取向。

"你想别人怎样待你，你就必须怎样待人。"或用消极版的谚语来说："己所不欲，勿施于人。"这要求我们同时从他人的利害观——即根据互惠原则——决定我们自己的行为。

"推己及人"，或用另一个众所周知的消极版说法："如果人人都这么干，我们将处于何等境地？"这要求我们同时（在社会行为中是相互，但在社会制度中是普遍地）从他人的利害——即根据普惠原则——决定我们自己的行为。

那么，如果原则上说人类的道德行为意味着要求不再单方面以个人利害，而是根据他人的相应利害以互惠和普惠原则为取向，那么共和国也正是与这种道德相关。共和国的政府不再为统治者的利益而是为被统治者的利益服务。或如卢梭特别指出的，政府不再只为统治者一己私利，而是为被统治者的普遍利益服务。但这并不意味着实在的个人的实际利益以外还有一种公共利益（bonum commune），而是意味着国民福利（utilitas civium），即现有个人的实在的利益。

在《政治经济学》中，卢梭把这个政治道德箴言作为他所说的"对人民的正当统治"的基础，在那里，"统治者与被统治者的利益和意志是统一的"。这意味着"普遍意志"——即通过法律管理人民——只不过是"公共利益"的表达与手段。

所有的共和主义政治在道德上必定都会以这种"公共幸福"为取向。卢梭后来在《社会契约论》中明确谈到了这种"公共幸福"：

> 如果私人利益（intérêts particuloiers）的冲突使建立社会成为必需，它可能会使这些利益和谐相处。这些不同利益的共同之处构成了社会公约。如果各种利益找不到共同点，就不可能有社会。对社会进行管理必须完全符合共同利益。

这并不是在卢梭所说的共和国——即我们今天所说的民主制——中居于统治地位的某种被曲解的、超现实主义的公意

（volonté générale）。这种公意不过是体现了刚刚谈到的那种公共利益（intérêt commun），在卢梭看来也是如此。因此，卢梭意味深长地这样说道：

> 必须明白，形成了普遍意志的不是投票人的数量，而是普遍利益，因为在这种制度下，每个人都会服从他所强加给别人的条件。利益与正义的绝妙和谐由此达成。

如果这就是自远古以来由黄金规则体现的、符合希腊哲学与基督教神学共同看法的道德，即确保人类行为的相互性，那么，确保社会内部利害相互性的唯一法则将在公民彼此相向的行为中占据上风：随着"体现公共利益的普遍意志"成为法律，获胜的将不再是统治者的"个人利益"，而是被统治者的普遍利益。否则，就会像卢梭说的那样"愚不可及地希望那些事实上的统治者放弃自身利益为他人谋福利"。他强调指出，"马基雅维里已经极为清楚地证明了这一点"。

只有用法律来保障法律所安排的互惠与普惠关系以及法律所支配的行为，法律才能够成为自由、平等的公民组成的公正社会的基础。这个社会将以共同利益的根本和谐为基础，按照卢梭的确切说法，就是功利与正义实现了和谐。

此外，这还意味着在由自由、平等的人民组成的这种社会中，正义只有通过法律的相互性才能实现。卢梭同样清楚地看到了这一点：

> 毫无疑问，普遍正义只能出自于理性。即便只有我们才明白，正义也必须是相互的。如果只从人类的立场看问题，那

么缺乏人与人之间自然认可的正义法律将不具有约束力。如果正义为了所有人而遵守法律，却没有一个人为正义而遵守法律，那么法律将为坏人的利益服务并损害正义。相应地，为了让权利义务相称并恢复正义的目标，就需要某些协议和法律。

因此，在一个自由的社会中，"民有、民治"必须建立在行为规则和关系秩序的基础上，和以往的政治制度相比，这些规则与秩序都是根据互惠与普惠原则将政治道德作为公共领域内的唯一目标。在共和国内，这些原则不再只是诉诸个人意义上的相互行为，而且还诉诸合乎相互法则的外在行为的合法性。

这意味着就体制而言，共和国越来越变成了制度化的道德，但同时道德也将越来越变成一种合法性。根据卢梭已经概括出的这一步——把法律理解为所有关系秩序的互惠性与普惠性的保障者以及行为指南，康德迈出了决定性的第二步——把共和国理解为经过认可的合理性。

289

卢梭和马基雅维里视为共和国体制关键弱点的是它公开宣称的基础最终要依赖于"公民宗教"，换句话说，依赖于向理智的个人提出道德乃至宗教的要求。即便在卢梭那里，一个共和国体制在这种终极价值基础上的正当性的可疑性质也变得清晰可见了。因此，康德代之以有目的的合法化，它仅仅与作为理解主体（Verstandessubjekt）的人有关。康德在对《论永久和平》进行第一次"修订"时谈到了这一点：

> 现在，共和体制是唯一能够完全适合于人权的体制，但同时也是最难以建立的体制，而要维持下去甚至更难，因此许多人（他指的是卢梭）宣称它需要一个天使的国家，因为

人类的自私本能根本无法使一个体制具有如此崇高的形式。但是现在，大自然也在出面帮助理性基础上的普遍意志，这种理性应当受到尊敬，但要以这样的方式借助于那些非常自私的倾向，即只能依靠（人类能力所及的）良好的国家组织去引导每个人的力量，使他们彼此约束或消除破坏性影响：所以在理性看来这个结果好像也是根本不会存在的，但个人——即便在道德上不是个好人——却能被迫成为一个好公民。即便是一个恶魔种族，建立一个国家的问题也是可以解决的（只要他们还有理性），不管这听起来多么难以置信。

这一决定性的观念曾一再被详细阐述（例如拉德布鲁赫）：法律必须对恶魔民族也能适用，只要他们还有理性。从这种基于审慎和功利观点的理性的利害计算出发并最终（有目的地）向理性的个人提出理性要求，那么即便涉及一个不可能被视为理性人（Vernunftperson）的臣民，共和体制也是灵验的。

但除此之外，如何才能使共和国精神气质在共和国政治中占据上风，从而使康德所说的"政治与道德失谐"的政治与共和国之间的关系转变为"政治与道德的和谐"？

共和国的精神气质

对这个由马基雅维里和卢梭留下的难题，康德在《论永久和平》附录第二部分《根据先验的公法原则论政治与道德的相容性》中第一次试图做出回答。

与今天的我们同样自由的康德，认为政治永远是由那些我们已经讨论过的作为战术计谋的实用主义口号决定的。但通过与不自由、不平等的国家的对比，他提出了一个始终如一的要求，即在自由与平等基础上建立宪政国家——他称之为共和国，就是说，政治也必须在自决与自制中表现出不同的品质。在这里，康德确立了一种道德的法律观，与先前在附录第一部分发展出的实用主义政治观——基于一种"箴言论"（即规则）的纯智力的考虑"以选择最有用的手段去实现经过利益计算的目的"——完全相左。他把这种道德的政治观称为"实用法律理论"，表达的正是他对于政治在共和国的地位与作用的基本看法。

康德宣布，这个道德政治的原则是民主制的要求：

> 人民应当遵从唯一合法的自由与平等概念融入一个国家，这项原则不是基于审慎而是基于义务。但是，不管政治道德家如何自命不凡地谈论人民大众进入社会的各种自然机制（它们将会瓦解这些原则并带来令人失望的结果），也不管他们列举了多少组织不良的体制的例证（比如没有代议制的民主）以证明他们的反对意见言之有理，他们的话都不值得一听。

因此，康德提出的要求是，政治之基础不仅在于智力、"审慎"和"效用"，还有理智、法律和道德。共和国既不是纯道德家的政治，也不是纯政治家的政治，而是兼有道德与法律品质的政治家的政治，他们"理解政治智慧诸原则"，知道如何才能在任何情况下都"与道德及法律共存"。

尽管康德描述了并且肯定没有低估道德与政治的种种失谐，但是，如果政治的实用主义动机和道德动机之间不仅在理论上，而且在实践中发生了冲突，那么如何才能实现政治与道德的和谐？

康德的回答出人意料。他认为根据"公开性原则"，使任何一种民主制都最大可能地公开所有政治行为，就可以实现。在康德看来，这是产生于所谓"先验的公法公式"，它们构成了任何自由社会秩序的基础。由此他总结说："一切涉及他人权利的行为，其行为准则如与公开性原则不符，即为非法。"

换句话说，这就意味着政治家的每一个举措、每一项决策，如果一旦公开真实理由就会引起"公众骚乱"，都将是非法的。

既然在共和国履行国家职能的人不能只根据某个个人或少数人的意志，而只能根据普遍意志做出决策，那么共和国的任何一位政治家都必须接受对他的政治行为之理由的分析，不仅是议会的分析，还有公众的分析。此外，如有必要，他还必须公开这些理由，因为按照康德的要求，只有在这种方式下公众才有可能对"政治行为的正当性"进行审查，以确定其是否"符合公众权利"。

如果一个政治家的某项举措不能在公众面前拿出站得住脚的理由，他就违背了共和国的精神气质，他的行为就是不道德的。鉴于未必在任何情况下都要将理由公开，那么公开性原则的要求是，在任何情况下，只要这些理由可能得不到多数的认可，就应事先予以公开。

因此，康德认为，政治行为的理由不仅要向尽可能多的人公开，"道德政治家"本人也应该有能力确保自己具备获得"多数同意"的信心，即便出于"政治智慧"的原因而使政治行为不能及时或完全公开时也是如此，这是共和国政治道德与道德政治的基本原则。

这样，如果在一个共和国内，每项政治行为都必须公开接受公众的确认，并且只有经过公众"同意"才能最终被视为正当，那么，尽最大可能使所有政治行为保持公开性，就成了必须取得多数"同意或认可"的基本前提。因为只有多数的目的才是一切政治行为应当服务的目的。

　　因此，即使对康德来说，尽管他生活在开明专制的政治现实之中，"言论自由"也仍是"人民权利的保障"，因为只有当国家"容许自由的精神——它的由来与结果都值得崇敬——自我表达"时，公民才能对于他要求通过理性而信服的"人的普遍义务"形成一种看法。政府通过这种方式才能变得开放，从而获得能够推进自身目标的见识，包括所有的政治智慧，甚至还有它的政治合法性智慧，即确保公众的同意或认可。

　　这就意味着，担任公职者，即议会议员，乃是"全体人民的代表"；一个政府部长也是如此，他有义务"避免引起人民的伤害、促进人民福祉"。公开性原则适用于共和国的一切政治行为，这是对代议制精神气质的具体支持。

　　这就要求，在基于（正如卢梭所说的）"统治者与被统治者之间利益和意志和谐"的代议制中，代表们永远都不是代表他们所属群体或政党的直接利益，而是他们在国内所代表的那些人的实际利益。

　　在我们看来，只有通过这种方式，国家才能完成它的使命，即成为每个个人的代表：不仅是那些与国家有着相同利益与信念的人，还有那些与前者关系疏远，甚至反对他们的人，尤其是被损害与被忽略的人，这些人的代表或多或少都比所有其他人更为重要。

　　只有在这种代议制的精神气质基础上，才能通过政府与被统治者"意志与利益"的和谐而实现一种共和国体制，从而服从一个崇高目标，即国家的目的是人，而非其他一切。这就是我们政治思想中的"哥白尼革命"之后形成的共和主义准则。

结论：当今共和国的精神气质与政党国家

在今天的政党国家中，不管是一党制还是多党制，公开性和代议制的精神气质又有了新的重要性。始终都有可能出现的危险是：政治优先以统治的多数利益和职业政客的职业利益为取向，因为他们的当选与重新当选都是完全依靠自己的"被庇护人"，即本党普通成员的代表。

如果随着代表们——据说——不再代表共和国的利益而是成为仅仅合乎政党利益的代表，从而让我们目睹了今天代议制精神气质的衰败，如果在政治上——不管站在哪一方——"我的党正确与否"开始不祥地取代"我的国家正确与否"，而且与先前的国家理由相比，政党理由（raison de parti）使今天的政治同样面临着改变性质的威胁，那么这种变化了的政治现实似乎需要我们的思维方式发生一些根本性的转变。我们应该关注的是，共和国的体制如何才能应付这些规律以确保政党国家的多数统治而又不致扭曲代议制的精神气质。

经历了那么多失败的尝试之后，我们需要的是一种适用于现代"代议制"共和国的政治制度。为此，康德寄希望于"公民社会""内部统治关系"的"不断改进"。这也是出现在我们当今世界、出现在"主要政治实体"之间的"外部统治关系"中的"全球社会"（weltbürgerliche Gesellschaft）的希望所在——如果能够遵循康德感人至深地描绘过的一种包罗万象的"法律共同体"和"道德共同体"的同样的体制原则的话。

第十五章　共和主义的政治自由理想

昆廷·斯金纳

一

阿拉斯戴尔·麦金泰尔最近提出，"关键的道德对立是这样那样版本的自由主义的个人主义与这样那样版本的亚里士多德主义传统之间的对立"。[1] 本书对共和主义传统的分析，其重要意义之一就在于表明这是一个错误的二分法。我很高兴通过集中讨论"共和主义"政治自由理论来突出这一点为本书作结。我想特别集中于两种截然不同的"共和主义"自由理论，因为它们很容易作为悖论而被简单处理，或者干脆就被混为一谈，但我认为，应把它们视为在这一主题上对我们的流行看法构成的挑战。[2]

和刚才一样，先说一下什么是我们在政治自由问题上的流行看法。我想到了一个事实，即经过分析哲学家们近期对这一概念的探讨，已经得出了一个赢得广泛赞同的结论。使用最初由杰里米·边沁提出、最近因以赛亚·伯林而众所周知的那个公式，能够

---

〔1〕　Alasdair MacIntyre, *After Virtue* (London, 1981), p. 241.
〔2〕　随后的论点构成了我的 'The paradoxes of political liberty' 一文的修订扩展本，收于 *The Tanner Lectures on Human Values*, vol. VII, ed. Sterling M. McMurrin (Cambridge, 1986), pp. 225-50。

最好地表达这一结论。[3] 它的含义是，政治自由观念实质上是个消极观念。自由的存在总是标志着其他某种事物的缺失，具体地说，就是某种强制的缺失，而这种强制的作用就在于约束行为人追求自己选定的目标，约束他 / 她追求不同的选择权，或至少约束二者择其一的选择。[4]

霍布斯在《利维坦》的《论臣民的自由》一章中留下了对这一观点的经典陈述，至今仍被反复引用。一开始他就对我们言之凿凿地说，"自由（就其本义来说）指的是阻碍的状况（opposition）*的消失"——舍此无他。[5] 洛克在《人类理解论》中也提出了同样的观点，对此他甚至抱有更大的自信。"我们分明看到，所谓自由就在于有能力，来照自己的意志，做或不做某件

---

〔3〕　见 Douglas G. Long, *Bentham on Liberty* (Toronto, 1977), pp. 74。因为边沁把自由说成 "一种纯粹消极的观念"。伯林在他的经典论文 'Two concepts of liberty' 中使用了这个说法，见 *Four Essays on Liberty* (Oxford, 1969), pp. 121 及各处。

〔4〕　将自由视为不受约束的选择权，例见 S. I. Benn and W. Weinstein, 'Being free to act, and being a free man', *Mind*, 80 (1971), pp. 194-211。另请参阅 John N. Gray, 'On negative and positive liberty', *Political Studies*, 28 (1980), pp. 507-26。他认为（尤见第 519 页）这就是我们对伯林在《两种自由观》一文中的论点最好的理解方式。更严格的观点则认为，我们只能谈论二者择其一的自由，例见 Felix Oppenheim, *Political Concepts: A Reconstruction* (Oxford, 1981), ch. 4, pp. 53-81。对更狭义的霍布斯式主张的辩护则认为，自由就是完全不存在外部障碍，见 Hillel Steiner, 'Individual liberty', *Proceedings of the Aristotelian Society*, 75 (1975), pp. 33-50。对这种制约观的解释得到了 Michael Taylor 的一定支持，见他的 *Community, Anarchy and Liberty* (Cambridge, 1982), pp. 142-6，但遭到了 Oppenheim、Benn 和 Weinstein 在上述著作中的批评。

＊　　此词本义为反对、反抗、对立、对抗等，中译本译为 "阻碍的状况"（见《利维坦》，黎思复、黎廷弼译，商务印书馆，1995 年，第 162 页）。——译注

〔5〕　Thomas Hobbes, *Leviathan*, ed. C. B. Macpherson (Harmondsworth, 1968), Bk. II, ch. 21, p. 261.（在这里及别处引用 17 世纪文献时我做了现代拼写法和标点处理。）

事情，停止或不停止某件事情。这是无可否认的。"[6]

　　当代的分析哲学家一般都把这个基本内容分解为两个议题，许多方面的阐述似乎都反映了格拉尔德·麦卡伦论述消极与积极自由的经典之作的影响力。[7]第一个说法是，只有唯一一种关于政治自由的前后一致的思维方式，这就是从消极角度把自由概念理解为人在追求选定的目的时不存在任何阻碍。[8]另一个说法则是，所有这种对消极自由的讨论都可以转而——尽管往往是在表面上——简化为一种对行为人、强制和目的之间特殊三角关系的讨论。因此，所有关于自由的争论都被认为是对以下问题的争论结果：谁应被算作行为人，什么应被算作强制，一个行为人为了被算作自由的存在就必须自由地做什么或者变成什么（不能做什么或变成什么）。[9]

　　现在我要谈谈关于政治自由的两个主张，根据这些假定，它们很容易被指责为杂乱无章。第一个是把自由与自治联系在一起，随之又把个人自由的观念以一种表面上的悖论形式与公共事业观念联系在一起。正如查尔斯·泰勒最近所说，这个命题就是，我们只有

〔6〕　John Locke, *An Assay Concerning Human Understanding*, ed. Peter H. Nidditch (Oxford, 1975), II. 21. 56.

〔7〕　Grald MacCallum, Jr., 'Negative and positive freedom', in *Philosophy, Politics and Society*, Peter Laslett, W. G. Runciman and Quentin Skinner eds., 4th ser. (Oxford, 1972), pp. 174-93.

〔8〕　这是注〔7〕所引麦卡伦一文的主要含义。新近就此大意所做的明确陈述，例见 J. P. Day, 'Individual liberty', 收于 A. Phillips Griffiths, ed., *Of Liberty* (Cambridge, 1983), 他断言（p. 18），"'自由'只有一个解释，而消极的自由观是唯一的自由观"。

〔9〕　这个概括源自注〔7〕所引麦卡伦的文章。关于使用同样方法分析政治自由概念的讨论，例见 Joel Feinberg, *Social Philosophy* (Englewood Cliffs, NJ, 1973)，尤其是 pp. 12, 16, 以及 J. Roland Pennock, *Democratic Political Theory* (Princeton, NJ, 1979)，尤见 pp. 18-24。

置身于"一个结合了真正自治的标准型社会中"才能是自由的。[10]
如果希望确保我们的个人自由，那我们就必须尽可能全心全意地投
入一种公共事业的生活，从而培育出最有效参与政治生活所需要的
公民美德。简言之，要获得我们最充分的自由，首先就要承认这一
事实，即我们只有追求某些明确的目的才是理性的。[11]

　　另一个相关的命题是，我们可能不得不被迫成为自由的，因
而就把自由观念以一种更加明显的悖论方式与强制或强迫概念联
系在一起。在争论中支持这个更进一步假定的是，我们有时会记不
得——或者根本就不能理解——履行我们的公共职责乃是维护我们
本身的自由所必需。然而，假如自由确实要依赖于投身公共事业，
从而依赖于我们培育公民美德的意愿，那么结果可能就是我们不得
不被迫接受美德，从而被迫支持一种留待我们去破坏的自由。

二

　　我们需要在批判这些论点的当代自由理论家中区分出两种不
同的攻击路线。本节就要谈到第一种，另一种放在第三节讨论。

　　最坚定的反驳是，由于对自由的消极分析是唯一前后一致的分
析，由于我已分离开来的两种论点与任何这种分析都不相容，因此

───────

[10] Charles Taylor, 'What's wrong with negative liberty' in *The Idea of Freedom*, Alan Ryan, ed. (Oxford, 1979), pp. 175-93, at p. 181.

[11] 关于按照康德的方向把自由与合理性联系起来并由此断定它不可能"等同于不存在阻碍"的讨论，例见 C. I. Lewis, 'The meaning of liberty', in *Values and Imperatives*, John Lange, ed. (Stanford, 1969), pp. 145-55, at p. 147。最近出现的对同一康德式见解的颇有价值的说明，见 'Rationality and freedom' in Martin Hollis, *Invitation to Philosophy* (Oxford, 1985), pp. 144-51。

它们根本不可能体现在任何令人满意的对社会自由的说明之中。

我们已经看到，霍布斯的《利维坦》对文艺复兴时期共和主义发起具有极大影响的攻击过程中，就持有这种所谓社会自由与公共事业之间关系的观点。他在第二十一章嘲笑路加人时告诉我们，"现在路加城的塔楼上以大字特书'自由'一词"，但事实上他们小小的城邦共和国却给他们的公益精神施加了沉重的要求。[12]正如我们看到的那样，霍布斯所说的自由仅仅意味着不存在干预。看来显而易见的是，对他而言，我们社会自由的最大化必须依赖于我们把地盘最大化的能力以使我们可以要求"免除国家的徭役"。[13]所以在他看来，路加人承受着如此苛重的徭役却宣布他们享有自由是完全荒谬的。霍布斯的现代支持者一般也都作如是观。例如，正像奥本海姆在他的新著《政治学概念》中所说，声称我们可以谈论"参与政治进程的自由"完全是在搅局。[14]自由是以不存在任何这种义务或强制为前提的。因此，这种"所谓参与的自由与任何意义上的自由都毫不相干"。[15]

在我提到的另一个主张出场的地方，我们甚至可以更频繁地发现同样的论争路线：我们的自由可能必须是我们遭受强制的果实。例如，不妨看看拉斐尔在他的《政治哲学问题》中是如何处理这个问题的。他不过是重复了这样的观点："当我们谈论一个政治场景中有没有自由的时候，我们指的是行动的自由或者社会自由，就是说，不存在人的力量所施加的束缚或强制，包括国家

---

〔12〕 Hobbes, *Leviathan*, Bk II, ch. 21, p. 266.
〔13〕 同上。
〔14〕 Oppenheim, *Political Concepts*, p. 92.
〔15〕 同上，p. 162. 关于新近对这一主张表示的支持，即因为自由并不要求行动，所以它也不可能要求高尚的或有价值的行为，见 Lincoln Allison, *Right Principle* (Oxford, 1984), pp. 134-5。

施加的强制。"[16]因此，认为"国家的强制能使一个人更加自由"，这不仅推出了一个悖谬的结论，而且还提出了一个"惊人的观点"，因为它完全混淆了对立的两极——自由与强制。[17]奥本海姆再次表明了同样的看法。因为自由等于不存在强制，所以，认为某人可以"被迫自由"，也就根本不再是谈论自由，而是"它的反面"。[18]

第一个攻击路线在以下说法中达到了顶点，即我已经分离开的两个论点——就像奥本海姆所说——"与任何意义上的自由都毫不相干"，对此我们应该如何考虑？

依我看，得出这个结论乃是由于过于迅速地抛弃了关于社会自由的另一个思想传统，就我论点的这个方面而言，简单谈谈这个传统很是重要。

我说的这个传统实质上就是亚里士多德的传统，可以说它是建立在两个非常有影响的不同前提基础上的。第一个前提在后来的各种自然主义伦理学体系中得到了发展，认为我们都是抱有某些独特人类目的的道德存在。第二个前提后来尤为学院派政治哲学所接受，补充说人这种动物具有社会与政治的天性，因而我们的目的实质上肯定有着社会性质。[19]故此，这些假设对于人类自由的看法乃是"积极的"看法。按照这种说明，如果我们实际上从事的那些活动恰恰最能带来"人类繁荣"的幸福，那么我们只能被说成是完全或真正自由的，由此而被说成是体现了我们最深

---

[16] D. D. Raphael, *Problems of Political Philosophy*, rev. edn (London, 1976), p. 139.

[17] 同上，p. 137。

[18] Oppenheim, *Political Concepts*, p. 164.

[19] 例见 Thomas Aquinas, *De Regimine Principum*, Bk 1, ch. 1, in *Aquinas: Selected Political Writings*, A. P. D' Entrèves, ed. (Oxford, 1959), p. 2。

层的人类目的。

我不想为这些前提的真实性辩护。我只想强调一下上述说明 *297*
已经表达清楚了的意思：如果它们得到了承认，就会从中产生出
一种积极的自由理论，而且极少悖谬或不连贯。

这对我现在的论点有两个重要含义。一是我到目前为止所思
考的由消极自由理论家提出的基本主张看来是错误的。他们坚称，
所有前后一致的自由理论必定都有一种三重结构。但是，我刚刚
谈到的社会自由理论却体现了一种强烈的对比，尽管它恰恰是前
后一致的——如果我们承认它的前提的话。[20]

这种对比很容易说清楚。麦卡伦及其多数拥趸就是在这个结
构内分析所有社会自由的主张的，他们使它成了一个行为人自由
状态的充足条件，就是说，他/她在追求某种特定选择权或至少在
二者择其一时不应受到强制。用查尔斯·泰勒最近采用的术语来
说，自由变成了一个纯机会概念。[21]如果我有机会采取行动，那
么我就是自由的，不管我是否实际利用了那个机会。相比之下，
我刚刚谈到的积极理论则使它成了行为人获得完全或真正自由的
必要条件，就是说，他/她应当实际参与追求某些明确的目标。再
用泰勒的术语来说，自由不应被看作一种机会，而应将其看作一
个操作概念。[22]只有实际运用能力追求这些有助于实现我最具特
点的人类目的的目标，我才享有最完整意义上的自由。

这种积极分析的另一个含义对于我现在的论点来说甚至更为
重要。按照我刚才提到的消极理论家的说法，我一开始就加以分

---

[20] 关于对这一点的更充分说明，见 Tom Baldwin 的重要文章，'MacCallum and
the two concepts of freedom', *Ratio*, 26 (1984), 125-42, esp. at 135-6.

[21] Taylor, 'Negative liberty', p. 177.

[22] 同上。

离的两种主张，可以作为对自由概念的曲解而被彻底抛弃。[23]的确，在某些人看来，它们的谬误远不只是曲解；它们是"明显的诡辩"，实际上是根据险恶的意识形态勾当专门用来把社会自由转变为"某种非常不同的事物，如果不是完全对立的事物的话"。[24]不过，我们立刻就能看出，这种产生于自然主义的积极自由观恰恰是前后一致的自由观，我们必须从一个完全不同的角度观察一下这些主张。

首先，没有任何不言而喻的理由去非难那些为它们辩护的人的动机。[25]对"人类繁荣"的观念以及相伴而生的社会自由观的信仰，乃是产生于远比意识形态争论更深刻的层面。它的产生是要回答道德哲学的核心问题之一：道德是否是理性的。明确的答案是，这是理性的，理由在于，我们有一种道德关切，而这个理由又在于这一事实：我们天生就是要去追求某些规范性目标的道德行为人。我们也许愿意声称这种人性论是错误的。但我们不可能声称先验地就知道它基本上绝无可能被严肃坚持。

况且，如果我们回到我已挑出的托马斯主义和亚里士多德自然主义的特定分支，我们还可以把这个论点更推进一步。它有两个与众不同的前提：不仅人性体现了某些道德目的，而这些目的本身也是社会目的。假如我们为了论证而接受这两个前提，我在一开始加以分离的两个主张不仅不会显得杂乱无章，而且会开始显得高度合理。

---

[23] 例见 W. Parent 的结论，'Some recent work on the concept of liberty', *American Philosophical Quarterly*, 11 (1974), 149-67, esp. at pp. 152, 166。

[24] Anthony Flew, '"Freedom is slavery": a slogan for our new philosopher kings' in *Of Liberty*, Griffiths, ed., pp. 45-59, esp. at pp. 46, 48-52.

[25] 在这一点上，我再次大大受惠于 Baldwin, 'Two concept', esp. pp. 139-40。

先来看看所谓自由与公共事业的联系。我们假定人性有一种本质，而且这本身就是社会的与政治的。但这无疑等于说，如果我们希望实现我们的本性，从而实现我们最完全的自由，我们可能需要建立一种特定形式的政治联合体，然后致力于为它服务并使它保持不坠。我们当然需要尽力维护这种联合体形式，因为我们的自由在这种形式中也就是我们能够尽可能完整实现的我们的自我。

最后来看看把这种自由与强制联系在一起的悖论。如果我们为了变成最完整的自我而必须服务于这种社会，我们肯定能想象到我们的表面利益和我们需要履行的义务之间出现的紧张关系——如果我们想要实现我们真实的本性，从而实现我们最完整的自由的话。但在这些情况下，我们就不可能把它叫作悖论，尽管我们肯定能发现它的令人困惑之处——因为我们知道，卢梭在《社会契约论》中曾那么强有力地教导我们：如果认为“自己对于公共事业应尽的义务是无偿的贡献，而减少贡献给别人带来的痛苦会小于他的繁重付出”，那么他就必须“被迫自由”，即强制他享受一种否则就会使他沦入奴役状态的自由。[26]

三

现在我要评价一下另一个观点，按照这种观点，我一开始提出的两种自由主张通常都会遭到否定。下面我要谈到的那些理论家也承认，对于政治自由的观念，可能存在不止一种前后一致的　*299*

[26] Jean-Jacques Rousseau, *The Social Contract*, tr. Maurice Cranston (Harmondsworth, 1968), p. 64.

思考途径。他们有时甚至认为，按照以赛亚·伯林的经典论文采用的阐述路线，可能会有不止一种前后一致的自由观。[27] 结果，他们有时就会明确提出，我已从中挑出两个明显悖论的那些自由理论也就根本看不出有什么悖论了。例如，就像伯林本人强调的那样，若干"积极的"自由理论——宗教自由和政治自由的理论——似乎很乐于包含这样的观点：如果人们看到了实现最完整或者最真实自由的前景，可能就不得不行动起来，会"采取某些自我改善的方式，他们可能会被迫这样做"。[28]

因此，当这些作者对我考虑的两种主张表示怀疑时，他们的论题并不在于他们不能适应任何前后一致的自由理论。他们唯一不能适应的是任何前后一致的消极自由理论——任何将自由本身的观念视同一个人在实现自己选择的目标时完全没有阻碍的理论。将讨论置于我开头引用的麦金泰尔所提出的形式中，似乎表明我一开始加以分离的两个主张只能在实质上是亚里士多德式的思想结构中才能做到前后一致。

这似乎就是，比如，以赛亚·伯林的《两种自由观》对这个问题的看法。伯林引用克兰默的警句"服务就是完美的自由"，承认这种理想——或许甚至会以自由的名义结合一种强制的要求——可以令人信服地形成自由理论的一部分"而又不至于使'自由'一词变得毫无意义"。他补充说，他的异议仅仅是，凡此种种都与消极自由观毫不搭界，就像约翰·斯图亚特·穆勒通常理解的那样。[29]

就从对立的角度提出的同样问题而言，可以说查尔斯·泰勒

---

〔27〕 此即伯林在论文标题中表达这个论点的方式，尽管他在行文过程中转而谈论的是这个词的"意义"。见 *Four Essays*，尤其是 p. 121。
〔28〕 同上，尤其是 p. 152。
〔29〕 同上，pp. 160-2。

在《消极自由有什么错？》一文中得出了同样的结论。这只是因为，自由并不是一个单纯的机会概念，他认为，我们需要正视我已经分离开来的两个悖论，自问一下我们的自由是否"只能在某种社会形态中实现"，我们是否"能以自由的名义为暴虐的极权主义压迫进行辩护"。〔30〕实际上，泰勒把严格的消极自由观看作一种无创造性的自由观的最后理由是，如果我们仅限于这样理解自由概念，那就不会出现这些麻烦而又不可避免的难题。〔31〕

我们应当怎么看待这第二条论证路线？它最终提出的观点是，我正在讨论的两种主张——不论另外还能就此说些什么——在任何普通的消极自由理论中都没有立足之地。这样就引出了我着意要说的主要论点。因为在我看来，这个结论靠的是忽略不计另一个完整的思想传统，即本书所关注的文艺复兴时期共和主义传统。这个传统提出的社会自由观在很大程度上已被近来的哲学争论忽略了。但是，尽力恢复这一传统看来很有价值，我相信，这样做的结果将会向我们证明，我已经加以分离的两种悖论，事实上可以适应一种普通的消极自由理论。因此，我现在的任务就是要对此做出说明，尽管不可避免会带有一种过于图解式的允诺风格。〔32〕

300

〔30〕 Taylor, 'Negative liberty', p. 193.
〔31〕 同上，p. 193，泰勒强调说，这是"对它们完全没有耐心的方式"。
〔32〕 我不可能期望在此对这种意识形态做出任何完整的说明，甚至对晚近致力于这种意识形态的历史文献也不可能做出完整的说明。有本书的前几章，再加上 J. G. A. Pocock 经典的综合研究 *The Machiavellian Moment* (Princeton, NJ, 1975) 便足矣，后者殊可谓令我受益匪浅。我已经在较早的两篇文章中尽力比较充分地说明了我的观点，一篇是 'Machiavelli on the maintenance of liberty'，载 *Politics*, 18 (1984), 3-15，一篇是 'The idea of negative liberty: philosophical and historical perspectives', *Philosophy in History*, Richard Rorty, L. B. Schneewind and Quentin Skinner eds., (Cambridge, 1984), pp. 193-221。本文可以看作是在力求突出早先这些研究的含义，尽管同时我已做了相当大的修订并希望强化我早先的论点。

　　在古典共和主义传统中，对政治自由的讨论一般都包含在何谓生活在"自由城邦"的分析之中。正如我在本书第六章力求表明的那样，这种方法很大程度上是来自罗马的道德哲学，尤其是来自李维、萨卢斯特、西塞罗等作者，他们始终都在不遗余力地赞美那个命定的罗马共和国。在现代政治理论中，这条论证路线首先被文艺复兴时期的意大利继承了下来，作为一种反对正在崛起的执政团专制和教会世俗权力，为城邦共和国传统自由进行辩护的手段。许多作者都支持这个形成阶段的共和主义事业，毫无疑问，正如维罗里教授在本书第七章强调指出的那样，其中最伟大的人物就是写出了《论李维前十书》的马基雅维里。往后我们又看到了詹姆士·哈林顿以及 17 世纪的其他英国共和主义者——公认为是在马基雅维里的影响下——对"自由城邦"的类似辩护，像沃顿博士在第十一章说明的那样，约翰·弥尔顿当然也应名列其中。再往后，我们在 18 世纪法国专制主义的敌对者当中还会看到同样的景观——无疑还是应当归因于马基雅维里的启示。一如施克拉教授在第十三章指出的那样，这种理论的许多要素以一种变化了的形式再现于孟德斯鸠《论法的精神》对共和主义美德的

₃₀₁ 说明之中。

　　然而，到了这时，古典共和主义的理想在很大程度上已经被方兴未艾的契约论政治思潮所淹没。因此，如果我们想要探究古典共和主义的全盛期，就需要回溯本书所集中关注的那个时期，即在个人权利观念获得并且再也没有丧失霸权之前的那个时期。就是说，我们需要回溯文艺复兴的道德与政治哲学，以及文艺复兴理论家们赋予其压倒一切的地位的罗马共和主义作家。因此，我主要是从这个源头得出了我对共和主义自由理想的认识，而且我主要引用的文献就是马基雅维里的《论李维前十书》——这大

概可以提供一个最有说服力的个案。[33]

四

我已经说过，古典共和主义者们主要关心的是赞颂后来马钱蒙特·尼达姆以一个响亮的题目所描述的"自由城邦的美德"。因此，最好还是先来看看在他们心目中什么是他们所断言的整个共同体的自由。要想找到答案，我们只需回顾这些作家都在尽可能严肃地对待政治体这一隐喻即可。据说，当且仅当没有臣服于外来的强制时，一个政治体——同样也是一个自然实体——就是自由的，像一个自由人一样，一个自由国家也能根据自己的意志追求自己选择的目标。这是一个共同体，就是说，是其中的公民意志，即政治体的普遍意志，在选择并决定作为一个整体的共同体所追求的目标。正如马基雅维里在《论李维前十书》开卷时所说，自由城邦就是那些"未遭任何外来奴役、能够受自身意志支配的城邦"。[34]

按照这些理论家的说法，如果我们能够身为自由城邦的成员，我们只能有望享受到两个主要益处，而且无论如何都是有保证的。一个是城邦的伟大与财富。萨卢斯特的《喀提林阴谋》（7.1）详细叙述了罗马只是在推翻了她的诸王专制统治之后才变得那么伟大，正如我在第六章所示，后来的古典共和主义思想代表人物也都无休止地表达了同样的情感。比如马基雅维里就强调说，"人们对

---

〔33〕 引用的《论李维前十书》的所有原文，都来自 Niccolò Machiavelli, *Il Principe e Discorsi*, ed. Sergio Bertelli (Milan, 1960)，均由我自己翻译。

〔34〕 同上，I. ii, p. 129。

自由生活的这种热爱不难理解，因为经验表明，缺少自由的城邦，

302 从来就不可能扩张权力或财富"。[35]

　　但是，还有另一个更大的益处，只有自由的城邦才有信心带给它们的公民，这就是个人自由，从日常意义上理解，这就意味着每个公民都摆脱了任何强制因素（尤其是产生于人身依附和奴役的强制），因而能够自由追求自己选择的目标。马基雅维里在《论李维前十书》第二卷一开始就强调说，只有"各地生活在自由中的城邦"中，公民个人才能有希望"不必担心自己的祖业被侵夺，他们不仅知道自己生来就是自由公民而不是奴隶，而且有望靠自己的能力成为共同体的领导人"。[36]

　　非常奇怪的是，与盛行于学院派政治哲学中的亚里士多德关于幸福（eudaimonia）的假设相比，我提到的这些作者根本就没有表示存在着某些特殊的目标需要我们去实现，以便计算我们是否完整或真正地拥有了自由。毋宁说，他们强调的是，不同阶层的人们始终有着不同的倾向，然后会把自己的自由看作达到不同目标的手段。正如马基雅维里说明的那样，有些人会认为追求荣誉、荣耀和权力具有崇高价值，"他们渴望自由是为了能够支配他人"。[37]但另一些人则渴望自行发展、自由追求家庭或职业生活，"他们渴望自由是为了能够生活在安全中"。[38]简言之，自由仅仅是不受强制地追求我们碰巧为自己确定的目标。

　　我们怎样才能建立并保持一个自由的国家，从而防止我们的

---

〔35〕 Niccolò Machiavelli, *Il Principe e Discorsi*, ed. Sergio Bertelli (Milan, 1960), II. ii, p. 280.

〔36〕 同上，II. ii, p. 284。

〔37〕 同上，I. xvi, p. 176。

〔38〕 同上，I. xvi, p. 176；另请参阅 II. ii, pp. 284-85。

个人自由蜕变为奴役状态？这显然是个关键问题，由于回答这个问题的方式不同，我正在讨论的这些作者提出了与众不同的主张，这使他们有资格被看作一个单独的思想流派。他们认为，从体制上说，一个自由的国家必定是李维、萨卢斯特与西塞罗所描绘并赞颂的共和国（res publica）。

　　然而，我们需要运用事例来确定这是什么意思，因为，要是认为他们指的必然是现代意义上的共和国，那肯定是过于简单化了。正如迈赫菲尔教授在第十四章所澄清的那样，这些共和主义者描述的是这样一种体制安排：可以名正言顺地断言它真正反映了"共和"（pulica，作为一个整体的共同体）意志并促进其福祉的"国"（res，政府）。因此，一个共和国是否必须采取自治共和国的形式，就不像现代用法所表明的那样是个空洞的定义问题，而是一个需要认真研究和争论的问题。然而，事实上，我所引用的那些作者，绝大多数始终都在怀疑，有没有可能永远指望一个个人甚或一个统治阶层始终都足够无私地不把自己的意志等同于普遍意志，从而永远都在促进共同体的福祉。所以，他们一般都会得出结论说，如果我们希望建立一个共和国，最上策就是建立一个与任何君主国或者君主统治相对立的共和国。

　　因此，我正在考察的这种理论，其核心论点就是，一个自治的共和国是唯一有望使一个共同体在建立丰功伟业的同时又能保证其公民个人自由的政体类型。这就是马基雅维里一向的观点，是哈林顿始终如一的观点，是弥尔顿最终接受的观点。[39] 但这样

────────

[39] 见 Z. S. Fink, *The Classical Republican*, 2nd edn (Evanston, 1962)，尤见 pp. 103-7，那里谈到了弥尔顿和哈林顿。关于马基雅维里在这一点上的含糊措辞，见 Marcia Colish, 'The idea of liberty in Machiavelli', *Journal of the History of Ideas*, 32 (1971), 323-50。

一来，我们就更需要知道，这种特殊的统治形式如何才能实际建立起来并保持不坠。其结果将是，我们每个人都会抱有一种强烈关切，要去了解如何才能最好地做到这一步。

我正在讨论的这些作者实际上都是用一面之词的答案做出了回应。他们认为，只有当公民培养出了一种关键品质，即西塞罗描述的 virtus、意大利理论家后来译为 virtù 以及英国共和主义者译为公民美德（civic virtue）或者公益精神（public-spiritedness）的东西，一个自治共和国才能保持那种存在状态。因此，这个术语表示的是我们每个人作为公民最需要具备的一系列能力：能使我们乐于为公共利益服务，由此维系我们共同体的自由，随之能保证它臻于伟大，同时又保证我们个人自由的能力。

然而，这是一些什么样的能力呢？首先，针对外敌征服和奴役的威胁，我们需要具备捍卫共同体的勇气和决心。一个政治体——像自然的实体一样——把自己托付给另外某个人去捍卫，就等于毫无道理地遭受自由乃至生命的毁灭，因为不可能指望任何别人能像我们自己一样照顾我们的生命和自由。此外，一旦我们被征服，我们将会发现只能为新主人的目的效劳，而不再能追求我们自己的目标。因此，乐于培养尚武的美德并用以为我们的共同体服务，就是保全我们的个人自由以及我们祖国的独立所不可或缺的。[40]

我们还需要有足够的审慎以及其他公民美德以便在公共生活中发挥积极有效的作用。如果任由某个人而不是政治体本身全体成员的意志来支配该政治体的政治决策，其结果将和自然实体一样出现毫无道理的风险：它的运转将不是为了实现自己的目标，而是为了实现设法谋取了对它的控制权的那些人的目标。事实证

304

────────

〔40〕这是马基雅维里《论李维前十书》第二卷的主要议题。

明，为了避免这种奴役状态，从而确保我们的个人自由，我们都必须培养那些政治美德，并一心一意地投身于公共事业的生活。[41]

然而，这种繁难的公民观产生了一个严重的困境，古典共和主义理论家对此倒也乐于承认。波克教授在第九章分析马基雅维里关于内部失和的看法时已经谈到了这一点。我们每个人都需要勇气以帮助捍卫我们的共同体，需要审慎以参与对共同体的统治。但不可能指望任何人都始终如一地发挥这些重要美德。相反，正如马基雅维里一再强调的那样，我们一般都很不情愿培养这些能使我们为公益服务的品质，毋宁说，我们很容易"腐败"，这是共和主义理论家们习惯使用的一个专用词，指的是我们有一种天然倾向——只要我们的共同体的要求似乎与我们对自身直接利益的追求发生冲突，我们就会对共同体的要求弃之不顾。[42]

无论如何，腐败就是忽略了——或者是未能理解——本应牢记不忘的东西：如果我们希望享有能指望在政治社会中得到的自由，就必须有良好的理智首先作为有德行的公民行事，把公益置于任何个人的或者宗派的目标之上。简言之，腐败就是完全没有了理性，是无力认识到我们本身的自由要依赖于有德行的生活并投身于公共事业。因此，我们的习性往往使我们忽略或者曲解这种至关重要的实用性推理，其结果就是常常毁了我们的目标。正如马基雅维里所说，我们往往会在"死到临头"还山呼"万岁"时却认为正在把本身的自由最大化。[43]

因此，对于共和主义作家来说，最深层的治国术问题就是被

----

〔41〕 马基雅维里《论李维前十书》第三卷主要就是讨论大人物——那些具备特殊美德的人——在罗马伟大崛起中的作用。
〔42〕 关于对"腐败"的经典讨论，见 Machiavelli, *Discorsi*, I. xvii-xix, pp. 177-85。
〔43〕 同上，I. liii, p. 249。

近来的自由理论家们认为不得要领的问题。当代社会自由理论家
是从"背景"权利的角度分析个人自由概念的，他们在很大程度
上是依赖于"看不见的手"的学说。我们得到的保证是，如果我
们全都能开明地追求自我利益，事实上带来的结果就是作为一个
整体的共同体的最大利益。[44]然而，从共和主义传统的观点来看，
这不过是描述腐败的另一种方式，据说战胜腐败乃是我们的个人
自由最大化的必要条件。因此，对于共和主义作家来说，最深层
也最麻烦的问题始终是，天生自私的公民如何才能被说服高尚行
事，这样他们才有望使自由最大化，而如果放任自流，他们绝对
会抛弃这种自由。

　　最初的答案是众所周知的：共和主义作家无不相信法律的强
制力量。比如马基雅维里就在《论李维前十书》第一卷分析罗马
共和国体制的过程中生动地指出了这一点。他说，"饥馑困顿使人
勤劳，而法律则使人向善"。[45]

　　然而，共和主义作家就法律和自由之间的关系给出的说明，
与契约论政治思想比较常见的说明却形成了强烈的对比。例如在
霍布斯或者洛克看来，法律实际上是通过对他人进行强制而保全
了我们的自由。它能防止我被公认的权利遭到干涉，帮助我在自
己身旁划定一个范围，在这个范围之内我的那些权利不会遭到侵
犯，同时也防止我以同样的方式干涉他人的自由。相反，在马基
雅维里这样的理论家看来，法律不仅通过对他人进行强制，同时
还直接强制我们每个人都以某种特定方式行事而保全我们的自由。
就是说，法律也被用于强迫我们摆脱习以为常的自私行为模式，

---

[44]　例见 John Rawls, *A Theory of Justice* (Cambridge, MA, 1971), pp. 243, 246 讨论
　　　"公益"的方式。

[45]　Machiavelli, *Discorsi*, I. iii, p. 136.

强迫我们履行所有的公民义务，从而确保我们的自由所赖以存在的自由城邦始终免于奴役。

对于法律带来的这种强制，古典共和主义作家提出的辩护理由，与我们在契约论思想甚或古典功利主义思想中所见到的理由也形成了强烈对比。在霍布斯或者洛克看来，我们的自由是天生就拥有的，所有权是我们自己的。法律要想限制这种权利的行使，唯一正当的理由就是能够证明，如果法律被撤销，其结果事实上不是更大的自由，而是我们得以享受现有自由的那种安全感的降低。然而，对于像马基雅维里这样的作家来说，为法律进行的辩护与保护个人权利毫不相干，《论李维前十书》根本就没有出现个人权利的概念。行使这种权利的主要理由是，法律通过强制人们以支持自由城邦制度的方式行事而确立并保全一定程度的个人自由，因为，如果没有这种自由，个人就可能迅速沦入绝对的奴役状态。

最后我们要问的是，共和主义作家在谈论运用法律强制天生自私的个人以勇气捍卫共同体、以审慎统治共同体时，出现在他们心目中的是一种什么样的机制。这就是马基雅维里在《论李维前十书》第一卷用大量篇幅讨论的问题，而且他提出了两个主要观点，它们都是源自李维对共和主义罗马的描述。

马基雅维里首先考虑的是，促使罗马人在有可能陷入宗派冲突时为了公益而审慎立法的是什么因素。[46]事实上，他看到了关键所在：他们的共和体制下有一个贵族控制的大会，还有一个平民控制的大会，任何立法动议都需要得到每一方的同意。不可否认，每一个群体都会倾向于提出仅仅能够促进本身利益的动议。

---

〔46〕 Machiavelli, *Discorsi*, I. ii-vi, pp. 129-46.

但每一方都不能把自己的动议作为法律强加给对方。结果就是，只有那些不支持宗派利益的动议才能有望获得通过。因此，这种体制下的法律便有助于确保始终促进公共利益。作为一种结果，法律便及时地维护了一种自由，如果没有了它的强制力，自由很快就将毁于专制和奴役。

马基雅维里也思考了罗马人如何建立公民军队勇敢反击入侵之敌的奴役。对此他认为，关键在于他们的宗教律法。[47]罗马人看到，使自私的个人甘冒生命危险捍卫共同体自由的唯一途径，就是让他们立下具有约束力的誓言而能不惜一切代价捍卫城邦。这将使他们不是更怕战斗，而是更怕逃跑。投入战斗可能会冒生命危险，但是逃跑——从而违背了神圣誓言——却要遭受更大的厄运，因为那将触怒神祇。结果，即使他们心怀恐惧，也照样能够坚守阵地。因此，还是他们的法律迫使他们自由，强迫他们在天生的自保本能有可能使他们败退并遭受奴役的时候捍卫他们的自由。

五

叙述到此，我希望，从这番对古典共和主义政治自由理论的考察中已经清晰可见我想得出的结论了。一方面，共和主义作家显然很清楚我一开始就指出的两个悖论。在某种程度上说，与现代自由主义的个人主义形成鲜明对照的是，他们不仅把社会自由与自治联系在一起，而且把个人自由的观念与高尚的公共事业联

---

〔47〕 Machiavelli, *Discorsi*, I. xi-vi, pp. 160-73。

系在一起。此外，他们同样强调我们必须被迫培养公民美德，并由此认为，享受我们的个人自由往往不得不是强迫与强制的结果。

另一方面，这些作者同样远远不是亚里士多德的信徒，而且决不求助于"积极的"社会自由观。就是说，他们从不认为我们的道德存在要有某些明确的目标，只有实现了这些目标才能拥有最完整意义上的自由。我们已经知道，他们信奉的是一种纯粹的消极自由观，即不受阻碍地实现我们自己选择的目标。此外，他们也绝对明白，要想把这些目标明确地具体化，就只有抹杀人类抱负与志向固有的多样性。

他们也从不声称我们必须为目标准备好理由以证明强迫人们自由的观念是有道理的。就是说，他们从不认为无论我们的愿望是什么状态，实施某些行为在客观上都是理性的。确实，按照他们的分析，有许多行为都可以言之凿凿地说，我们有充分的理由去实施这些行为，尽管我们没有愿望这样做——甚至没有思索考虑的愿望。但这不是因为他们相信为目标而理论是合理的。[48] 这仅仅是因为，他们考虑到，在采取行动维护我们的自由的情况下需要遵循的实际推理链条非常复杂，而且非常不受趋于腐败的公民的欢迎，我们会发现它太容易让我们在论证中迷路，结果，我们往往不可能被引导认识清楚那些为了达到我们实际渴望的目标而有充分理由实施的行为。

因此，针对共和主义自由理论的这种特征，我的主要结论是，如果认为我一直在讨论的两个悖论不能适应一种惯常对政治自由的

---

[48] 尽管对康德命题——有一些行为的理由可能与我们的愿望并无关联——的控辩双方似乎都认为，这肯定就是此类情况下的问题所在。

消极分析，[49]那肯定是错误的。然而，如果我刚刚给出的扼要特征是正确的，那么从我的论证的后一部分就可以看出更深层的含义，我乐于挑明这一点以结束本文。这就是，关于我们如何才能最理性地采取行动以使我们的消极自由最大化，我们继承而来的政治理论传统看来是体现了两个截然不同但同样前后一致的观点。

近代以来人们一直在强调，重要的是严肃对待已经创造出来的权利，这给人留下的印象是，它可能是思考这个问题的唯一途径。我们必须首先找出竖立在我们周围的权利警戒线，把它们当作"王牌"并坚持认为它们优先于任何社会责任的要求。[50]然后，我们必须尽可能扩大这条警戒线的范围，我们的目标就是实现以赛亚·伯林所说的"与最低社会生活要求相容的最大程度的不干涉"。[51]正如霍布斯很久以前认为的那样，这是我们有望在最大范围内按照我们的选择去自由行动的唯一途径。

然而，如果回到那些共和主义理论家，我们就会遇到一种对这些众所周知的信念强有力的挑战。按照他们的观点，坚持把权利作为王牌，不过是宣明了我们作为公民的腐败。它还意味着一种无理性的自我毁灭形式。毋宁说，我们必须严肃对待我们的职责，而不是尽力逃避"最低社会生活要求"之外的一切，我们必须尽可能一心一意地设法履行我们的公共义务。政治的合理性就

308

---

〔49〕 我应该强调的是，这在我看来就是注〔7〕所说麦卡伦对自由概念进行分析时的意图。如果的确如此，那就意味着任何利用他的分析的人都不可能如愿以偿，而且多数人已经明确表示了否定。不过请参阅他在 pp. 189-92 的讨论。我应该借此机会承认，尽管我相信麦卡伦文章的核心命题是错误的，但我还是应当表示极大谢意。

〔50〕 例见 Ronald Dworkin, *Taking Right Seriously* (Cambridge, MA, 1977), p. xi, 此处断言，"个人权利就是个人手中的政治王牌"，pp. 170-7 则为权利高于义务进行了辩护。

〔51〕 Berlin, *Four Essays*, p. 161.

在于认识到，这一点构成了保障我们似乎正在放弃的自由的唯一
手段。

六

我的叙述到此结束，它始终只是在指出故事的寓意。当代自
由主义，尤其是它所谓的自由意志论形式，正面临着被逐出那个
除了自我利益和个人权利概念就一无所有的公共舞台的危险。汉
娜·阿伦特、更晚近的查尔斯·泰勒、阿拉斯戴尔·麦金泰尔以及
其他人[52]一直都在反对这种贫瘠状态，这些道德家一般都认为，
唯一的选择就是采用一种"操作性"的自由概念，否则就会以某
种莫名其妙的手段逐渐退回城邦的摇篮里去。我已经试图证明，
这里的二分法——要么是权利论，要么是"操作性"自由论——
是错误的。亚里士多德与托马斯主义的假设是，一种健康的公共
生活必须建立在幸福观的基础上。这绝不是唯一可供我们选择的
途径——如果我们希望不仅根据公平程序，而且根据共同意义和
目标重新获得一种政治眼光的话。我们还有自由去思考一种理论
潜在的重要性，这种理论告诉我们，如果我们希望我们的个人自
由实现最大化，那就不能再信赖君主，而是要亲自接管公共舞台。

有人会反对说，这种利用马基雅维里式的共和主义传统作为
第三种力量的尝试，充其量不过是一种富有怀旧情调的反现代主

---

〔52〕关于阿伦特的观点，见她的论文《什么是自由？》，收于 *Between Past and Future*, rev. edn (New York, 1968), pp. 143-71。关于泰勒的观点，见 'Negative liberty'，尤见 pp. 180-6。关于麦金泰尔的观点，见 *After Virtue* (London, 1981)，尤见 p. 241。

义。在任何使得当今政府越来越具有技术复杂性和过度保密性的现代民主制度中，我们并没有积极控制政治进程的现实前景。但是，这种反对意见表述得过于粗糙。有许多公共生活领域并没有直接控制实际的行政过程，在那里，越来越多的公众参与可能非常有助于改善我们那些所谓代表的责任能力。就算前述反对意见有根有据，但它却忽略了这一点。希望引导共和主义政治眼光追溯既往，理由并不在于它告诉我们如何建立一种真正的民主制，一种由于民治而民享的民主制。这个问题我们已经解决了。理由仅仅在于，它传达了一个警告，尽管可能是一个过于悲观的警告，但我们不能视若无睹：除非我们在行使权利之前先履行义务，否则势必会看到我们的权利本身遭到瓦解。

译后记

　　国内读者对于马基雅维里及其思想的熟悉程度似乎早已毋庸赘言。不过译者相信，本书将会极有助于中文读者更深入广泛，乃至更具体入微地了解马基雅维里及其思想的背景和渊源，从而更准确地体认这位大师级人物的政治理念以及"共和国""共和主义"的历史现实。

　　本书2006年秋即完成了中译，因故延宕至今，总算有机会变成白纸黑字了，借机又看了一遍大样。再次修订译稿的同时，也等于重新精读了一遍，感觉对于中文读者来说，此书离过时仍很遥远，不知当喜还是当忧，还请读者明察。

　　本书翻译的分工为，阎克文执笔第1—10章及索引，都健执笔第11—15章。由于部分文本是从意大利文与拉丁文译成英文的，英译保留了不少原文引语、短语和专用名称，幸得罗马（第一）大学（Sapienza Università Di Roma）文哲学院古典系游雨泽女士不吝襄助，逐一翻译，方能给中文读者奉上完整译文，借此机会谨向游女士表示由衷感谢！译文不免仍有舛误，当然均由译者自负文责。

阎克文　谨识
2017年12月12日

索 引

（按汉语拼音排序，页码为本书边码）

文献索引